밸런스시트
불황으로 본
세계 경제

The World in Balance Sheet Recession

밸런스시트
불황으로 본
세계 경제

THE WORLD IN
BALANCE SHEET
RECESSION

리처드 쿠 지음 | 정성우·이창민 옮김

어문학사

머리말

2007년 EU(유럽연합)와 미국에서 동시에 주택 버블이 붕괴된 이후 세계 경제는 크나큰 시련을 겪고 있다. 미국에서는 FRB(연방준비제도이사회)가 금리를 일본과 동일한 제로로 인하한 지 5년이나 지났음에도 불구하고 실업률은 7%대[1]로 여전히 높고, 광공업 생산은 2008년 수준을 겨우 회복했다. 한편 EU에서는 ECB(유럽 중앙은행)가 금리를 전후 최저 수준인 0.25%까지 인하했음에도 불구하고 실업률은 12.2%로 유로(Euro) 도입 이후 최고 수준을 갱신 중이다. 생산은 독일이 2007년 수준을 회복했지만 여전히 프랑스와 스페인은 1994년, 이탈리아는 1986년 수준에 불과하다. 또한 버블 붕괴의 진원지에서 한참 떨어진 일본에서는 2012년 말에 시작된 '아베노믹스'로 분위기가 변하고는 있지만 2002년 수준에 불과한 상황이다.

---

1 원서는 2013년 말을 기준으로 집필되었으며 본서(한국어판)가 간행된 시기(2014년 10월)에 미국 실업률은 6%대, EU권 실업률은 11% 후반으로 소폭 개선된 상황이다.

한 치 앞이 보이지 않는 암울한 경제 상황이 이어지는 가운데, 각국에서는 과연 무엇이 올바른 경제정책인지에 대해 다양한 각도에서 논의가 이루어지고 있다. 하지만 버블 붕괴 이후 5년이나 지난 지금도 논의의 합의점을 찾지 못하고 갈팡질팡하고 있는 상황이다. 예를 들어 미국에서는 재정 적자나 채무 상한에 관해 여야가 대립하고 있으며, EU는 신용 회복과 경기 회복이 불가결하다고 생각하여 각종 재정건전화 시책을 실시했지만 경기가 회복될 기미는 보이지 않고 있다. 일부 국가에서는 사회불안 및 민주주의 위기까지 거론되고 있다.

또한, 재정정책뿐만 아니라 통화정책에 대해서도 합의점이 확보되지 못하고, 금융완화를 강화해야 한다는 의견과 금융완화는 통화에 대한 신뢰 상실만을 초래하게 될 것이라는 주장이 각국에서 대립하고 있다. 구조개혁에 대해서도 좀 더 강하게 추진해야한다는 의견이 있는 반면, 그렇지 않아도 실업률이 높은 시기에 고용 상황을 더욱 악화시킬 수 있는 구조개혁은 적절하지 못하다는 목소리도 있다.

은행의 부실채권 처리에 대해서도 유사한 대립이 있다. 빠른 시일 내에 처리를 서둘러야 한다는 의견과 단기간의 부실채권 처리로 인한 자산 가격 하락으로 문제가 더욱더 커질 수 있기 때문에 규제를 완화하여 벼랑 끝에 몰린 채무자의 채무 상환에 은행이 적극적으로 대응해야 한다고 주장하는 목소리가 있다.

또한 신용평가기관에 대해서도 서브프라임 증권에 터무니없는 등급을 매기고 소버린(Sovereign) 위기 악화에 박차를 가하고 있는 이들 기관을 철저히 규제해야 한다는 목소리와 메신저(본서에서는 신용평가기관을 지칭)를 죽인다 해도 사태는 개선되지 않는다며 이를 견제하는 목소리도 있다.

이들 주장 모두 일리가 있지만 이렇게까지 각계 전문가의 의견이 나뉘면 아무리 능력 있는 정치가라 하더라도 제대로 판단하기가 매우 어려울 것이다. 각국 언론은 이번 혼란을 리더십의 부재 때문이라고 지적하지만 그 언론이 제시하는 정책도 가지각색으로 합의점이 형성되어 있지 않다.

이렇게까지 전문가의 의견이 나뉘었다는 것은 이번 사태가 경제 위기일 뿐만 아니라 경제학의 위기이기도 하다는 것을 의미한다. 대부분의 경제학자가 이번 위기의 도래를 예측하지 못했을 뿐만 아니라 무엇이 현시점에서 필요한 처방인가에 대한 논의에서도 경제학계 자체가 극도의 혼란에 빠져 있기 때문이다.

그래도 다행스러운 것은 이제까지 언급한 모든 논의가 10~15년 전에 일본에서 활발히 이루어졌다는 사실이다. 실제로 금융완화에서 재정확대, 신용평가기관의 문제에서 구조개혁까지 지금 EU에서 논의되고 있는 거의 모든 논점이 10~15년 전에 일본에서도 논의되었다. 당시 일본에서의 논의도 작금의 EU와 같이 갈팡질팡했지만 거기에서 우리가(적어도 내가) 배운 것은 이것은 통상의 불황과는 달리 경제학에서 이제까지 언급하지 않았던 완전히 다른 차원의 불황이라는 것이다.

이 신종 불황[2]은 기존 경제학에서 정확한 명칭이 없기 때문에 나는 밸런스시트(Balance sheet) 불황이라고 부르고 있는데, 이 표현은 최근 2년 동안 EU에서도 조금씩 정착해가고 있다. 그것은 EU의 최근 경제활동이 밸런스시트 불황론으로는 설명이 되지만 통상의 이론으로는 설명할 수 없는 부분이 너무나 많기 때문이다.

한편 EU가 15년 전 일본과 같은 종류의 불황에 빠져 있다는 지적에 대해 현지의 저항은 결코 만만치 않다. 그들이 반발하는 이유는 크게 두 가지로, 하나는 자신들도 '잃어버린 10년'을 경험하는 것에 대한 공포이며, 다른 또 하나는 일본과 같은 바보짓은 하지 않는다는 자부심이 그들 마음속에 자리 잡고 있기 때문이다. 그러나 그들이 일본의 교훈을 배우려 하지 않은 결과, 많은 분야에서 EU는 15년 전의 일본과 똑같은 실수를 저지르고 있다.

이 중 전자는 단지 공포의 감정에서 비롯된 것으로 버블 붕괴 이후 이미 5년이나 지났지만 EU 경제는 '정상화'될 기미가 보이지 않고 있다. 회복은커녕 사태가 악화되고 있을 뿐이다. 또한 금융 면에서 EU보다 대담한 완화책을 실시한 미국에서도 FRB가 2015년 말까지는 초저금리를 유지하겠다고 공언하고 있다. 2015년은 2007년 버블 붕괴 후 8년이 지난 시점으로, 이것은 FRB가 대규모 금융완화정책을 실시했음에도 불구하고 미국 경제가

---

2 신종이라고 해도 그것은 기존 경제학에서 봤을 때 신종이라는 의미로, 실제로는 대공황을 비롯해 과거에 몇 차례 발생한 적이 있다.

정상화되기까지 적어도 8년은 소요될 것이라고 말하는 것과 다름 없다. FRB 고위직 관리가 10년 전 "일본 중앙은행이 금융완화를 대폭 실시하면 일본 경제는 곧바로 회복된다"면서 일본 중앙은행을 비난했던 것을 생각하면 격세지감이 느껴진다.

한편 후자는 일본에 온 해외특파원이 일본 경제에 대한 이해가 부족하여 생긴 오해가 다른 나라로 파급된 것이 큰 영향을 미쳤다. 원래 우수한 해외특파원은 경기가 좋고 전 세계의 주목을 받는 지역에는 많이 오지만, 경기가 좋지 않아 배울 점이 별로 없다고 여겨지는 지역에는 거의 오지 않는다. 경기가 좋은 곳에 관한 기사는 그 국가로부터 배울 수 있는 것들을 포함하고 있어 사람들의 관심을 끌 수 있지만, 경기가 좋지 않은 지역에 대한 기사는 아무도 주목하지 않기 때문이다.

실제로 일본 경제가 세계를 주름잡던 1980년대 후반에 일본에 온 미국 『뉴욕 타임스』지와 영국 『파이낸스 타임스』지 기자들의 수준은 매우 높았다. 나도 그들의 취재에 응할 때마다 많은 것을 새롭게 배웠던 것을 기억한다. 그들은 그 정도로 일본에 대한 이해도가 높았던 것이다.

그런데 1990년대에 들어서면서 일본 경제가 침체되자, 그들은 경제가 성장하고 있는 동남아시아나 중국으로 가 버렸다. 그 이후에 일본을 찾은 기자들은 일본의 경제 침체에 대해 적당한 이유를 붙여 기사를 쓰면 되었기 때문에 그 기사의 내용을 세밀하게 검증하는 사람도 당연히 많지 않았다.

그 결과, 일본의 경제 침체는 구조개혁 부진이라든지 부실채권 처리의 지연, 잘못된 재정 및 통화정책 때문이라는 사고가 해외에서 완전히 정착해버렸다. 거짓말도 100번 들으면 믿게 되듯이 많은 사람은 일본이 어리석은 짓만 골라 했기 때문에 경제가 침체했다고 믿게 되었다.

이 때문에 리먼 쇼크 이전부터 나와 일본의 고위 관료들이 미국과 EU 경제에 대해 많은 권고와 경고를 했음에도 불구하고 모두 무시당했던 것이다. 예를 들어 나는 2003년에 출판한 『*Balance Sheet Recession-Japan's Struggle with Uncharted Economics and its Global Implications*』(John Wiley & Sons, Singapore, March 2003)라는 책에서 주택 버블에 기댄 미국 경제가 심각한 밸런스시트 불황에 빠질 위험성에 대해서 언급했다. 또한 리먼 쇼크 반년 전에 일본의 누카가(額賀) 재무장관은 미국의 폴슨 재무장관에 대해 미국은 금융기관에 대해 신속한 자본 주입을 실시해야 한다고 직언했지만 모두 무시되었다. 만약 이들의 경고에 미국이 조금이라도 귀를 기울였더라면 주택 버블의 붕괴에서 시작된 밸런스시트 불황도, 리먼 쇼크에서 시작된 금융 위기도 상당히 경감할 수 있었을 것이다.

또한 나는 전술한 『*Balance Sheet Recession*』에서 밸런스시트 불황에 빠지게 되면 마스트리흐트 조약(Maastricht Treaty)의 제약을 받는 EU 경제권이 가장 큰 타격을 받을 것이라고 경고했는데, 유감스럽게도 사태는 예상대로 진행되고 말았다.

미국과 EU 고위관료가 당초 나와 일본 정부의 경고를 무시한 배경에는 일본 경제에 대한 이해에 많은 문제가 있었다는 점이 크게 영향을 미쳤는데, 그것들을 하나하나 설명하려면 지면이 아무리 많아도 부족할 것이다.

그래서 본서에서는 우선 최근의 미국 및 EU와 일본의 유사점을 들면서 밸런스시트 불황의 기본 개념과 일본 경제에 대한 기본 지식을 해설한다. 이후 앞서 살펴본 이론적 논의를 기초로 '아베노믹스'를 포함한 세계 경제에 대한 해설 순서로 논의를 진행하고자 한다. 이를 통해 독자들이 미국과 EU의 문제를 염두에 두고, 과거 20년 전 일본이 경험한 것과 그 이론적 의의를 체계적으로 이해할 수 있기를 기대한다.

차례

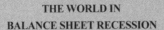

THE WORLD IN
BALANCE SHEET RECESSION

제1장

밸런스시트 불황의
기본 개념

버블 붕괴에서 비롯된 밸런스시트 불황

20년 전 일본과 오늘날 EU 및 미국의 공통점은 빚에 기초하여 형성된 거대한 자산 버블이 붕괴하였다는 점이다. 앞으로 설명할 밸런스시트 불황이란, 빚에 기초한 버블이 광범위하게 발생하여 그것이 붕괴할 때만 발생하는 극히 드문 형태의 불황을 의미한다.

그림 1-1은 미국의 주택 시장 동향을 15년 전 일본의 상황과 대비시킨 것으로 미국의 주택 가격 상승폭(기간)뿐만 아니라 하락폭(기간)도 일본과 완전히 일치한다. 즉 현재 미국은 과거의 일본과 같이 매우 어려운 상황에 처해 있으며, 이와 유사한 현상이 EU 전 지역에서도 발생하고 있다(그림 1-2).

【그림 1-1】 1990년대 일본과 유사한 미국의 주택 버블 붕괴

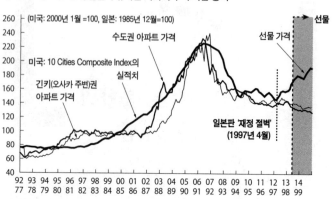

㈜ 선물 가격은 2013년 11월 18일 기준. 또한, 일본 아파트 가격은 5개월 평균이동으로 1㎡당 분양 단가

출처: S&P, "S&P/Case-Shiller ® Home Price Indices", 부동산경제연구소 「수도권 아파트 시장 동향」, 「긴키권 아파트 시장 동향」 등을 참고로 노무라(野村)총합연구소가 작성

【그림 1-2】 EU의 주택 시장도 대규모 버블을 경험

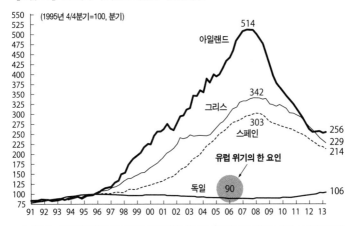

㈜ 아일랜드의 주택 가격은 전 주택이 대상이지만, 2005년 이전은 기존 주택만 대상. 그리스의 주택
가격은 아테네와 테살로니키(Thessaloniki)의 아파트 가격
출처: BIS, Europace AG data의 자료를 참고로 노무라종합연구소가 작성

실제 EU에서의 주택 버블 확대와 붕괴에 따른 여파는 미국
보다 더 광범위하게 나타났다. 예를 들어 아일랜드는 1995년을
100으로 했을 때, 2007년에는 514까지 주택 가격이 상승하였고 최
근에는 256으로 하락했다. 이와 같은 비정상적인 가격 상승은 그
리스 및 스페인을 포함한 많은 EU권 국가들에서도 발생했다. 다
만 독일의 경우에는 동일한 금융정책과 금리 수준에도 그림 1-2와
같이 버블이 아닌 심각한 주택 가격 하락을 경험했다. 즉 1995년
을 100으로 할 때, 독일은 2006년에 10%나 하락한 90을 기록하였
다. 독일 경제가 여타 EU 국가 경제와 동조하지 않았던 것이 최근
의 EU 위기가 발생한 주요 원인 중 하나인데, 이 부분에 대해서는
제5장에서 상세히 다루기로 한다.

이러한 버블 붕괴와 이후 이어진 급속한 경기 악화를 배경으로 각국의 중앙은행은 일제히 금리를 대폭 인하했다. 미국의 경우 FRB 역사상 가장 빠른 속도로 금리를 인하하였으며, 2008년 말부터는 일본과 같은 제로금리 상태가 되었다. 영국 및 EU도 금리를 낮추었으며 호주도 금리 인하를 단행했다(그림 1-3).

【그림1-3】2001년 이후 각국 중앙은행의 금리 인하 추이

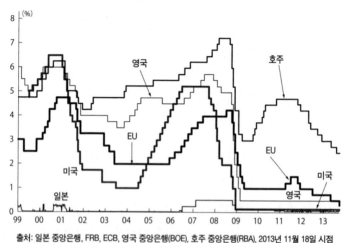

출처: 일본 중앙은행, FRB, ECB, 영국 중앙은행(BOE), 호주 중앙은행(RBA), 2013년 11월 18일 시점

그러나 각국이 이렇게까지 금리를 낮추고 미국, 영국, EU에서는 사상 최저 수준의 금리가 5년 이상 이어지고 있음에도 불구하고 경기 회복 가능성은 여전히 불투명한 상황이다.

예를 들어 그림 1-4는 미국의 광공업생산과 실업률을 나타낸 것으로, 제로금리와 양적완화를 실시하였음에도 불구하고 2013년 미국의 광공업생산은 2008년 수준을 겨우 회복한 정도였다. 실업률은 1993년 수준, 즉 7.3%로 미국 노동 시장은 이제까지의 상식으로는 상상할 수 없을 정도로 약화되었다.

【그림 1-4】 미국의 실업률과 광공업생산

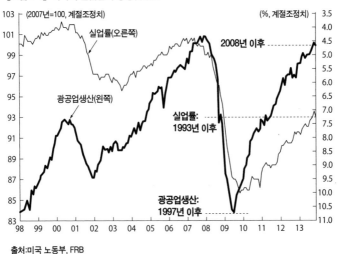

출처:미국 노동부, FRB

이제까지 미국의 노동 시장은 매우 유연하고 기업이 금리와 같은 외적 요인의 변화에 민감하게 반응하기 때문에 금리감응도가 매우 높다고 알려졌다. 금리감응도가 높다는 것은 금리 변화에 대해 경제가 신속하게 반응한다는 것이다. 이러한 미국이 제로금리를 5년씩이나 지속하고 있지만 7.3%라는 높은 실업률을 보이고 있다는 것은 이제까지의 상식으로는 도저히 이해하기 어려운 상황이다.

EU에서도 유사한 현상이 발생하고 있다. 그림 1-5처럼 EU의 광공업생산은 2003년 수준을 겨우 회복했으며 실업률은 12.2%로 두 자리 수를 보이고 있다. EU는 0.25%라는 사상 최저 금리에도 불구하고 실업률이 1995년 이후 가장 높은 상황에 놓여 있다. 국가별로 보면 사태는 더욱 심각하다. EU의 전체 GDP 3분의 1을 차지하는 독일만이 광공업생산이 2007년 수준, 즉 과거 최고 수준에 육박한다. 독일의 실업률도 1991년 통계 작성 이후 최저 수준인 5.2%이다. 그렇지만 프랑스와 스페인의 광공업생산은 그림 1-6을 보면 알 수 있듯이 아직 1994년 수준이고, 이탈리아는 1986년 수준에 불과하다. 또한 실업률 측면에서도 스페인은 26.6%로 대공황 시기의 미국과 유사한 수준이며, 프랑스 11.1%, 이탈리아 12.5%로 회복 기미가 보이지 않는 상황이 이어지고 있다.

【그림 1-5】 EU의 실업률과 광공업생산

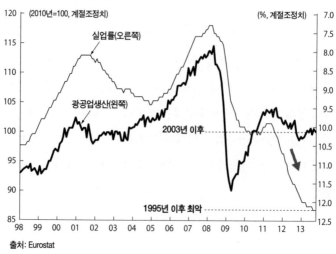

출처: Eurostat

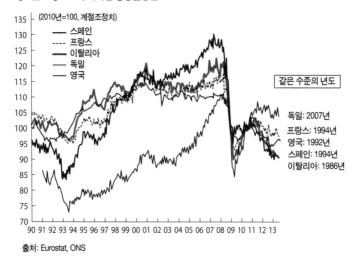

【그림 1-6】 EU 내 국가별 광공업생산

(2010년=100, 계절조정치)

스페인
프랑스
이탈리아
독일
영국

같은 수준의 년도

독일: 2007년
프랑스: 1994년
영국: 1992년
스페인: 1994년
이탈리아: 1986년

출처: Eurostat, ONS

GDP 및 인플레에 영향을 주는 것은 본원통화가 아니라 통화공급량

회복되지 못한 것은 광공업생산과 고용뿐만이 아니다. 각국의 중앙은행이 금리를 대폭 낮추고 양적완화를 실시했음에도 불구하고 이들 국가의 통화공급량과 민간신용은 거의 증가하지 않았다. 그림 1-7부터 그림 1-10은 중앙은행이 어느 정도 유동성을 공급했는지를 나타내는 본원통화, 민간이 사용할 수 있는 돈이 어느 정도인지를 나타내는 통화공급량, 민간이 어느 정도 돈을 빌렸는지를 보여주는 민간신용(미국의 경우 상업은행의 론·리스 잔액)을 나타낸 그래프다. 여기에서 이 세 가지 지표를 살펴봐야 하는 이유는 중앙은행은 민간금융기관으로부터 국채와 사채를 구입하여 언제든지 민간에 유동성(본원통화)을 공급할 수는 있지만, 그 자금이 실물경제에서 유통되기 위해서는 금융 시스템 외부로 흘러들어야 하는데 이를 위해서는 금융기관이 이 자금을 기업과 민간에 대출해야 하기 때문이다. 이는 중앙은행이 아무리 본원통화를 확대해도 금융기관의 민간신용이 늘지 않으면 자금은 은행 외부로 흘러가지 못하고 은행 내부에 정체된다는 것을 의미한다.

또한 민간이 자유롭게 사용할 수 있는 통화 지표인 통화공급량의 대부분은 은행예금이다. 경제분석가가 통화공급량에 주목하는 것은 이것의 추이가 인플레이션율과 명목 GDP의 움직임과 연동성이 높기 때문이다. 또한 통화공급량의 정의는 M1에서 M4까지 다양하며 이 중 어느 것이 지표로서의 효율성이 높은지는 국가별로 상이하다. 따라서 그림 1-7부터 그림1-10은 각 국가의 중앙은행이 지표성이 가장 높다고 생각하는 통화공급량 정의에 따르고 있다.

기존 경제학에서는 이들 세 가지 지표가 같은 방향으로 움직인다고 가르쳤다. 즉 본원통화가 10% 증가하면 통화공급량도 최종적으로 10% 늘고, 민간신용도 10% 증가한다는 것이다. 실제로 리먼 쇼크 이전 경제에서는 이 세 가지 지표가 같은 방향으로 움직이고 있었다. 분명히 교과서 대로의 경제가 존재했던 것이다.

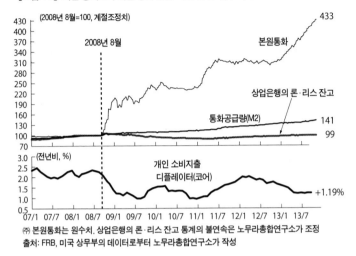

【그림 1-7】 버블 붕괴로 무너진 통화 관련 지표 간 관계(1): 미국

(2008년 8월=100, 계절조정치)

2008년 8월

본원통화 433

상업은행의 론·리스 잔고

통화공급량(M2) 141

99

(전년비, %)

개인 소비지출
디플레이터(코어)

+1.19%

07/1 07/7 08/1 08/7 09/1 09/7 10/1 10/7 11/1 11/7 12/1 12/7 13/1 13/7

㈜ 본원통화는 원수치. 상업은행의 론·리스 잔고 통계의 불연속은 노무라총합연구소가 조정
출처: FRB, 미국 상무부의 데이터로부터 노무라총합연구소가 작성

　그런데 리먼 쇼크 이후부터는 이들 세 지표의 움직임이 완전
히 제각각이다. 예를 들어 미국에서는 FRB가 양적완화를 통해
유동성을 공급한 결과, 리먼 쇼크 때를 100으로 했을 때 유동성은
433을 웃도는 수준까지 확대되었다.

　정상적인 상황이라면 통화공급량도 100에서 433이 되며 민간
신용도 100에서 433까지 증가해야 하지만, 통화공급량은 그림에
서도 알 수 있듯이 141로 매우 완만한 증가세를 보이고 있다. 민간
신용도 99로 리먼 쇼크 이전 수준을 겨우 회복했을 뿐이다. 즉 이
들 지표는 완전히 비동조화(디커플링)된 것이다. 일부 학자 및 평론
가는 중앙은행이 좀 더 화폐를 찍어낸다면 경기가 틀림없이 좋아

질 것이라고 말하지만 늘어나는 것은 본원통화일 뿐이다. 그러나 GDP나 인플레이션에 직접적으로 영향을 미치는 것은 본원통화가 아니라 민간이 사용하는 돈의 지표인 민간신용과 통화공급량이다.

중앙은행의 금융완화책을 통해 민간이 사용할 수 있는 통화량이 증가하여 경기가 회복된다면 통화정책은 유효하다고 할 수 있다. 그러나 실제로는 민간신용도 통화공급량도 거의 늘어나지 않았다. 민간이 사용할 수 있는 돈이 늘어나지 않는다면 금융완화를 통해 경기가 회복되기는 어려우며 인플레이션이 가속화되는 경우도 발생하지 않는다. 이와 관련하여 최근의 미국 인플레이션율은 그림 1-7의 제일 아래쪽 그래프가 보여주듯이 하락세를 보이고 있다. 정상적인 상황이라면 경기가 점차 회복되면서 인플레가 가속화되겠지만 그렇지 않았던 것은 민간신용과 통화공급량 모두 증가하지 않았기 때문이다.

유사한 현상이 EU에서도 발생하고 있다. 그림 1-8을 보면 분명히 리먼 쇼크까지는 세 개의 선이 거의 같이 움직이고 있었다. 그런데 리먼 쇼크 이후 ECB가 큰 폭으로 본원통화를 늘리고 금리를 인하했음에도 불구하고 민간신용과 통화공급량은 극히 완만한 형태로 증가하는 데 그쳤다.

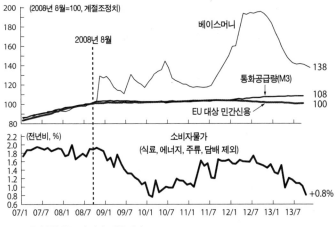

【그림 1-8】 버블 붕괴로 무너진 통화 관련 지표 간 관계(2): EU

(2008년 8월=100, 계절조정치)

베이스머니

2008년 8월

통화공급량(M3)

EU 대상 민간신용

138
108
100

(전년비, %)

소비자물가
(식료, 에너지, 주류, 담배 제외)

+0.8%

07/1 07/7 08/1 08/7 09/1 09/7 10/1 10/7 11/1 11/7 12/1 12/7 13/1 13/7

㈜ 노무라종합연구소가 계절조정을 실시
출처: ECB, Eurostat

그림 1-9에서 알 수 있듯이 영국도 리먼 쇼크까지는 세 개의 선이 거의 같이 움직이고 있었다. 리먼 쇼크 이후, 영국의 중앙은행은 대규모 양적완화를 실시했다. 당시 고위직 인사인 폴 피셔는 "우리는 일본의 전철을 밟지 않을 것이다. 양적완화를 신속하고 과감하게 실시하여 단기간에 통화공급량을 증대시켜, 이를 통해 영국 경제를 회복시킬 것"이라고 호언장담했다. 유사한 상황을 이미 겪은 일본은 진짜로 영국 중앙은행 고위직 인사가 말한 것처럼 될 것인지 의심 반 기대 반으로 지켜봤지만, 결국 그림1-9와 같이 통화공급량은 거의 늘어나지 않았다. 은행 대출, 즉 민간신용은 오히려 감소했으며, 게다가 그 감소 추세는 최근까지도 이어지

고 있다. 본원통화는 대폭 증가했지만 영국 경제는 2011년에 심각한 더블딥(double dip, 이중 침체)에 빠졌으며 2012년 중반기에 들어서야 비로소 회복할 기미를 보이기 시작했다.

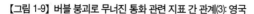

【그림 1-9】버블 붕괴로 무너진 통화 관련 지표 간 관계(3): 영국

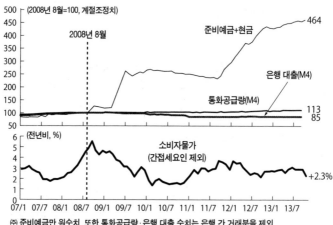

㈜ 준비예금만 원수치. 또한 통화공급량·은행 대출 수치는 은행 간 거래분을 제외
출처: Bank of England, Office for National Statistics, UK로부터 노무라총합연구소가 작성

그리고 2008년 이후 EU와 미국에서 나타난 이 금융 지표 간 이상 변동은 1990년 버블 붕괴 이후 일본에서 관찰된 금융 지표들의 동향과 완전히 일치했다(그림 1-10).

【그림 1-10】 버블 붕괴로 무너진 통화 관련 지표 간 관계(4): 일본

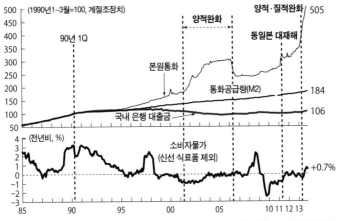

㉠ 일본 국내 은행 대출금의 계절조정과 2003년 이전 통화공급량 통계를 기초로 노무라총합연구소가 조정

출처: 일본 중앙은행 「머니스톡」, 「본원통화」, 「국내 은행의 자산·부채 등」

　일본에서도 1990년에 버블이 붕괴되자 이 세 지표가 각각 독립된 움직임을 보이기 시작했다. 당시 경제가 침체되는 가운데 일본의 정치가와 경제학자들은 일본 중앙은행을 상대로 본원통화 공급을 늘려 경기를 자극할 수 있도록 강한 압력을 가했으며 일본 중앙은행은 그들의 압력에 따라 본원통화 공급을 늘렸다. 본원통화 공급과 관련하여 1990년 1/4분기를 100이라 할 때, 2013년 3월 시라카와(白川) 전 총재[1]의 임기 만료 때는 380을 기록하였으며, 이

---

1 역대 일본 중앙은행 총재: 29대 후쿠이 도시히코(福井俊彦, 2003년 3월 ~2008년 3월), 30대 시라카와 마사아키(白川方明, 2008년 4월~2013년 4월), 31대 구로다 하루히코(黑田東彦, 2013년 5~현재).

후 구로다(黑田) 총재가 시행한 대대적 금융완화로 10월에는 505까지 상승했다. 즉 일본 중앙은행은 과거 20년간 금융 시스템 내 유동성을 5배 증가시켰던 것이다. 그러나 실제로 민간이 사용할 수 있는 통화공급량은 20년 동안 겨우 84%밖에 증가하지 않아 민간신용은 거의 창출되지 않았다고 볼 수 있다. 민간신용이 창출되지 않는다면 금융완화에 따른 효과가 나타날 수 없으며 실제로 경기는 좋아지지 않았다.

1990년대에 밸런스시트 불황에 돌입한 일본

그렇다면 왜 이러한 이상 현상이 일본뿐만 아니라 EU와 미국에서도 발생했는가. 이 질문에 답하기 위해서는 이제까지 경제학 교과서나 비즈니스 관련 책에서도 언급하지 않았던 특수한 경제 현상에 대해 언급할 필요가 있다. 최근 이들 국가의 민간부문은 거의 제로금리 상태에서도 채무 변제를 우선시하는 특이한 양상을 보이고 있다. 기본적으로 무이자로 자금을 빌릴 수 있는 상황에서 민간이 채무 변제를 우선시하는 것이 합리적이라고 가르치는 대학 경제학과나 비즈니스 스쿨은 전 세계 어디에도 없다.

기존 경제학에서는 제로금리하에서 민간기업이 채무를 변제한다는 것은 그 기업의 경영자가 자금의 조달비용이 제로임에도 불구하고 자금을 유용하게 사용하는 방법을 찾지 못했다는 것을 의미한다. 이와 같은 무능한 경영자가 이끄는 기업은 그 경영자를 해고하든지 아니면 회사를 정리하고 남은 자금을 주주에게 되돌려줘야 한다. 왜냐하면 주주들이 좀 더 효율적인 자금의 사용법을 발견할 것이기 때문이다. 즉 기업이 존재하는 것은 개인보다 돈을 더 잘 벌기 때문이다. 개인이 저축한 돈을 직접 혹은 간접적으로 기업에 투자하고 기업은 이를 활용하여 이익을 창출한다. 개인은 자금 제공의 대가로 이자 및 배당금을 수취한다. 이와 같은 사고 틀 안에서는 금리와 인플레이션율이 제로인 시기에 기업이 돈을 빌리지 않고 기존 채무를 변제하는 행동은 전혀 고려되지 않는다. 그렇기 때문에 이와 같은 사례는 어느 비즈니스 스쿨 교과서에도 소개되고 있지 않은 것이다. 그러나 일본·미국·EU의 민간부문은 최근 줄곧 채무 변제를 포함한 저축 증대에 힘써왔으며 이것이 각국 통화정책의 효력을 크게 떨어뜨렸다.

예를 들어, 일본 기업은 1995년경부터 단기금리가 거의 제로였음에도 불구하고 신규로 자금을 빌리기는커녕 채무 변제를 최우선시하였다. 그림 1-11은 일본 기업이 은행 및 자본시장으로부터 조달한 자금액 규모와 단기금리를 나타낸 것이다. 1995년에 금리는 이미 제로 근처까지 하락했지만 기업은 차입금을 늘리지 않고 채무 변제를 가속화했다. 자금 조달액 감소는 일본의 인플레이션율이 아직 플러스였던 버블 붕괴 직후부터 시작되었다. 그리고 이 채무 변제액은 2002년과 2003년에는 연간 30조 엔이라는 엄청난 규모에 달했다.

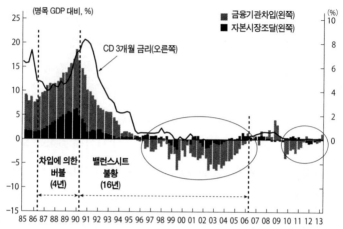

【그림 1-11】 제로금리하에서 채무 변제를 우선시한 일본 기업

출처: 일본 중앙은행 『금융경제통계월보』의 「자금순환 통계」, 일본 내각부 「국민경제계산」 등을 기초로 노무라총합연구소가 작성

　이것과 완전히 같은 현상이 2008년 이후 EU와 미국에서 발생했으며 이들 국가는 모두 인플레이션율은 플러스, 실질금리는 큰 폭의 마이너스였지만 민간부문은 저축 증대와 채무 변제를 서둘렀다.

　본래 자금을 조달해서 사업을 확대해야 할 기업이 일제히 이를 중지하고 채무 변제로 돌아서면, 경제는 두 가지 의미에서 수요를 상실한다. 첫 번째는 기업이 자사의 현금흐름을 투자에 사용하지 않음으로써 상실되는 수요이며, 또 하나는 기업부문이 가계부문의 저축을 빌려 쓰지 않음으로써 없어지는 수요이다. 이와 같은 총수요 감소로 이들 국가는 대규모 불황에 돌입하는 것이다.

자산 가격 폭락에서 비롯된 기업의 밸런스시트 문제

보통 저금리 상황에서 높은 자금 수요를 보이는 민간부문이 왜 금리가 제로 혹은 제로 가까이 하락했음에도 채무 변제를 우선시하게 되었을까? 그것은 이들 국가의 자산 가격이 버블 붕괴 후 대폭 하락하여 그 결과로 수천만 명에 달하는 민간의 밸런스시트가 크게 훼손되었기 때문이다. 그림 1-12는 일본 6대 도시의 상업용 부동산 가격, TOPIX, 그리고 골프장 회원권 가격의 추이를 나타낸 것이다. 그림을 보면 상업용 부동산이 최고 수준에서 87% 하락하고 골프 회원권은 이보다 더 큰 폭으로 하락했음을 알 수 있다.

【그림 1-12】밸런스시트 문제를 초래한 자산 가격의 하락

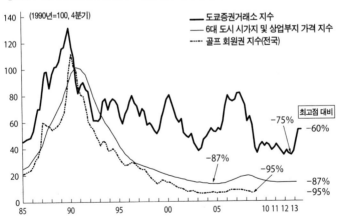

출처: 도쿄증권거래소 「도쿄증권거래소 가격 지수(TOPIX)」, 일본부동산연구소 「시가지 가격 지수」, 일경산업신문 「일경골프회원권 지수」

자산 가격이 폭락하는 한편, 가계나 기업이 자산을 구입하기 위해 빌린 자금 혹은 그들의 자산을 담보로 얻은 채무는 그대로 남았다. 그 결과, 일본 기업과 가계가 채무로 구입한 자산의 가치는 구입 당시의 수분의 일로 하락했지만 채무의 잔고만큼은 원래의 수준으로 남아 있는 상황에 놓였다. 예를 들어 100억 엔의 토지를 10억 엔의 자기자본과 90억 엔의 채무로 구입한 기업은 버블 붕괴로 지가(地價)가 5분의 1로 하락한 결과, 20억 엔 상당의 토지와 90억 엔의 채무가 남았다. 그 결과, 그 기업은 70억 엔 채무를 초과하여 밸런스시트가 크게 훼손되었다.

밸런스시트 회복을 위해 일제히 채무 변제에 몰두한 일본 기업

기업의 부채가 자산을 웃돈다는 것은 그 기업이 사실상 파산 상태에 있다는 것을 의미한다. 그렇지만 자세히 보면 파산에도 두 가지 형태가 있다. 통상의 파산이라고 하는 것은 특정 기업이 만든 자동차나 카메라 등의 제품이 팔리지 않고 광고비를 쏟아 부어도 효과가 없어 채무가 초과되는 형태의 파산이다. 이 경우는 그 기업이 시장으로부터 평가를 받지 못한 것이라고 할 수 있기 때문에 파산해도 별다른 수가 없다.

그러나 1990년 이후 일본에서 벌어진 파산은 이와 같은 형태가 아니었다. 대부분의 기간 동안 일본은 세계 최대 규모의 무역 흑자를 자랑하고 있었다. 이것은 전 세계 소비자가 일본 제품을 선호하고 일본 기업은 우수한 기술과 매력적인 제품을 개발할 능력을 보유하고 있었다는 것을 의미한다. 1990년대 미국과의 수차례에 걸친 무역 마찰은 일본 제품의 뛰어난 품질과 그것을 원하는 수요의 크기를 보여주는 증거였다.

즉 제품 판매와 기술 개발이라는 사업의 핵심 역량은 여전히 건재했다. 현금흐름은 양호했으며 기업은 매년 이익을 내고 있었다. 한편으로는 버블 붕괴 이후 일본의 자산 가치 폭락으로 이들 기업의 밸런스시트에 큰 구멍이 생겨 순자산은 마이너스가 되었다. 일본에서는 버블 붕괴 이후 수만 아니 수십만 개에 달하는 기업이 이와 같은 상황에 놓이게 된 것이다.

본업이 건전하고 현금흐름이 양호하지만 밸런스시트에 심각한 문제를 안고 있는 기업은 그것이 일본 기업이든 미국, EU, 독일 혹은 대만 기업이든 간에 취하는 행동은 동일하다. 그것은 본업의 현금흐름을 기초로 가능한 한 빨리 채무를 변제하려고 하는 것이다. 사업이 양호한 현금흐름을 만들어 내고 있는 동안에는 지속적인 채무 변제가 가능하다. 자산 가격은 마이너스가 되지 않기 때문에 채무를 계속 변제해 나가면 회사의 과잉 채무는 언젠가는 없어진다. 그 시점부터 기업은 경제학 교과서에 쓰여 있는 것처럼 이익 최대화로 돌아선다. 그러나 그 시점까지는 채무 과다이지만 현금흐름이 양호한 기업의 최우선 과제는 이익 최대화가 아니라 채무 최소화인 것이다.

이러한 과정에서 기업은 외부 저널리스트나 애널리스트들에게는 희망찬 수익 전망을 적극적으로 알리는 한편, 조용히 그리고 맹렬히 채무를 변제한다. 이는 만일 외부인에게 밸런스시트상 문제가 알려지기라도 한다면 그 기업의 신용에 심각한 여파가 미칠 수 있기 때문이다. 혹시라도 언론이 그 회사가 사실상 파산한 상태에 있다고 보도라도 하면 그 기업은 다음 날부터 대혼란에 빠질 수도 있다. 은행은 융자를 정지시키고 납품업자는 수표나 할부 구입을 거절하고 현금결제를 요구하는 등 해당 기업은 존망의 위기에 처할 수도 있다. 따라서 현금흐름은 양호하지만 밸런스시트가 망가진 기업은 부채의 실태가 외부에 알려지지 않도록 조용하면서도 꾸준히 채무를 변제해 나가는 것이 최우선 과제다.

또한 일본 기업이 1980년대 말까지 미국 및 EU 기업에 비해 레버리지가 높았던 것도 채무 변제의 시급성을 더했다. 일본 기업의 레버리지가 높은 것은 그때까지의 성장률이 호조를 보였고 차입한 자금으로 구입한 자산 가격도 버블 붕괴 이전까지는 계속해서 상승해 왔기 때문이다. 그러나 레버리지가 높은 기업을 경영하고 있는 사람이라면 누구나가 그 리스크에 민감하고, 불황이나 자산 가격이 하락할 가능성을 나타내는 자그마한 신호라도 접하게 되면 채무 변제를 가속화한다. 그것이 그들에게 가장 중요한 자기방어책이기 때문이다.

경영자가 외부인에게 회사의 재무상 문제를 적극적으로 알리는 경우를 제외하면 채무 변제 행위는 올바르고 책임 있는 행동이다. 왜냐하면 충분한 시간만 주어진다면 기업의 본업 자체가 나쁘지 않기 때문에 그들은 매 분기 양호한 현금흐름을 바탕으로 과잉 채무를 해소해 나갈 수 있다. 이것은 '시간'이 해결해 주는 문제일 뿐만 아니라 그 이외의 선택 중 하나인 파산 선고를 하게 되면 관계자 전원에게 막대한 손해를 끼치게 된다.

예를 들어 주주들은 자신들이 보유한 주식이 휴지 조각이 되는 것을 원치 않으며 채권자들도 그들의 자산이 불량자산이 되는 것을 바라지 않는다. 또한 직원들도 당장 일이 없는 상황을 피하고 싶어 한다. 즉 기업의 모든 이해관계자 관점에서 현금흐름을 활용해 채무를 변제하는 것은 현명한 행동인 것이다. 본업의 현금흐름이 양호한 이상 채무 초과 문제는 시간이 해결해 준다. 이것이야말로 1990년대에 수많은 일본 기업이 채무를 변제하기 시작한 경위이다.

일본 경제를 축소균형으로 몰고 간 민간의 올바른 행동

채무에 기초하여 확대 생산된 자산 버블이 붕괴되고 채무만이 남은 민간부문은 일제히 채무 변제를 시작했다. 이것은 개개의 기업 및 가계에는 지극히 책임 있고 올바른 행동이었지만 경제 전체가 '합성의 오류' 상태에 빠지는 요인이기도 했다. '합성의 오류'란 어떤 인물(혹은 기업)에게는 올바른 행동이더라도 모든 사람(혹은 기업)이 동일하게 행동하면 바람직하지 못한 결과가 초래되는 경우다. 과거 20년간 일본 경제는 수많은 '합성의 오류'로 고통을 받았다.

여기서 시점을 미시에서 거시로 옮겨보면, 국가 경제 내에서 누군가가 저축이나 채무 변제를 하고 또 다른 누군가가 금융 시스템으로 유입된 자금을 빌려 사용하지 않으면 경제는 돌아가지 않는다. 모두가 채무 변제나 저축만 하고 경제 주체 누구도 돈을 빌려 쓰지 않으면 그만큼 경제의 총수요는 감소하기 때문이다.

일반적인 시장경제에서는 은행 및 증권회사가 가계의 저축 및 기업의 채무 변제분을 또 다른 경제 주체에게 이어주는 중개자로서 기능한다. 예를 들어 1,000엔의 소득을 가진 가계가 900엔을 사용하고 나머지 100엔을 저축한다고 하자. 소비한 900엔은 누군가 다른 경제 주체의 소득이 되고 경제 내에서 계속 순환한다. 저축한 100엔은 은행이나 증권회사를 거쳐 기업에 대출되고 기업은 그것을 빌려 사용(투자)한다. 그렇게 하면 당초 1,000엔의 소득은 1,000엔(900엔+100엔)의 지출을 만들어 내기 때문에 경제가 돌아가는 것이다.

좀 더 보충하자면, 만일 가계가 예금한 100엔을 빌리려고 하는 기업이 부족하거나 80엔 정도만 빌리는 경우, 은행은 대출금리를 인하하여 보다 많은 사람에게 자금을 빌려주려고 한다. 이것이 전반적인 시장 상황이라면 중앙은행은 금리를 인하할 것이다. 차입자가 충분하지 못할 때는 돈은 순환되지 않고 경기도 침체된다.

금리가 낮아지면 금리가 높을 때 차입을 주저했던 기업도 자금을 빌려 쓰게 될 것이다. 결과적으로 1,000엔 모두(900엔+100엔) 여타 경제 주체의 손에 넘겨져 경제는 돌아가게 된다. 반대로 차입자가 너무 많아서 기업 간 경쟁이 발생할 경우에는 시장 원리가 작동하여 금리는 상승하고 높은 금리에도 돈을 빌리고자 하는 사람들이 그 100엔을 빌려 사용하게 된다. 정상적으로 기능한다면 경제는 이렇게 돌아간다.

그렇지만 과거 20년간 일본에서는 그림 1-11처럼 금리가 제로인 상황에서도 차입자가 많지 않았다. 이는 과잉 채무로 고통받는 기업이 단순히 차입 자금의 비용이 낮아졌다는 이유만으로 자금을 빌리지는 않았기 때문이다. 오히려 기업은 금리가 제로에 근접했음에도 불구하고 매년 수십조 엔 규모로 채무를 변제했다. 또한 은행 측도 채무 초과 상태인 기업에 적극적으로 돈을 빌려주지 않았고, 더욱이 은행 자체의 밸런스시트 문제를 안고 있는 경우는 말할 필요도 없었다. 이와 같은 상황에서는 은행에 맡겨둔 100엔의 가계저축을 빌리는 사람이 없으며, 따라서 사용되지도 않는다. 결국 이 100엔의 예금은 빌리려는 경제 주체가 없는 상태로 미차저축[2]으로 은행에 머물러 경제의 소득순환에서 누락된다.

그러면 그 900엔의 소득을 얻은 가계도 소득의 90%, 즉 810엔을 사용하고 나머지 10%, 즉 90엔을 저축한다고 가정해 보자. 이 경우에도 810엔은 다른 경제 주체의 소득이 되지만 나머지 90엔

---

2 가계 및 기업에 의해 은행에 저축되지만 대출되지 않은 자금.

은 빌리려는 사람이 없기 때문에 미차저축으로 은행 시스템 내부에 남게 된다. 실제로 일본의 경우 그림 1-11처럼 제로금리에도 빌리려는 사람이 없는 상황이 1995년부터 10년 넘게 지속되었다. 이 프로세스가 반복되면 당초 1,000엔의 소득은 900엔, 810엔, 729엔으로 감소하고 경제는 디플레 악순환에 빠지게 된다.

디플레 악순환에 기인한 경기 악화는 자산 가격을 더욱더 하락시킬 뿐만 아니라 채무 변제의 자원인 기업의 수익을 압박하고 채무를 변제하려는 기업의 노력을 더욱더 어렵게 한다. 개별 기업이 채무 초과 상태를 탈피하기 위해서 채무를 변제하는 것은 옳은 (또는 책임 있는) 행동이라 하더라도 모든 기업이 일제히 동일한 행동을 취하는 경우에는 '합성의 오류'가 발생한다. 이것이 버블 붕괴 이후 민간이 이익 최대화에서 채무 최소화로 전환됨으로써 발생하는 밸런스시트 불황의 무서운 정체인 것이다.

또한 제로금리하에서 민간이 돈을 빌리지 않게 되면 중앙은행이 아무리 금융기관에 자금을 공급해도 자금이 금융기관 외부로 나갈 수 없게 된다. 이것이 리먼 쇼크 이후 중앙은행이 본원통화를 지속적으로 늘려도 민간신용 및 통화공급량 증가가 더딘 원인이다. 이것은 민간이 이익 최대화가 아닌 채무 최소화에 집중하게 되면서 중앙은행의 통화정책 효력이 급감해 버리는 것을 의미한다. 이 점은 제2장에서 자세히 살펴보기로 한다.

1,500조 엔의 부를 앗아간 일본의 버블 붕괴

일본에서 수많은 기업이 일제히 채무를 변제하기 시작했다는 사실은 그들의 밸런스시트가 버블 붕괴로 인해 받은 고통의 심각성을 말해주고 있다. 그림 1-13은 1990년에 시작된 부동산 가격과 주가 하락에 의해 사라진 국부의 크기를 나타내고 있다. 이 두 가지 자산의 손실 규모만 해도 일본 총 개인금융자산의 스톡(stock)에 필적하는 1,570조 엔 규모의 부가 상실된 것이다.

【그림 1-13】 버블 붕괴 후 자산 가치 하락에 의해 상실된 부는 1,500조 엔 이상

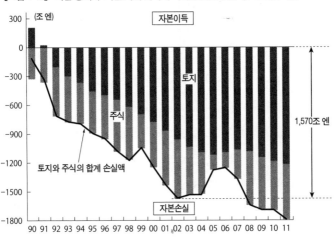

출처: 일본 내각부 「국민경제계산연보」를 참고로 노무라총합연구소가 작성

또한, 이 수치는 일본의 GDP 3년 치와 비슷한 수준이다. 즉 일본은 자산 가치 하락에 의해 GDP 3년 치에 해당하는 국부를 잃었

다. 내가 알고 있는 한 이는 평시에 국가가 입은 경제 손실로서 사상 최대 규모다.

평시에 막대한 부의 손실을 경험한 국가는 일본이 처음은 아닙니다. 미국에서는 1929년 대공황이 일어났고, 주가 및 여타 자산 가격 폭락으로 인해 민간부문은 일제히 채무 변제에 몰두한 적이 있었다. 당시 미국인들도 버블 시기에 자산 가격이 급상승하는 가운데 주식에서 내구소비재에 이르기까지 모든 것을 대출 받아 구입했다. 그러나 1929년 10월 뉴욕에서 주식 폭락을 비롯해 여타 자산 가격이 하락하면서 채무만 남게 되었다. 모두가 개인 소득 및 기업 수익을 채무 변제를 위해 우선적으로 사용했기 때문에 금융 당국이 아무리 금리를 인하해도 돈을 빌리고자 하는 경제 주체는 나타나지 않았다. 그 결과, 미국은 앞서 언급한 '1,000엔→900엔→810엔'의 악순환에 빠져들어 1929년 최고 수준을 기록했던 GNP가 불과 4년 만에 46%나 감소했다. 대도시 실업률은 50%를 상회했으며 전국적으로는 25%에 달했다. 주가는 최고점에서 8분의 1까지 하락했지만 그래도 이 시기 미국이 상실한 국부는 1929년 GNP 1년 치에 상응하는 수준으로 추산되고 있다. 이는 일본이 입은 피해의 3분의 1 규모이며 이것만 보더라도 일본이 버블 붕괴로 입은 피해가 얼마나 컸는지를 알 수 있다.

버블 붕괴 이후 일본의 GDP는 왜 감소하지 않았나

　민간기업이 일제히 채무 변제에 집중하고 국부가 1,500조 엔이상(그림 1-13)이나 상실되었음에도 불구하고 일본의 명목 GDP와실질 GDP는 과거 20년간 버블 절정기 수준을 하회한 적이 없었다. 게다가 이 기간 동안 일본의 상업용 부동산 가격은 최고점에서 87%나 하락하고 지가는 1973년 수준까지 하락했음에도 불구하고 GDP는 감소하지 않았다(그림 1-14).

【그림 1-14】 버블 붕괴 후에도 지속적으로 증가해 온 일본의 GDP

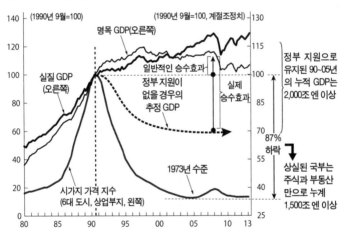

출처: 일본 내각부 「국민경제계산」, 일본부동산연구소 「시가지 가격 지수」를 참고로 노무라총합연구소가 작성

이것은 엄청난 일이며 동시에 일본 불황과 미국 대공황의 가장 상이한 점이다. 대공황 시대에 미국이 경험한 것처럼 디플레 악순환에 빠져 GDP가 대폭 하락하는 것이 일반적이지만 일본 경제는 그렇게 되지 않았다.

그렇다면 과거 20년간 일본에서는 누가 저축하고 누가 돈을 빌렸는지 확인해 보자. 자금의 흐름을 보여주는 자금순환 통계를 나타낸 그림 1-15a는 경제의 어느 부문이 저축하고 어느 부문이 돈을 빌렸는지를 보여준다. 이 그림에서 제로를 나타내는 횡선의 윗부분이 자금잉여를 나타내고, 거기에 위치하는 경제 주체는 경제 전체에 대해 자금의 공급자인(저축을 하는) 것을 의미한다. 이 선 아래는 자금부족을 나타내는 것으로 여기에 위치하는 경제 주체는 자금을 조달해서 투자를 하고 있는 것을 나타낸다. 이 통계는 통상 가계, 비금융법인부문, 정부, 금융부문, 해외 등 5개 부문으로 나뉘어 있고 어느 시점에서도 이 5개를 합하면 제로가 되도록 구성되어 있다. 그림 1-15a에서 일부 지표가 보기 어려운 측면이 있어 그림 1-15b에서는 같은 밸런스시트상 문제를 안고 있다는 점을 고려하여 비금융법인부문과 금융부문을 합하여 4가지로 분류했다. 또한 이 데이터는 계절적 요인으로 크게 변동하는 경우가 있으므로 계절조정을 위해 이동평균법이 사용되었다. 이 방법은 자금순환 통계를 사용하여 동향을 파악할 때 일반적으로 활용하는 조정 기법 중 하나이다.

【그림 1-15a】 밸런스시트 불황의 출구 문제에 직면한 일본

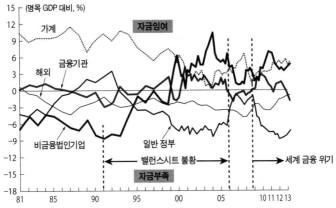

부문별로 본 자금과부족 추이

【그림 1-15b】

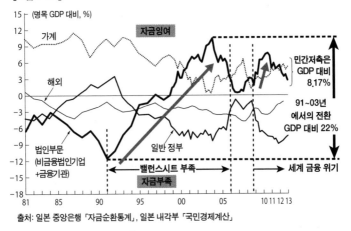

출처: 일본 중앙은행 「자금순환통계」, 일본 내각부 「국민경제계산」

이 그래프가 우리에게 무엇을 가르쳐주고 있는가를 이해하기

위해서 먼저 이상적인 상황을 생각해 보자. 이상적인 경제에서는

가계부문이 가장 위에 있고(순저축자), 법인부문은 가장 아래(순투자자), 남아 있는 정부와 해외부문은 제로 근처에 있다. 그래프 맨 위에 있는 가계부문 선은 가계의 저축률이 높다는 것을 의미한다. 그래프 바닥에 가까운 법인부문 선은 기업이 활발하게 차입하여 투자하는 것을 의미하고 기업부문의 투자율이 높다는 것을 보여주고 있다. 정부와 해외를 나타내는 두 개의 선이 그래프 제로 근처에 위치한 것은 정부 재정과 대외수지가 균형 상태에 있는 것을 의미한다.

그렇다면 일본은 과거 위와 같은 이상적 형태를 보인 시기가 있었는가. 1990년 버블이 절정에 달했던 시기에 이와 같은 형태를 보였다. 당시 일본의 가계부문은 그래프의 가장 윗부분에 위치하고, 법인부문은 바닥에, 해외는 적당한 순투자자(제로보다 아래)였으며, 정부는 순저축자(제로보다 위)였다. 해외가 제로보다 아래라는 것은 해외가 일본에서 돈을 빌렸다는 것을 의미한다. 즉 일본은 경상수지 흑자를 기록하고 있었다. 정부가 제로보다 위에 위치한 것은 정부의 재정수지가 흑자였다는 것을 의미한다. 즉 1990년의 일본 경제는 고저축률, 고투자율, 경상수지 흑자, 재정 흑자로 설명될 수 있다. 이것은 더할 나위 없는 최고의 상황이었다. 그보다 조금 전인 1979년 하버드대학 에즈라 보겔(Ezra Vogel) 교수는 『*Japan as No.1-Lessons for America*』를 저술하였고 이 책은 베스트셀러가 되었다. 어떤 의미에서는 이 책의 제목이 당시 상황을 정확하게 반영하고 있다고 할 수 있다. 자금순환 통계에 한해서 보면 1990년의 일본 경제는 가장 이상적인 상황에 있었고 세계 경제라는 무대에서 일본의 경쟁 상대는 없었다고 해도 과언이 아니었다.

그러나 유감스럽게도 1990년대 투자는 버블을 초래했고 버블이 꺼지자 모든 것이 물거품이 되었다. 우선 1990년에 시작된 자산 가격 급락은 법인부문의 밸런스시트에 큰 구멍을 만들었다. 그 영향으로 기업은 부채 압박에 시달렸으며 기업부문의 자금 조달(그림 1-15b의 검은 선)도 1990년부터 감소하기 시작했다.

채무를 변제하는 기업의 수는 계속 증가했으며 1998년에는 법인부문 전체가 순저축자가 되었다. 이것은 기업이 가계부문으로부터 자금을 조달하는 것을 중지했을 뿐만 아니라 자신의 현금흐름도 채무를 변제하기 위해 사용하기 시작했다는 것을 의미한다. 이후 법인부문은 최근까지도 줄곧 저축을 계속했다. 2000년부터는 법인부문 저축이 가계부분 저축을 상회하고 있다. 통상적으로 생각하면 경제에서 최대 채무자가 되어야 할 기업이 반대로 최대 저축자가 되어 있고, 자금을 조달하는 것이 아니라 자금을 공급하고 있는 것이다. 이것은 어떤 경제에서도 위험한 상황이라 할 수 있다. 게다가 일본에서는 지금도 이와 같은 상황이 이어지고 있다.

기업이 차입하여 투자하는 행위를 중지할 뿐만 아니라 자신의 현금흐름도 채무 변제에 충당한 결과, 기업의 수요는 1990년에서 2003년에 걸쳐 GDP 대비 22%(그림 1-15b)나 축소되었다. 즉 자산 가격 급락이 실질적으로 GDP의 20% 이상에 상응하는 법인부문의 수요를 상쇄한 것이다. 이 정도 규모로 자금 수요가 축소된다면 어떤 경제에서도 경기는 후퇴할 수밖에 없다. 그리고 이것은 또 다른 대공황으로 이어질 수밖에 없다.

정부의 재정 지출이 일본 경제를 구하다

그렇다면 왜 일본의 GDP가 버블 절정기 수준을 하회하지 않았을까. 그것은 정부가 전술한 100엔을 빌려 썼기 때문이다. 1990년과 1991년, 버블 붕괴 직후 일본에서는 세수가 아직 컸기 때문에 정부는 재정 흑자를 기록하고 있었다. 그러나 1992년경부터 경제가 급속히 악화되었는데 정책 담당자들은 이것은 통상의 경기순환에서 하강 국면에 접어든 것일 뿐, 정부가 1~2년 마중물과 같은 재정 지출을 실시하면 충분히 회복될 수 있다고 생각했다. 이것은 2009년 출범한 오바마 정권의 초대 NEC(국가경제회의) 위원장을 지낸 로렌스 서머스(Lawrence Summers)가 대규모 재정 지출을 감행하면 경기는 원래 수준으로 회복될 것으로 생각했던 것과 완전히 동일한 발상이었다. 이런 가운데 무차별적 재정 지출을 선호하는 자민당 의원들이 도로와 교량을 대규모로 건설하여 경기를 부양해야 한다고 주장한 것은 전혀 이상할 것이 없었다.

재정 지출이란 정부가 국채를 발행하여 돈을 빌려 쓰는 것이다. 이것은 가계부문이 저축했지만 기업부분이 돈을 빌리지 않아

은행 시스템 내부에 정체되어 있던 미차저축액 100엔을 정부가 빌려 사용하는 것이다. 그렇게 함으로써 당초 1,000엔의 소득에 대한 지출도 1,000엔(900엔+100엔)이 되어 **GDP**는 하락하지 않았던 것이다.

당초 정부의 재정 지출로 경제가 안정되면서 경기 대책이 효과가 있었다는 안도감이 확산되었다. 그러나 그 다음 해에 정부 조치의 효과가 떨어지자 경기는 다시 하락했다. 재정 지출이 일시적인 효과에 그치게 된 이유는 무엇일까. 이유는 매우 간단하다. 일본에서 상업용 부동산 가격이 최고치였을 때보다 87%나 하락하였고 1,500조 엔이나 되는 국부가 상실된 가운데 기업이 1, 2년의 채무 변제로 밸런스시트를 회복하는 것 자체가 애당초 불가능했던 것이다. 일반적인 회사라면 이는 적어도 수년은 소요되는 일이다. 가격이 최고치였을 때에 부동산을 구입한 회사라면 20년이 걸릴 수도 있다. 그러나 그 기간 동안 기업은 현금흐름이 플러스(+) 상태에 있는 한 채무를 지속적으로 변제한다. 이러한 상황이 지속되는 한 기업은 가계부문의 저축을 빌려 쓰지 않기 때문에 정부는 연례행사처럼 경기 대책을 실시하여 그 간격을 메울 필요가 있는 것이다.

그 결과, 그림 1-16에 나타난 것처럼 정부부문의 재정 적자는 급속히 증가하여 오늘날 직면하고 있는 엄청난 규모로 정부 부채가 누적되었다. 따라서 정부의 이와 같은 대규모 지출로 인해 기업 행동이 변화(순투자자 → 순저축자)되고 **GDP** 3년 치에 해당하는 국부가 상실되었음에도 불구하고 일본 경제는 버블 절정기를 상회하는 GDP를 유지할 수 있었던 것이다. 즉 정부는 매년 이와 같은 경기부양책을 실시함으로써 디플레갭(deflation gap)이 표면화되는 것을 방지했던 것이다.

【그림 1-16】 세수 감소에도 불구하고 지출을 늘린 일본 정부

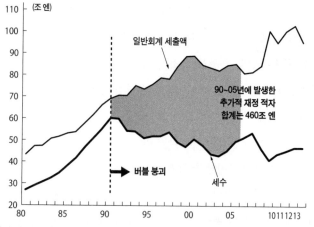

출처: 재무부의 각 년도 예산 결산 자료를 기초로 노무라총합연구소가 작성

※ 통상의 경제학에서는 디플레갭을 잠재 GDP와 실제 GDP의 차이라고 정의한다. 그러나 이 정의는 잠재 GDP를 어떻게 산출하는가에 따라 크기가 크게 달라지는 문제가 있다. 본서에서는 빌리려는 사람이 없기 때문에 은행 시스템 내부에 정체되어 있는 민간의 미차저축(가계저축액과 기업의 순채무 변제액의 합계)을 디플레갭으로 정의하기로 한다. 즉 미차저축의 크기는 소득순환에서 누출되는 금액과 같고 잠재 GDP와 관련한 추계상 문제에 영향을 받지 않는다.

제대로 평가받지 못한 일본의 '좋은 재정 적자'

일본에는 거액의 정부 부채가 남았다. 그러나 만약 정부가 이와 같은 형태로 경기를 부양하지 않았다면 GDP는 최고점 기준의 절반 아니면 그 이하로 감소했을 가능성이 크다. 게다가 이것은 낙관적인 시나리오에 속한다. 대공황 시기에 미국은 자산 가격의 폭락으로 1929년 GNP의 1년 치에 해당하는 부(富)가 사라졌으며 GNP는 46%나 감소했다. 일본의 경우에는 1989년 GDP의 3년 치 이상의 국부가 없어졌다는 점을 고려할 때, 미국보다 훨씬 더 경기가 악화되었어도 전혀 이상할 게 없었다. 그와 같은 참사를 면할 수 있었던 것은 전적으로 정부가 초기에 재정 지출을 실시하고 그것을 수년에 걸쳐 지속했기 때문이다. 결국은 정부의 과감한 행동이 경제가 파멸로 빠질 수 있었던 시나리오에서 벗어나게 한 것이다.

민간부문은 채무 변제라는 '올바른 행동'을 해야 한다고 생각했기 때문에 전술한 것처럼 '합성의 오류'가 발생했다. 이에 대해 정부가 민간과 정반대의 행동을 취했기 때문에 비참한 결말을 피할 수 있었던 것이다. 재정 지출 실시라는 올바른 행동을 취했기 때문에 경제 위기에도 불구하고 국민의 생활 수준이 급격히 저하되는 일을 피할 수 있었던 것이다. 이런 의미에서 일본의 재정 지출은 인류 역사상 가장 성공한 경제정책 중 하나라고 말할 수 있다.

유감스럽게도 일본 국내외 많은 정책 담당자, 학자 및 언론은 이와 같은 관점에서 세상을 바라보지 못했다. 이제까지의 경제학은 모두 민간은 이익 최대화를 위해 행동한다는 대전제에 기초하여 구축되었기 때문이다. 그러나 이 대전제가 성립하기 위해서는 민간의 밸런스시트가 건전하다는 조건이 충족되어야 한다. 그런데 이 조건은 20년 전 일본과 5년 전 미국과 EU에서는 충족되지 않았던 것이다.

기업은 부채 초과라는 밸런스시트 문제에 직면하게 되면 이익 최대화가 아니라 채무 최소화를 도모한다는 것을 어떤 대학, 어떤 교수도 가르치지 않았기 때문에 불황을 정확히 이해하고 극복하는 데 이렇게 긴 시간이 걸린 것이다. 지금도 기업은 제로금리 상황에서 채무 변제를 하는 경우가 있다고 가르치는 대학은 거의 없다. 그리고 정부도 극히 제한된 경우를 제외하고는 국민에게 민간부문이 채무 변제를 하고 있기 때문에 재정 지출이 필요했고, 그와 같은 재정정책을 실시했기 때문에 국민의 생활 수준이 유지되었다고 설명하고 있지 않다.

그러기는커녕 오히려 정부의 재정 지출에 의해 경제 위기가 심화되지 않았다는 것 자체가 일본의 경제정책에 대한 그릇된 비판을 초래했다. 특히 1997년 이전 IMF(국제통화기금)를 포함해 일본 경제의 겉모습만 보는 많은 이들은 일본 정부가 부적절하게 돈을 썼기 때문에 경기 침체가 지속되고 있다는 견해를 버리지 않고 있었다. 이것은 수백조 엔에 달하는 엄청난 재정 지출을 감행했음에도 일본 경제는 버블 절정기와 비교해 거의 성장하지 못했으며 이는 돈을 비효율적으로 썼기 때문이라는 논리다.

즉 그들은 정부가 재정 지출을 하지 않았더라도 일본 경제는 제로성장을 유지했을 것이라는 가정하에 정부는 수백조 엔이나 사용했지만 성장률은 극히 저조했다는 점에만 주목했다. 또한 이로 인해 재정의 승수효과는 극히 미약했으며 그 원인은 무의미한 공공사업에 돈을 썼기 때문이라고 주장했다. 그리고 전술한 일부 일본 국내외 저널리스트들은 '비효율적인 공공사업'의 예를 일본 전역에서 찾아내어 이런 곳에 돈을 쓰고 있기 때문에 안 된다는 식의 주장을 전개했다. 공공투자라는 형태로 대규모 재정 지출이 실시되었음에도 불구하고 그것이 비효율적인 분야에 사용되었기 때문에 GDP는 저성장이나 제로성장에 머무르고 경기는 건전한 자율적 회복 궤도에 진입하지 못했다고 주장하는 것이다. 그들은 정부가 아무것도 하지 않았어도 일본 경제는 제로성장을 유지했을 거라는 전제로 정부의 재정 지출을 비판한 것이다.

그러나 현실은 정부가 재정 지출을 크게 늘렸기 때문에 그나마 제로성장을 유지하고 국민의 생활 수준이 급격하게 떨어지는 상황을 피할 수 있었던 것이다. 상업용 부동산 가격이 최고치였을 때보다 87%나 하락하고 기업부문이 제로금리에도 연간 30조 엔씩이나 채무를 변제하는 나라에서 GDP가 버블 절정기 수치를 계속 상회한 것은 기적 같은 일이라고밖에 볼 수 없으며, 이 기적을 가능하게 한 것이 다름 아닌 정부 지출이었던 것이다.

일본의 누적 재정 적자는 1990년부터 기업의 채무 변제가 끝나는 2005년까지 16년 동안 460조 엔이나 증가했다. 460조 엔은 엄청난 금액이지만, 이 적자는 '좋은 재정 적자'이며 '나쁜 재정 적자'가 아니다. 이렇게 말할 수 있는 이유는 만약 이 460조 엔이 사용되지 않았다면 일본 GDP는 버블 붕괴로 인해 급감했을 가능성이 높기 때문이다.

그림 1-14의 점선은 정부가 아무것도 하지 않고 일본의 GDP가 버블이 시작되기 직전인 1985년경 수준까지 떨어지는 것을 가정한 선이다. 1929년 버블 붕괴로 GDP 1년 치의 국부를 상실한 미국이 그 후 디플레 악순환으로 인해 GNP의 48%를 상실한 사실을 감안한다면 GDP 대비 3년 치의 국부를 잃은 일본에서는 GDP가 절반 이상 감소했다고 해도 이상한 일은 아니다. 여기에서는 우선 버블 직전 수준까지 하락했다고 가정하고 이를 나타낸 것이 점선이다. 1985년 GDP가 330조 엔이었던 것을 감안하면 GDP의 하락 형태에도 영향을 받겠지만 이 점선의 GDP와 현실 GDP의 차는 넉넉잡아 120~180조 엔이 된다. 이것이 15년간 지속되었다고 생각하면 150×15로 2,250조 엔이 된다.

이는 일본이 460조 엔의 재정 지출로 2,250조 엔의 GDP를 확보한 것으로, 비싼 물건을 매우 싸게 구입한 것이라고도 말할 수 있다. 지가가 87%나 하락하여 1,500조 엔의 국부가 상실되고 민간이 일제히 채무 변제로 돌아섰음에도 불구하고 일본 GDP가 하락하지 않았던 것은 이 460조 엔 재정 지출의 영향이 매우 컸다. 후술하는 1997년과 2001년의 대실패가 있었지만 이것은 인류역사상 가장 성공한 재정 지출이었다고 해도 과언이 아닌 것이다.

그러나 언론이나 IMF, 대학의 정통 경제학자들은 이것을 간파하지 못하고 정부가 아무것도 하지 않아도 GDP는 500조 엔 근처를 유지할 수 있다는 틀린 전제로 정부의 공공투자에 대한 비판을 계속해서 반복하고 있는 것이다.

계량모델의 한계와 밸런스시트 불황

본래 계량모델에 의한 승수효과 추계는 경제가 처음부터 외부의 도움을 필요로 하지 않는 안정적 균형에 있다는 가정에서 시작한다. 그 안정적 균형점에서 재정 지출로 경제가 어느 정도 성장했는가를 계산함으로써 재정 지출의 승수효과를 측정하는 것이 가능하기 때문이다. 다시 말해 일본 재정 지출의 승수효과가 낮다고 주장하는 사람들은 최근 20년간 일본 경제가 균형점 혹은 균형점과 비교적 가까운 곳에 위치해 있다는 암묵적 전제하에 주장하고 있다.

그러나 최근 20년간 일본 경제는 균형점과는 상당히 멀리 떨어진 곳에 위치해 있었다. 일본 경제는 제로성장을 유지하기 위해 GDP의 8%가 넘는 재정 지출을 필요로 하고 있었다. 정부의 대규모 수요가 없었다면 일본 경제는 앞서 설명한 대로 1,000엔에서 900엔, 900엔에서 810엔이라는 디플레 악순환에 빠졌을 가능성이 높기 때문이었다.

정확한 승수효과를 측정하기 위해서는 우선 재정지원이 실시되지 않은 일본 경제의 상태를 가정하고 그때의 GDP와 재정지원 후 GDP를 비교해 볼 필요가 있다. 그러나 만일 재정 지출을 실시하지 않았더라면 지금의 일본은 대규모의 디플레 악순환의 한가운데 아니면 이미 대공황의 혼란 속에 빠져 있을 가능성이 높다.

재정 지출의 승수효과는 대공황 상태에 있다고 생각되는 GDP 수준과 실제 GDP 수준의 차액이 된다. 이 차액은 엄청난 규모며 이때의 승수는 흔히 듣는 1.1이나 1.2라는 수치보다 몇 배나 큰 숫자다. 예를 들어 그림 1-14의 점선을 재정 지출이 실시되지 않았을 경우의 GDP라고 하면 그 GDP와 실제 GDP의 차액인 2,000조 엔에 대해 재정 지출액이 460조 엔이기 때문의 재정승수 효과는 어림잡아도 4 이상이 된다.

유감스럽게도 많은 조사기관의 계량경제모델은 일본 경제가 균형점 혹은 이에 근사한 상태에 있다는 가정하에 세워졌다. 그러나 이와 같은 모델은 경제 자체가 균형점에서 멀리 떨어져 있는 현재와 같은 상황에는 잘 들어맞지 않는다. 대부분의 계량경제모델에 기초한 예측은 경제가 본래 균형점 근처에 위치하지 않은 경우에는 전혀 의미가 없다. 그런데 이러한 계량모델의 기본적 한계를 인식하지 못한 많은 경제학자들은 '무의미하고 효과가 거의 없는 재정 지출'이라며 반대 의견을 내세우고 있는 것이다.

예를 들어 1997년 당시 IMF(국제통화기금)와 OECD(경제협력개발기구)는 일본이 '효과 없는' 정부 지출을 줄인다고 해도 일본 경제에 큰 악영향은 없을 것이라고 주장하며 일본 정부에 재정 적자를 줄이도록 요구했다. 그때 양 기관은 일본에 조사단을 파견했고 일본 정부에 대한 정책 제안을 정리하기 위해 수많은 인터뷰를 했으며 나도 인터뷰에 응한 사람 중 하나였다. 나는 정부 지출 삭감이나 증세에 대해 강하게 경고했으나 그들의 최종적인 보고서에는 반영되지 않았다. 당시 하시모토 총리는 그들의 재정 적자 축소 제안을 받아들여 정부 지출을 줄이고 증세를 실시했다.

그 결과, 일본 경제는 전례 없는 5분기 연속 마이너스 성장을 면치 못하게 되었다. 가계는 저축을 하지만 기업이 빌리지 않는 경제에서 정부가 재정 지출을 축소하면 이와 같은 결과가 초래되는 것은 불가피한 일이었다. 또한 경기가 침체되었기 때문에 증세를 하였음에도 불구하고 세수는 감소하고 재정 적자는 당초 예상했던 15조 엔 감소가 아니라 16조 엔 증가를 보였다(그림 1-17). 일본은 72%나 증가한 재정 적자를 원래 수준으로 되돌리는 데 10년이나 소요되었다.

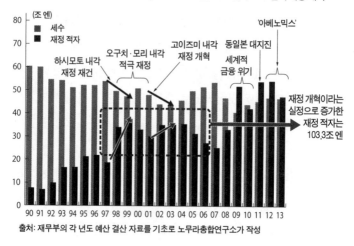

【그림 1-17】 세수 감소와 재정 적자 확대를 초래한 1997년과 2001년의 재정 개혁

출처: 재무부의 각 년도 예산 결산 자료를 기초로 노무라총합연구소가 작성

이 시기의 경기침체는 밸런스시트 불황 시 재정승수가 매우 커진다는 것을 증명했다. IMF 팀은 그 다음해 다시 나의 사무실을 방문하여 "We are sorry for the Japanese people"이라며 자신들의 실수를 사죄했지만 IMF는 1997년 아시아 외환 위기와 2008년 이후 EU 재정 위기에서 이것과 완전히 똑같은 실수를 저질렀다.

2단계 재정 지출 효과

좀 더 자세히 살펴보면 밸런스시트 불황하에서의 재정 지출 효과에는 두 단계가 있다. 디플레갭을 전부 메울 때까지의 재정 지출의 한계적 효과와 전부 메운 후의 한계적 효과가 그것이다.

예를 들어 디플레갭이 40조 엔일 경우, 재정 지출을 35조 엔에서 36조 엔으로 1조 엔 늘릴 때의 한계적 효과와, 같은 디플레갭 상황에서 재정 지출을 40조 엔에서 41조 엔으로 1조 엔 늘릴 때의 한계적 효과는 상당히 다를 가능성이 있다. 즉 전자는 디플레갭이 경제 전체를 축소적 균형으로 몰고 가려는 역풍이 부는 가운데 전진하려는 것으로 당연히 이 1조 엔의 한계적 '파급효과'는 제한된다. 그러나 후자는 이미 디플레갭이 메워져 있기 때문에 역풍은 없고 이때 1조 엔의 한계적 '파급효과'는 밸런스시트 불황 시기가 아닌 통상의 파급효과와 동일하게 높을 가능성이 있다.

다만 유감스러운 것은 이제까지의 재정 지출은 언제나 추종형으로 불충분한 경우가 많았기 때문에 전자의 역풍 속 '파급효과'만 관측되어 왔다. 게다가 실제로 문제의 크기에 걸맞은 규모로 실시된 오부치(小淵) 정권(1998년 7월~2000년 4월)의 재정 지출과 리먼 쇼크의 대책으로 실시된 아소(麻生) 정권(2008년 9월~2009년 9월)의 재정 지출은 디플레갭을 상회하는 분의 한계적 파급효과를 측정하기에는 기술적으로 어려운 점이 있다. 실제 계측된 것은 언제나 재정 적자 전체의 평균적 파급효과다. 그러나 재정 지출의 대부분이 역풍을 저지하기 위해 사용되었다는 점을 감안할 때 표면적으로 보이는 숫자적인 파급효과(실제는 전술한 대로 불균형 상태에서는 의미가 없지만)는 아무래도 낮게 나올 수밖에 없다.

루스벨트 대통령도 1937년에 같은 실수를 저질렀다

흥미롭게도 정확히 하시모토(橋本) 정권 60년 전, 미국의 프랭클린 루스벨트(Franklin Roosevelt) 대통령도 완전히 동일한 실수를 저질렀다. 허버트 후버(Herbert Hoover) 대통령의 균형재정정책이 실패한 뒤 대통령에 취임한 루스벨트는 '뉴딜정책'이라는 이름으로 1933년부터 적극적 재정정책을 통해 경제 재건에 힘썼다. 이 정책은 일관되게 실시되지는 않았지만 매우 적절한 시기에 실시되었고, 루스벨트는 1933년부터 1936년까지 연방 세출을 거의 2배 수준까지 확대했다. 그 결과, 1937년부터는 일부 경제지표가 대공황 이전인 1929년 수준까지 회복되었다.

경기가 순조롭게 회복되어 가는 가운데 재정 적자가 바람직하지 않다고 생각한 루스벨트는 1937년에 재정건전화를 시도하는 실수를 저지르고 말았다. 이로 인해 주가는 순식간에 절반으로 급락하고, 광공업생산은 30%가 감소하였으며 실업률이 다시 급증하는 비상사태가 초래되었다.

그래서 루스벨트는 서둘러 재정정책을 본래 수준으로 되돌렸으나 커진 상처가 아물기까지는 긴 시간과 막대한 재정 지출이 필요했다. 결국 미국 경제의 본격적인 회복은 1941년 진주만 공격으로 이전의 몇 배나 되는 재정 지출을 할 때까지 기다려야 했다.

1997년 2월 하시모토 내각이 재정건전화 정책으로 돌아서기 2달 전, 나는 후지타 시게루(藤田茂) 씨와 공동으로 1937년 당시의 미국 상황을 분석하여 섣부른 재정 지출 축소의 위험성을 지적하는 논문을 『주간동양경제(週刊東洋経済)』에 발표했다. 이 논문이 많은 사람의 주목을 받았지만 1997년 4월에 시작된 하시모토 정권의 증세와 지출 삭감 조치를 막지는 못했다. 우리가 예측한 대로 일본 경제가 붕괴되자 언론이나 정부를 포함한 많은 사람이 우리를 주목했다. 이를 계기로 나는 재정정책과 통화정책 양 분야에서의 다양한 정책 제언 활동에 참여하게 되었다.

한편, 구(舊) 대장성 관료들은 1997년의 실수를 인정하려 들지 않았고 1997년 2/4분기(하시모토 내각이 소비세율을 인상한 시기)는 차치하더라도 3/4분기 소비는 전년보다 상승하였으며 경기 악화는 은행 문제와 아시아 외환 위기 등의 여타 부분에 기인한다는 입장을 견지했다. 그러나 도쿄대학의 핫타 다쓰오(八田達夫) 교수가 지적한 대로 1997년 3/4분기 소비 통계를 자세히 보면, 큰 폭의 증가를 보인 부분은 식품뿐이다. 그리고 이것은 전년도 4분기에 O-157 소동으로 식품 부문의 소비가 대폭 감소한 것에 대한 반등 효과였다. 내구소비재 매출은 소비세율 인상의 영향을 직접적으로 받아 3/4분기에는 감소하였으며 이는 당시 재정건전화 정책이 경기를 하락시켰다는 것을 보여주고 있다.

1930년대 미국 연방지출에서 차지하는 비율을 기준으로 본 재정 적자는 루스벨트가 뉴딜정책을 펼친 시기가 아닌 후버 대통령의 재임 기간이자 경기가 부진했던 1932년에 최대치를 기록했다. 같은 해 재정정책에 비관적이었던 후버도 적극재정으로 전향했지만, 한편으로 세수는 격감하여 연방 세출의 40% 수준까지 하락했다. 그리고 세수가 격감한 것은 후버 대통령이 균형 재정에 대한 신념이 강해 임기가 끝나기 1년 전까지도 재정 지출에 소극적이었기 때문이다. 일본과 미국의 이러한 경험은 밸런스시트 불황에는 재정정책을 통한 경기 부양을 쉽게 포기해서는 안 된다는 것을 증명하고 있다. 이와 같은 시기에 재정 적자를 축소하고자 한다면 경기가 대폭 하락할 뿐만 아니라 이에 따른 세수 감소로 적자는 오히려 크게 확대될 수 있기 때문이다.

그리고 이 실수는 유감스럽게도 고이즈미(小泉) 정권에서 되풀이되었다. 고이즈미 총리는 재정 개혁을 들어 최대 국채 발행 규모를 30조 엔으로 제한하는 정책을 내세웠다. 밸런스시트 불황 속에서 무리하게 재정 지출을 축소한 결과, 경기는 침체되고 세수는 감소하였으며 재정 적자는 다시 대폭 확대되었다(그림 1-17). 즉 이제까지 일본에서는 공공사업을 축소해왔지만 민간이 전혀 돈을 빌리지 않은 가운데 경기는 악화되었고 재정 적자는 줄지 않고 오히려 증가한 것이다.

정부의 재정건전화가 성공하기 위한 필요조건은 정부의 증세 혹은 세출 삭감으로 정부가 빌리지 않게 된 돈을 민간이 빌려서 사용하는 것이다. 이 조건이 충족되면 정부가 재정건전화 시책을 추진해도 GDP가 하락할 이유가 없으며 또한 GDP가 하락하지 않으면 재정건전화는 성공할 가능성이 높아진다.

이 조건은 통상(밸런스시트 불황이 아니라는 의미) 충족되어 있고 이러한 경우 정부의 재정건전화 의지의 유무가 성공에 관건이 된다. 그러나 밸런스시트 불황하에서는 이 조건이 충족되지 않으며 정부가 강한 의지를 가지고 재정건전화 정책을 추진한다 해도 성공할 가능성이 매우 희박하기 때문에 재정 적자는 1997년처럼 확대될 수 있다.

지연된 재정정책은 예방적 재정정책에 비해 비효율이며 고비용이다

밸런스시트 불황에는 충분한 규모의 재정을 신속하고 지속적으로 지출하는 것이 최종 누적 적자를 최소화하는 방법이다. 재정 지출로 경기가 안정되면 민간 소득은 유지되고 민간은 그 유지된 소득을 통해 채무 변제를 추진하게 되어 밸런스시트가 조기에 회복된다.

반대로 재정 지출이 늦어지면 불황은 더욱더 심각해지고 이는 엄청난 자산 가격의 하락을 가져올 뿐만 아니라 민간이 채무 변제에 충당할 수 있는 자원을 줄여 밸런스시트 조정이 장기화된다. 경제가 악화되고 자산 가격이 하락한 이후에 재정 지출로 대응한다면 상처는 더욱 깊어지고 대규모 지출을 필요로 하게 된다. 전술한 예와 같이 경제가 1,000엔에서 900엔으로 축소되고 거기에서 810엔이 되는 상황에서 정부가 첫 단계부터 100엔의 재정을 투입하면 경제활동의 수준은 1,000엔으로 유지된다. 이를 2년간 실시하면 총계로 2,000엔의 경제활동과 200엔의 재정 적자가 발생하게 된다.

만약 정부 조치가 1년 늦춰지면 경제는 900엔 규모까지 축소된다. 이 시점에서 경제활동을 원래 수준으로 되돌리기 위해 필요한 재정 지출은 190엔이 되고 2년간의 경제활동의 총계는 1,900엔이 된다. 즉 100엔분의 경제활동은 영원히 상실되는 것이다. 바꿔 말하면 재정 적자로 상실되는 경제활동의 합계는 290엔이 된다. 이것은 정부가 재정을 예방적 차원으로 투입했을 때보다 90엔, 즉 45% 더 크다. 두 번째 경우는 재정 적자가 10엔 적지 않느냐고 주장하는 사람이 있을지도 모르지만, 현실 세계에서는 경기가 900엔까지 악화되면 자산 가격이 하락할 뿐만 아니라 조세수입도 감소하기 때문에 두 번째 경우가 결과적으로 재정 적자가 더 확대될 가능성이 크다.

게다가 경기가 악화되면 사람들이 밸런스시트 회복에 사용할 수 있는 재원도 감소하게 된다. 이는 감소된 만큼 밸런스시트 불황도 장기화된다는 것을 의미한다.

일본의 재정 지출은 기업의 밸런스시트 회복 노력을 도와주는 한편 경제활동을 유지하는 데에는 성공했다고 볼 수 있지만, 한 번도 예방적 차원에서 실시된 적은 없다. 재정 지출이 언제나 경기가 큰 폭으로 하락한 뒤에 실시되었다는 점에서 언제나 '뒷북'이었다. 항상 추종형이었다는 것은 그만큼 불필요한 적자를 부담했다는 것이며 이로 인해 회복될 수도 있는 경제활동 및 고용이 정부가 경기를 관망하는 가운데 영원히 상실됐다는 것을 의미한다. 밸런스시트 불황에는 민간에 미차저축이 발생한 시점부터 경기가 악순환에 빠지기 때문에 대증요법적인 지연된 재정정책은 처음부터 재정정책을 실시했을 때보다 항상 비효율적이며 고비용이다.

이와 같은 상황에서 경제활동을 유지하고 치료비, 즉 적자를 최소화하기 위해서는 예방적 재정 지출이 반드시 필요하다.

밸런스시트 불황 시에는 정부의 재정조달 문제는 발생하지 않는다

밸런스시트 불황에 재정 지출의 필요성을 강조하면 반드시 반론으로 나오는 것이 재원을 어떻게 마련할 것인가에 대한 질문이다. 특히 재정 적자가 거대해진 국가들이나 국채 발행이 어렵고 재정 여력(fiscal space)이 충분치 않은 EU 주변국에서는 이와 같은 반응이 일반적이다.

재정 적자에 대한 재원 마련 문제와 EU 주변국의 '재정 여력'이 충분치 않은 것은 사실 성격이 다른 문제며 특히 후자는 EU의 고유한 문제다. 이에 대해서는 제5장에서 자세히 살펴보기로 하자. 전자는 해당 국가가 EU 가맹국이 아니라면 실제로는 거의 걱정할 필요가 없는 문제다. 이렇게 말하면 놀라는 독자도 있겠지만 밸런스시트 불황의 메커니즘을 이해하면 이것은 당연한 결론이다.

즉 밸런스시트 불황이란 민간부문이 초저금리에도 저축(채무변제를 포함)에 몰두함으로써 민간에 돈을 빌리려는 주체가 없어 발생한 미차저축이 경제의 소득순환에서 누락되어 발생하는 불황이다. 즉 제로금리에도 민간이 저축한 100엔을 빌리려는 사람이 없어 이것이 미차저축의 형태로 금융 시스템 내에 정체되어, 본래 1,000엔인 경제가 900엔이 되고 또한 이것이 810엔, 729엔으로 경기 악화가 가속화되는 불황이다.

여기에서 이들 자금을 운용하는 금융기관의 융자 담당자 및 펀드매니저들의 입장을 살펴보면 그들 대부분은 정부 규정에 의해 원금 리스크나 환율 리스크를 너무 많이 부담하지 않도록 규제를 받고 있다. 특히 국민연금이라든지 생명보험사의 자금을 운용하는 펀드매니저들에게는 투자자 보호 차원에서 다양한 규제가 적용된다. 여기서 말하는 원금 리스크란 모든 금액을 주식으로만 운용해서는 안 된다는 것으로, 이것은 주식은 잘못하면 가치가 제로가 될 수도 있다는 점을 감안, 이를 피하기 위해 제로가 될 가능성이 낮은 대출 및 채권의 형태로 운용하라는 것이다. 이는 원금 리스크 및 환율 리스크를 전혀 부담해서는 안 된다는 것이 아니라 리스크를 너무 과도하게 부담하지는 말라는 의미의 제한이다. 이런 규제하에서 운용되는 자금은 어느 나라에서나 막대한 규모를 보이고 있다.

이와 같은 펀드매니저 관점에서 밸런스시트 불황을 보면, 민간이 저축 혹은 채무 변제를 우선시하고 있기 때문에 자신들이 운용해야 할 자금의 규모가 지속적으로 증가하게 된다.

이러한 사실은 그들의 관점에서 보면 극도의 운용난이라고 할 수 있지만 유일한 자금 수요자가 재정 적자를 안고 있는 정부라면 그들도 정부가 발행한 국채를 구입(정부에 돈을 빌려주는)하지 않을 수 없게 된다. 즉 민간이 채무 최소화로 돌아서면 제로금리에도 돈을 빌리지 않기 때문에 여기에서 발생한 미차저축을 운용하는 펀드매니저들은 국채 이외에 살 수 있는 것이 거의 없다. 결과적으로 이런 종류의 자금 대부분이 국채 매입에 쓰임에 따라 국채 가격은 상승하고 국채금리는 하락하게 된다.

이러한 현상이 최초로 발생한 것은 20년 전의 일본이고 당시에도 정통적 사고에 기초한 재정건전파는 거액의 재정 적자를 지속하게 되면 순식간에 일본 국채가 폭락하여 크나큰 재앙이 초래된다고 주장했다. 그러나 20년이 지난 지금도 그와 같은 사태는 발생하지 않고 있다. 오히려 적자 및 누적 채무가 확대되었음에도 불구하고 국채 가격은 상승하고 국채금리는 하락하고 있다. EU와 미국의 헤지펀드 투자자들도 몇 번이나 일본의 국채 시장은 폭락 직전의 버블이라며 국채 공매를 시도했지만, 매번 실패했고 그들은 큰 손해를 입었다. 밸런스시트 불황에 국채금리가 대폭으로 하락한 것은 결코 버블이 아닌 당연한 결과였던 것이다.

밸런스시트 불황으로부터의 자동 복원 메커니즘

밸런스시트 불황에 국채금리가 하락하는 현상은 이러한 불황에 빠진 경제에 나타나는 매우 중요한 특징이다. 즉 이러한 불황으로 인해 민간의 미차저축이 국채 시장으로 유입되어 국채금리가 하락하는 것은 정부가 재정 지출을 단행할 수 있는 정책적 배경이 된다. 이를 감안하여 정부가 재정 지출을 실시하면 GDP는 유지되고 이 과정에서 소득이 확보된 민간은 그만큼 신속하게 밸런스시트 회복을 추진할 수 있게 된다. 밸런스시트 회복을 배경으로 민간부문이 다시 돈을 빌리게 된다면 이 단계부터 정부는 재정건전화 시책을 통해 스스로 밸런스시트 회복을 추진한다. 이러한 과정이 밸런스시트 불황에서의 자동 복원 프로세스인 것이다.

이 메커니즘은 EU에 속하지 않은 국가에는 당연히 적용되지만 유감스럽게도 1997년의 일본과 2010년의 영국은 초저금리라는 국채 시장이 보낸 신호를 완전히 무시하고 재정 적자의 크기에만 주목하여 재정건전화에 몰두하였다. 예를 들어 1997년의 일본에서는 당해 연도 GDP 대비로 본 정부 부채가 이탈리아의 정부 부채를 상회한 점만 부각되어 정부는 재정건전화 시책을 실시했다. 그러나 당시의 정책 논쟁은 이탈리아의 적자가 최고 수준이었을 때의 국채금리가 14%였던 것에 비해 1997년 당시 일본의 국채금리는 2.3%에 불과했던 사실을 간과하였다. 이 국채 시장으로부터의 신호는 당시 일본과 이탈리아의 문제는 완전히 별개의 문제라는 것이었지만, 일본은 이탈리아와 같은 재정건전화의 길로 들어섰으며 이로 인해 더블딥이라는 경기침체기가 초래되었다.

다만, 아쉽게도 각국에서 시장경제를 표방하는 많은 논자도 막상 재정 적자가 문제로 부상하면 돌연 공산주의자로 돌변한다. 즉 그들은 재정 적자의 규모만을 주목하고 재정 적자 시에 발생하는 비용(국채금리)을 무시해 버리는 경향이 있다. 그러나 시장경제가 공산주의 경제보다 잘 기능하는 것은 사람들이 수량과 가격 양쪽 모두를 보고 판단하기 때문이며, 수량만 보고 판단하면 가격 메커니즘을 무시하는 공산주의 경제와 같이 큰 문제가 발생하게 된다.

과거 20년간 일본에서도 국채 시장의 초저금리를 배경으로 재정 지출의 필요성이 호소되어 왔음에도 불구하고 이것들은 모두 무시되었고, 동일한 현상이 2008년 이후 유럽과 미국에서도 발생했다(이 중요한 신호가 QE 정책 도입에 의해 그 메시지의 성격이 상실된 문제는 제2장에서 상술한다). 그러나 국채금리라는 일국 경제에 매우 중요한 시장의 목소리를 무시하고 경제를 운영하는 것만큼 위험천만한 것은 없다.

게다가 밸런스시트 불황 관점에서 보면 이 불황에 빠진 경제의 디플레갭 규모는 민간의 미차저축 규모와 동일하다. 이것은 정부가 경제를 안정시키는 데 필요한 재정 지출 규모와 같은 금액의 미차저축이 민간금융기관에 머물러 있다는 것이기도 하다. 이것은 밸런스시트 불황 시 정부가 반드시 해야 하는 재정 지출을 위한 재원이 그 나라 금융 시장에 미차저축의 형태로 존재하는 것으로, 이 자금이 국채 매입에 쓰인다면 재정 적자의 재원 문제는 발생하지 않게 된다.

좀 더 정확히 말하면 제로금리 상황에서도 미차저축이 발생하기 때문에 경기 악화가 이어지며, 또한 경기가 악화되기 때문에 재정 지출이 필요한 것이다. 그리고 이 미차저축은 버블 붕괴로 민간이 채무 과다 상태에서 벗어나기 위해 이익 최대화에서 채무 최소화로 행동의 우선순위를 전환했기 때문에 발생한 것이다. 이와 같은 요인으로 발생한 재정 적자에는 후술할 EU권 국가들을 제외하면 본래 재원조달 문제가 발생할 이유가 없다.

재정 적자에는 두 종류가 있고 각각에 대한 대책도 다르다

재원조달 관련 문제가 발생하지 않고 금리도 상승하지 않는 밸런스시트 불황에 생기는 재정 적자는 인플레 및 금리 상승, 그리고 자원의 비효율적 배분을 초래하는 통상의 재정 적자와 성격이 완전히 다르다. 즉 재정 적자에도 두 가지 종류가 있다. 그것은 민간의 과실로 발생한 것과 정부의 과실로 발생한 것이다. 그리고 우리가 이제까지 대학에서 배워온 것은 모두 후자의 재정 적자였다. 이것은 민간부문에 돈을 빌리고자 하는 수요가 있는 상황에서도 정부가 선거 대책을 포함한 정치적인 이유로 재정 적자를 방만하게 증대시키는 경우다. 이 경우에는 당연히 정부와 민간부문이 한정된 민간저축을 둘러싸고 경쟁하는 상황이 연출되고 그 결과 구축 효과(Crowding-out effect)로서 민간투자의 구축 및 인플레·고금리가 발생하게 된다. 또한, 민간보다 정부가 돈을 비효율적으로 쓴다면 한정된 자원의 배분에 왜곡이 일어나고 비효율적 분배에 자금이 쓰이게 된다. 만일 발생하고 있는 재정 적자가 이런 종류의 적자라면 정부 및 유권자들은 반드시 적자를 축소하는 데 노력을 기울여야 할 것이다. 그렇게 함으로써 자원 배분을 개선하고 인플레 및 금리 상승을 억제해 보다 효율적인 민간 주도의 경제 성장이 가능하기 때문이다.

그런데 수십 년마다 민간부문은 본래의 자기규율을 상실하고 버블을 일으킨다.

돈에 눈이 먼 민간부문은 XX에 투자하면 반드시 큰돈을 벌 수 있다는 이야기를 무작정 믿고 돈을 빌려 높은 레버리지 투자를 확대해 간다. 그런데 이 꿈이 버블 붕괴로 인해 망가지면 그제야 민간부문은 자신들이 버블 시기에 자기규율 능력을 상실하여 잘못된 자산 가격을 좇았다는 것을 깨닫게 된다. 그리고 버블 시기의 자산 가격은 당분간 회복되지 않는다는 것을 깨닫는 시점부터 그들은 훼손된 밸런스시트를 회복하기 위해 채무 최소화를 우선시하게 된다. 실제로 밸런스시트 불황이란 민간부문이 자신의 잘못을 깨닫는 순간 시작되는 것이다.

이러한 민간의 행동 변화로 인해 경기가 악화되어 늘어난 재정 적자는 정치가의 과실 및 욕망에서 비롯된 것이 아니라, 탐욕에 의한 민간의 과실이 원인이며 버블 붕괴로 정신을 차린 그들이 일제히 밸런스시트 회복이라는 올바른 행동을 취하면서 발생하는 불황의 부산물인 것이다.

이런 종류의 재정 적자는 그 원인인 민간의 밸런스시트 훼손이 회복될 때까지는 적자만을 줄이려고 해도 그 노력은 성공할 수 없다. 이와 같은 국면에서 정부가 재정건전화를 우선시하게 되면 민간의 미차저축이 확대되어 경기가 먼저 악화되어 버리기 때문이다. 경기가 먼저 악화되면 1997년의 일본처럼 재정 적자가 줄기는커녕 오히려 늘어날 수 있다.

그렇다면 어떻게 하면 이 두 가지 재정 적자를 구별할 수 있을까. EU 가맹국을 제외한 나머지 국가에서는 국채금리가 가장 알기 쉬운 판단 지표가 된다. 즉 여타 조건이 동일하다면 정부의 과실로 발생한 재정 적자는 국채금리가 높아지고, 민간의 과실로 발생한 재정 적자는 국채금리가 낮아지기 때문이다. 버블 붕괴 이후 각국의 국채금리가 EU 일부를 제외하고 나라마다 매우 낮은 수준에 머물러 있는 것은 이들 국가의 재정 적자가 민간의 과실에 의한 것이라는 사실을 입증하고 있는 것이다.

민간저축과의 대비로 평가되는 재정 적자의 공과 죄

또한 민간이 버블 발생을 초래할 수 있다는 것은 민간은 항상 정부보다 자원 배분상 우수하다는 것이 아니라, 경우에 따라서는 어떤 정부보다도 비합리적인 행동을 할 수도 있다는 것을 의미한다. 그런데 하이먼 민스키(Hyman Minsky)나 일본의 오바타 세키(小幡績) 등 극히 일부를 제외하면 버블을 직시하지 못했으며 이것의 연장선상에서 민간은 항상 합리적인 행동을 한다는 전제로 모든 재정 적자는 기본적으로 '악'이라는 시각을 갖게 되었다.

그 결과, 재정 적자에 관한 논의의 대부분은 ① 어떻게 하면 적자를 최소화할 것인가, ② 필요악이라면 그것을 충당할 수 있는 저축이 민간부문에 있는가라는 시점에서 시작되었다. 즉 이제까지의 이런 논의는 모두 바람직하지 않은 재정 적자를 어떻게 줄일 것인가, 또는 어떻게 재원을 마련할 것인가에 관한 것으로 언제나 재정 적자의 규모에서 시작하였다.

이것은 이제까지 각국의 재정 적자에 관한 정책 논의 가운데 민간의 미차저축이 너무 커서 그것을 경제의 소득순환 과정으로 되돌리기 위해 어느 정도의 재정 적자가 필요하냐는 식의 논의는 거의 이루어지지 않았다는 것을 의미한다. 즉 민간은 언제나 합리적인 행동을 취한다는 것을 전제로 구축된 현재의 경제학에서는 제로금리하에서 채무 최소화를 우선시하는 민간의 행동을 생각할 수 없으며 이와 함께 민간이 버블의 부산물인 재정 적자를 유발하고 있다는 발상도 하기 어려운 것이다.

그 결과, 각국의 일반 시민 및 전문가로 불리는 사람들은 그 나라의 재정 적자 및 정부 부채가 어느 정도냐는 질문에 대해서는 곧바로 대답할 수 있지만, 그 나라 민간부문이 전체에서 어느 정도 저축하고 있느냐는 질문에는 99.9% 대답하지 못한다. 그들은 그 숫자를 본 적도 들은 적도 없기 때문이다.

예를 들어 스페인 국민 및 스페인의 경제정책에 관여한 다른 나라 사람들은 스페인의 재정 적자가 GDP 대비 6.5%(2013년 정부 목표치)로 엄청난 금액이라는 사실은 잘 알고 있으나, 스페인의 민간부문이 GDP 대비 12.4%나 저축하고 있다는 사실은 전혀 인식하고 있지 못하다.

이런 종류의 무지는 경제가 교과서대로 민간저축이 민간투자로 순조롭게 연결될 때는 전혀 문제가 되지 않지만, 민간부문이 제로금리에도 거액의 저축을 우선시하는 밸런스시트 불황 시에는 큰 문제가 된다.

그렇지만 그와 같은 사태가 발생할 수 있는 것조차 상정하지 않았던 각국의 경제학계는 민간저축의 크기와 그것이 가지는 심각성을 전혀 인식하지 못했으며, 재정 적자의 크기만을 주목하고 재정건전화의 필요성을 역설하고 있는 것이다.

그러나 재정 적자가 과도한지 아닌지는 민간저축과의 대비로 판단할 수 있는 것으로, 전자만을 보고 우려하는 것은 전혀 의미가 없다. 즉 민간 전체가 GDP 대비 12%나 저축하고 있는 국가에서 재정 적자가 6%밖에 되지 않는다면 그 차액을 해외부문에서 수출의 형태로 흡수해주지 않는 한 매년 GDP가 6%씩 축소되는 디플레 악순환에 빠지게 된다. 그 경우 GDP 대비 6%의 재정 적자는 매우 작다고 판단할 수 있다. 통상은 재정 적자가 GDP 대비 6%

나 된다고 한다면 레이건 시대의 미국처럼 그 국가의 경제학계 및 언론이 야단법석을 떨지만 만일 그 국가의 민간저축이 그것을 상회하는 수준이라면 적자를 줄이기는커녕 늘리지 않으면 경제를 안정시킬 수 없는 것이다.

밸런스시트 불황 속에서 시장 원리에 맡기면 사태는 악화될 뿐이다

경기침체에 대해 정부의 재정 지출로 대처할 것이 아니라 경기 하락으로 문제가 있는 기업, 은행 및 가계부문의 부실이 정리되면 경제는 또다시 빠른 속도로 건전성을 회복할 것이라는 의견이 있다.

이것은 경제학에서는 정통파라고 불리는 의견이며 리먼 쇼크 이후의 EU와 미국에서도 이와 같은 의견이 다수 제기되었다. 단지 이와 같은 의견을 말하는 사람들은 자신이 실업 상태가 될 가능성이 낮은 대학교수나 가격이 떨어질 만큼 떨어진 시점에 자산을 싸게 구입하려는 하이에나 펀드 투자자들이 대부분이다. 즉 자신들은 그와 같은 정책이 시행되어도 손해를 보지 않거나 그러한 정책을 통해 이익을 얻을 것으로 생각하는 사람들이 주장하고 있는 것이다. 실제로 밸런스시트 불황에 그와 같은 정책을 실시한다면 경제에 상당한 악영향이 예상된다.

그리고 그것을 보란 듯이 증명한 것이 후버 대통령 시절 재무장관이었던 앤드류 멜론(Andrew Mellon)이었다. 그는 이러한 정책의 실천자이며 "노동자, 주식, 농민에 더해 부동산을 청산해야 한다 …… 부패를 일소하면 가격은 적정하게 형성되고 기업가는 폐허 가운데서도 재건을 시작할 수 있을 것이다(liquidate labor, liquidate stocks, liquidate the farmers, liquidate real estate …… It will purge the rottenness out of the system. Values will be adjusted, and enterprising people will pick up the wrecks)"라는 유명한 말을 남겼다. 그러나 그 결과 미국의 GDP는 최고점에서 46%나 감소했으며 도시 실업률은 50%에 육박하는 비참한 상황이 초래되었다. 이후 미국 경제가 다시 살아날 수 있었던 것은 루스벨트의 뉴딜정책과 더불어 제2차 세계대전이라는 실로 천문학적인 재정 지출이 필요한 사건이 있었기 때문이었다.

게다가 이 두 가지 대규모 재정 지출에 6·25전쟁에 따른 재정 지출이 있었음에도 불구하고 미국 금리가 정상화되기(1920년대 평균치로 회복)까지는 30년이나 소요되었다.

그렇다면 왜 이 멜론식 시장 원리에 기초한 대응을 밸런스시트 불황에는 사용할 수 없는가 하면 그것은 문제가 너무나 크기 때문이다. 즉 경제 전체에서 버블로 좌절하고 밸런스시트가 훼손된 사람들이 차지하는 비율이 극히 미미하다면 정통파적 대응이 가능하며 경우에 따라서는 바람직할 수도 있다. 여기서 바람직하다고 하는 것은 버블에 편승한 사람들이 벌을 받게 되면 그 나머지 사람들은 보다 신중해지고 미래에 같은 실수가 반복될 리스크가 그만큼 작아지기 때문이다.

그러나 그것이 기능하기 위해서는 버블에 편승한 사람이 극히 일부여야 하며 그들이 파산해도 전체 경제는 그것을 흡수해서 성장할 수 있다는 것이 전제되어야 한다. 즉 전체의 5%가 문제를 안고 있더라도 나머지 95%가 건강하다면 이 5%를 수술로 적출해도 나머지 95%는 그 수술에 잘 적응하여 건강을 되찾을 수 있을 것이다.

그런데 문제를 안고 있는 쪽이 95%이고 건전한 부분이 5%밖에 없을 경우, 이 방법은 전혀 사용할 수 없을뿐더러 역효과도 발생한다.

그 이유는 여기에서도 '합성의 오류'가 발생하기 때문이다. 한 사람이 불량 채권을 청산하기 위해 채권을 시장에서 매각하는 것은 문제를 발생시키지 않지만 전원이 동시에 채권을 매각하고자 한다면 전원이 매도자가 되어 자산 가격은 더욱 폭락한다. 그렇게 되면 각자가 매각하기 위해 내놓은 자산뿐만이 아니라 그 시점에서 보유하고 있는 자산 가격도 하락하고 그들의 밸런스시트 문제는 해결되는 것이 아니라 점점 악화될 뿐이다. 게다가 자산 가격의 하락이 전국적인 현상으로 확대되면 전국의 밸런스시트가 피해를 입어 시장에 나온 자산을 살 수 있는 사람의 수도 격감한다. 그리고 매입자가 감소하면 자산 가격은 더욱더 하락하고 사람들의 밸런스시트 문제는 더욱 악화된다.

이렇게 보면 정통파적 대응은 문제를 안고 있는 부분이 전체에서 차지하는 비율이 낮든지 혹은 국가 경제 규모 자체가 작고 주위에 그 국가의 자산을 사고자 하는 외국인 투자자가 다수 존재하는 경우에만 효과가 있을 것이다. 또한, 그 국가가 소국으로서 자국 통화를 대폭 하락시켜도 관련 국가들이 별로 문제를 제기하지 않는다면 일시적으로 국내 경기가 악화되어도 그것이 통화의 평가절하를 통하여 수출 증가로 이어진다면 전체 피해는 우려한 만큼 크지 않고 사태가 조기에 수습될 가능성이 있다.

일부 북유럽 국가들이 1990년대 전반에 직면한 금융 위기는 각국이 상당히 신속하게 대응했지만 이를 가능하게 한 것은 통화가 대폭 평가절하되어 수출 등 외수가 이들 국가의 내수 감소를 상쇄해 주었기 때문이다. 실제로 당시의 스웨덴 중앙은행 총재인 스테판 잉베스(Stefan Ingves)는 이 점과 관련 "우리는 대폭의 통화절하로 상당한 도움을 받았다"고 언급하고 있다(『일본경제신문(日本経済新聞)』, 2013년 12월 1일 자).

그런데 국내에서 문제를 떠안고 있는 부분의 비중이 큰 경우나 그 국가 자체가 '경제 소국'이라고 보기 어려운 상황에서 정통파적 수법을 사용한다면 그것이야말로 대공황 또는 세계공황이라는 엄청난 사태로 발전할 수 있다.

시장 원리를 관철하려다 발생한 리먼 쇼크

그리고 최근 이와 같은 사실을 여실히 증명해 준 사례가 리먼 쇼크였다. 2008년 9월에 폴슨(Paulson) 미국 재무장관이 뉴욕 연방은행 회의에서 리먼 브라더스(Lehman Brothers)사에는 국민들의 세금을 투입하지 않겠다고 단언하고 그 처리는 시장 원리에 맡기겠다고 발표했다. 하지만 이것은 24시간도 채 지나지 않아 전 세계가 금융 위기에 빠지는 사태로 발전하고 말았다. 그 결과, 시장 원리를 관철하려 한 폴슨은 리먼사가 도산한 날 오후에는 AIG 지원책을 발표할 수밖에 없었고 한달 후에는 7,000억 달러의 TARP(불량 채권 구제 프로그램) 자금을 의회(납세자)에 지급 요청해야 했다.

이때 왜 리먼사 단 한 회사를 파산시킨 문제가 이렇게까지 크게 확대된 것인가 하면 당시 많은 EU와 미국의 금융기관이 리먼사와 동일한 문제를 안고 있었기 때문이다. 그러한 가운데 리먼사가 파산되고 같은 문제를 안고 있는 수많은 회사가 일제히 자기방어 태세로 돌아섰다. 여기서 말하는 자기방어란 자금을 가능한 한 자사 내에 유보해 두는 것으로, 이것은 그들이 담당해 왔던 일반 기업 및 개인에게 자금을 빌려주는 업무를 일제히 중지하는 것을 의미했다.

게다가 모두 유사한 문제를 안고 있는(가격이 대폭락한 CDO를 다량 보유) 금융기관은 거래 상대인 금융기관이 언제 도산할지 모르는 상황에서 서로 불신하게 되고 이로 인해 금융 시스템 내 자금 순환이 갑자기 멈추었다. 금융부문은 기능을 상실했으며, 이는 리먼 쇼크로 불리는 세계 금융 위기의 시작이었다.

만약 이 시기에 문제를 안고 있는 것이 리먼사 하나뿐이고 여타 금융기관은 CDO를 보유하고 있지 않았다면 시장 원리에 기초하여 리먼사를 파산시켜도 세계 금융 위기라는 초유의 사태는 발생하지 않았을 것이다. 이것은 5%에 문제가 있어도 나머지 95%가 건전한 경우다. 그렇지만 2008년 9월 당시 비율은 이와는 반대로 대부분의 EU와 미국 금융기관이 리먼사와 유사한 문제를 안고 있었으며 이러한 가운데 리먼사를 파산시킨 결과 모든 금융회사가 자기방어를 우선시하여 시스템 전체가 기능하지 않는 '합성의 오류'에 빠져버린 것이다.

시스템 위기의 본질을 이해했던 볼커 FRB 의장

그리고 이 5%와 95%의 차이를 당초부터 이해하고 세계 경제와 금융을 구한 사람이 전 FRB 의장인 볼커(Volcker)였다. 많은 독자에게는 생소하게 들릴지 모르겠지만 실은 1982년 8월에 미국의 금융 시스템은 절체절명의 위기에 처해 있다고 할 정도로 매우 심각한 상황이었다.

그것은 8월에 멕시코가 채무불이행에 빠진 것에서 시작한 이른바 중남미 채무 위기로 불리는 은행 문제다. 멕시코가 위험해지자 아르헨티나, 브라질, 칠레, 베네수엘라 등 전 중남미 국가로 위기가 순식간에 전염되었다. 그 결과 이 지역에 거액을 융자했던 대규모 미국 은행 한 곳을 제외하고 모두 채무 초과에 빠지는 심각한 사태로 발전했다.

그렇지만 미국뿐 아니라 전 세계 경제에 다행이었던 것은 당시 FRB 의장이었던 볼커가 일련의 사태에 대해 95%에 문제가 있다는 것을 당초부터 정확히 인식한 점이다. 그는 멕시코가 채무불이행을 선언한 금요일부터 신속하게 대응책을 냈고, 이 위기가 미국 및 세계 경제로 확산되는 것을 막았다.

1982년 8월 당시 나는 미국 은행인 뉴욕 연방은행의 신디케이트·론 담당 경제분석가로서 이 문제의 한복판에 있었기 때문에 당시 상황을 잘 기억하고 있다. 그중에서도 가장 인상에 남은 것은 미국의 은행에 대한 뉴욕 연방은행의 태도가 금요일을 경계로 180도 달라졌다는 것이다. 즉 그 전날까지 우리는 미국의 은행에 대해 경제의 펀더멘털(Fundamental)이 부실하고, 정치적으로도 군사독재 정권이 많은 남미 국가에 대한 융자는 줄여야 한다고 경고했다. 실제로 뉴욕 연방은행은 1997년부터 3년 이상 유사한 경고를 했지만 미국 은행들은 이 모든 경고를 무시해 왔던 것이다.

그렇지만 멕시코가 우리가 경고한 대로 채무불이행에 빠지자 그 다음 날에 워싱턴의 FRB에 있었던 볼커가 뉴욕 연방은행에 전화를 걸어 어떠한 조치라도 좋으니 단 한 개의 미국 은행도 멕시코에서 떠나는 일이 없도록 하라는 지시를 내렸다.

그것은 전날까지 뉴욕 연방은행이 미국 은행을 대상으로 경고했던 것과는 정반대로 멕시코가 파산한 것을 알고 있는 가운데 미국 은행에 대출을 요청하라는 것이었다. 이러한 연락을 받은 우리는 너무나 갑작스러운 방향 전환에 충격을 감출 수가 없었다. 그러나 우리도 곧 이것이 95%의 문제지 5%의 문제가 아니라는 점을 알아차리고 미국 은행에 대출을 촉구하는 쪽으로 방향을 전환했다. 볼커의 신속하고 정확한 방침 전환으로 중남미 채무 위기는 표면화되지 않았으며 의회에서 납세자의 지원을 요청하는 일 없이 처리되었다.

이것을 처리하는 데에는 10년 이상의 시간이 필요했지만 신용경색도 발생하지 않고 일반 미국인은 거대 금융 위기가 발생하여 미국의 대형 은행 대부분이 사실은 파산 상태에 있는 것조차 몰랐다. 또한, 의회나 언론이 이 문제로 시끄러워지는 일도 없었기 때문에 학자를 포함한 많은 금융 '전문가'로 알려진 사람들조차도 1982년 중남미 채권 위기에 대해 거의 아무것도 모르고 있다. 이것은 볼커의 대응이 너무나 빠르고 정확했던 것을 보여주고 있다. 또 5% 문제에는 5% 문제에 적합한 대응이 있으며 95% 문제에는 95% 문제에 적합한 대응책이 있다는 것을 보여주고 있다.

정신 차린 사람들을 비난해봐야 얻는 것은 없다

결국 문제가 5%인지 95%인지는 극히 일부의 사람들이 틀렸는지 아니면 대부분이 틀렸는지의 문제기도 하다. 대부분의 사람이 옳은 행동을 취해도 일부가 일부러 틀린 행동을 했다면 그들은 다른 선택권이 있었음에도 불구하고 잘못된 길을 선택한 것이기 때문에 책임을 추궁당해도 어떤 의미에서는 불만이 없을 것이다. 그러나 95%가 잘못된 때는 거의 전체가 틀린 것이 되고 그 전체를 벌주는 것은 사회 전체가 흔들릴 수 있는 위험성을 가지고 있다. 이것은 유감스럽게도 그 시점에 국민의 수준이 그 정도밖에 안 되었다는 것이기도 하고 다음부터 사태의 교훈을 잊지 않도록 하는 수밖에 없다. 이러한 상황에서는 정확한 판단을 한 나머지 5%가 그 사회를 주도해 가야 할 것이다.

또한, 경제가 밸런스시트 불황에 빠져 있다는 것 자체가 사람들이 제정신을 차리고 자신들이 자산 가격 상승이라는 허황된 꿈만을 쫓아다녔다는 것을 인정한 증거이다. 잘못을 뉘우치고 행동을 바로 잡으려는 사람들을 나무란다 하더라도 얻을 것은 거의 없다. 그와 같은 국면에서 정부가 아무것도 하지 않고 경제가 대혼란에 빠지면 버블에 현혹되지 않았던 사람들조차도 큰 피해를 입게 된다.

'떨어질 수 있는 곳까지 떨어뜨려야 한다'고 말할 권리가 있는 사람은 이전 세계가 실은 버블로 매우 위험했다는 것을 공공의 장에서 사전에 경고한 사람들뿐이라고 생각한다. 그 경고를 사전에 알리지 못한 사람들은 그들이 비록 저명한 평론가 및 학자라 하더라도 그들 머릿속에는 경제의 제대로 된 모델이 그려져 있지 않았다는 것이고 그런 의미에서는 그들도 청산해야 할 문제의 일부인 것이다. 이런 사람들이 타인을 향해 보란 듯이 '떨어질 수 있는 곳까지 떨어뜨려야 한다'고 말할 자격은 없다.

무슨 수를 써도 시간이 걸리는 밸런스시트 불황으로부터의 회복

다만, 전체를 구제한다는 것은 무슨 수를 써도 상당한 시간이 걸린다는 것을 의미한다. 앞서 얘기한 중남미 채권 위기도 미국 은행이 건전하다는 평가를 내릴 때까지 10년 이상의 세월이 필요했다. 이것은 사회 전반에 걸쳐 문제가 발생한 경우에는 동 사회의 다른 그룹으로 부담을 전가하는 것이 불가능하기 때문에 시간을 들여 전체가 좋아지는 것을 기다리는 수밖에 없는 것이다.

게다가 밸런스시트 불황의 경우, 부채 초과라는 밸런스시트에 생긴 구멍을 저축으로 조금씩 채워나가야만 한다. 이것은 스톡(부채) 문제를 매기(每期) 플로(저축)로 해소해 가는 작업으로, 메워야 하는 구멍이 크면 클수록 시간이 걸리게 된다.[3] 예를 들어 어떤 기업의 채무 초과액이 100억 엔으로 매년 이 기업이 채무 변제에 전용할 수 있는 현금흐름이 20억 엔이라고 한다면 이 작업에는 5년이 걸리게 된다.

게다가 많은 기업이 이러한 작업을 우선시한다면 자사 현금흐름의 많은 부분을 채무 변제로 돌리게 되며 밸런스시트 불황은 그만큼 심화된다. 이는 각사의 현금흐름을 축소시킬 뿐이며 밸런스

---

3 스톡(stock)은 특정 시점 존재량을 말하며, 플로(flow)는 단위기간의 경제활동 결과로 나타난 변화액을 의미한다. 스톡의 예로는 통화량, 외환보유액 등이 있고, 플로의 예로는 GDP, 국제수지, 소비 등이 있다.

시트 불황을 초래한 자산 가격 하락을 더욱 가속화시킨다. 그렇기 때문에 이와 같은 국면에서는 '합성의 오류'에 포함되지 않은 정부가 민간과 반대의 행동을 취함으로써 악순환이 발생하는 것을 방지할 필요가 있는 것이다.

이와 같은 국면에서 정부가 잘못하여 재정건전화로 방향을 틀면, 전술한 1997년 일본의 예처럼 2~3년 정도로 끝날 상황이 7년에서 10년으로 점점 연장될 수 있다. 이런 상태에서 정통파의 수법을 도입하게 되면 채권자 전원과 채무자 전원의 밸런스시트가 완전히 망가지게 되어 회복은 그야말로 천문학적인 재정 지출 아니면, 자산 모두를 외국인에게 팔아넘길 정도의 대규모 자본 유입이 필요하게 된다.

통화정책뿐만 아니라 재정정책에서도 중요한 시간축 효과

그런데 최근 통화정책의 효력과 관련해서 시간축 효과(Forward Guidance)의 중요성이 강조되고 있다. 이것은 XX년까지는 금리를 인상하지 않겠다고 사전에 발표하는 것으로 사람들을 안심시키고 언제 금리가 상승할지 모른다는 불확실성으로 인해 실행되지 않았던 소비 및 투자가 실행되도록 유도하는 정책이다. 또한 이 것은 금리가 이미 제로 상태로서 양적완화 효과가 한정적인 가운데 통화정책 담당자들이 마지막 희망을 걸고 있는 수법이기도 하다. 또한, 2013년 중반부터 미국에서 큰 문제가 된 양적완화 해소에 대해서도 시장에서 높아진 긴장에 대해 당국이 시장과의 대화로 YY년까지는 금리를 올리지 않겠다는 '포워드 가이던스(Forward Guidance)'를 분명히 밝힘으로써 시장의 혼란을 막는 데 일조할 것으로 기대되고 있다.

통화정책에 관한 '포워드 가이던스'는 다음 장에서 자세히 살펴보겠지만 재정정책에도 시간축 효과는 당연히 적용된다. 즉 밸런스시트 조정을 강요받는 사람들에게 정부가 언제까지 확대재정을 통해 경기를 지원할 거라는 것은 그들의 행동에 중대한 영향을 미치기 때문이다.

예를 들어 자신의 밸런스시트 회복에는 적어도 5년이 필요하다고 생각하는 사람들에게 정부가 올해부터 내년에 걸쳐 재정 지출을 통해 경기를 부양하지만 내후년부터는 재정건전화를 우선시하고 4년 후에는 재정 적자를 최고점의 절반으로 줄이겠다고 발표했다고 하자. 자신의 밸런스시트 회복에 5년 걸린다고 생각하는 사람의 경우, 최초 2년은 밸런스시트 회복을 기대할 수 있으나 이후에는 상황이 어려워지므로 이에 대한 방어책을 지금부터 생각해 두어야 하는 것을 의미한다.

이 경우는 3년째부터 경기는 나빠지고 그렇게 되면 본인이 실업자가 될 수도 있으며 자산 가격은 더욱 하락하고 이로 인해 필요한 밸런스시트 조정은 더욱 큰 문제가 된다. 이와 같이 민간이 받아들이게 된다면 최초 2년은 가능한 한 소비를 억제하고 저축을 늘리는 것이 올바른 대응책이 되기 때문에 그렇게 되면 모처럼 정부가 재정 지출에 나서도 사람들은 나중 일을 걱정하여 저축을 늘리기 때문에 재정 지출의 효과가 반감된다.

게다가 실제로 3년 후에 경기가 나빠지면 사람들의 수입은 줄고 자산 가격도 하락한다. 이로써 당초 5년으로 상정되던 조정 시기가 7년이나 10년으로 연장된다. 그러나 그렇게 되면 불황이 장기화될 뿐만 아니라 누적 재정 적자도 확대된다. 이것은 부적절한 '포워드 가이던스'가 정부에 대해서도 그리고 민간에 대해서도 큰 마이너스 요인이 될 수 있는 것을 보여준다.

한편, 만일 정부가 5년이든 10년이든 필요한 만큼 재정 지출로 경기를 유지해 갈 것이며 민간부문은 안심하고 밸런스시트 회복에 전념해 주십시오, 그리고 여러분의 밸런스시트가 균형을 되찾은 이후에 정부는 스스로 밸런스시트 조정에 임하겠다고 발표한다면 사람들은 더욱더 안심할 것이다.

즉 이 경우에는 경기가 현재보다 나빠질 가능성은 적으며, 자산 가격도 현재보다 큰 폭으로 하락할 가능성이 낮아진다. 또한, 자신이 실업자가 될 가능성도 그다지 높지 않다고 인식하게 된다.

당초 5년이 걸릴 것으로 생각된 밸런스시트 조정은 실제로 5년 후에 완료될 가능성이 높다. 그렇게 되면 사람들은 5년 후에 무엇을 할 것인지, 또는 무엇을 하고 싶은가를 지금부터 생각할 수 있을 것이다. 이것은 그들의 생활에서 불확실성을 상당 부분

제거하는 것으로, 전술한 경우와 비교해서 그 나라의 경기에 큰 플러스 요인이 될 것이다.

이렇게 보면 밸런스시트 불황에서의 재정정책이 가진 시간축 효과는 매우 크지만 유감스럽게도 이것을 이해하고 실천하는 사람은 극히 소수이다. 밸런스시트 불황이라는 리스크를 알고 있는 사람 중에서도 시간축 효과 문제를 정확히 이해하고 있는 사람은 많지 않다.

예를 들어 뒤에서 자세히 살펴볼 버냉키(Bernanke) FRB 의장은 내가 쓴 책도 읽고 해서, 밸런스시트 불황과 관련된 리스크를 잘 이해하고 있지만 버냉키 의장조차도 단기적으로는 재정 지출이 필요하지만 중장기적으로는 재정건전화가 필요하다고 발언했다. 이것은 일견 옳고 책임 있는 발언으로 들리지만, 여기에서 버냉키 의장이 말하는 '단기'가 실제로 밸런스시트 문제를 안고 있는 사람들이 상정하는 회복 기간보다 짧다면 버냉키 의장의 발언은 경기에 마이너스 요인으로 작용할 수 있다.

또한, 전술한 4년 뒤 적자를 절반으로 줄이겠다는 방침은 실제로 오바마(Obama) 대통령이 2009년에 취임하고 처음으로 경기 대책을 발표했을 때의 발언이다. 이 2009년 시점에 이루어진 재정 지출은 리먼 쇼크 직후의 미국이 놓여 있는 상황을 생각하면 100% 정답이지만, 재정 적자를 4년 만에 절반으로 줄이겠다는 것은 그 후의 경위를 보면 역효과를 낸 것으로 보인다. 미국 경제의 회복은 그들이 예상했던 것보다 시간이 걸리는 것이었기 때문이다. 실제로 오바마 대통령은 재선에 임하는 선거 기간 동안 여러 차례 공화당의 롬니(Romney) 후보에게 이 공약을 지키지 못한 것을 비난당하는 등 상당히 고전을 면치 못했다.

지연된 재정건전화보다 이른 재정건전화가 더 큰 손해를 초래한다

그렇다면 정부가 재정 지출을 어느 정도 유지해야 하는지가 중요해지는데, 실제로는 여기에 큰 기술적 문제가 있다. 그것은 민간이 채무 최소화를 우선시하는 밸런스시트 불황이라는 것이 극히 특수한 상황이고 이러이러한 밸런스시트 문제에는 이만큼의 회복 기간이 필요하다는 통계적 데이터가 거의 없다는 문제가 있다. 만약 이런 종류의 불황이 과거에 여러 차례 발생했고 그것들을 계량적으로 분석한 결과, 버블 붕괴로 XX년의 회복 기간이 필요하다는 데이터가 있으면 그것을 기초로 YY년 이후부터 정부는 재정건전화로 전환해야 한다고 말할 수 있지만 이런 종류의 데이터가 전혀 없는 것이다.

그렇게 되면 아무래도 정부의 판단은 정치적인 배려 등이 작용하여 낙관적인 쪽으로 기울어지기 쉽고, 또한 그렇게 되면 실제로 밸런스시트 문제를 안고 있는 사람들은 자신들의 문제를 정부가 이해해 주지 않는다고 불만을 품게 되며 정부의 정책에 비관적이 된다.

그렇다면 이 회복 기간에 관한 불확실성에 대해서 정부는 어떻게 대응해야 할 것인가. 이것은 앞에서도 언급한 대로 정책이 실패할 경우 발생하는 비용이 최소화되는 방향으로 정책을 집행해야 한다.

즉 재정 지출 축소가 너무 빠른 경우 발생하는 손실과 너무 늦은 경우 발생하는 손실을 비교해서 손실이 적은 쪽으로 정책을 집행해야 한다는 것이다. 구체적으로는 밸런스시트 불황이 지속되고 있을 때 재정 지출을 중지해서 발생하는 문제와 밸런스시트 불황은 이미 종료되었는데 정부가 재정 지출을 계속하고 있는 경우에 발생하는 문제의 비교라는 관점이다.

우선 전자처럼 너무 빠른 경우, 경제는 1,000엔에서 900엔, 900엔에서 810엔으로 축소되는 디플레 악순환에 빠져 경기가 더블딥에 빠지게 된다. 이러한 상황에서는 실업자가 급증하고 자산 가격도 하락하여 결과적으로 밸런스시트 불황도 당초의 예상보다 훨씬 장기화된다. 실제로 일본(1997년)이나 미국(1937년)의 이른 재정건전화 시책 실시는 이와 같은 비참한 결과를 초래했다.

한편 후자는 민간이 돈을 빌리려고 해도 정부가 여전히 큰 재정 적자를 보이고 있는 경우다. 이것은 인플레 및 고금리, 그리고 민간투자의 구축 효과 및 비효율적인 자원 배분이 문제로서 발생할 것이다.

두 상황에서의 문제를 비교할 때, 이것은 압도적으로 전자의 피해가 후자의 피해보다 크다. 전자는 실업자의 급증을 동반하는 심각한 디플레 악순환을 초래할 수 있다. 한편, 후자는 최악의 상황이 스태그플레이션(stagflation) 상태로 GDP 성장률이 기대치보다 낮아진다 해도 사람들이 실업자가 되어 생활이 곤란한 상황은 발생하지 않는다.

또한 밸런스시트 문제로 채무 변제를 최우선시한 사람들은 밸런스시트 회복 후에도 고통스러운 경험이 트라우마가 되어 두 번 다시 돈을 빌리는 것을 매우 꺼리게 된다. 이와 같은 '빚 거부증'은 밸런스시트 불황으로부터의 출구 문제라고 말할 수 있지만 이것은 밸런스시트 불황 이후 민간의 자금 수요 회복이 극히 완만하게 진행될 가능성이 높다는 것을 의미한다.

이렇게 보면 밸런스시트 불황에는 너무 늦은 재정건전화보다 이른 재정건전화가 몇 배나 큰 피해를 초래하기 때문에 당국으로서는 가능한 한 재정건전화를 늦추는 방향으로 정책을 집행해야 한다.

버냉키가 밸런스시트 불황에 대한 리스크를 인지하고 통화정책의 '포워드 가이던스'를 말하기 시작한 것이 2011년인데, 그는 당초 2013년까지 금리를 올리지 않겠다고 말했다. 그리고 사태의 심각성이 이해됨에 따라 그것이 2014년이 되고 현시점에서는 2015년이 되었다.

이렇게 통화정책의 '포워드 가이던스' 정책이 변화한다는 것은 당국자도 실제로는 민간의 밸런스시트 회복에 어느 정도 시간이 걸리는지에 대한 확신이 없다는 것이며 그렇다면 재정 지출도 최소 2015년까지 지속해야 한다.

한편 2015년이라는 시기는 미국의 주택 버블이 정점에 다다른 2007년부터 미국 경제가 정상화하는 데 8년이 걸린다고 말하는 것과 동일하다. 또한 이것은 FRB도 전술한 밸런스시트 불황으로부터의 탈피가 상당한 시간이 걸리는 일이라고 인정한 것이라고 이해할 수 있다. 2008년 당시 미국의 당국자 및 민간의 리더들은 미국은 일본과 같은 실패를 저지르지 않고 길어야 2~3년 안에 모든 것이 정상으로 되돌아올 것이라고 말했지만 지금은 그들도 정책에 지름길은 없다는 것을 깨닫고 있는 것이다.

'미래 세대의 부담'을 고려할 때 주의해야 할 세 가지

일본 경제를 분석할 때 반드시 나오는 질문은 GDP 대비 240%에 달한 일본의 정부 부채가 미래 세대에 큰 부담이 되지 않을까라는 것이다. 많은 사람은 예를 들어 재정 지출이 밸런스시트 불황 대책에 유효하다는 것을 이해해도 그것이 미래 세대에 큰 부담으로 남을 수 있다고 말하면 곧바로 재정 지출을 망설인다. 그러나 그들이 그와 같은 이유로 재정 지출을 망설인 결과 일본의 밸런스시트 불황은 20년 이상 이어졌던 것이다.

이러한 미래 세대에 대한 우려는 이해할 수 있으나 이런 관점에는 주의해야 할 점이 세 가지 있다.

먼저 첫 번째로 재정 적자가 어떤 특정 규모에 달하면 경제에 치명적인 피해를 줄 수 있다는 것을 사전에 판단할 수 있는 기준이 존재하지 않는다는 점이다. 케네스 로고프와 카르멘 라인하트(2011)는 정부 부채가 GDP 대비 90%를 상회하면 문제가 된다고 주장했지만, 이들의 분석은 빌리는 사람 측 문제인 밸런스시트 불황과 빌려주는 사람 측 문제인 금융 위기가 섞인 채 논리가 구성되어 있어 참고하기 어려울 뿐만 아니라 최근에는 그 계산법에 대해서도 여러 문제점이 지적되고 있다.

또한, 영국은 1945년에 GDP 대비 250%의 정부 부채를 기록했지만, 그 결과로 영국이 세계 경제 지도에서 소멸하는 일은 일어나지 않았다. 만일 당시 영국 국민이 재정 적자가 너무 크다는 이유로 스핏파이어(Spitfire) 전투기 및 아브로 랭카스터(Avro Lancaster) 폭격기의 증산을 중단했다면 그 시점에서 영국은 지도상에서 모습을 감추고 히틀러 제3제국의 일부가 되었을 수도 있다. 영국의 재정 적자가 그때까지 증가한 것은 전투력을 높여 히틀러와 전쟁을 벌였기 때문이며 이런 의미에서 영국 국민의 판단은 현명했다고 할 수 있다.

버블이라는 민간이 저지른 대실패로 인한 상처라고도 말할 수 있는 밸런스시트 불황의 치료비는 결코 적지 않다. 그러나 한편으로는 다음 밸런스시트 불황이 도래하는 것은 짧게 잡아도 수십 년 후다. 다음 밸런스시트 불황은 이번 밸런스시트 불황을 경험한 사람들이 모두 세상을 떠난 후가 아니면 발생하지 않는다. 즉 재정 건전화 실현을 위한 시간은 충분히 있다고 생각한다. 일본의 재정 건전화를 10년 혹은 20년 안에 달성하는 것은 다소 무리가 있지만

30년이나 40년이라는 기간이라면 반드시 불가능한 것은 아닐 것이다. 이 점에 대해서는 제4장의 '아베노믹스' 부분에서 언급하기로 한다.

또한, 밸런스시트 불황 극복 후의 경기 순환적 변동에는 민간이 돈을 빌리게 되어 효력을 되찾은 통화정책을 사용하여 적절히 대처해야 한다.

두 번째로 주의할 점은 '미래 세대의 부담'이라는 단어 안에는 미래 세대가 이어받을 내용과 관련해서 채무 잔고뿐만 아니라 경제의 건전성도 포함되어야 한다는 것이다. 왜냐하면 미래 세대에게 비록 막대한 재정 적자 문제를 안고 있지만 충분한 대책이 강구되어 회복 선상에 있는 경제를 물려주는 것이 재정 적자는 없지만, 상처가 남은 채로 치료도 되지 않은 빈사 상태의 경제를 물려주는 것보다 훨씬 바람직하기 때문이다.

이 점을 보다 명확히 이해하기 위해 대공황 시대의 미국을 예로 들어 1933년 이전을 세대 A(현 세대)로 하고 1933년 이후의 세대를 세대 B(미래 세대)라고 가정하자. 세대 A는 경제가 심각한 밸런스시트 불황에 빠져 있음에도 불구하고 후버 대통령 지위하에 재정 지출에 의한 경제활동 유지를 거부한 세대이다. 이 세대는 재정 지출의 증가를 거부했기 때문에 국채 부담을 다음 세대로 넘기지 않았다(실제로는 후버 정권의 마지막 해인 1932년에는 정부 지출이 증가하여 재정 적자가 확대되었지만, 여기에서는 전혀 부담을 남기지 않았다고 가정). 그 대신 이 세대는 대공황의 한가운데 있는 경제를 세대 B에게 남겼다. 그것은 실업률이 전국 평균 25%를 상회하고(도시에서는 50% 이상) GNP가 최고치를 기록했던 1929년의 절반밖에 되지 않는 참담한 경제였다.

그 결과 세대 B는 깊게 파인 상처를 치료하기 위해 뉴딜정책을 비롯해 거액의 공공투자를 하지 않을 수 없었다. 실제로 미국의 연간 재정 적자는 1944년 기준 GNP 대비 30% 수준까지 확대되었다.

대공황 시기 수백만 명의 젊은이는 가난으로 인해 학교에 가지 못하고 일자리를 찾아야만 했다. 이 시대 젊은이들(미래 세대)의 인생 설계는 재정 균형을 중시하는 후버 정권의 잘못된 판단으로 파괴된 것과 다름없다. 만일 제2차 세계대전 수행을 위해 거액의 재정 지출이 없었다면 대공황은 더 연장되어 더 많은 세대가 교육 및 직업의 기회를 상실하게 되었을지도 모른다. 만일 당시 세대 A가 일본처럼 재정 지출에 의해 1929년 수준의 경제활동을 유지하고 상처가 더 커지는 것을 방지했더라면 세대 B의 부담과 고통은 더 완화되었을 것이다. 예를 들어 세대 A가 발행한 국채 전액을 세대 B가 보상해야만 하는 상황이더라도 세대 B에게는 세대 A가 재정 지출을 통해 경제가 침체되는 것을 방지해 주는 것이 훨씬 더 좋을 것이다.

1996년에 있었던 일본 경제 회복의 기회

그리고 세 번째 문제점은 밸런스시트 불황 시 재정 적자를 줄이려고 해도 그것이 성공할 가능성은 극히 낮다는 점이다. 즉 밸런스시트 불황에는 정부의 재정 지출이야말로 경제가 디플레 악순환에 빠지는 것을 방지할 수 있지만, 정부가 그 역할을 포기하면 경제는 1937년의 미국 및 1997년의 일본처럼 일시에 붕괴될 수 있다. 그렇게 되면 세수는 격감하고 재정 적자는 줄기는커녕 오히려 늘어나게 된다.

본래 일본에서 재정건전화가 시작되기 전인 1997년에 일본은 G7에서 가장 높은 수준인 4.4%의 실질 GDP 성장률을 기록했다. 1997년 연말에는 뉴욕의 Asset Stripper[4] 및 홍콩의 화교 투자자들이 일본의 상업용 부동산을 구입하기 위해 대거 도쿄에 왔다. 그들은 일본의 부동산 가격이 급락했지만 임대료는 그 정도로 하락하지 않은 점에 주목했다. 즉 그 시점에 일본 부동산은 국제 수준에 비춰 봐도 투자 대상으로 충분히 매력적이었다. 따라서 1997년에 재정건전화 시책이 실시되지 않았다면 전년부터의 GDP 성장세는 유지되고 일본의 자산 가격도 이들 외국인 투자자의 구매수요 증가로 바닥을 치고 상승세로 전환될 수도 있었다.

그런데 실제로는 재정건전화 시책이 실시되어 경제는 붕괴되고 5분기 연속으로 마이너스 성장을 기록했다. 경제가 붕괴되었

---

4 회사를 저렴하게 구입해서 비싸게 팔아 이익을 취하는 업자.

기 때문에 외국인 투자자들은 투자 대상을 매입하기 전에 필요한 '듀 딜리전스(Due Diligence)'[5]라는 절차를 밟기 어렵게 되었다. 경제 전체가 붕괴되어 버린 상황에서 장래 수익 전망을 세울 수가 없게 된 것이다. 그 결과, 이들 투자자는 일본에서 빠져나갔으며 이것과 경제 붕괴 현상이 겹쳐진 결과, 자산 가격이 다시 하락하기 시작했다. 결국, 상업용 부동산은 1997년 수준에서 53% 추가 하락하여 민간의 밸런스시트는 직격탄을 맞게 되었다.

실제로 그림 1-12의 지가 추이를 보면 1997년 전후의 지가 변동에 분명한 변화가 있었다는 것을 알 수 있다. 이것은 원래대로라면 지가가 안정되어야 하지만 하시모토 정권이 시기상조의 재정건전화를 실시했기 때문에 지가가 또다시 하락하였다.

53%의 추가적 하락은 일본 경제에 미증유의 타격을 가했다. 1997년의 부동산 가격이 최고치에서 대폭 하락했다고는 하나 그 수준은 그림 1-12에 있는 것처럼 버블이 시작되기 직전인 1985년 수준이었다. 이 수준이라면 일본 기업의 대부분은 손실을 흡수하고 전향적인 행동을 취할 수 있었다. 이는 버블 시기에 많은 기업에 발생한 기대 이익이 사라지는 것으로, 버블에 편승하지 않았던 가계와 기업들에는 큰 영향이 없었기 때문이다.

그러나 지가가 1997년 수준에서 추가로 53%가 하락한 결과,

---

5 듀 딜리전스란 투자 대상의 구입자가 그 대상이 장래 벌어들일 것으로 예상되는 수익과 그것에 필요한 비용을 엄밀히 계산하여 대상 구입의 정당성을 증명하는 절차이다.

부동산 가격은 1973년 수준이 되었다. 여기까지 가격이 하락하자 무차입의 사람들을 제외하고 거의 모든 일본의 기업과 가계가 밸런스시트에 큰 문제가 생겼다.

즉 일본판 세대 A가 1997년에 재정건전화 시책을 실시하지 않았다면 세대 B는 좀 더 나은 생활을, 좀 더 적은 재정 적자로 지낼 수 있었다. 만일 세대 A가 1997년에 재정건전화 시책이라는 잘못된 정책을 펴지 않았다면 이후 재정 적자도 1996년 수준인 22조 엔 전후일 가능성과 1997년 이후 국가의 누적 채무 잔고도 현재 수준보다 적어도 100조 엔은 하회하여 경기가 지금보다 훨씬 더 좋았을 가능성이 있지 않을까. 실제로 1997년 정책 실패가 없었다면 일본 경제가 2000년 전후에 밸런스시트 불황에서 완전히 벗어났을 가능성도 있다. 그런 의미에서 1997년 재정건전화 이후 일본 경제가 직면한 어려움은 1937년 재정건전화 이후에 미국 경제가 직면한 경제와 같이 전혀 불필요한 시련이었던 것이다.

재정건전화 지지자는 언제나 빚을 후손에게 남겨서는 안 된다고 경고하지만, 위의 예에서 알 수 있듯이 어떤 세대가 재정 적자를 축소하려고 해도 경제가 밸런스시트 불황에 빠져 있을 때는 재정 적자와 경기가 더욱 악화되어 버릴 가능성이 높다는 것을 나타내고 있다.

재정 적자 문제에 대해서는 최근까지도 경제학자 사이에서 다양한 논의가 이루어져 왔으나 다음 세대에 물려줄 경제의 건전성에 대해 언급한 사람은 거의 없다. 그 결과, 그들이 도달한 결론은 언제나 재정 적자를 줄여야 한다는 쪽으로 기울어져 버리는 경향이 있다. 덧붙여 이제까지 경제학에 밸런스시트 불황이라는 개념 자체가 없었던 관계로 경제학자들은 이런 종류의 불황에 대응할 수 있는 유일한 처방전에 대해 필요 이상으로 신중해져 버렸다.

불황을 장기화시킨 구조적 문제와 밸런스시트 문제의 혼동

또한 경제가 통상의 금융완화에 반응하지 않고 재정 지출도 마중물 효과를 가지지 못한다면 많은 논자는 그 경제가 구조적 문제를 안고 있으며 필요한 것은 구조개혁이라고 주장하기 시작한다. 이 구조적 문제와 밸런스시트 불황은 양쪽 다 통상의 거시경제정책에 반응하지 않는다는 점에서 언제나 혼동되고 있다. 이제까지 대부분의 경우 경제학계나 언론은 불황의 원인이 구조적 문제라고 판단해 왔다. 그 이유는 구조적 문제에 대해서는 30년 전의 레이건(Reagan), 대처(Thatcher) 시대부터 각국에서 상당히 논의가 이루어진 것에 비해 밸런스시트 문제는 일본을 제외하면 극히 최근까지도 그 존재조차 인식되지 않았기 때문이다. 그 결과, 통상의 통화 및 재정정책이 의도한 결과를 보이지 못하면 정통적인 경제학자나 경제분석가들은 이것을 구조적 문제가 원인이라고 치부해 버리는 경향이 있다.

1980년대에 레이건이나 대처가 직면한 동맹파업이 빈번한 노동 시장, 품질 저하가 계속되는 공업 제품, 인플레, 무역 적자, 고

금리 등의 현상에는 분명히 구조적 문제가 그 근본에 있었다. 이런 의미에서 당시 공급 측면에서 개혁이 추진된 것은 극히 적절한 대응책이었다고 할 수 있다.

다만 그들이 실수한 것은 본래 미시 문제인 구조개혁을 거시경제정책의 일부로 보았다는 것이었다. 그 때문에 레이건 대통령의 개혁은 당초 상당히 즉효성이 있는 경기정책의 일환으로 제시되었다. 당시 레이건 대통령은 세율과 세수의 관계를 나타낸 래퍼 곡선(Laffer Curve)을 이용하여 사람들에게 50달러를 공급하면 그들은 곧바로 그 돈을 사용하기 때문에 경기는 신속하게 좋아진다고 말했던 것이다.

그런데 레이건 대통령의 공급 측면 개혁이 경기에 긍정적으로 작용하기 시작한 것은 그로부터 12년 후의 클린턴(Clinton) 대통령 시대였다. 레이건, 부시(아버지)와 뒤이은 공화당 정권의 12년간은 냉전 종결 등 외교면에서는 큰 성과가 있었지만 경제는 만족할 만한 수준이 아니었다. 결국 "문제는 경제다(It's the economy, stupid)!"라는 슬로건을 내건 클린턴에게 패배했다. 이는 레이건, 부시(아버지) 정권 이후 12년간은 공급 측면 개혁이 당초 의도된 성과를 내지 못했다는 것을 의미한다.

한편, 클린턴 정권 기간 동안 공급 측면 개혁의 효과가 발휘되기 시작하여 IT를 중심으로 많은 신흥 기업이 대두하면서 경기도 좋아졌다. 그 결과, 미국의 재정은 장기간 이어져 온 적자에서 순식간에 흑자로 전환되었다.

레이건과 같은 실수를 밸런스시트 불황에 저지른 것이 1997년 일본의 하시모토 정권이었다. 하시모토 정권도 재정건전화 시책을 실시하면 경기가 악화된다는 것은 알고 있었으나 동시에 6대 구조개혁을 추진하면 전체적으로 경기는 악화되지 않을 것으로 믿고 있었다.

실제 당시 정부는 이들 6대 개혁이 추진되면 그것에 의해 고용이 어느 정도 증가하는지에 대한 전망치까지도 발표하였다.

하시모토 정권의 구조개혁정책은 재정건전화라는 거시경제정책의 대체물이 될 수도 있다는 주장에 대해 미국의 레이건 정권의 쓰라린 경험을 알고 있던 나와 서머스 재무장관(당시)은 강하게 반대했지만 결국 무시되었다. 그러나 결과는 5분기 연속 마이너스 성장으로 세수는 하락하고 일본의 재정 적자는 축소되지 않고 오히려 73%나 증가하는 참담한 결과가 초래되었다.

이러한 일본과 미국의 경험을 보면 구조개혁정책이 거시경제정책의 대안이 될 수 없다는 것은 분명하지만, 그러한 경고를 보내는 사람은 유감스럽게도 극히 드물다.

구조개혁이라는 용어가 매우 듣기 좋아서인지 최근 EU의 정책 논의는 자신들이 밸런스시트 불황에 빠져 있음에도 불구하고, 구조개혁이 필요하다는 논의가 주류를 이루어 있어 정말로 필요한 거시경제정책에 대한 논의는 거의 이루어지고 있지 않다.

일본의 고이즈미 정권은 일본이 밸런스시트 불황 상태인 것을 완전히 무시하고 '구조개혁 없이는 경기 회복도 없다'는 노선을 추진했지만, 경기는 회복되지 않았고, 증가한 것이라고는 민영화되었던 도로공단 임원의 보수 정도였다.

또한 2000년대 전반에 독일에서 추진되었던 '슈레더 2010 계획'이라는 구조개혁도 밸런스시트 문제를 구조 문제로 잘못 이해한 사례이다. 이 점은 제5장에서 자세히 살펴보겠지만, ECB의 금융완화에 반응하지 않는 독일은 구조적 문제를 안고 있다고 잘못 진단되어 많은 개혁이 실시되었음에도 불구하고 경기는 좀처럼 회복되지 않았고 당시 독일은 'EU의 환자'라고 불릴 정도로 비아냥거리가 되었다.

그리고 그 당시 일본과 최근의 EU에서는 밸런스시트 문제를 안고 있는 민간이 제로금리에도 거액의 저축을 하고 있는 사실뿐만 아니라 그 사실이 가진 위험성도 제대로 인식되지 않았다.

구조 문제와 밸런스시트 문제는 완전히 성격이 다른 문제로 전자의 경우는 미시적인 노동 시장의 규제개혁 등이 필요하지만 후자를 극복하기 위해서는 지속적인 재정 지출이 불가피하다.

또한 밸런스시트 문제의 경우, 정부가 급하게 재정 지출을 해서 민간의 미차저축을 빌려 쓰지 않으면 경기는 악화되지만, 구조 문제의 경우는 장기적으로 조금씩 경제가 활력을 잃게 되면서 경기 악화가 진행되는 것이다.

현시점에서 많은 국가가 양쪽의 문제를 동시에 안고 있는데, 이러한 경우에는 밸런스시트 문제를 먼저 해결하고 그 이후에 구조 문제에 손을 대는 식으로 대응할 필요가 있다. 이 순서가 틀리면 터무니없는 일이 초래된다. 지금도 EU를 포함한 많은 나라에서 자신들이 밸런스시트 불황에 빠져 있다고 인식하는 사람들은 많지 않기 때문에 그들이 틀린 처방을 계속할 위험성은 상당히 높다고 할 수 있다.

어떻게 밸런스시트 불황과 구조적 문제를 구별할 것인가

그렇다면 어떻게 밸런스시트 문제와 구조적 문제를 구별할 수 있는가. 해당 국가가 EU 가입국이 아니라면 가장 간단한 지표는 금리, 특히 그 중에서도 국채금리일 것이다. 빌리고자 하는 사람이 감소하여 발생하는 밸런스시트 불황은 금리가 대폭 하락하기 때문에 발생한다. 또한 그 국가가 EU 가입국인 경우에는 국채금리가 정확히 반영하지 못하는 경우가 있기 때문에 본서에서도 사용하고 있는 자금순환 통계와 ECB의 정책금리를 대조해 볼 필요가 있다. 즉 정책금리와 예금금리가 낮음에도 불구하고 민간이 대폭 자금잉여 상태가 된 경우에는 해당 국가가 밸런스시트 불황상태에 진입해 있을 가능성이 높기 때문이다.

또한 어떤 나라에서든 불량 채권 문제를 안고 있는 은행이 돈을 빌려줄 수 없게 되어 민간이 자금잉여 상태가 되는 경우가 있다. 이것은 빌리는 사람에 기인한 밸런스시트 불황이 아니라 빌려주는 사람의 문제에서 비롯된 금융 위기가 원인이지만, 이러한 경우에는 은행의 대출금리가 큰 폭으로 상승하기 때문에 바로 구분할 수 있다.

또한 불황의 주원인이 자금 수요에 있는 것인지 아니면 자금 공급에 있는 것인지에 대해서는 일본 중앙은행이 일만 개의 기업을 대상으로 그들에 대한 은행의 대출 태도를 보여주는 '단칸(短観, 단기관측지수)'이라는 통계가 있기 때문에 바로 대답을 얻을 수 있다.

실제로 이 데이터와 일본 기업이 은행에서 빌린 금액을 비교하면(그림 1-18) 1997~1998년 금융 위기 등 일시적인 신용경색을 제외하면 은행이 돈을 빌려주려 한 것을 빌리는 측도 인정하고 있다. 그럼에도 불구하고 그들이 자금을 빌리지 않았던 것은 빌리는 측의 밸런스시트에 문제가 있었기 때문이다.

【그림 1-18】 금융 위기 시기를 제외하고 대출을 권장하는 미국 은행

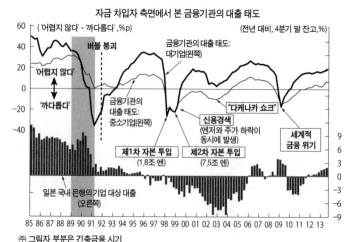

㈜ 그림자 부분은 긴축금융 시기

출처: 일본 중앙은행 '단칸'의 「금융기관의 대출 태도 판단」, 「대출처별 대출금」을 기초로 노무라총합연구소가 작성

한편 이와 같은 빌려주는 측에 대한 포괄적인 조사가 이루어지지 않고 있는 국가들은 정책금리와 은행의 대출금리의 괴리, 은행 융자의 대체가 될 수 있는 사채 시장 및 외국 은행 동향, 그리고 시장 관계자 대상 인터뷰 조사 등을 실시해야 한다. 이를 통해 빌리는 측이 문제인지 빌려주는 측이 문제인지를 정확히 밝혀낼 필요가 있다.

또한 이번을 계기로 전 세계 중앙은행은 일본 중앙은행의 '단칸' 중에 '금융기관의 대출 태도 판단' 항목과 동일한 조사를 실시해야 한다. 이 데이터만 있으면 문제가 어느 쪽에 있는지 어렵지 않게 알 수 있다.

민주주의와 밸런스시트 불황은 조화되기 어렵다

회복하는 데 상당한 시간이 걸리는 밸런스시트 불황의 특성을 한층 심각하게 하는 것은 이러한 불황이 민주주의와 조화되기 어렵다는 사실이다. 즉 민주주의가 효율적으로 기능하기 위해서는 사람들이 강한 자기책임원칙에 기초하여 행동할 필요가 있지만, 이 원칙과 '큰 정부'에 의지하여 경제 회복을 기다리는 재정 지출은 모순되는 점이 있기 때문이다. 그 결과, 밸런스시트 불황 속 경제에서도 자신의 밸런스시트가 손상되지 않은 사람들은 큰 정부를 의미하는 재정 지출을 맹렬히 반대한다. 그것이 버블에 편승한 사람들을 구제하기 위한 것이라면 그들의 반발은 더욱 거세진다.

게다가 이제까지 대학에서 가르쳐 온 경제학은 밸런스시트 불황이라는 사태가 일어날 수 있다는 사실조차도 가르치지 않았다. 즉 일반 국민에게 이런 종류의 불황이 실제로는 한 사람 한 사람이 밸런스시트 회복이라는 올바르고 책임 있는 행동을 취한 결과, 그것이 '합성의 오류'를 유발해 발생하는 것이라는 사실이 알려지지 않았던 것이다.

이런 가운데 정부가 재정 지출을 우선시하면 이 불황의 본질을 이해하지 못한 언론이나 평론가를 포함한 일반 시민은 정치가가 선거 대책을 위해 돈을 낭비하는 정책이라고 비난하기 쉽다.

실제 과거 20년간 일본의 언론은 '재정 지출=퍼주기식 정책'이라고 비난하면서 정의의 편에 서는 듯한 논조로 기사를 써 왔다. 또한, 미국에서 맹위를 떨치고 있는 공화당계 티파티(Tea Party)라고 불리는 사람들은 미국 정부가 재정 지출에 나서는 것을 막기 위해 정치 생명을 걸고 있다. 독일의 메르켈 총리가 EU 가입국은 모두 독일을 본받아 재정건전화에 힘써야 한다는 재정 협정을 각국에 강요하고 있는 것도 유사한 발상이 근저에 깔려 있는 것이다.

이것들은 모두 밸런스시트 불황이라는 병의 존재를 알지 못하고 재정 적자는 한 종류밖에 없다고 생각하고 있는 의사들의 오진에 기인하는 것이지만, 아직 경제학 교과서에 이러한 불황에 대한 설명이 빠져 있는 가운데 그들에게 재정 지출의 필요성을 이해시키는 것은 불가능에 가까운 일이다.

케인스도 간과한 민간의 채무 최소화

나는 2009년에 영국 케임브리지대학으로부터 초청받아 케인스 홀(케인스도 여기에서 교편을 잡은 적이 있음)에서 강연한 바 있다. 내가 그 강연에서 "평시의 민주주의에서 재정 지출을 유지하는 것 만큼 어려운 것은 없다."라고 발언하자 한 교수는 내가 서 있는 강단까지 와서 "케인스는 지금 당신이 서 있는 바로 그곳에서 1940년에 당신과 완전히 똑같은 말을 했습니다."라고 알려 주었다. 대공황 속 재정 지출의 필요성을 강조했던 케인스도 완전히 동일한 문제로 고민했던 것이다.

이후 각국 경제가 제2차 세계대전을 배경으로 한 대규모 재정 지출로 매우 짧은 기간에 회복되자 케인스 경제학이 거의 모든 경제학 교과서에 실리게 되었다. 그러나 유감스럽게도 내가 쓴 『'음'과 '양'의 경제학』에서 지적한 것처럼, 케인스 자신은 밸런스시트 문제를 안고 있던 민간이 채무 최소화를 우선시하는 것이 대공황의 원인이라는 점은 알아차리지 못했다. 실제로 케인스는 민간은 항상 수익 최대화를 위해 행동한다는 종래 경제학의 틀을 넘지 못하고 기존의 틀 내에서 대공황을 설명하려고 했기 때문에 밸런스시트 문제를 안고 있는 민간이 채무 최소화로 향할 가능성을 완전히 무시했다. 그 결과, 케인스는 자신이 제창한 재정 지출은 민간이 채무 최소화를 우선시하는 국면에서만 큰 효과를 발휘한다는 점을 1939년에 발간한 『일반이론』에서 분명히 밝히지 못했다.

이후 케인스가 제안한 재정 지출은 전후 여러 국면에서 불황 퇴치에 효과적인 것으로 알려졌고, 1940년대에서 1970년대 전반까지 미국을 중심으로 각국에서 재정 지출을 통한 경기의 미세조정이 이루어졌다. 그러나 그 결과는 기대를 저버린 것이었다. 1970년대에 들어서자 인플레나 고금리 그리고 큰 정부에 따른 자원 배분의 비효율 등이 문제시되어 케인스의 권위는 땅에 떨어지고 말았다.

그렇다면 왜 이와 같은 결과가 초래되었을까. 이는 제2차 세계대전에서 영국과 미국은 무기조달을 위해 천문학적 재정 지출을 실시했으며 이로 인해 민간의 밸런스시트는 단기간에 개선되고 1960년대에 들어와서는 민간도 돈을 빌리게 되었기 때문이다. 즉 전시가 되자 정부는 재무 내용에 문제가 있어도 기술력이 있는 기업에 대규모 발주를 요청했다. 예를 들어 정부로부터 3,000대의 전투기를 신속히 제작해 달라고 요청받은 기업은 자신의 밸런스시트에 문제가 있어도 설비투자가 필요하고 또한 그를 위한 자금 조달도 필요하게 된다. 정부로부터 발주를 받으면 은행은 그 기업에 안심하고 돈을 빌려주기 때문에 선순환 구조가 이루어진다. 또한 이로 인해 얻은 수익으로 민간의 밸런스시트 문제도 단기간에 개선되는 것이다.

그런데 민간이 재무적으로 건전해졌음에도 불구하고 정부가 전후에도 줄곧 적극재정을 추진한 결과, 재정 지출의 부작용이 계속하여 발생했던 것이다.

내가 케임브리지대학에서 일부러 '평시'라는 표현을 사용한 것은 전쟁과 같이 국가의 존망이 위태로운 상황에서는 정부가 거액을 들여 무기 조달, 방공대 설치 등을 추진해도 누구도 불평하지 않기 때문이다. 또한 전시라면 정부가 재정 지출로 무엇을 구입하는지에 대한 대답이 명쾌하며 이런 상황에서 정책이 지연되는 위험성도 없다.

또한 독재주의일 경우, 독재자 한 명이 재정 지출의 필요성을 이해하면 신속히 실시할 수 있지만 민주주의에서는 수천만 명의 사람이 그 필요성을 이해할 때까지 관련 정책을 시행할 수 없다.

그리고 내가 일부러 '유지한다'는 표현을 쓴 것은 모든 나라가 큰 쇼크(리먼 쇼크와 같은)를 받았을 때는 정부의 재정 지출에 기대를 걸게 된다. 실제로 리먼 쇼크 발생 2개월 후에 워싱턴에서 개최된 긴급 G20에서는 전 세계 20개국이 재정 지출에 나서서 세계 경제가 디플레 악순환에 빠지는 것을 막을 수 있었다.

그런데 재정 지출이 효력을 발휘하여 각국 경제가 안정세로 돌아서자 각국 정책 담당자와 언론은 안심했으며 각국은 2010년 토론토 정상회의를 계기로 재정건전화로 정책 방향을 틀고 말았다. 그러나 그 시점은 EU와 미국의 주택 버블 붕괴로 인한 민간부문 밸런스시트 회복이 완료되지 않았을 때였다.

EU와 미국의 민간과 정부가 채무 최소화에 매진한 나머지 이들 국가의 경기 회복에 제동이 걸려 영국이나 EU 주변국은 더블딥에 빠져 버렸다. 1997년 일본에서도 높은 GDP 성장률 및 외국인 매입에 의한 부동산 가격 안정을 근거로 방심한 당시의 하시모토 정권이 재정건전화로 전환하자마자 경기는 디플레 악순환에 빠져 더블딥 상태가 되었다. 이들 사례는 평상시 민주주의하에서 재정 지출을 유지하는 것이 얼마나 어려운지를 말해주고 있다.

결국 밸런스시트 불황을 겪는 민주국가에서는 경기가 나빠지면 재정 지출의 기대가 높아지지만, 그것으로 경기가 조금이라도 좋아지면 이 다음에는 재정건전화를 요구하는 목소리가 높아진다. 그러나 민간이 채무 최소화로 향하고 있을 때 정부가 재정건전화를 추진하게 되면 경기는 다시 악화되고, 그렇게 되면 재정 지출 요구는 높아진다. 즉 밸런스시트 불황을 겪는 민주주의 국가에서는 재정 지출의 시행과 중단이 반복되는 상황이 일어나기 쉽고 그만큼 경기 회복도 지연되기 쉽다.

위기를 사전에 회피한 사람은 영웅이 될 수 없다

일본이 버블 붕괴로 엄청난 부를 상실하고 민간이 일제히 채무 변제에 몰두했음에도 불구하고 GDP가 줄곧 버블 절정기 수준을 상회하였다는 점은 큰 교훈으로 남았다. 즉 아무리 큰 버블이 붕괴하여 민간의 밸런스시트가 훼손되어도 정부가 초기부터 충분한 재정을 지속적으로 지출하면 국민 소득은 유지되고, 국민 소득이 유지됨으로써 그들은 밸런스시트 회복을 추진할 수 있다는 것이다. 이것은 이전의 버블 붕괴로 거의 예외 없이 경제가 공황 상태 혹은 이와 유사한 상태까지 경기가 하락한 경우와 비교할 때 크나큰 성과라 할 수 있다.

그렇다면 이 교훈은 2008년 이후 세계에서 어떻게 활용되었느냐 하면 실제로 한 번 크게 활용되었다. 그것은 전술한 것과 같이 2008년 11월 워싱턴에서 개최된 긴급 G20에서 일본의 아소 총리가 그림 1-14를 사용하여 19개국 총리에게 일본의 경험을 발표한 것이다. 아소 총리는 회사의 경영자 출신이기도 하고 당초부터 일본이 밸런스시트 불황에 빠져 있는 것을 이해한 정치가의 한 사람이다. 그래서 아소 총리는 재정 지출을 통해 상업용 부동산의 가격이 최고치에서 87% 하락한 상황에서도 기존의 GDP 수준을 유지할 수 있었으며, 지금 G20가 재정 지출을 실시하면 리먼 쇼크에서 비롯된 세계 경제의 하락을 막을 수 있다고 역설하였다.

이에 대해 여러 가지 반론이 있었지만 최후는 G20가 재정 지출을 하는 것에 합의하였고 대규모 재정 지출로 인해 세계 경제는 V자 회복을 보였다. 이런 의미에서 일본의 교훈이 세계 경제 회복에 활용되었다고 말할 수 있다. 이것은 동시에 긴급 G20에 참가한 일본의 총리가 아소 총리였다는 것은 세계 경제에도 큰 행운이라고 할 수 있다.

그런데 일본의 언론은 G20에서 일본이 크게 공헌한 것을 이해하지 못했을 뿐만 아니라 아소 내각을 선거관리용 내각으로 낙

인찍고 아소 총리가 한자를 잘못 읽은 것을 집중 보도하였는데 이 것은 아소 정권이 다음 해 선거에서 패배하는 원인 가운데 하나가 되었다.

밸런스시트 불황의 개념을 이해하고 재정 지출을 실시한 또 한 명의 총리인 영국의 브라운(Brown)도 선거에서 패배했다.

위기를 사전에 감지해서 회피하는 데 기여한 사람은 영웅이 될 수 없다고 흔히 회자되곤 하지만 비슷한 상황이 영국과 일본에 서 일어났다. 할리우드 영화를 봐도 영웅이 되기 위해서는 먼저 위기가 발생해야 한다. 그 결과 G20 가운데 밸런스시트 불황에 재 정 지출이 필요한 이유를 설명할 수 있는 인물이 없어졌다.

게다가 아소 총리가 주도하여 각국이 실시한 2009년 재정 지 출로 세계 경기가 안정된 기미를 보이자, 이번에는 일본을 포함한 정통파 재정건전화론이 대두했다. 게다가 아소 총리 및 브라운 총 리가 부재한 2010년 런던 정상회의에서는 각국의 민간부문은 여 전히 심각한 밸런스시트 문제를 안고 있음에도 불구하고 3년 후 재정 적자를 절반으로 감축하겠다는 방침을 결정해 버렸다.

이로써 선진 각국은 정책 방향을 180도로 전환했으며, 이로 인 해 영국 및 스페인 등은 경기가 악화되어 더블딥으로 향했다. 다 만, FRB의 버냉키 의장은 이 합의의 문제점을 인식하고 합의로부 터의 이탈을 도모했다. 그 결과, 선진국 가운데 미국만 완만한 경 제 성장을 지속했고 일본, 영국, EU는 여전히 어려운 경제 상황이 이어지고 있다.

이러한 경험을 통해 토론토 정상회의로부터 정확히 3년 뒤 상트페테르부르크에서 열린 G20 정상회의에서는 '정상회의 선언은 세계 경제의 회복이 너무 미약하다는 인식을 표명하고 주요국이 재정건전화보다 성장 회복에 중점을 두어야 한다고 생각'한다는 점에 대해 합의가 이루어졌다. 이런 의미에서 세계 경제는 토론토 정상회의로부터의 3년이라는 시간을 완전히 낭비한 셈이 됐지만 적어도 최근에는 이들 국가가 옳은 방향으로 나아가고 있다고 말할 수 있다. 다만 이것이 전술한 재정 지출의 연속적 온·오프 국면의 하나로 끝날 가능성은 여전히 남아 있다.

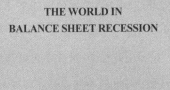

THE WORLD IN
BALANCE SHEET RECESSION

제2장

통화정책과
'양적완화의 함정'

밸런스시트 불황 속에서 통화정책은 무력하다

이제까지는 밸런스시트 불황기에 이루어지는 재정정책에 초점을 맞추고 논의했지만, 당국은 통화정책이라는 또 다른 정책 수단을 보유하고 있다. 경제학 교과서에는 정부가 재정정책과 통화정책을 조합하여 경제를 운영해 나갈 수 있다고 기술되어 있다.

실제로 최근 '아베노믹스'의 첫 번째 화살인 일본 중앙은행에 의한 대대적인 금융완화에 이목이 집중되고 있다. 이제까지 많은 경제학자는 일본 중앙은행의 통화정책이 충분하지 않았기 때문에 일본의 불황이 장기화되었다고 주장했다. 그들이 통화정책을 중시하는 것은 과거 수십 년 동안 경제학계가 재정정책보다 통화정책의 우위성을 강조하였고, 또한 실제로 1970년대 이후 선진국에서 실시된 경제정책 대부분이 통화정책이었기 때문이다. 통화정책을 더욱 중시하는 경향이 있었기 때문에 이번 글로벌 금융 위기에도 일본, EU, 미국의 중앙은행에 대한 기대가 매우 컸다.

이런 기대 속에 각국의 중앙은행은 리먼 쇼크 직후부터 이례적인 빠른 속도로 금리를 제로 혹은 제로 근처 수준까지 인하하고 과감한 양적완화 조치를 취했다. 그런데 본서의 앞부분에서도 언급했듯이 각국의 경기는 침체를 거듭하고 있었고, 특히 영국과 미국에서는 인플레율이 2% 전후로 실질금리가 마이너스를 기록하고 있었다. 그럼에도 불구하고 이들 국가의 통화공급량과 민간 신용은 극히 완만하게 증가하고 있을 뿐이었다. 각국의 인플레율도 가속화될 조짐을 보이지 않고 있다. 미국에서는 FRB가 대규모 유동성 공급을 지속하고 있음에도 불구하고 2013년부터 인플레율이 다시 하락하였다. 게다가 2013년 중반에 FRB 버냉키 의장이 양적완화 해소를 언급한 것 만으로 미국의 장기금리가 급등하여 그렇지 않아도 완만하게 성장하고 있는 미국의 경기 회복이 더뎌질 조짐마저 보이고 있다. 이러한 미국의 상황은 본래 그다지 효과적이지 못한 양적완화도 경기가 회복되기 시작한 시점에서 이를 축소하려고 하면 큰 문제로 이어질 수 있다는 것을 의미한다. 이것은 양적완화를 견지해 온 중앙은행에는 매우 충격적인 사실이었다.

EU와 미국에서 통상적으로는 생각할 수 없을 정도로 통화정책의 효력이 무력화된 것은 1990년대 이후 일본이 경험한 상황과 완전히 동일한 것이다.

일본에서는 1995년부터 2013년 '아베노믹스' 도입 직전까지 금리가 제로 근처에 머물러 있었음에도 불구하고 통화정책은 어떠한 정책적 효과도 없었다. 주식 시장과 부동산 시장은 회복되지 않았고 실물경제도 부진했다. 1980년대 후반 일본의 자산 가격 버블은 일본 중앙은행의 법정지급준비율이 2.5%였을 때 발생했지만, 수년 후인 1993년 2월 일본 중앙은행의 정책금리는 동일한 2.5%였음에도 불구하고 경기와 자산 가격 변동에 거의 영향을 미치지 못했다.

자금 수요가 없으면 통화정책의 효과도 없다

통화정책을 통해 경기를 부양시키려는 시도에 대해 일본 경제의 반응이 버블 전과 버블 후에 극단적으로 달라진 원인은 무엇인가. 그것은 간단히 말하면 버블 붕괴의 영향으로 민간의 밸런스시트가 크게 훼손되어 자금 수요자의 수가 격감했기 때문이다. 경제학 교과서에 명시적으로 기술되어 있지는 않으나 통화정책이 효력을 발휘하기 위해서는 민간부문에 자금 수요가 있다는 전제가 충족되어야 한다. 만일 이 전제가 충족되지 않는다면 통화정책은 그 힘을 잃어버리기 때문이다. 예를 들어 경기 과열에 대해 중앙은행이 금리를 높이면 자금 수요자의 일부가 돈 빌리는 것을 그만두기 때문에 수요는 감소하게 된다. 반대로 경기가 부진할 때 중앙은행이 금리를 낮추면 자금 수요자가 늘고, 그들이 빌린 돈을 사용하기 때문에 수요가 커지는 것이다.

그러나 버블 전후의 일본에서는 자금 수요자가 급감했을 뿐만 아니라 기존의 자금 수요자도 금리가 제로가 되어도 채무 변제를 선택했다. 전국적인 자산 가격의 급락으로 채무 초과가 되어 채무 변제와 밸런스시트 회복에 악전고투했던 민간부문은 중앙은행이 아무리 금리를 인하해도 돈을 빌리려고 하지 않았던 것이다. 이와 같은 상황에서 통화정책은 아무런 효과가 없다.

그러나 일본 내외의 많은 경제학자와 정치가들이 밸런스시트 문제에 기인한 민간의 행동 변화를 전혀 고려하지 않고, 일본 중앙은행에 의한 추가적인 유동성 공급을 통해 통화공급량을 증가시키면 경제는 회복된다고 주장하면서 일본 중앙은행에 압력을 가했다. 그렇지만 이러한 주장은 그들이 장기에 걸친 불황의 진짜 원인을 이해하지 못하고 있는 것을 증명하고 있는 것이나 다름없다.

통화공급량이 증가하는 메커니즘

통화정책은 자금 수요자가 없어지면 효력을 상실한다는 명제를 이해하기 위해서는 중앙은행이 공급하는 본원통화와 민간신용의 관계를 정확히 이해할 필요가 있다.

먼저 통화공급량의 대부분은 예금이고 예금이 증가하는 것은 민간이 자유롭게 쓸 수 있는 돈이 늘어난다는 것을 의미하기 때문에 이 경우, 경기 개선과 인플레가 촉진된다. 경제분석가들이 통화공급량에 주목하는 것은 이 때문이다.

여기에서 경제학 교과서에 기술되어 있는 통화공급량 증가 프로세스에 대해 복습해 보자. 이는 중앙은행이 시중은행에 유동성을 공급하는 것에서 시작된다. 통상 이러한 작업은 중앙은행이 민간은행으로부터 국채와 신용도가 높은 사채를 구입하는 형태로 실시된다. 이를 통해 중앙은행에서 민간은행으로 흘러가는 자금을 유동성 또는 본원통화라고 부른다. 이 시점에 중앙은행은 민간은행이 보유한 중앙은행 내 계좌에 국채 구입 대금을 입금하게 된다. 이 금액은 본원통화에는 계상되지만 통화공급량에는 계상되지 않는다. 왜냐하면 아직 이 금액은 민간이 자유롭게 사용할 수 있는 돈이 아니기 때문이다.

다음으로 본원통화를 수취한 민간은행은 이자 수입을 얻기 위해 이 자금을 대출하고자 한다. 즉 민간은행은 일본 중앙은행 내 자신이 보유한 계좌에서 자금을 빼 내어 대출처의 계좌에 입금한다. 여기에서 이 자금은 본원통화의 감소 요인이 되는 한편, 민간 대상 신용과 통화공급량의 증가 요인이 된다. 은행 대출은 그만큼 증가하고 그 자금을 빌린 사람은 그 시점부터 늘어난 예금을 자유롭게 사용할 수 있게 된다.

자금을 빌린 사람이 그 돈을 사용하고, 이를 수취한 사람은 자신이 보유한 은행 계좌에 예금한다. 그러면 그 예금을 받은 은행은 일부를 법정지급준비금으로 보관하고 나머지는 새롭게 대출해준다. 이와 관련해서 민간은행의 법정지급준비율은 당국에 의해 정해져 있어 유입된 예금 전액을 대출에 사용할 수는 없고 그 일부를 법정지급준비금으로 은행 내에 보관해야 한다. 이것은 예금자가 예금을 인출할 때를 대비해 은행이 자금을 확보해 두기 위해서다.

이렇게 대출된 돈은 빌린 사람에 의해 사용되고, 곧 그것을 수취한 사람의 은행 계좌에 예금된다. 그리고 그 은행은 필요한 부분을 법정지급준비금으로 보관한 후에 나머지 돈을 대출한다. 이러한 프로세스가 무한히 반복되어 은행 시스템의 예금과 대출은 계속 증가한다.

법정지급준비금은 정부가 결정하는 법정지급준비율과 은행에 의한 초과지급준비금에 의해 결정된다. 만약 은행이 예금을 법정지급준비율만큼만 보유한다면 이 예금은 최종적으로 법정지급준비율의 역배수만큼 증가하게 된다. 즉 법정지급준비율이 10%라면 예금은 일본 중앙은행이 공급한 유동성의 10배까지 증가할 수 있는 것이다.

증가한 예금의 합계에 시중에서 유통되는 화폐(지폐와 주화)를 더한 것을 통화공급량이라고 부른다. 그러나 통화공급량의 거의 대부분은 은행예금이 차지한다. 통화공급량과 중앙은행이 공급한 본원통화(유동성)의 비율을 통화승수라고 부른다. 따라서 전술한 예에서는 통화승수가 10 가까이 된다.

전술한 예에서도 알 수 있듯이 만일 중앙은행이 통화공급량을 늘리기 위해 유동성을 공급해도 자금 수요자가 없다면 민간은행은 중앙은행이 공급한 유동성을 대출할 수 없게 되고, 이 자금은 은행 시스템을 벗어날 수 없기 때문에 통화공급량은 늘지 않는다. 즉 자금 수요자가 없을 때의 한계적인 통화승수는 제로가 된다. 이것은 민간부문 전체가 채무 변제로 향하게 되면 한계적인 통화승수는 마이너스가 된다는 것을 의미한다.

일반적으로 기업과 가계가 대출을 상환할 때는 본인의 은행 계좌에서 예금을 인출하여 은행에 납입한다. 채무 변제액을 수취한 은행은 통상 또 다른 자금 수요자를 찾아 그 돈을 빌려주기 때문에 총통화공급량 및 민간 대상 신용의 규모는 변하지 않는다. 그런데 민간부문이 일제히 채무 변제를 하게 되면 민간은행이 대출 수요자를 찾지 못하는 가운데 은행예금은 감소하고 통화공급량은 축소된다. 자금 수요자가 부재한 가운데의 채무 변제는 거의 같은 크기만큼의 통화공급량이 감소한다. 대공황 시기에는 미국 기업과 가계가 일제히 은행예금을 인출하여 채무를 변제하였기 때문에 당시 미국의 통화공급량은 33%나 감소하였다. 또한 통화 공급량이 그만큼 감소하였기 때문에 당시 미국에서는 디플레가 발생했고 이로 인해 불황이 더욱 악화되었다.

이것은 민간이 일제히 채무 변제로 돌아서면 한계적인 통화승수는 마이너스가 된다는 것을 의미한다. 이와 같은 상태에서는 아무리 중앙은행이 유동성을 공급해도 통화공급량은 증가하지 않는다.

통화공급량을 증가시킨 정부 차입

일본의 민간기업은 1990년대 중반부터 10년이 넘도록 계속해서 채무를 변제해 왔지만 같은 시기 통화공급량(M2+양도성예금)은 축소되지 않고 매년 2~4%(그림 1-10)의 비율로 확대되어 왔다. 이러한 모순된 현상의 배후에 있는 은행의 대출 대상을 나타낸 것이

그림 2-1이다. 이 그림은 일본 중앙은행의 밸런스시트가 일본 기업의 채무 변제가 가장 두드러졌던 1998년에서 2007년 사이에 어떻게 변화했는지를 보여준다. 이것을 보면 은행예금은 증가하고 있지만 민간 대상 신용은 기업이 채무 최소화에 몰두하는 가운데 큰 폭으로 감소하였다. 한편, 정부 대상 대출(국채 보유)은 크게 증가하였다. 이는 민간은 채무 변제에 몰두했지만, 정부가 대규모의 재정 적자를 감수하고 돈을 빌려 써주었기 때문에 통화공급량은 유지될 수 있었다는 것을 의미한다.

【그림 2-1】 정부 차입이 지탱한 일본의 통화공급량

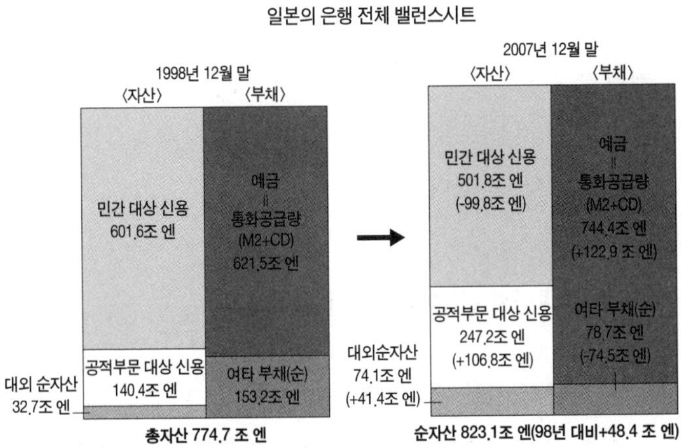

일본의 은행 전체 밸런스시트

㉮ 'M2+CD'란 현금, 당좌예금, 보통예금, 정기예금, 양도성예금(CD) 등의 합계.
  '민간 대상 신용'은 민간 대상의 대출·회사채·주식, '공적 부분 대상 신용'은 국채·지방채 등을 지칭한다.
  출처: 일본 중앙은행 「통화 서베이」

민간부문이 채무 변제에 집중하면 은행부문에 돈이 유입된다. 은행은 이 돈을 대출하고자 하지만 민간부문은 모두 채무 변제를 우선시하고 있기 때문에 누구도 자금을 빌리려고 하지 않는다. 한편 정부는 재정 적자에 대한 재원 마련을 위해 국채를 발행한다. 그러면 은행은 민간부문에 돈을 빌릴 사람이 없기 때문에 유일한 자금 수요자인 정부의 국채를 사고 이자 수입을 얻는다. 즉 은행이 정부에 돈을 빌려주었다고 볼 수 있는 것이다.

국채 판매 수입은 도로와 다리의 건설에 사용되어 건설 회사와 노동자, 납품업자의 수입이 된다. 그들은 그 돈을 은행에 맡기게 되고 이로써 은행 시스템 내 예금 총액은 증가한다. 은행은 이 증가한 예금을 민간부문에 대출하려고 하지만 민간 전체가 채무 변제에 몰두하고 있어 유일한 자금 수요자인 정부의 국채를 구입하게 된다. 이러한 프로세스가 반복되어 일본의 통화공급량은 축소되지 않고 확대되었다.

잘못된 대공황 분석에 휘둘린 경제학계

그렇다면 왜 일본 중앙은행은 10여 년 전부터 일본 내외의 학계로부터 그렇게 비난당하고 최근에는 리플레파[1]인 구로다를 총재로 맞이하게 되었을까. 그것은 과거 20년간 경제학계가 잘못된

---

1 리플레란 재확장의 의미로 리플레파는 불황에서 탈피하기 위해서는 인플레 타겟을 설정한 후에 양적완화와 일본 중앙은행의 국채 매입을 지속적으로 실시해야 한다고 주장한다.

이론에 휘둘렸기 때문이다.

내가 미국의 대학과 대학원에서 경제학을 공부하던 1970년대부터 1980년대에는 루스벨트가 뉴딜정책을 실시함으로써 1930년대의 대공황으로부터 회복할 수 있었다는 것이 일반적인 상식이었다. 당시에도 프리드먼(Friedman)은 통화정책의 중요성을 제창했지만 적어도 1970년대 중반까지는 뉴딜로 대표되는 정부의 재정 지출이 회복의 원동력으로 이해되었다.

그런데 1980년대에 들어서자 로머(Romer) 교수(제1차 오바마 정권의 경제재정자문위원회 위원장)는 이러한 인식은 잘못된 것이며, 미국 경제가 대공황으로부터 회복된 것은 FRB의 통화정책 변경에 의한 것이었다고 주장했다. 미국 경제가 회복되던 1933년부터 1936년 사이에 GDP 대비로 본 미국의 재정 적자는 증가하지 않았지만 같은 기간 통화공급량은 급격히 증가하고 있었다는 것이 주요 논거였다.

이 주장에 의하면 1929년부터 1933년에 걸친 FRB의 정책이 틀렸기 때문에 이 시기 통화공급량은 크게 감소하였고, 그 결과로 대공황은 매우 악화된 것이다. 또한 1933년 이후 FRB가 정책을 크게 전환했기 때문에 통화공급량이 대폭 증가하여 미국 경제가 회복되었다는 설명이 된다. 당시 프리드먼의 직계를 자처한 버냉키는 프리드먼의 90세 생일에 "역시 당신이 옳았다. 대공황이 그렇게까지 악화된 것은 FRB의 정책 실수가 큰 원인이었다."라는 메시지마저 보냈던 것이다.

그리고 미국 학계에서 이와 같은 논조가 주류를 형성한 1990년대 후반에 대공황을 배경으로 일본 중앙은행은 통화정책으로는 문제를 해결하기 어렵다는 입장을 표명했다. 이에 대해 미국 경제학계는 일제히 '그렇지 않다. 중앙은행인 일본 중앙은행이 과감한 금융완화를 실시하면 1933년 이후의 미국과 같이 일본 경제는 회복할 것'이라며 일본 중앙은행의 소극적 대응을 비난하기 시작했다. 그들의 시각에서 보면 일본 중앙은행이 놓여 있는 상황은 자신들의 이론이 옳다는 것을 증명할 수 있는 최적의 기회였던 것이다.

그러나 통화정책만으로 불황을 극복할 수 있다는 경제학계의 시각에는 큰 허점이 있었다.

그것은 통화공급량은 은행의 부채고 그것이 증가하기 위해서는 은행의 자산도 동시에 증가해야 하지만 당시의 경제학자들은 통화공급량의 동향에만 주목하고 은행의 자산이 1930년대에 어떻게 증가했는지를 완전히 간과하고 있었다는 것이다.

당시 미국 은행의 밸런스시트상 자산 측면을 분석해 보면 1933년 이후 미국에서 통화공급량이 증가한 것은 모두 정부가 빌려 썼기 때문이고, 이 기간에 은행의 민간 대상 대출은 조금도 증가하지 않았다. 역으로 말하면 정부가 빌리지 않았다면 통화공급량은 증가할 이유가 없었던 것이다.

그림 2-2는 미국 은행의 밸런스시트를 나타낸 것이다. 민간부문이 1929년 주가 폭락으로 채무 변제로 돌아선 결과, 민간 대상

대출은 1929년부터 1933년 사이에 급감하였고, 그것은 그대로 은행의 부채인 은행예금(통화공급량)의 감소로 이어졌다.

【그림 2-2】 대공황기 미국의 통화공급량 변화

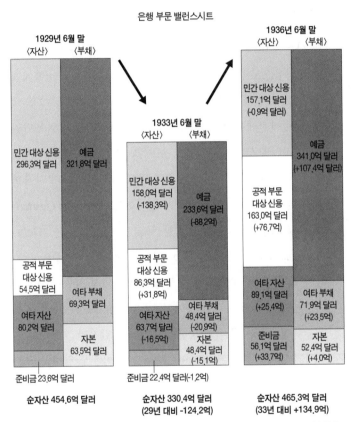

은행 부문 밸런스시트

1929년 6월 말
〈자산〉 〈부채〉

민간 대상 신용
296.3억 달러

예금
321.8억 달러

공적 부문
대상 신용
54.5억 달러

여타 부채
69.3억 달러

여타 자산
80.2억 달러

자본
63.5억 달러

준비금 23.6억 달러

순자산 454.6억 달러

1933년 6월 말
〈자산〉 〈부채〉

민간 대상 신용
158.0억 달러
(-138.3억)

예금
233.6억 달러
(-88.2억)

공적 부문
대상 신용
86.3억 달러
(+31.8억)

여타 부채
48.4억 달러
(-20.9억)

여타 자산
63.7억 달러
(-16.5억)

자본
48.4억 달러
(-15.1억)

준비금 22.4억 달러(-1.2억)

순자산 330.4억 달러
(29년 대비 -124.2억)

1936년 6월 말
〈자산〉 〈부채〉

민간 대상 신용
157.1억 달러
(-0.9억 달러)

예금
341.0억 달러
(+107.4억 달러)

공적 부문
대상 신용
163.0억 달러
(+76.7억)

여타 자산
89.1억 달러
(+25.4억)

여타 부채
71.9억 달러
(+23.5억)

준비금
56.1억 달러
(+33.7억)

자본
52.4억 달러
(+4.0억)

순자산 465.3억 달러
(33년 대비 +134.9억)

출처: Board of Governors of the Federal Reserve System(1976), pp.72~79를 기초로 노무라총합연구소가 작성

다음으로 1933년부터 1936년까지 은행예금은 로머 교수가 주목한 대로 대폭 늘었지만 밸런스시트 문제를 안고 있었던 민간 대상 대출은 조금도 증가하지 않았다. 여기에서 증가한 것은 정부 대상 대출이었는데, 이는 루스벨트의 뉴딜정책에 대한 재원을 위해 정부가 민간으로부터의 차입을 대폭 늘려야 했기 때문이었다.

이 사실은 내가 2006년에 일본어로 출판한 『'음'과 '양'의 경제학』에서 처음으로 밝혔는데, 이 발견이 최근 EU와 미국의 학계에서 밸런스시트 불황론이 주목받는 계기가 되었다.

그 예로 이전에는 통화정책으로 미국이 대공황에서 회복되었다고 말했던 버냉키와 크루그먼, 로머 및 테민 등의 경제학자들이 내 책을 읽고 일제히 재정 지출의 필요성을 언급하기 시작한 것이다. 실제로 크루그먼과 에거트슨이 2012년에 『*The Quarterly Journal of Economics*』에 발표한 학술논문의 표제는 「*Debt, Deleveraging and the Liquidity Trap: A Fisher-Minsky-Koo Approach*」로 되어 있다. 이들 교수가 이런 불황에서는 재정 지출이 필요하다는 것을 인정하기 시작한 것이다. 물론 이들 교수는 중앙은행은 가능한 모든 조치를 취해야 한다고 말하고 있지만 그렇다고 해서 경기가 일제히 개선된다(Game Changer)고는 아무도 말하고 있지 않다.

또한 일본에서도 민간이 밸런스시트 문제로 돈을 빌리지 않게 된 것을 이해한 아소 재무장관은 민간이 돈을 빌릴 때까지 정부가 돈을 빌려 쓰지 않으면 일본 중앙은행의 금융완화 효과는 기대하기 어렵다고 분명히 말하고 있다. 이것이 나중에 언급할 '아베노믹스'의 두번째 화살인 재정 지출의 의의가 된다.

그런데 일본의 경제학계에서 이러한 점을 이해하고 있는 학자는 매우 드물고 유감스럽게도 아베 총리의 정책참모인 하마다도 정확히 이해하지 못하고 있다. 실제로 그는 재정 지출 없이 통화정책의 효과는 없다는 발언에 강하게 반발하고 있다. 재정 지출 없는 금융완화도 충분히 효과가 있다는 하마다의 주장은 이제까지 경제학계가 상정해 온 민간의 밸런스시트가 건전하고 민간이 끊임없이 돈을 빌리는 상황에서는 옳은 주장이 될 수 있다. 그러나 버블이 붕괴한 1990년 이후의 일본과 2008년 이후의 EU 및 미국에서는 이러한 전제가 전혀 성립되지 않는다.

최근 20년간 일본의 통화정책은 재정정책에 의존해 왔다

그런 의미에서 최근 20년간 일본의 통화정책과 통화공급량은 완전히 정부의 재정정책에 의존하고 있었다고 할 수 있다. 민간기업은 1998년경부터 줄곧 채무 변제에 몰두하고 있고 유일하게 정부만이 돈을 빌리고 있었기 때문이다. 정부 차입이 증가하면 통화공급량도 증가하고 통화정책의 효력도 커진다. 만일 정부가 차입을 중지하면 일본 중앙은행이 어떠한 조치를 취해도 통화공급량은 감소한다. 그런 의미에서 재정정책은 일본의 통화공급량 규모를 결정하는 가장 중요한 요인이었던 것이다.

민간부문이 밸런스시트상 문제를 안고 있을 때에는 정부도 중앙은행도 그들의 채무 변제 행위를 중지시킬 수 없다. 과잉 채무를 안고 있던 민간부문은 정부가 뭐라고 하든 가능한 한 빨리 채무를 해소하려 하기 때문이다. 그러나 만약 정부가 민간부문의 이와 같은 동향을 방관한다면 경제는 1929년부터 1933년까지 미국에서 발생한 것과 유사한 1,000엔에서 900엔, 900엔에서 810엔으로 감소한다는 비참한 디플레 악순환에 빠지게 된다.

이 악순환을 막기 위한 정부의 선택은 한 가지밖에 없다. 그것은 정부가 민간부문과 완전히 반대의 행동을 취하는 것이다. 즉 민간부문이 빌려 쓰지 않는 저축을 정부가 빌려 써야 한다는 것이다. 결과적으로는 일본은 그러한 선택을 했다. 그렇기 때문에 1,500조 엔이나 되는 부를 상실하고 법인수요가 GDP 대비 20% 이상 감소했음에도 불구하고 통화공급량은 줄지 않고 GDP도 버블 절정기를 밑돌지 않게 된 것이다.

일본이 대공황에 빠지지 않은 것은 전적으로 정부가 돈을 빌려 지속적으로 사용했기 때문이다. 민간 대상 신용은 감소했지만 공공 대상 신용, 즉 은행에 의한 국채 매입이 증가하여 통화공급량은 늘고 민간부문에 발생한 미차저축은 은행 시스템 내에 머물지 않았다. 재정정책이 통화정책의 효력을 결정한다는, 기존의 경제학이론에서 보면 미지의 세계가 일본 경제에 나타났다는 사실을 그림 1-11과 그림 2-1이 보여주는 것이다.

그렇지만 일본 언론이나 학계, 정계는 이와 같은 사실을 인정하려 들지 않고 있으며, 어디까지나 정통적인 발상에 입각하여 재정 지출은 선심성 지출일 뿐이고 일본 중앙은행이 통화정책에 조금 더 적극적으로 나선다면 경기는 개선될 것이라고 주장하는 사람들이 많다. 이것이 제4장에서 언급할 '아베노믹스'의 첫 번째 화살로, 이미 이들의 중요한 사상적 기반이었던 버냉키와 크루그먼은 태도를 대폭 수정하여 '재정 절벽' 상황에 처할 수 있다고 경고하면서 재정정책의 중요성을 강조하고 있다. 그런데 일본에서는 반대로 재정정책 신중론과 통화정책 만능론이 주류를 형성하고 있다.

여기에서 2007년 이후의 해외 사정을 살펴보면 EU와 미국에서도 처음에는 통화정책에 대한 기대가 매우 컸다. 내가 집필한 『The Holy Grail of Macroeconomics』가 출판된 것이 2008년 3월로, 리먼 쇼크가 일어나기 반년 전이었지만 그 내용의 중요성을 정확히 이해한 사람은 일본의 아소 정권과 중국 정부(번역본은 2008년 11월 출판)뿐이었다. 이는 중국이 리먼 쇼크 이후 G20 가운데 처음으로 대규모 재정 지출을 실시한 것과 무관하지 않다고 생각한다.

한편, EU와 미국에서는 경제학계가 지금이야말로 자신들의 이론이 옳다는 것을 증명할 수 있다고 주장하였고, 이들의 주장을 받아들여 양국 정부는 리먼 쇼크 이후 15개월 이내에 사상 최저 수준까지 금리를 인하했다. 이것은 1990년대 일본 중앙은행이 금리를 거의 제로까지 인하했음에도 불구하고 버블 붕괴로부터 회복하기까지 5년이나 걸렸다는 것에 대한 비난을 의식한 것이기도 했다.

또한 영국과 미국은 QE로 불리는 대규모 양적완화를 실시했다. 이는 미국이 통화정책으로 대공황을 극복했다고 확신하는 경제학자들이 중앙은행의 자산 매입은 제로금리하에서도 경기 개선에 기여할 수 있다는 주장에 따른 정책이었다.

자금 수요자 측 문제인 밸런스시트 불황과 자금 공급자 측 문제인 금융 위기는 별개 문제다

다만 여기에서 주의할 것은 버블 붕괴가 실은 두 가지 문제를 초래한다는 점이다. 하나는 자금 수요자 측 문제인 밸런스시트 불황이고, 또 다른 하나는 자금 공급자 측 문제인 금융 위기다. 후자의 금융 위기는 보유하고 있거나 담보로 잡혀 있던 자산이 버블 붕괴로 대폭락하고 많은 금융기관이 동시에 대규모 불량 채권 문제를 떠안게 되는 것에서 시작된다. 이와 같은 상태에 접어들면 각 금융기관은 거래처의 금융기관이 언제 파산할지 몰라 자금을 회사 외부로 지출하는 일을 극히 꺼린다. 그러나 그렇게 되면 본래 자금을 상호 융통하면서 성립된 금융 시스템의 기능이 사실상 마비되고 매일 작동하는 결제 시스템까지 작동하지 않게 될 위험성이 생긴다.

그와 같은 위기가 발생하는 국면에서 중앙은행은 '마지막 자금 수요자'로서 각 금융기관에 결제에 필요한 자금을 제공해야 하며, 그렇지 않을 경우 모두가 공멸하는 사태를 초래할 수도 있다. 이와 같은 국면에서의 자금 공급은 중앙은행 본연의 책무고, 그와 같은 자금 공급을 실시한 시점에서 누구도 그것이 인플레나 경기부양으로 연결된다고 기대하지 않는다. 이런 종류의 자금은 경제의 심장부인 결제 시스템이 붕괴되는 것을 막기 위해 공급되었기 때문이다. 리먼 쇼크 이후 각국에서 실시된 이른바 QE1이라고 불리는 자금 공급은 금융 위기 대책으로 실행되었던 것이다. 그리고 이러한 자금 공급은 각국에서 결제 시스템이 붕괴되는 것을 방지하는 데 큰 역할을 했다.

문제는 금융 위기에 대응하기 위한 QE1이 아니라 경기 대책으로써 실시된 QE2 이후의 양적완화정책이다. 이는 영국과 미국에서 장기금리를 수십 bp[2] 인하하는 효과가 있었다고 생각되지만 경기부양 효과는 매우 한정적인 것이었다. 그것은 FRB가 시중에 대규모 유동성을 공급했지만 본서의 앞부분에서 지적한 대로 민간 대상 신용은 현시점에도 5년 전의 리먼 쇼크 때와 비슷한 수준이다. 또한 실업률은 개선되었다고 보기 어려운 높은 수준을 유지하고 있다. 인플레율이 가속화되기는커녕 최근 들어 디플레이션의 기미마저 보이고 있다. 이들 지표는 밸런스시트 불황의 이론대

---

2 국제금융 시장에서 금리와 수익률을 나타내는 데 사용하는 기본 단위로 100분의 1%(1bp=0.01%)를 의미한다.

로 양적완화로 공급된 자금이 수요 부족을 이유로 금융 시스템 내부에 머물러 있다는 것을 보여주고 있다.

QE2가 거시경제에 큰 플러스가 되지는 않을 것으로 보는 버냉키 의장

버냉키 의장이 이끄는 FRB가 QE2라 불리는 양적완화를 제시한 것은 오바마 정권이 대패를 기록한 2010년 11월 중간선거의 다음 날이었다. 이것은 밸런스시트 불황 시기에 불가결한 재정정책이 야당인 공화당의 강력한 반대로 지속하기 어려운 가운데, 어떻게든 통화정책으로 경기를 지탱하려는 FRB의 의지로 볼 수 있다. 또한 이 시기는 미국의 인플레율이 1% 중반까지 하락한 상태여서 디플레를 회피하려는 버냉키 의장으로서도 어떻게든 행동을 취할 필요를 느끼고 있었다.

다만, 버냉키 의장이 이 정책을 설명하기 위해 워싱턴포스트에 발표한 기사("What the Fed did and why: supporting the recovery and sustaining price stability")를 읽어보면 자신도 금융완화가 거시경제 개선에 큰 영향을 미칠 것으로 보고 있지는 않다는 인상을 받게 된다. 즉 설명문에 따르면 QE2는 FRB가 2008~2009년에 실시한 장기채 구입과 같은 정책(purchasing additional long-term securities as it did in 2008 and 2009)으로 되어 있지만, 동시에 이전 정책은 은행예금과 같은 통화공급량 증가를 가져오지 못했다(had little effect on the amount of money in circulation)고 분명히 밝히고 있다.

그러나 중앙은행의 금융완화란 통화공급량을 증가시키고 민간부문이 이를 사용하여 경기가 개선되는 것을 목적으로 하고 있지만 버냉키 의장은 이 설명문 앞부분부터 통화공급량은 증가하지 않았다고 말하고 있다. 실제로 버냉키 의장은 이 기사의 마지막에 FRB만으로는 모든 문제를 해결할 수 없다고까지 언급하고 있다.

이것은 민간이 채무 최소화에 몰두하고 있는 밸런스시트 불황에서는 당연한 것이다. 당국이 양적완화를 통해 공급한 유동성이 실물경제에 흘러들어가 통화공급량을 늘리기 위해서는 누군가가 그 자금을 은행에서 빌려 써야 하지만 당시 미국은 제로금리에도 이와 같은 자금 수요자가 없었다.

QE2의 목적은 포트폴리오 리밸런싱 효과

그렇다면 FRB가 QE를 실시하는 의미는 어디에 있었을까. FRB는 QE의 포트폴리오 리밸런싱 효과(portfolio rebalancing effect: 이하 PRB 효과)를 기대하고 있었다. PRB 효과란 FRB가 특정 자산(이 경우는 미국의 장기국채)을 매입함으로써 그들의 가격이 상승하면 민간투자자는 비싸진 장기국채에서 여타 자산으로 투자 자금을 옮기게 되고 이로 인해 자산 가격은 상승하게 된다는 것이다.

이와 같은 형태로 자산 가격이 상승하면 민간은 그만큼 활기차게 소비하게 되며 경기도 개선될 가능성이 생기게 된다. 즉 FRB는 양적완화가 자산효과를 매개로 경기에 긍정적인 작용을 할 것으로 기대하고 있는 것이다.

또한, 밸런스시트 불황이 자산 가격의 하락에서 시작되었다는 점을 생각한다면 자산 가격이 상승하게 되는 통화정책은 밸런스시트 불황의 대책으로도 기능할 수 있게 된다.

버냉키 의장은 PRB 효과를 기대하고 2010년 11월부터 2012년 6월에 걸쳐 총 6,000억 달러의 미국 장기국채를 구입했으며, 이 금액은 그 기간에 새롭게 발행된 미국 정부의 국채 총액에 버금가는 금액이었다.

FRB의 국채 구입을 거시경제적 시점에서 보면 각각의 민간금융기관은 국채 매매를 할 수 있지만, 민간금융기관 전체로 보면 이 기간 동안 미국채 구입량 증대는 불가능했다. 왜냐하면 새롭게 공급된 미국채는 모두 FRB가 매입한 셈이 되기 때문이다.

또한 이 기간에 미국의 민간부문이 줄곧 채무 최소화라는 밸런스시트 회복에 몰두하고 있다는 것은 미국 국민 개개인에 의한 총채권 구입량 증대가 사실상 불가능하다는 것을 의미한다.

추가 발행된 국채는 모두 FRB가 매입하고 민간부문에 돈을 빌릴 수 없는 상황이 되면 미국의 투자 자금이 향하는 곳은 매우 한정적이게 된다. 남은 자금이 투자되는 곳은 주식, 상품, 외화 표시 자산과 부동산으로 좁혀진다.

이 중 부동산은 QE2가 발표된 2010년이 버블이 터진 시기로 여전히 불확실성이 많이 남아 있었다. 예를 들어 상업용 부동산 중 본래 은행이 절대로 재융자를 하지 않은 곳에서도 미국 당국의 "Pretend and Extend" 요청으로 자금이 공급되는 상태였고 당시 가격이 진정한 시장 가격이라고는 보기 어려운 면이 있었다. 한편 주택 가격은 여전히 지속적으로 하락하고 있었다.

이로 인해 민간투자자의 투자 대상으로서는 주식과 외화 표시 자산, 상품 시장밖에 남지 않았고, 이들 시장은 QE2 이후 현저하게 상승하였다.

또한 외화 표시 자산이라고 해도 일본, 미국, 영국, EU권 대부분이 밸런스시트 불황에 빠져 있는 가운데 높은 이자 수익을 얻을 수 있는 매력적인 투자 대상은 극히 한정되어 있었다. 그 결과, 이러한 자금은 자금 수요도 왕성하고 이자도 높은 신흥국 시장으로 향하였다. 게다가 이 시점에 많은 신흥국은 10년 전의 아시아 외환 위기의 영향으로 지극히 건전한 경제 운영에 힘쓰고 있었다. 그러나 이것이 선진국으로부터의 자금 유입을 더욱 가속화시켰다.

QE2로 상승한 주가가 DCF 가격으로 정당화되는 것이 문제

이것은 QE2의 PRB 효과라고도 할 수 있는데 문제는 여기서부터다. 즉 자산 가격이라는 것이 본래 그 자산이 미래에 창출할 것으로 예상되는 수익을 기준으로 결정된다. 구체적으로는 미래에 창출할 수익을 금리로 할인한 것을 합계한 금액이 적정 자산 가격 (Discount Cash Flow: 이하 DCF)이 된다.

또한, 버블을 버블이라고 말할 수 있는 이유는 자산 가격이 자산의 DCF 가격을 대폭 상회하는 현상을 근거로 했기 때문이다.

버블이 붕괴된 직후에는 투자자가 DCF 가격에 민감하게 반응하기도 한다. 그들은 DCF 가격을 무시하고 자산을 매입했지만 버블 붕괴로 큰 손해를 보았기 때문이다. 또한 영국과 미국의 주택 가격이 양국 중앙은행의 양적완화 실시 후 3년 동안이나 계속해서 하락한 것은 시장 참가자들이 양적완화가 이들 국가의 부동산 DCF 가격을 인상하지 못할 것으로 생각했기 때문이라고 할 수 있다.

문제는 QE2의 영향으로 상승한 주가가 DCF 가격이라는 척도로 정당화될 수 있는지 여부다.

만약 시장 참가자의 판단이 주가가 충분히 DCF로 정당화될 수 있는 범위 내에 있다고 한다면 걱정할 필요가 없지만, 그렇게 되기 위해서는 경제 성장률과 기업의 수익 증가가 이에 걸맞은 수준이어야 한다. 즉 GDP도 기업의 수익도 향후 지속적으로 증가한다면 그때의 주가는 DCF라는 척도로 보아도 정당화될 수 있다.

문제는 지금의 높은 실업률과 저조한 민간투자를 기초로 DCF 가격을 신중히 살펴본 결과, 지금의 주가가 정당화될 수 없다고 판단하는 경우다. 사람들이 이와 같은 판단을 하면 그 시점의 주가와 상품 가격은 QE가 만든 버블이 되고, QE로 지탱된 그 시점에서의 자산 가격은 실은 매도의 기회가 될 수도 있는 것이다.

게다가 정책금리는 이미 제로이기 때문에 더 이상 하락할 여지는 없고, 각국 정부의 재정정책은 경기에 마이너스가 되는 재정건전화의 방향으로 움직이고 있다. 이렇게 되면 정책적으로 경기와 기업 수익이 개선되어 DCF 가격이 상승할 가능성도 극히 낮아지게 된다.

냉철하게 생각해 보면 양적완화에 의한 PRB 효과는 실체가 없는 것으로 중앙은행에 의한 무리한 자산 매입에 따른 효과를 근거로 한 자산 가격 상승은 처음부터 버블의 성격이 강하다고 할수 있다.

문제는 이렇게 형성된 자산 가격에 실물경제가 따라갈 수 있을지 여부다. 따라가지 못하는 경우는 어디에선가 버블이 터지게되며 그렇게 되면 사태는 처음부터 양적완화를 하지 않았던 경우에 비해 더 심각한 상황이 초래될 수도 있다.

버냉키 의장의 큰 모험이었던 QE2

이렇게 보면 버냉키 의장의 QE2와 이후의 QE3는 하나의 큰 모험이었다. 즉 FRB는 QE로 주가 등이 높아지겠지만, 가격 상승에서 오는 자산효과를 배경으로 경기가 개선되면 결과적으로 QE로 상승한 자산 가격은 실제 수요 증가에 의해 지탱되어 버블이 아니게 된다는 점에서 큰 모험이었다.

그러나 이것은 실물경제가 개선되고 이에 기초하여 자산 가격이 상승하는 통상의 경기 개선 형태와는 정반대로 본말이 전도된 느낌이 없는 것은 아니다.

영어로는 "Put the Cart before the Horse"라는 표현이 있는데, 통상은 마차 앞에 말을 배치하지만 PRB 효과에서는 마차를 말 앞에 놓아 둔 것과 유사하다고 할 수 있다.

또한 버블기처럼 투자자가 DCF 가격을 전혀 의식하고 있지 않다면 PRB 효과는 그 나름의 효과를 발휘할 수 있지만, 그들이 DCF 가격을 의식하는 상황에서 경기 회복이 지연된다면 시장에서는 당연히 조정 과정이 시작되고 그렇게 되면 PRB 효과도 점차 상실된다.

물론 DCF 계산에도 인간의 판단이 개입되는 경우가 많고 모두가 같은 계산 결과가 나올 것이라고 보기는 어렵다. 예를 들어 미국에서 주택 버블이 확대되던 당시 FRB 의장이었던 그린스펀(Greenspan)은 주택 가격은 DCF 가격에서 크게 괴리되어 있지 않기 때문에 버블이 아니라고 줄곧 주장했다.

한편 영국의 경제분석가들은 미국의 주택 가격은 DCF 가격에서 크게 괴리되어 있어 버블이라고 판단했다. 결국은 경제분석가들의 계산이 보다 정확했다고 할 수 있다.

양적완화로 미국은 G20에서의 주도권을 상실

또한 버냉키 의장이 양적완화를 강제적으로 추진한 결과, 미국은 G20 등의 국제 무대에서 주도권을 상실했고 미국이 추진한 위안화 환율체제 개혁과 같은 의제(agenda)는 순식간에 후퇴하고 말았다.

즉 많은 국가는 미국이 내수 경기에 딱히 효과가 없는 양적완화를 무리하게 추진하고 있는 것을 달러 약세를 위한 조치라고 비판했고 이러한 우려는 2010년 10월 한국 경주에서 열린 G20에서 강하게 나타났다. 또한 신흥국은 미국의 QE 실시로 자국으로의 자본 유입이 증가하고 이에 기인한 통화가치 상승과 자산 버블 발생으로 경제 운영이 어려워지는 사태를 우려했다.

많은 나라가 미국의 QE2에 대해 강한 우려를 표명했음에도 불구하고 버냉키 의장은 11월 3일에 QE2 실시를 선언했다. 이로 인해 이제까지의 국제협력체제가 붕괴되었고 G20 회원국과 미국과의 대립은 더욱 분명해졌다.

그 결과, 당초는 미국이 위안화 개혁 문제로 중국에 대한 포위망을 구축할 계획이었지만, 이와는 반대로 중국의 주도하에 미국 포위망이 먼저 구축되어 미국은 주도권을 완전히 상실해 버렸다. G20에서의 미국의 고립을 중국 신화사는 '19대 1'로 보도했다고 하는데 실제로는 '18대 2'가 더 정확할 것이다. 즉 고(故) 프리드먼 교수의 통화정책 우위론이 가장 깊이 침투되어 있는 미국과 영국이 양적완화의 추진파이고 여타 국가들은 신중 혹은 반대파였다.

이 시기 영국과 미국의 고립은 당시 국제사회에서 양 국가의 양적완화에 기인하는 평가절하 경쟁이 중국의 위안화 개혁 문제보다 더 중요한 문제로 받아들여졌다는 것을 의미하고 이것은 국제경제 논쟁의 큰 변화를 의미했다.

그 결과, 2010년의 G20 정상회담에서는 먼저 QE2를 표방한 미국에 대해 각국이 자본 유입 규제와 환율 개입으로 대응하는 것이 용인되었다. 이러한 조치는 이전까지는 절대 상상할 수 없을 정도의 충격적인 내용이었다.

즉 이제까지 미국은 자유시장경제를 표방하고 자본 유입 규제와 외환 시장 개입에 대해서는 매우 부정적이었다. 하지만 역설적이게도 G20에서 각국에 이러한 정책을 허용하지 않는다면, 미국은 스스로 만든 G20 체제에서 고립될 처지에 내몰렸던 것이다.

이것은 달리 말하면 미국이 중심이 되어 반세기 이상 걸려 구축해 온 '자본규제와 외환 시장 개입은 바람직하지 않다'는 국제사회의 의견 일치가 버냉키 의장의 양적완화정책으로 인해 하룻밤 사이에 무너졌다고 할 수 있다.

그 결과 미국은 위안화 개혁 문제에서 전혀 성과를 얻지 못했을 뿐만 아니라 자신들이 추진해 온 세계 경제의 시장화 및 자유화도 스스로 지연시키고 말았다. 그런 의미에서 미국은 QE2로 인해 비싼 수업료를 지불했다고 말할 수 있다.

소득 효과가 없는 금융완화는 여타 국가에 악영향을 미치는 요인

미국과 함께 양적완화를 실시한 영국의 언론에서는 버냉키 의장을 옹호하는 목소리가 높지만 이것들도 문제는 있다.

예를 들어 영국 파이낸셜 타임스의 제프 다이아는 중국이 대규모 금융완화를 통해 국내 경기 회복뿐만 아니라 버블까지 만들고 있는데 미국의 금융완화 실시를 비난하는 것은 앞뒤가 맞지 않는 처사라고 주장하고 있다.

그러나 중국의 금융완화는 왕성한 자금 수요를 배경으로 한 '효과적인 금융완화'이고 그렇기 때문에 중국의 통화공급량이 급증하였고 인플레도 가속화된 것이다. 또한 그 결과, 중국의 GDP와 수입도 대폭 증가하였다.

일반적으로 불황에 빠진 나라가 금융완화로 내수를 확대하는 것에 반대하는 무역상대국은 없다. 그것은 금융완화가 통화가치 하락으로 이어져도 일반적으로 그 이상의 내수 확대 효과를 기대할 수 있기 때문이다. 즉 무역상대국 입장에서 보면 그 나라의 금융완화로 통화가치가 다소 절하된다 하더라도 경제가 회복되는 쪽이 보다 수지가 맞다는 것이다.

그런데 최근의 영국과 미국은 대규모 금융완화로 통화가치 하락이 이어지고 있다. 그러나 양국의 내수는 통화공급량과 고용이 개선되지 않고 있는 상황을 보면 알 수 있듯이, 매우 완만하게 개선되고 있다. 이는 해외에서 보면 영국과 미국의 양적완화 효과는 단순한 통화가치 하락으로서 거기에서 시작될 수 있는 통화 전쟁을 많은 나라가 우려하고 있는 것이다.

미국이 달러를 매입했다면 결과는 달라졌다

또한 영국 파이낸셜 타임스의 마틴 울프는 FRB가 국내에서 할 수 있는 모든 조치를 취해야 하지만 외환정책은 FRB의 대책 범위에 포함되어 있지 않다고 주장했다. 그러나 외환시세에만 효과가 있는 양적완화를 여타국이 '통화 전쟁'이라고 해석해도 도리가 없는 것이다.

달리 말하면 만약 미국이 G20에서 고립되는 상황을 피하려면 달러 매입을 실시하고 통화정책 책임자인 버냉키 의장은 양적완화를 실시하여 달러 약세를 상쇄해야만 했다.

만약 미국이 상기와 같은 조치를 취했다면 '19대 1'과 같은 비참한 상황은 피할 수 있었으며 G20에서의 미국 주도권도 유지되었을 것이다. 물론 이는 중국에 대한 미국의 발언권 강화에도 도움이 되었을 것이다.

나도 이전부터 미국이 QE2를 실시한다면 이에 대항하여 신흥국을 중심으로 자본 유입 규제 및 외환 개입이 늘어날 것이라고 썼다. 그렇지만 결국 미국은 QE2를 실시했고 G20은 그러한 미국의 움직임에 대항하여 각국이 자본 유입 규제와 외환 개입을 실시하는 것을 용인하게 되었다.

이는 전술한 것과 같이 이제까지 반세기 이상 이어져 온 '자본 규제와 정부에 의한 개입은 최대한 피한다'는 국제 금융의 합의가 붕괴된 것을 의미하는 것으로, 앞으로 세계 경제는 이제까지와는 전혀 다른 규칙으로 움직이게 되었다.

자본 유입 규제는 핫머니(hot money)에 의한 버블을 억제하는 효과도 있다

물론 이러한 상황이 무조건 나쁘기만 한 것은 아니다. 이제까지 워싱턴 주도로 추진되어 온 국제금융질서의 구축은 많은 곳에서 다양한 문제를 발생시키고 있고 최근의 금융 위기도 시장의 폭주가 원인이었기 때문이다.

특히 1997년 아시아 외환 위기처럼 투자상대국의 파산법이 어떻게 되어 있는지도 모르는 무지한 해외 투자자가 신흥국에 대량의 자금을 유입시켜 버블을 만들어내고, 이후 급작스런 사태가 발생하자 자금을 순식간에 거두어들임으로써 신흥국이 채무 위기에 빠지는 상황은 그동안 수없이 발생해 왔다.

그런데 이제까지는 이와 같이 위험한 핫머니 유입에 대해 '규제는 악이다'라는 분위기가 지배적이어서 각국은 좀처럼 유입에 대한 규제를 마련하기 어려웠다. 그러나 앞으로는 이미 규제를 갖춘 브라질, 대만 및 남아프리카공화국을 포함해 신흥국을 중심으로 해외로부터의 투자 자금 유입을 규제하는 사례가 지속적으로 증가할 것이다. 이 자체가 반드시 나쁜 것은 아니다.

다만 이제까지 '최후의 수단'으로 간주된 자본 규제와 개입이 앞으로는 '우선적으로 강구되는 수단'이 될 수도 있으며 이 경우 이들 정책이 자의적으로 남용될 리스크도 그만큼 높아지게 된다.

양적완화는 당국에 의한 자산 시장 개입을 의미

생각해보면 자산 가격을 조정하려는 양적완화도 당국에 의한 시장 '개입'으로, 그 기본적 성격은 당국에 의한 외환 시장 개입과 큰 차이는 없다. 여기서 당국이 구입하는 자산이 양적완화에서는 국채이고 외환 시장 개입에서는 통화라는 차이점은 있어도 정부가 시장이 결정하는 가격을 바꾸려 한다는 점에서는 크게 다를 바가 없기 때문이다.

그리고 지금과 같이 정부가 국내 채권을 아무리 구입해도 그 영향이 외환 시장에만 나타나는 밸런스시트 불황기에는 양적완화와 외환 시장 개입의 차이는 더욱 줄어든다.

결국 2010년 11월 개최된 G20에서 미국이 채권 시장 개입을 강행한다면 중국, 브라질과 독일도 자기방어를 위해 외환 시장 개입을 실시할 권리를 요구할 것이라는 흐름이 조성되었다.

리먼 쇼크 직후의 QE1은 금융 기능을 회복하기 위한 목적으로 실시되었고, 그런 의미에서 시장 가격에 대한 정부의 개입이라는 색채는 강하지 않았다.

그런데 QE2는 자산 가격을 조정하려는 것이 목적이라고 버냉키 의장이 명확히 선언하였고, 그런 의미에서는 정부에 의한 완전한 시장 개입이라 할 수 있다. 외환 시장을 통해 영향을 받게 되는 국가들이 미국이 시장 가격을 부정하고 개입한다면 자신들도 같은 조치를 취하겠다고 밝힌 것은 어떤 의미에서는 당연한 것이다.

전술한 대로 시장에 투자 자금이 대량으로 존재하는 현재, 적절한 자본 유입 규제와 외환 개입은 결코 나쁜 것이 아니다. 그러나 이제까지 일본을 포함한 각국이 자유시장경제를 표방하는 미국을 고려해 실행을 유보한 이러한 정책을, 2010년 G20부터는 각국이 앞다투어 실행할 수 있게 된 점은 주의할 필요가 있다.

이와 같이 QE2는 국제적인 비난을 무릅쓰고 주가 등의 자산 가격 인상을 목적으로 도입되었지만 주택 가격의 하락 기조가 반전되지 않았으며, 기대했던 주가 또한 2011년 7월에 다시 급락하여 사람들을 실망시켰다.

별 효과 없는 장기금리 하락을 가져온 오퍼레이션 트위스트[3]

그래서 FRB는 2011년 9월 오퍼레이션 트위스트(Operation Twist) 실시를 표명한다. 이것은 FRB가 4,000억 달러의 단기채를 매도하

---

3 오퍼레이션 트위스트는 장기국채를 사들이고 단기국채를 매도함으로써 장기금리를 끌어 내리고 단기금리는 올리는 공개 시장 조작 방식이다.

는 한편 장기국채를 매입하는 것으로, 이는 장기금리를 인하시키는 것을 목적으로 하고 있다.

이것은 미국의 경제가 단기보다 장기금리의 동향에 크게 반응한다는 정설을 근거로 실시된 것이지만, 2011년 당시 오퍼레이션 트위스트가 미국 경제에 유의미한 결과를 가져올 수 있다는 근거는 극히 미약했다.

즉 이러한 사고는 2%가 조금 안 되는 당시 미국의 10년 물 국채금리를 더욱 하락시켜 경기를 회복시키려는 것이었지만, 2%까지 하락해도 효력이 없었던 장기금리가 예를 들어 1.8%가 되자 갑자기 효력을 발휘하게 된다는 설명은 설득력이 없다. 만약 미국 경제에서 금리 하락에 반응하는 부분이 남아 있다면 그것들은 장기금리가 사상 최저인 2% 안쪽까지 하락하기 전에 이미 크게 반응했을 것이다.

본래 오퍼레이션 트위스트가 시작되기 전에 장기금리가 2%를 소폭 하회하는 것은 매우 이상한 현상이었다. 그럼에도 불구하고 자산 가격과 경기가 반응하지 않았던 것은 그 나름의 이유가 있었기 때문이고, 그것들을 해결하지 않고 금리만 강제적으로 인하시킨다 해도 큰 효과를 기대할 수는 없다.

2011년 9월의 1.8%대 장기금리는 이제까지 미국의 10년 물 기준으로 사상 최저치인 대공황 시기의 1.85%와 비슷한 수준이고, 민간이 전혀 돈을 빌리지 않는다는 점에서 대공황 당시와 지금은 유사하다고 할 수 있다.

즉 1929년 10월 주가 대폭락에서 비롯된 버블 붕괴로 채무만 남은 미국의 민간부문이 일제히 채무 최소화에 몰두한 것이 대공황의 시작이다. 그 결과, 금융기관에 되돌아온 자금이 민간부문의 자금 수요자가 없는 가운데 어쩔 수 없이 국채로 몰렸으며 이는 국채 이자율이 1.8%대까지 하락한 원인이 되었다.

지금의 민간금융 구조도 1930년대와 완전히 동일하고 2007년 주택 버블 붕괴 후 민간은 일제히 채무 최소화에 몰두하여 그 결과 민간이 빌리지 않은 자금이 미국 국채로 몰리는 것이 장기금리의 하락을 가져온 것이다.

이러한 패턴은 십수년 전에 일본에서 발생한 현상과 동일하고 오퍼레이션 트위스트가 시작되기 전 2%가 안 되던 미국의 장기금리도 1997년 말 일본의 장기금리와 유사한 수준이었다.

일본에서는 이후 장기금리가 더욱 하락하여 2003년 6월 11일에는 0.43%까지 하락했지만 밸런스시트 회복에 전념한 일본의 민간부문은 낮은 금리에도 전혀 반응하지 않았으며 경기도 개선되지 않았다.

미국의 밸런스시트 불황은 일본보다도 심각?

일본의 예와 비교해보면, 어떤 의미에서는 미국의 밸런스시트 불황이 일본보다 심각하다고도 말할 수 있다. 명목금리에서 인플레율을 뺀 실질금리를 기준으로 보면, 미국이 당시의 일본보다 훨씬 낮은 수준임에도 미국 경제는 최근 5년 동안 반등할 기미를 보이지 않고 있기 때문이다.

즉 실질금리로 보면 최근 미국의 금리 수준은 1997년 말 당시의 일본을 훨씬 하회하고 있지만 경기의 반응은 극히 미약하고 실업률은 당시 일본의 두 배 수준에 가깝다. GDP 하락 또한 1997년 당시 일본의 실질 GDP는 버블 절정기 수치를 상회하고 있었으나, 2011년의 미국의 실질 GDP는 겨우 버블 절정기 수치를 회복한 상황이다.

실질금리가 일본보다 낮은데도 경기 하락이 이전의 일본보다 심각한 것은 최근의 주택 버블 붕괴가 미국 경제에 미치는 영향이 '토지 신화'의 붕괴가 일본 경제에 미치는 영향과 동일하거나 아니면 그 이상이었다는 것을 의미했다.

실제로 일본의 토지 신화가 전후 45년간 이어진 것에 비해 미국의 주택 신화는 70년이나 계속된 것으로 이 신화가 붕괴된 것에 의한 심리적 영향은 매우 컸을 가능성이 있다.

오퍼레이션 트위스트의 경기 확대 효과는 극히 제한적

이와 같은 상황에서 실시된 오퍼레이션 트위스트지만 아마 FRB 내부에서도 그 효과에 대해 '아무것도 안 하는 것보다는 나을 것'이라고 생각하는 사람이 많았을 것이다. 오퍼레이션 트위스트 조치로 사태가 크게 개선될 것이라고 생각한 사람은 아마 아무도 없었을 것이다.

실제로 시장도 오퍼레이션 트위스트 발표 직후에 주가가 하락하는 등 FRB의 조치를 긍정적으로 평가하지는 않았다.

물론 부분적으로 FRB가 주택 관련 ABS(자산담보증권)를 구입한 것이 주택 시장에는 플러스가 되었지만 전체로 보면 오퍼레이션 트위스트의 경기 확대 효과는 극히 미약한 것이었다고 봐야 한다.

한편 오퍼레이션 트위스트에는 크게 세 가지 부정적 영향이 있다. 첫 번째는 수익률 곡선(yield curve)을 플랫화되어 은행 수익이 감소한다는 점이다. 은행은 수익률 곡선이 우상향 하게 되면 수익을 얻지만 그것이 플랫화되면 그들의 수익원도 그만큼 감소한다. 2011년 미국 은행의 다수가 여전히 많은 문제를 안고 있었다는 점을 감안하면 이 오퍼레이션 트위스트에 의한 수익 압박 효과는 한계적으로는 상당했을 가능성이 있다.

두 번째는 오퍼레이션 트위스트에 의해 본래의 장기금리 수준이 점점 불분명해지는 것이다. 이것은 그렇지 않아도 QE를 장기 채권 시장에서 실시하여 약해진 장기금리 지표성을 더욱더 약화시켰다. 밸런스시트 불황 속 장기금리 수준은 제1장에서 언급한 것처럼 시장이 보내는 중요한 신호 중 하나로, 여기에 왜곡이 발생하는 것은 결코 바람직하지 못하다.

세 번째는 FRB가 일부러 QE와 오퍼레이션 트위스트를 실시하여 사람들의 주의를 재정정책에서 멀어지게 하는 것이다.

과거 일본에서도 효력이 미미한 일본 중앙은행의 통화정책에 대해 비생산적인 논의가 이어져왔으며 그 일부는 지금도 이어지고 있다. 그러나 그만큼 정말로 필요한 재정에 대한 주목이 약화된 것은 매우 유감스러운 일이다.

실제로 오퍼레이션 트위스트에 대해 FOMC(연방공개시장위원회) 구성원 10인 중 3인이 반대했고, 그 중 한 사람인 텍사스 연방은행의 피셔 총재는 "이미 통화정책으로 할 수 있는 것은 다 했으며 나머지는 재정정책의 역할이다."라고 분명히 말했다.

FRB 버냉키 의장도 최근 2년간 줄곧 재정 지출의 필요성을 언급하고 있다. 그런 의미에서 오퍼레이션 트위스트는 하원을 장악한 공화당의 반대로 재정 지출 가능성이 낮은 가운데 고육지책으로 실시되었다고 생각한다.

그러나 효과가 없는 시책을 아무리 써 봐야 효과는 없다. 그런 의미에서는 버냉키 의장이 '자포자기식' 정책을 계속하는 것보다는 '통화정책의 역할은 끝났고 나머지는 재정 지출에 걸려 있다'고 솔직하게 말하는 것이 미국의 정책 논의에 훨씬 더 긍정적으로 작용할 것이라고 생각한다.

다만, 통화정책의 최고 책임자인 버냉키 의장 입장에서는 거기까지 말할 수는 없는 것일지도 모르겠다. 당시 일본에서도 밸런스시트 문제를 안고 있던 민간이 돈을 빌리지 않는 가운데, 통화공급량을 늘리기 위해서는 정부가 돈을 빌려 쓰는 수밖에 없음에도 불구하고 당시 일본 중앙은행 총재가 공적인 자리에서 재정 지출의 필요성을 적극적으로 주장한 적은 없다.

미국이 직면한 과제가 일본과 동일하다고 인정한
버냉키 의장

FRB는 2012년 7월 미국 경기가 여전히 저조하다는 점을 감안하여 QE3 실시를 발표했다. 그리고 직후인 8월 31일 버냉키 의장은 잭슨 홀에서 통화정책의 정당성을 강조하는 강연을 했다. 여기에서 버냉키 의장은 이제까지의 통화정책에 대한 평가를 내리고 이에 기초하여 QE3 실시를 표명했다.

이 강연에서 우선 버냉키 의장은 일본의 경험이 최근 불황문제를 해결하는 데 참고가 되는 유일한 사례라고 했다. 이것은 최근 미국이 직면한 문제는 십수년 전에 일본이 직면한 문제와 기본적으로 동일한 것이라는 점을 버냉키 의장이 분명히 밝힌 것이라고 할 수 있다.

또한 버냉키 의장은 계량적 평가가 매우 어렵다는 점을 인정하면서도 이제까지의 비전통적 금융완화는 그 나름의 효과를 거두었다고 강조했다.

예를 들어 버냉키 의장은 이제까지 실시된 FRB의 양적완화 중 특히 장기국채 구입은 미국 10년 물 채권의 이자를 80~110bp 하락시켰으며, 이 하락폭은 경제적으로도 의미(meaningful) 있다고 강조했다. 또한, GDP는 장기금리가 하락하지 않았을 때보다 3%나 상승한 것이라고 밝혔다. GDP가 3%나 개선됐다고 한다면 이것은 크나큰 성과라고 볼 수 있지만 이 추계에는 논란의 여지가 있다.

우선 FRB가 1.7조 달러의 채권을 구입함으로써 장기금리가 80~110bp나 하락했다는 것인데, 이것은 버냉키 의장도 인정한 것처럼 과거에 비슷한 사례가 없는 가운데 상당히 무리가 따르는 추계 방법이다. 즉 정책 효과를 추계하기 위해 사용되는 계량모델은 과거 사례를 통계적으로 정리해서 작성되지만 만약 FRB가 채권을 사지 않았다면 장기금리가 어떻게 되어 있을 거라는 계측은 과거에 그와 같은 사례가 없었기 때문에 추계 자체가 거의 불가능했기 때문이다.

양적완화 정책의 효과를 과대평가하고 있는 FRB

FRB의 주장은 두 가지 의미로 양적완화의 효과를 과대평가하고 있다고 생각한다.

우선 하나는 양적완화가 장기금리를 80~110bp 하락시켰다고 주장하지만, FRB에 의한 채권 구입이 QE1과 QE2로 불리는 시기에 한정되어 있었음에도 불구하고 금리는 FRB가 구입을 중지한 시기에도 상승하지 않았다. 만약 채권 시장의 금리가 수급 요인만으로 결정된다면 FRB가 구입을 중지한 시기에는 금리가 상승해야 하는데 그렇지 않았다는 것이다. 이것을 달리 말하면 FRB가 대규모로 구입하지 않아도 국채 이자가 리먼 쇼크 이전 수준에 비해 지속적으로 하락해 왔을 가능성은 충분히 있다는 것이다.

그리고 그 배경에는 최근 미국의 민간부문이 제로금리 상태에서 GDP 대비 평균 6%나 저축하고 있었다는 사실이 자리 잡고 있다. 제로금리에서도 민간이 돈을 빌리기는커녕 저축에 집중하면 저축된 돈은 유일한 자금 수요자인 정부로 흘러갈 수밖에 없고 이것이 미국의 국채금리가 큰 폭으로 하락한 최대 원인이다.

즉 이 현상이 처음 발생한 일본에서는 국채금리가 2001년 실시된 양적완화 이전에 이미 1%대까지 하락했다. 그 결과 일본에서는 2001년에 도입된 양적완화로 금리가 크게 하락하지 않았던 것과 유사한 이유로 2006년 일본 중앙은행이 양적완화를 중지했을 때도 금리가 크게 상승하지 않았다.

밸런스시트 불황 시에는 성립하지 않는 장기금리 저하와 GDP 상승의 관계

다음으로 금리 하락이 미국의 GDP를 3%나 증가시켰다는 주장에 대해 버냉키 의장도 인정한 것처럼, 종래의 계량 모델을 기초로 산출되었다는 문제가 있다.

즉 밸런스시트 불황 이전에 계측된 장기금리와 GDP 관계를 사용하여 80~110bp의 장기금리 저하가 GDP를 3% 증가시켰다는 것인데, 이것은 밸런스시트 불황이 아닌 상황이라면 가능하겠지만, 밸런스시트 불황 시에는 전혀 들어맞지 않는 숫자이다. 왜냐하면 밸런스시트 불황 시 민간부문은 자신의 훼손당한 밸런스시트 회복을 최우선으로 하여 채무 최소화에 몰두하고, 금리가 하락해도 소비와 투자를 늘리는 행동은 취하지 않기 때문이다.

그 증거로 2007년 버블 붕괴 이후 미국의 장기금리는 한때 400bp 가까이 하락했지만 경기는 여전히 저조하고, 금리감응도가 가장 높을 것으로 예상되는 주택 시장도 금리 수준이 사상 최저임에도 불구하고 2012년까지 지속적으로 하락하였다.

본래 금리가 400bp나 하락하면 경기는 엄청나게 개선되어 인플레가 발생해야 하지만 과거 20년 전의 일본과 지난 15년간의 영국과 미국에서는 이와는 반대로 인플레 현상이 전혀 발생하지 않았다.

이렇게 보면 FRB 정책으로 장기금리가 대폭 하락하고 또한 이를 배경으로 미국 경기가 하락하는 사태가 방지되었다는 버냉키 의장의 발언은 자신들의 정책 효과를 과대평가하고 있다고 할 수 있다.

양적완화정책의 비용을 과소평가한 FRB

버냉키 의장은 강연에서 금융완화의 편익뿐만 아니라 비용에 대해서도 언급하고 있는데, 이 부분은 상당히 과소평가하고 있다는 인상을 지울 수 없다.

예를 들어 버냉키 의장은 FRB가 대량으로 재무부 증권을 사게 되면 시장이 나타내는 가격 신호(price discovery)가 왜곡될 위험이 있다고 말하면서도 이것은 현재 그다지 큰 문제는 아니라는 입장을 취했다. 그러나 밸런스시트 불황에 대한 정확한 정책 대응이라는 관점에서 보면 중앙은행이 대규모 양적완화를 실시한 결과, 장기금리의 신호 역할이 상실되는 것은 각국의 정책 논의에 중대한 악영향을 미칠 수 있다고 생각한다.

이것은 전술한 이자율 부분과 직결되는데, 본래 대규모 재정 적자가 있음에도 불구하고 국채금리가 하락한다는 것은 시장이 정부에 대해 현재의 재정 적자는 경제적 부담이 되고 있지 않다는 신호를 보내고 있는 셈이다. 반대로 국채금리가 상승한 때는 구축효과가 발생하여 정부의 재정 적자가 경제에 상당한 부담이 된다는 것을 의미한다.

예를 들어 일본 중앙은행이 2001년에 양적완화를 실시하기 전에도 일본의 국채금리는 이미 1%대까지 하락했으며 이것은 분명히 정부의 재정 적자가 민간 경제의 부담으로 작용하고 있지 않다는 시장의 신호로 받아들일 수 있었다.

또한 이 신호가 있었기 때문에 당시 일본 정부도 안심하고 재정 지출을 계속할 수 있었다. 실제로 오부치 내각과 모리 내각이 과감한 재정 지출로 하시모토 내각의 재정건전화에서 시작된 경제 위기를 슬기롭게 극복할 수 있었던 것도 저금리라는 국채 시장 여건이 크게 기여했기 때문이었다.

채권 시장의 목소리를 왜곡시키는 중앙은행의 비전통적 통화정책

그런데 최근 영국과 미국에서 중앙은행에 의한 국채 매입이 대규모로 실시되어 채권 시장의 신호를 액면 그대로 받아들이기 어렵다는 의견이 많다. 그렇게 되면 밸런스시트 불황 속에서의 채권 시장이 저금리라는 형태로 재정 지출의 필요성을 설득해도 대다수의 일반인은 저금리는 가짜고 중앙은행이 국채를 매입하지 않았다면 금리는 더 높았을 것이므로 재정건전화를 추진해야 한다고 주장한다.

중앙은행이 국채를 매입하지 않고 10년 물 국채금리가 2.2%인 미국 경제와 중앙은행이 국채를 매입하여 금리가 1.7%까지 하락한 미국 경제를 비교해 보자. 만약 정책 담당자가 2.2%는 이미 낮은 수준이므로 재정 지출을 해도 괜찮다고 판단한다면 경제에는 큰 플러스 요인이 된다. 그러나 정책 담당자가 1.7% 이자율에도 중앙은행이 국채를 사지 않았다면 금리는 더 높았을 것이라고 생각하여 재정건전화가 필요하다고 판단한다면 그것은 경기에 부정적 요인으로 작용하게 된다.

물론 여타 조건이 모두 같다면 금리가 1.7%인 경우가 2.2%인 경우보다 경기에는 좋을 것이다. 민간의 금리감응도가 극단적으로 낮은 밸런스시트 불황에는 이 1.7%와 2.2%의 금리 차에서 오는 경기부양 효과가 극히 제한적일 가능성이 있다. 만약 이 50bp

의 금리 차가 상당한 경기 확대 효과가 있다면 국채금리가 그렇게까지 극단적으로 하락하기 전에 경기는 훨씬 더 좋아졌어야 한다. 실제로 일본, 미국, 영국의 예를 봐도 모두 그렇게 되지 않았다.

결국, 중앙은행에 의한 쓸데없는 양적완화와 오퍼레이션 트위스트에 의해 채권 시장으로부터의 목소리가 흐려지는 것은 평시의 재정정책을 더 어렵게 할 리스크가 있다. 채권 시장으로부터의 목소리가 정책 담당자와 정치가에게 제대로 전달되지 않을 리스크가 양적완화와 오퍼레이션 트위스트의 최대 문제라고 할 수 있다.

불필요한 금융완화는 금융기관에 방해

또한 일부러 여기에서 '불필요한' 행동이라고 표현한 것은 밸런스시트 불황에는 민간부문에 거대한 과잉 저축이 발생하고 있고, 이들 자금은 유일한 수요자인 정부 국채에 몰릴 수밖에 없으므로 국채금리는 점점 하락하기 때문이다.

즉 제로금리에도 민간이 저축과 채무 변제에 몰두하는 밸런스시트 불황에 가장 부족한 것은 자금 수요자이다. 그러한 가운데 유일한 자금 수요자인 정부에 대해 민간금융기관뿐만 아니라 중앙은행까지 QE라는 형태로 자금 공급자로서 기능하는 것은 경제 전체에 있어서 큰 플러스 요인이 될 것이라고는 생각하기 어렵다.

물론 중앙은행이 자금 공급자로 새롭게 등장하여 정부가 그만큼 자금을 빌린다면 경제의 병목 현상이 해소되어 경제에는 긍정적 요인이 될 수도 있다.

그러나 정부가 차입을 늘려야 할지 혹은 줄여야 할지를 결정하는 데 가장 중요한 판단 재료인 국채금리가 중앙은행의 매입에 의해 판단 요소로서의 성격이 약화되고, 그 결과 본래 차입을 늘려야 할 정부가 반대로 재정건전화를 추진하게 된다면 전체로 본 중앙은행에 의한 국채 매입은 경제에 마이너스 요소가 될 가능성도 있는 것이다.

실제로 최근의 일본, 영국, 미국에서의 재정 논의와 관련하여 낮은 국채금리가 판단 근거로 작용하지 않은 사실은 이 폐해가 상당히 크다는 것을 의미한다.

또한 민간이 채무 최소화에 몰두하고 있는 가운데 중앙은행까지도 국채를 사는 것은 그렇지 않아도 심각한 민간의 자금운용을 더 곤란하게 하는 것이 된다. 이것은 전술한 대로 버블 붕괴로 훼손된 금융기관의 재생을 더욱 어렵게 할 뿐만 아니라 은행의 신용경색 해소를 지연시킬 수 있다.

또한 버냉키 의장은 강연 중에 FRB가 국채를 구입하여 정부의 실질 재정 적자 부담은 상당히 감소됐다고 언급했다. 이는 FRB가 최근 3년간 보유하던 국채의 금리 수입 2,000억 달러를 정부에 환부하고 있고, 이 금액이 평상시보다 훨씬 크다는 것이 주요 이유다. 그러나 이것은 본래 민간에 돌아가야 할 이자 수입이 그만큼 감소하는 것으로, 상술한 은행의 재생 문제 등을 감안할 때 민간부문에 반드시 좋기만 한 것은 아니다. 이자 수입 2,000억 달러가 민간부문의 수입이 되어 이 중 상당 부분이 소비와 투자로 쓰인다면 그만큼 미국 경제는 호전될 것이기 때문이다.

FRB가 대통령 선거 2개월 전에 QE3를 시작한 이유

그렇다면 왜 FRB가 대통령선거 2개월 전이라는 정치적으로 매우 민감한 시기에 QE3를 실시했을까. 이는 실시 다음 해인 2013년 1월 1일의 '재정 절벽(fiscal cliff)'에 대한 대응 차원에서 FRB로서도 가능한 모든 조치를 취했다는 것을 보여주기 위한 것으로 보인다.

실제로 QE3에 대한 미국 내 반응은 정치적으로 중립인 FRB가 왜 이 시기에 이렇게 대담한 조치를 취하는지 의아해 하는 시각이 많았다. 예를 들어 당시 야당의 대통령 후보였던 롬니도 부대통령 후보인 라이언도 QE3 실시에는 반대를 표명했었다.

그러나 중앙은행의 관점에서 이 '정치적 계절'을 보게 되면 상황은 달라진다. 다음 해 연초의 '재정 절벽'이라는 위기에 대해 정치권은 아무것도 할 수 없는 상황이었기 때문에 중앙은행으로서 가능한 것은 무엇이든 해서 조금이라도 경제를 견고하게 하고자 하는 의지가 발휘된 것으로 이해할 수 있다.

버냉키 의장 입장에서도 '정치적으로 볼 때 재정 절벽을 회피하는 것이 어렵다는 것을 알면서도 왜 아무것도 하지 않았나'라고 비난받는 것보다는 '정치적으로 회피하기가 어렵다는 것을 알았기 때문에 가능한 모든 것을 다 했다'고 말하는 것이 더 나은 선택이었다고 생각했을 수 있다.

다만, 버냉키 의장도 제3장에서 지적한 대로 통화정책으로 재정건전화에서 오는 마이너스 효과를 모두 상쇄하는 것은 어렵다고 분명히 밝히고 있다. 그런 의미에서 FRB로서는 모든 가능한 조치를 취했지만 미국 경제가 '재정 절벽' 상황에 놓이면 무사하기는 어렵다고 계속해서 경고하는 것이다.

버냉키 의장이 재정건전화에서 오는 부정적 영향을 통화정책으로 상쇄할 수는 없다고 말한 것은 의장 자신이 전술한 GDP 3%의 지탱 효과를 믿지 않았다는 것을 말해주고 있다. 왜냐하면 2013년 1월 우려되었던 '재정 절벽'은 GDP 대비 약 3%였지만 이제까지의 양적완화가 정말로 GDP를 3%나 상승시켰다면 비슷한 정책으로 '재정 절벽'도 극복할 수 있을 것이기 때문이다. FRB로서는 QE3를 실시한 이상, 효과가 있다고 말해야 하지만 사실은 그 효과가 한정되어 있다는 것을 의장 본인이 가장 잘 이해하고 있던 것이다.

버블 붕괴 직후 임금 변화 추이는 일본과 미국이 거의 동일

그런데 영국과 미국의 금융 당국자는 양적완화는 효과가 없는 것 아니냐는 각계의 지적에 대해 적어도 자국 경제가 일본과 같은 디플레에 빠지는 것은 방지했다고 변론하고 있다. 그들은 버블이 붕괴된 지 수년밖에 지나지 않은 영국, 미국과 버블이 붕괴된 지 20년 이상 지난 일본을 비교하고 있지만 이것은 난센스다. 여기서 본래 비교해야 하는 것은 현재의 영국, 미국과 버블 붕괴 이후 같은 시간이 지난 시점에서의 일본이어야 한다. 이러한 관점에서 보면 양자 간의 차이는 거의 없어진다.

일본의 경우 1995년 4월 달러당 79엔의 초엔고 현상이 물가 통계에 영향을 미치고 있었기 때문에 여기에서는 환율의 영향을 받기 어려운 임금 상승률을 비교하도록 하자. 일본은 1987년에서 1991년의 버블기에는 기본급 기준(지급액이 결정되어 있는 급여)으로 연평균 3.28%, 버블 붕괴 이후인 1992년부터 1996년 말까지는 2.01% 상승하였다.

또한 일본은 급여에서 보너스가 차지하는 비중이 크기 때문에 보너스를 포함한 총수입 기준(현금 급여 총액)으로 보면 버블기가 연평균 3.70%, 버블 이후 5년간이 1.63% 상승했다고 볼 수 있다.

이에 대해 미국의 시간당 임금은 버블기(2006~2008)가 연평균 3.4% 증가한 것에 비해 버블 붕괴로부터 최근까지 1.9% 증가했다.

이걸 보면 버블 붕괴 수년 후 일본은 최근의 미국과 거의 같은 임금 인플레에 직면해 있었으며 결코 디플레가 아니었다는 것을 알 수 있다. 게다가 이것은 영국이나 미국과 같은 대규모 양적완화가 없는 상황에서 달성된 것이다.

결국 영국과 미국의 양적완화는 그 추진 세력의 일부가 자랑하고 있는 만큼 디플레 회피에 효과적이지 않았다는 것을 알 수 있다.

양적완화의 불편한 진실

이와 같이 FRB는 본원통화를 지속적으로 확대해왔지만 QE3가 시작된 직후에야 비로소 미국 주택 시장에 숨통이 트이기 시작했다. 2007년에 버블이 붕괴되고 난 뒤 5년 동안 신축 주택의 공급이 격감하고 중고 주택의 재고가 상당히 정리되었다. 이와 함께 경기가 완만하기는 하지만 회복 기조를 보이고 있고, 주택담보대출 금리도 사상 최저 수준이었던 것 등이 위와 같은 현상의 배경 요인이라고 생각한다.

또한 민간의 밸런스시트 회복 작업도 최근 4년간 나름대로 진전이 있었다. 특히 EU와 비교하면 미국은 버냉키 등의 필사적인 경고에 의해 재정 절벽에서 떨어지는 사태를 회피할 수 있었고 이는 민간부문의 밸런스시트 회복에 큰 플러스 요인으로 작용하였다. 또한 미국의 경우 셰일가스(shale gas) 분야에 대한 적극적인 투자가 이루어진 것도 경기 회복에 기여했다고 생각한다.

다만 시장에서 지적하는 것처럼 신규 주택 구입자가 론의 형태로 구입하는 경우는 여전히 부진하였다. 이 사실은 그림 3-1의 자금순환 통계에서 미국 가계 전체로 볼 때 그들이 여전히 채무보다는 저축을 늘리고 있는 사실과 정합성을 확보하고 있다. 그 결과, 최근 주택 시장 회복은 실수요보다는 투자자 주도로 진행되고 있다고 보아야 한다.

이들 지표의 개선을 배경으로 버냉키 의장은 2013년 5월 QE3에 의한 채권 구매액을 그해 가을부터 조금씩 줄이기 시작하여 2014년 중순경에는 구입을 중지할 예정이라고 발표했다. 그런데 그 발표로 미국의 채권 시장은 변동 폭이 커졌으며 10년 물 채권 이자율이 한때 70bp나 상승하였다. 이때 비로소 당국과 시장은 양적완화의 진정한 비용을 인식하게 되었다.

먼저 문제의 규모를 보면, 2013년 10월 FRB가 보유한 과잉준비금은 그림 2-3에서 알 수 있듯이 법정지급준비금의 20.3배나 되었고 영국 중앙은행과 일본 중앙은행이 각각 10.4배와 9.7배를 보였다.

【그림 2-3】 미국, 영국, 일본의 법정지급준비액 비율 비교

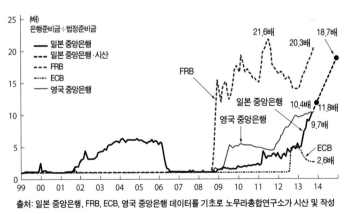

출처: 일본 중앙은행, FRB, ECB, 영국 중앙은행 데이터를 기초로 노무라총합연구소가 시산 및 작성

이렇게나 많은 과잉지급준비금이 있어도 통화공급량은 늘지 않고 인플레도 발생하지 않는 것은 민간부문에 자금 수요자가 없어졌기 때문이며, 그들의 밸런스시트 회복이 완료되어 돈을 빌리게 되면 현재 마이너스인 한계적 통화승수는 플러스로 전환될 것이다. 결국 교과서에 쓰여진 대로 상황이 진행된다면 통화공급량은 미국에서 최대 20배 수준까지 증가하게 된다.

물론 그렇게까지 은행이 대출을 늘리기 위해서는 은행 측도 자기자본 등을 증가시킬 필요가 있지만, 증권화 수법을 사용하면 이 제약 요인도 극복하는 것이 가능하다.

이것은 잠재적으로 2,000%의 인플레가 상정되고 있다는 것이며, 당국으로서는 당연히 그와 같은 상태가 되기 전에 현재의 과잉지급준비금을 법정지급준비금 수준에 근접시킬 필요가 있다. 그러기 위해서는 예를 들어 미국은 최악의 경우, 은행 지급준비금을 현재의 20분의 1로 대폭 축소할 필요가 있다. 또한 기존의 양적완화가 장기국채 구입의 형태로 실시되었기 때문에 양적완화 해소를 위해서는 중앙은행이 보유한 장기국채를 매각하는 방식으로 실시하게 된다.

IMF의 보고서 「*Global Financial Stability Report*」(2013년 4월)에 의하면 영국과 미국의 중앙은행은 현시점에서 발행된 장기국채의 30% 이상을 보유하고 있다. 이들이 시장에 방출된다면 양국의 장기금리는 대폭 상승할 가능성이 있다.

2013년 5월 버냉키 의장이 장기국채 매입 축소를 언급한 것만으로 미국의 10년 물 이자는 3% 수준까지 상승하였다. FRB가 실제로 장기국채를 매각하게 된다면 채권 시장은 대폭락이라는 사태를 맞이할 수도 있다.

장점만 주목하고 단점은 무시한 양적완화 관련 논의

이렇게 중요한 문제를 영국, 미국, 일본의 중앙은행이 떠안고 있음에도 불구하고 이 문제를 어떻게 이해하고 어떻게 극복해야 하는지에 대한 이론적 접근이나 논의는 거의 이루어지고 있지 않다.

보다 정확히 말하면 양적완화 실시에 관한 장점을 언급한 논문은 일본 중앙은행이 제로금리에 직면한 십수년 전부터 각국에서 다수 발표되었지만, 양적완화 해소 과정에서 발생하는 단점이나 리스크에 관한 논문은 거의 없다. 이것은 재정 지출을 실시하면 경기가 개선된다고 말하면서도 그 결과 발생하는 재정 적자나 그것이 초래한 수많은 문제에 관해서는 전혀 언급하고 있지 않은 것과 다름없다.

게다가 이제까지의 양적완화에 관한 논문의 대부분은 제로금리에 직면한 중앙은행이 무엇을 할 수 있는가라는 시각에서 쓰였으며, 거기에는 금리를 제로까지 인하했는데도 경기가 회복되지 못한 이유에 대한 분석이 완전히 빠져 있다.

이것은 경제학 전반에 걸쳐 공통적으로 나타나는 문제인데,

그들 분석의 대부분은 외적 쇼크의 내용과 성격에 대해서는 아무도 이의를 제기하지 않는다는 것이다. 이전에 일본의 디플레에 대해 크루그먼 교수가 인플레 목표와 양적완화를 제안하면서 일본이 왜 디플레 상태가 되었는지에 대해서는 알 필요가 없다고 단언한 것이 대표적 예다.

그러나 제로금리하에서 경기가 회복되지 않은 원인이 민간부문의 밸런스시트 조정에 있다면 중앙은행이 아무리 양적완화를 실시해도 민간부문에서의 밸런스시트 조정이 이어지는 한 통화공급량은 증가할 이유가 없다. 또한 통화공급량이 증가하지 않으면 통화정책이 효력을 발휘할 수 없다. 그렇기 때문에 양적완화를 실시했음에도 불구하고 경기는 반응하지 않는 것이다. 민간부문의 밸런스시트 회복 작업이 종료되어 민간이 돈을 빌리게 되는 시점부터 통화승수는 플러스로 전환된다. 그렇게 되면 중앙은행은 이제까지 지속적으로 공급해 온 대규모의 유동성을 어떻게 회수해야 하느냐는 문제에 직면하게 되는 것이다.

양적완화 종료 시점의 경제 상황에 대해서는 전혀 분석되지 않고 있다

또한, 앞서 언급한 IMF의 보고서 등에도 양적완화의 단점이 일부 거론되고 있지만, 그것들은 양적완화로 인해 은행과 경제의 필요한 구조개혁이 지연되고, 은행의 리스크 감각이 마비되어 장래의 불량 채권을 늘리게 된다는 등의 미시경제 관련 분석이 대부분이다. 양적완화를 종료했을 때 경제에 어떤 현상이 발생할지에 대해서 거시경제 관점에서 세밀히 분석한 것은 거의 없다.

그뿐 아니라 IMF 등의 논문을 보고 있으면 자신들이 양적완화를 추진해 왔기 때문인지 민간은행의 리스크 관리에 대해서는 언급하고 있지만, 양적완화를 종료했을 때 경제 전체가 직면할 금리 급등 등의 문제에 관해서는 애매한 표현으로 끝내는 경우가 많다.

예를 들어 전술한 문장에서는 금리가 급등할지도 모르기 때문에 중앙은행은 시장과의 대화를 고려하고 시간축 효과를 인식하면서 양적완화의 종류를 추진해야 한다는 식의 평범한 내용이 쓰여 있다. 그러나 이것은 발행된 장기국채의 30%나 매입한 중앙은행이 그것을 매도하려고 할 때 일어날 수 있는 문제의 크기를 고려해 보면 너무나 불충분한 대책이 아닐 수 없다.

양적완화를 실시한 중앙은행과 그렇지 않은 중앙은행의 차이

양적완화의 효과에 대한 분석은 양적완화를 실시한 중앙은행과 실시하지 않은 중앙은행이 경기가 회복되었을 때 어떠한 상황에 직면하게 될지를 비교하는 것에서 시작해야 할 것이다.

예를 들어 제로금리를 포함한 통상의 금융완화만 실시하고 양적완화를 실시하지 않은 경우, 중앙은행은 자국 경제가 회복 기조로 돌아서는 국면에서 크게 우려할 점은 없다. 그들은 회복 과정을 지켜보면서 경제가 완전고용에 근접하여 물가와 임금에 인플레 우려가 제기되는 시점에 조금씩 금리를 올리면 되기 때문이다. 시장도 자연스럽게 경기 회복을 맞이하게 될 것이다.

한편, 양적완화를 실시한 중앙은행은 경기가 회복되는 시점에 매우 긴장하게 된다. 최악의 경우, 그들은 시중에 유통되는 준비금의 대부분을 회수해야 하며, 이때 그들은 거대한 딜레마에 직면한다. 왜냐하면 자금 회수로 금리가 급등하고 주택 시장과 금융 시장이 다시 혼란스러워진다면 양적완화 실시의 근본적인 이유가 불분명해지기 때문이다.

자금 회수가 지연되면 그만큼 통화공급량이 늘어나고 인플레 문제가 더욱 심각해질 수 있다. 이는 시장과 당국 모두에 매우 골치 아픈 문제다. 이러한 단점은 양적완화를 실시하지 않았던 중앙은행과의 비교를 통해 더욱 분명해진다.

게다가 양적완화를 실시했기 때문에 경기가 그만큼 신속하게 회복되었다고 말한다면, 대규모 양적완화를 실시했음에도 불구하고 일본, 미국, 영국에서 통화공급량 증가는 극히 저조하고 리먼 쇼크 이후 본원통화를 가장 많이 늘린 영국이 더블딥에 빠진 것을 어떻게 설명할 것인가. 이러한 결과는 밸런스시트 불황기에 양적완화는 경기부양 효과가 거의 없다는 것을 여실히 보여주고 있다.

물론 같은 양적완화도 리먼 쇼크라는 금융 위기 대응 차원에서 도입된 것과 거시경제의 경기부양 효과를 염두에 두고 도입된 것으로 나눌 수 있다. 미국에서 실시된 QE1은 전자에, QE2와 QE3는 후자에 속한다고 볼 수 있다. 이 중 금융 위기라는 자금 공급자 측에 문제가 발생했을 때 중앙은행에 의한 유동성 공급은 중앙은행의 마지막 자금 공급자로서의 당연한 책무고, 이는 금융 위기의 악화를 막는 데에 큰 성과를 거두었다.

그런데 FRB에 의한 QE2와 QE3, 일본 중앙은행에 의한 2001~2006년의 양적완화와 최근 이차원 완화는 경기부양을 목적으로 한 최초의 통화정책이다.

또한 미국에서는 QE1에 의해 공급된 자금은 그 당시에도 금융 위기에 대한 대응이었지만, 이후에도 회수되지 않고 시중에 남아 있어 현재는 비전통적 통화정책의 한 축을 구성하고 있다.

2006년까지 일본 중앙은행 양적완화는 단기 시장에서 실시되었기 때문에 자금 회수가 가능했다

상술한 양적완화 시책 중, 2001~2006년 일본 중앙은행에 의한 양적완화만 자금이 회수되었다. 이것은 중앙은행에 의한 자금 공급이 모두 단기 시장에서 실시되었고, 단기금리도 제로였기 때문에 제로금리하에서 공급된 돈이 제로금리하에서 회수되어 큰 혼란으로 이어지지는 않았다.

그런데 이후 미국과 영국, 구로다 총재 아래에서 이루어진 양적완화는 장기채권 시장에서 실시되었기 때문에 성공적으로 자금이 회수되지 못했다. 그뿐만 아니라 2013년 5월 22일 이후의 시장을 보면 이 실험에서 무사히 생환한 확률은 극히 낮다고 할 수 있다.

양적완화를 추진해 온 중앙은행 고위 관리 중에는 '우리는 인플레 퇴치에 관해서 충분한 경험이 있기 때문에 걱정할 필요가 없다'고 말하는 사람이 있다. 물론 통상적으로는 그렇겠지만, 과잉지급준비금이 법정지급준비금의 20.2배나 되고, 게다가 그중 대부분이 장기채권 시장에 공급된 상황에 금융정상화에 성공한 사례는 아직 없다.

또한, 일본 중앙은행의 2006년 양적완화 해소는 민간 자금 수요가 회복되는 시점에 실시되었는데, 그 당시 실제 자금 수요는 극히 미미했다. 이것은 본격적인 금리 상승 압력이 표면화되기 전에 일본 중앙은행이 과잉지급준비금의 회수를 완료시킨 것으로 매우 적절한 조치였다고 말할 수 있다. 실제로 민간 자금 수요가 회복된 이후의 회수는 금리가 급등할 가능성이 있기 때문이다.

1994년 장기금리가 급등했을 때보다도 잠재적인 쇼크는 훨씬 크다

이러한 우려에 대해 버냉키 의장은 FRB가 장기채 매입을 중지했기 때문에 실제로 금리를 인상할 때까지 상당한 시간을 두겠다고 말했다.

이 발언은 시장이 준비되지 못한 때에 실시한 금리 인상으로 채권 시장이 동요했던 1994년 사례를 감안, 이번에는 긴축금융을 사전에 예고하여 시장의 동요를 최소화하려는 시도라고 생각한다. 그러나 실제는 버냉키 의장이 6월 19일에 자산매입액을 줄일 가능성을 언급한 후 미국의 10년 물 국채금리는 2.3%에서 순식간에 3.0%까지 상승하였다. 그 결과 미국의 주택담보대출 금리(30년 고정)는 5월 2일 조사 당시 3.3%였지만 8월 하순 이후에는 4.5%대까지 상승하였다.

장기금리의 급등은 단기적으로는 사람들에게 주택 구입을 촉진하는 효과가 있지만 중기적으로는 미국 경기에 상당한 마이너스 요인으로 작용할 것이 우려되고 있다.

FRB가 장기채 매입액을 줄일 수 있다고 언급한 것만으로 이렇게 큰 폭으로 금리가 상승한 것은 FRB가 보유하고 있는 대규모 장기국채를 팔게 된다면 금리 상승은 더 큰 폭으로 진행될 수도 있다는 것을 시사하고 있다.

또한 1994년 당시 FRB는 FF(Federal fund)금리를 0.25%p 올렸으며 거액의 장기국채를 매각할 필요는 전혀 없었다. 그런데 이번에는 자산 매입을 그만두는 것만으로는 과잉준비금을 회수할 수 없고, 인플레를 피하기 위해서는 어떠한 방법으로든 자산매각을 촉진해야 한다. 그러나 이와 같은 환경에서 FRB에 의한 장기채 매각은 장기금리의 급등으로 이어질 수 있다. 즉 이번에는 1994년에 비해 잠재적인 쇼크는 수십 배나 크며 이러한 사실을 정확히 고려하여 해결 방안 등을 마련해야 한다.

양적완화 종료 논의가 초래하는 '나쁜 금리 인상'

또한, 6월에 버냉키가 한 발언으로 신흥국에 유입되었던 자금이 순식간에 역류하지 않겠느냐는 우려도 제기되었다. 이로 인해 그때까지 건전했던 신흥국 경제에 자산 가격의 하락 및 통화가치 하락에서 오는 인플레 가속을 막기 위한 통화정책 강화 등이 요구되었다.

만약 신흥국에서 자금이 역류하지 않으면 미국의 장기금리는 전술한 3.0%를 넘어서는 수준까지 상승할 가능성도 배제할 수 없다

게다가 최근 고용 통계를 포함한 미국의 경제지표가 두드러지게 개선되고 있지 않다는 것은 6월 이후 금리 인상은 경기 회복에 기인하는 '좋은 금리 인상'이 아니라 양적완화 종료라는 채권 시장의 수급 악화에 기인하는 '나쁜 금리 인상'이라고 말할 수 있다.

2013년 6월 장기금리 상승은 FRB에 큰 충격이었으며 이와 관련하여 버냉키 의장은 같은 해 9월 FOMC 이후의 기자회견에서 "최근의 (금리 상승에서 오는) 금융 환경의 긴축으로 경기는 부진할 수도 있으며 …… 이러한 긴축금융이 더 진전된다면 경기 상황은 더욱 악화될 수도 있다(…… the rapid tightening of financial conditions in recent months could have the effect of slowing growth, ……, a concern that would be exacerbated if conditions tightened ever further.)" 라고 언급하고 있다. 이것은 FOMC가 사태를 상당히 심각하다고 보고 상황이 더욱 악화될 수도 있다고 우려하고 있다는 것을 보여주고 있다.

즉 FOMC는 FRB가 아직 아무것도 하지 않은 상황에서 금리가 급상승한다는 것은 예정대로 장기국채 매입액을 줄인다면 금리가 추가로 상승하여 사태가 더욱 악화될 수도 있다고 우려한 것이다.

그러한 가운데 신흥국의 상황을 대변했던 IMF로부터 양적완화 종료 연기 요청도 있었기 때문에 FOMC는 당초 상정했던 9월부터 테이퍼링(tapering)이라 불리는 장기국채 매입액을 줄이는 정책을 중지했다.

1년 전과는 다른 버냉키 의장의 설명

그런데 금융 환경의 악화를 우려했던 버냉키 의장이 이와는 완전히 상반되는 극단적 낙관론을 피력한 적도 있다. 즉 버냉키 의장은 2013년 여름의 금리 인상은 큰 리스크를 감수하고 레버리지를 통해 채권을 산 사람들이 서둘러 그들의 포지션을 청산한 결과이며 이것을 일회성 상승이라고 강조했다.

즉 버냉키 의장에 의하면 이와 같은 투기적 포지션(excessively risky and leveraged position)이 있었기 때문에 이번 금리 인상 폭이 이만 큰 커진 것이고, 이들 포지션이 해소된 지금 FRB가 다시 양적완화 종료에 대한 논의를 시작해도 큰 폭의 금리 인상은 없을 거라는 것이다.

이것은 달리 말하면 이제까지의 2%나 2%를 하회한 10년 물 국채금리는 이와 같은 투기 세력이 초래한 버블이었다는 것이기도 하다.

그러나 이것은 버냉키 의장이 잭슨 홀 강연에서 FRB가 양적완화를 실시했기 때문에 미국의 장기금리는 하락하였으며, 이를 배경으로 미국의 GDP가 3%나 상승했다고 주장했던 것과는 상반된다. 일 년이 지난 시점에서 그것이 버블이었다고 말하는 것은 너무나도 쉽게 입장을 변경한 것으로 아전인수 격인 발언이라고밖에 할 수 없다.

현실감을 띠게 된 '양적완화의 함정'

향후 QE 종료에 기인한 채권 시장의 수급 악화를 우려한 시장 참가자가 리스크 프리미엄을 요구하는 형태로 금리가 상승하게 되면 주택과 자동차처럼 금리감응도가 높은 섹터가 일제히 부진에 빠질 수 있다. 그러나 그렇게 되면 FRB는 다시 어정쩡한 태도로 양적완화 종료의 일시 정지 및 연기를 결정할 가능성이 있다.

일시 정지의 영향으로 2013년 9월과 같이 금리가 소폭 하락하면 사람들은 한숨 돌리겠지만 금리 하락을 배경으로 경제지표 일부가 개선되면 수개월 후에는 다시 양적완화 종료 논의가 부상하여 금리가 상승할 것이다. 이것이 경기의 브레이크로 작용하여 FRB가 종료 중지 및 연기를 결정하는 "on and off again(방향성이 이리저리 바뀌는)" 상태가 향후 지속될 가능성은 결코 낮지 않다고 생각한다.

이 문제는 중앙은행이 양적완화만 하지 않았다면 절대 발생하지 않았을 문제라는 점을 생각한다면 우리는 양적완화의 실제 비용에 비로소 직면하게 된다고 말할 수 있다.

즉 만약 중앙은행이 양적완화를 실시하지 않았다면 현재와 같은 경기 회복의 초기에 장기금리가 급상승하는 일은 있을 수 없고 또한 이러한 상승이 없다면 경기는 완만한 회복 과정에 진입할 것이기 때문이다.

그런데 FRB가 양적완화를 실시한 결과 매번 종료 시기에 대한 논의가 나올 때마다 장기금리가 상승하여 경기에 찬물을 끼얹고 그 결과 종료 자체가 어렵게 될 가능성이 있는 것이다.

그러나 종료가 어렵다면 장기국채를 대상으로 양적완화를 실시한 일본, 영국, 미국은 향후 5년이나 10년 후에도 이 'QE Trap(양적완화의 함정)'에 빠져 벗어나기 어려워질 가능성이 있다.

이것을 그림으로 나타내면 그림 2-4와 같다. 즉 양적완화를 장기국채 매입의 형태로 실시한 나라는 당초 양적완화를 실시하지 않았던 국가들에 비해 장기금리가 하락하고 그만큼 경기 회복 시기(t_1)도 빨라진다. 그러나 경기가 회복세에 접어들면 채권 시장은 중앙은행이 장기국채 매각으로 거액의 과잉준비금 회수로 돌아설 것을 우려하여 장기금리가 급상승한다. 그러면 자동차와 주택 등 금리감응도가 높은 분야의 수요가 축소되어 경기가 부진하게 된다. 그러면 이번에는 경기 부진을 우려한 중앙은행이 긴축금융에 대한 자세를 완화하게 된다. 그 결과 경기는 다시 회복되지만 거기서 다시 과잉준비금 회수에 초점을 맞추게 되면 또 장기금리가 상승하고……. 이러한 것을 영원히 반복하는 상황이 '양적완화의 함정'이다.

【그림 2-4】일본, 미국, 영국이 '양적완화의 함정'에 빠질 가능성(1)

양적완화를 실시한 경우와 실시하지 않은 경우의 장기금리 이미지

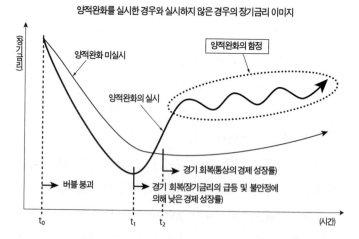

한편, 양적완화를 실시하지 않은 국가는 장기금리의 하락도 완만한 형태로 진행되며 경기 회복이 시작되는 시기(t_2)는 그만큼

늘어진다. 그러나 이런 경우는 경기가 회복되어도 중앙은행이 거액의 자금 회수에 착수할 필요가 없기 때문에 시장은 동요하지 않고, 장기금리 상승은 양적완화를 실시한 국가보다도 훨씬 더 완만해질 것이다. 그러므로 경기 반전 후에는 양적완화를 실시하지 않은 경우의 금리 수준이 낮은 만큼 GDP 성장률도 높아질 것이라고 생각한다. 이것을 이미지화한 것이 그림 2-5이다.

【그림 2-5】 일본, 미국, 영국이 '양적완화의 함정'에 빠질 가능성(2)

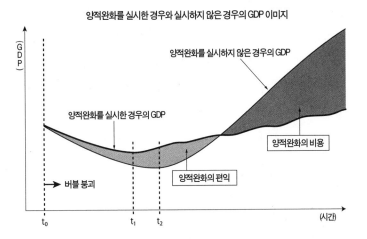

양적완화를 실시한 경우와 실시하지 않은 경우의 GDP 이미지

나는 이전부터 양적완화에 대해 '실행은 간단하지만 회수는 무서운' 정책이라고 강조했는데, 2013년 9월 그 무서운 '회수'가 시작되었다고 말할 수 있다.

하이퍼 인플레보다도 '양적완화의 함정'이 이어질 가능성이 높다

게다가 이제까지의 완화로 공급된 금액이 1~2회의 충격요법으로 회수될 수 있는 규모라면 통상의 역레포(Reverse repo, 역환매조건부채권)의 수법으로 대응할 수 있지만, FRB는 이미 법정준비금의 20배나 되는 준비금을 공급했으며 이것을 다시 회수하는 것은 지극히 어려운 일이다.

결국 민간 자금 수요가 없는 밸런스시트 불황에 대해 양적완화라는 통화정책으로 대응하려고 한다면 거의 효과가 없을 것이기 때문에 추가 완화를 반복하게 되며 결과적으로는 거액의 자금 투입을 실시하게 된다. 그것이 법정준비금의 20배에 달하는 유동성 공급이라는 사태를 초래한 것이다. 그리고 과거에 이러한 규모로 유동성을 증대시킨 국가들은 모두 하이퍼 인플레가 발생하여 통화는 평가절하되었으며 해당 국가에서 열심히 일하여 저축한 사람들은 엄청난 희생을 감수해야 했다.

다만 이번은 이제까지 민간자금이 없었기 때문에 통화공급량은 늘지 않고 인플레도 발생하지 않았다. 이번에는 양적완화 종료가 논의되는 가운데 하이퍼 인플레가 발생할 가능성보다는 경기가 조금 개선되고 당국이 종료로 전환하려 하면 금리가 급등하여 경기 회복이 여의치 않아 종료도 쉽지 않은 '양적완화의 함정'이 이어질 가능성이 크다고 생각한다.

이 경우 장기금리는 본래 수준보다 훨씬 높은 수준에서 형성되고, 게다가 언제 장기금리가 급등할지 모르는 상황에서 벌이지기 때문에 경기도 본래의 상태로 되돌아가지 못하는 상황이 이어질 것이다.

양적완화로 공급된 자금이 회수되지 않고 줄곧 시중에 남는 문제는 경기가 회복되어 금융 당국이 금리 정상화가 필요하다고 생각한 시점에 가장 두드러지게 나타날 것이다.

부리(付利)[4]를 활용하면 금리 정상화는 가능하겠지만……

이와 관련 버냉키 의장은 2013년 9월 회견에서 양적완화로 공급된 자금을 회수하지 않아도 금리를 정상화할 수 있다고 발언하였다("We can raise interest rates at the appropriate time, even if the balance sheet remains large for an extended period").

그러나 제로금리에도 자금 수요자가 부족했던 상황에서 금리를 정상화시킬 수 있는 상황이라는 것은 민간의 밸런스시트 회복이 마무리되고 그들의 자금 수요가 회복되어 인플레가 우려되는 시기라는 것이다.

만일 그 시점에도 미국 경제가 '양적완화의 함정'에서 벗어나지 못하고 거액의 초과준비금이 시중에 남아 있다면 FRB는 초과

---

4 법정준비금을 초과하는 과잉준비금에 대해 이자를 지불하는 것.

준비금이 급격한 대출 증가로 이어지지 않도록 준비금에 일정한 이자를 부과하여 금융 시스템 외부로 흘러가지 않도록 해야 한다. 최근 미국의 준비금은 필요준비금의 20배나 되기 때문에 이것을 방치하게 되면 통화공급량도 물가도 지금의 20배 수준까지 상승할 수 있다.

이는 만약 이 시기의 은행 대출금리가 FRB가 말하는 '타당한 수준'인 4%라면 FRB도 이와 가까운 금리를 과잉준비금에 지불하지 않으면 자금이 대출되는 것을 막기 어려워진다.

2013년 10월 이러한 종류의 준비금은 2.3조 달러다. FRB가 향후 인플레가 발생한다고 생각하면 이 2.3조 달러에 4%의 이자를 붙여 준비금이 통화공급량의 증가 요인이 되지 않도록 해야 한다. 그렇게 하면 민간은행이 리스크를 부담하고 이 자금을 기업과 가계에 대출하려는 인센티브가 없어지기 때문에 버냉키 의장이 말한 대로 과잉준비금이 시중에 남아 있어도 인플레가 가속화되는 것을 막을 수 있기 때문이다.

양적완화 비용은 막대한 규모로 확대될 수 있다

문제는 비용이다. 2.3조 달러의 4%는 920억 달러지만 FRB는 그것을 매년 지속적으로 지불해야 한다. 이것은 그 금액만큼 FRB의 이익이 줄고 정부에 대한 납부금이 감소하는 것이기 때문에 그만큼 정부의 재정 적자가 커지게 된다.

또한 금리가 현재의 제로 수준에서 FRB가 정상 수준으로 생각하는 4%까지 상승하면 FRB가 보유하고 있는 장기국채에 엄청난 자본손실이 발생하게 된다.

전술한 2013년 4월 18일 자 IMF의 보고서에 따르면 그와 같은 국면에서 중앙은행이 입는 피해는 최악의 경우, 그 나라 GDP의 7.5% 수준까지 상승한다. 이 보고서에서는 개연성이 가장 높은 미국의 금리 정상화 시나리오하에서 FRB가 입는 피해를 GDP 대비 3%로 예측하고 있으며, 이는 5,000억 달러의 손해를 의미한다.

이것이 버냉키 의장이 말하는 과잉준비금을 회수하지 않은 채로 금리를 올림으로써 발생하는 FRB의 비용이 된다.

후자의 자본손실은 일회성으로, 게다가 FRB가 이들 채권을 상환 시까지 보유하면 본전은 건질 수 있기 때문에 실제 손실로 이어지지 않을 가능성도 있다. 그러나 그동안 FRB는 채무 초과이기 때문에 시장이 동요하여 달러 신용도에 흠집이 가는 사태도 충분히 생각할 수 있다.

또한 FRB가 실제로 QE 종료에 성공하여 이들 채권을 시장에 매각할 수 있다고 한다면 이 5,000억 달러는 FRB의 실현된 손실로 계상해야 한다.

이와 같은 손실이 발생해도 FRB에 대한 시장과 시민의 신뢰가 손상되지 않기 위해서는 정부가 FRB에 '자본 투입'을 해야 하지만 이는 정부의 재정 적자 확대 요인이 된다.

게다가 전자의 금리 비용은 양적완화로 공급한 자금의 회수가 진전되지 않는 한 반영구적으로 발생하는 것으로, 이것들도 양적완화를 실시하지 않았던 중앙은행은 전혀 부담할 필요가 없는 비용이다.

이들 비용이 높은지 낮은지에 대한 판단이 관건인데, 지금의 FRB는 이 정도의 비용이라면 지불해도 좋다고 판단하고 있는 셈이다. 그러나 이것은 최종적으로는 모두 재정 적자의 확대 요인이며, 정치 문제로 비화될 가능성도 있다.

장편소설 '양적완화 이야기'의 향후 줄거리

이렇게 보면 '양적완화 이야기'는 실은 매우 긴 장편소설과 같은 것으로, 밸런스시트 불황에 양적완화가 실시된 것은 그 첫 장에 불과하다.

그리고 2013년 5월 FRB가 종료 논의를 시작한 때부터 제2장이 시작되지만, 아직 미국 국민의 자금 수요가 부진한 가운데 주변에서는 압박감이나 긴장감은 엿볼 수 없다.

다만, 제2장부터 FRB는 양적완화를 종료하려고 하면 장기금리가 급등하여 경기에 브레이크가 걸리게 되고 또한 그것이 종료 자체를 곤란하게 하는 '양적완화의 함정'에 빠져들게 된다.

이런 가운데 민간의 밸런스시트 회복이 끝나고 그들이 돈을 빌리게 되면 사태는 긴박해지고 여기에서 제3장에 해당하는 긴축금융이 필요하게 된다. 그렇지만 이 상황에서는 FRB가 과잉준비금에 높은 이자를 지불해야 하며, 이때 보유 중인 장기국채에 발생하는 거액의 자본손실에 대해서도 무언가 조치가 필요하게 된다.

만약 긴축금융에 실패하게 되면 과잉준비금이 법정준비금의 20배나 있는 가운데 통화공급량이 급증할 수 있으며, 그렇게 되면 사람들은 하이퍼 인플레를 우려하게 되고 이를 배경으로 장기금리는 더욱 급등할 수 있다.

그러나 이 시점에서 FRB가 금리를 높여 금융을 긴축하고자 한다면 이번에는 FRB가 보유하고 있는 장기국채에 자본손실이 발생하고 FRB가 채무 초과 상태에 빠질지도 모른다는 우려가 확산된다. 이러한 소동은 FRB가 자신에게 5,000억 달러의 손실이 발생하는 긴축금융을 실시할 턱이 없다는 논리하에 달러 폭락론이나 하이퍼 인플레이션론이 확산될 가능성이 있다.

FRB 책임론에서 자본 투입까지 논의가 확산될 위험성도

여기서 미국 의회가 신속하게 자본 투입을 결정하고 'FRB가 긴축금융을 실시해도 FRB가 채무 초과 상태에 빠지는 일은 결코 없다'고 선언하여 위기를 극복하는 것이 바람직하다. 그러나 그때는 이와 같은 사태를 초래한 FRB에 대한 책임 추궁이 시작되어 논의가 그렇게 쉽게 진전되지 않을 가능성이 있다.

특히 이제까지 양적완화에 반대해 온 많은 정치가(주로 공화당)

들은 대놓고 FRB를 비난하고, 경우에 따라서는 FRB의 독립성마 저 의심받을 수도 있다.

실제로 버냉키 의장은 2013년 11월 19일 강연에서 그와 같은 사태가 벌어지면 FRB에 대한 신뢰(reputational cost)와 독립성(increase risk to the independence)이 훼손될 위험이 있다고 분명히 언급하고 있다.

이러한 종류의 우려에 대해 일부 낙관적 견해를 가진 학자와 시장관계자들은 중앙은행의 손실은 중대한 문제가 아니기 때문 에 신경 쓸 필요가 없다고 주장한다. 실제로 아베 총리의 고문인 하마다 예일대학 명예교수도 중앙은행에 손실이 발생하면 돈을 찍어내어 메꾸면 된다고 주장하고 있다.

그러나 FRB가 거액의 손실을 계상하여 채무 초과에 빠졌을 때 대내외 시장관계자가 달러와 미국 채권 시장에 대해 어떠한 반 응을 보일지는 알 수 없으며, 이 부분은 완전히 미지의 영역이다.

실제로 인류는 긴 역사 속에서 금이나 은과 같은 귀금속과 완 전히 분리된 통화를 받아들이게 된 것은 1971년 닉슨 쇼크 이후이 며, 그다지 옛날 이야기는 아니다.

닉슨 쇼크 직후 10년간 미국은 엄청난 인플레를 겪었고, 그에 대한 반성으로부터 FRB는 그린스펀 전 의장의 발언을 빌리면 "마 치 금본위제가 존속하고 있는 듯이 행동"해야 했다.

게다가 중앙은행에 큰 자본 손실이 발생하는 국면은 시장에 인플레 우려가 제기되는 상황으로 그런 시기에 중앙은행은 자기

손실을 메우기 위해 돈을 찍어내는 것을 재고해야 한다. 그러한 행동은 시장의 인플레 우려를 더욱 가속화할 수 있기 때문이다.

제4장 후반이 되어야 비로소 드러나는 양적완화의 비용

이러한 큰 위기를 어떻게든 모면한 후에는 과잉준비금을 빠른 시일 내에 회수해야 하는데, 이 과정이 이야기의 마지막 부분인 제4장이다. 이때는 하나의 가능성으로서 FRB가 재무부와 논의하여 양적완화의 종료 기간 동안에는 최대한 장기국채 발행을 삼가고 가능한 한 단기채로 자금을 조달하는 방안을 생각할 수 있다. 그리고 이 기간에 FRB는 보유 중인 장기국채를 팔고 같은 금액의 단기채를 구입한다. 이것은 오퍼레이션 트위스트의 반대인데, 이 기간에 재무부가 장기국채 발행을 자제해 준다면 이 오퍼가 장기 금리에 미치는 영향은 한정적일 것이다.

그리고 FRB가 보유하는 채권의 상당 부분이 단기채가 되고 듀레이션(duration, 보유하는 채권이 상환을 맞이할 때까지의 평균 잔존연수)이 짧아지는 시점에 이번에는 2006년 일본 중앙은행의 대응처럼 단기 금융 시장에서 시중의 과잉준비금을 회수하는 것이다.

이와 같은 2단계 방식으로 접근하면 양적완화 종료가 수익률 곡선에 미치는 악영향은 상당히 경감되고, 시장 참가자가 그렇게 판단해 준다면 시장의 혼란도 그만큼 완화될 것이다.

이 외에도 과잉준비금을 무력화하는 수단으로 은행의 법정준비율, 자기자본 비율과 유동성 비율을 높이는 수단이 있으며, 수익률 곡선에 대한 영향, 특히 장기금리에 미치는 영향을 축소하기 위해서는 전술한 것과 같이 발행 주체인 재무부와의 연계 플레이가 효과적이라고 생각한다. 물론 이와 관련해 단기채와 변동금리채 수요의 크기 등의 몇 가지 제약 요인이 있지만 적어도 장기국채를 그대로 매각하는 것보다는 장기금리에 대한 영향은 미미할 것으로 보인다.

이때도 금리는 상승하지만 제3장에서 존속 위기에 직면한 FRB로서는 어찌 되었든 양적완화 종료를 최우선시하게 되지 않을까 생각한다.

제4장이 끝나는 것은 몇 년 후의 일로, 그제서야 우리는 비로소 양적완화 관련 비용을 구체적으로 계산할 수 있을 것이다.

그리고 이때의 계산은 중앙은행이 양적완화를 실시하지 않고 과잉준비금 문제에 직면하지 않으면서 경기가 순조롭게 회복하는 경우와의 비교를 통해 이루어져야 할 것이다.

이로부터 도달한 결론은 제1장에서는 양적완화를 실시한 쪽이 경기 회복을 시기적으로 조금 앞당길 수는 있다 하더라도 제2장에서 제4장까지의 위기와 혼돈으로 인해 완전히 상쇄될 뿐만 아니라 제2장에서의 경기 회복은 양적완화를 하지 않았을 때와 비교해 대폭 지연될 것이다. 이것들은 그림 2-5의 양적완화의 비용과 편익이라는 형태로 나타난다.

그리고 마지막에는 밸런스시트 불황이라는 극히 드문 불황에는 재정 지출로 대응해야 하며, 이를 무리하게 양적완화라는 통화정책으로 해결하려 한다면 제2장에서 제4장까지 벌어지는 다양한 부작용으로 골치가 아플 것이라는 결론에 다다를 것이다.

이러한 전반적인 상황을 보면 이 '양적완화 이야기'에 대한 미국 내 책임은 그 실시를 용인한 여당인 민주당에 있지만, 이제까지의 양적완화 도입 경위를 보면 전술한 대로 QE2, 오퍼레이션 트위스트 그리고 QE3 모두 야당인 공화당의 반대로 재정이 지출될 수 없는 상황에서 그 차선책으로 발동된 것이다.

그런 의미에서는 양적완화를 용인한 여당뿐만 아니라 불황에 유일한 대응책인 재정 지출을 불가능하게 하고 결과적으로 FRB가 양적완화 조치를 취하도록 한 야당도 양적완화 부작용에 대해 책임이 있다고 할 수 있다.

그리고 '양적완화 이야기'의 마지막 부분은 여당과 야당의 리더들이 목소리를 모아 이렇게 말하면서 막을 내릴 것이다. '이제까지의 경제학자들은 제1장에 대해서는 알려 주었지만 제2장에서 제4장까지는 전혀 이야기해 주지 않았다'고.

중앙은행 입장에서는 민간 자금 수요의 회복이 완만한 편이 바람직하다

본래 경기 회복이라는 것이 빠르면 빠를수록 좋지만, 양적완화를 실시한 금융 당국 입장에서는 경기 회복, 특히 그중에서도 민간 자금 수요의 회복은 완만한 편이 바람직하다고 생각한다. 만약 자금 수요가 급속하게 회복되면 지금의 미국 은행은 과잉준비금이 법정준비금의 20배나 되기 때문에 순식간에 대출이 증가할 수도 있고, 그렇게 되면 FRB는 인플레나 버블을 우려하여 단기간에 과잉준비금을 회수해야 하기 때문이다.

그러나 민간이 자금을 빌리고자 할 때 중앙은행이 한꺼번에 자금 회수를 하게 되면 금리는 급등하고, 그것이 경기 회복에 엄청난 마이너스 요인으로 작용할 수 있다. 특히 FRB가 자금 회수를 위해 팔 수 있는 자산은 장기국채가 많고 이것들을 시장에 팔면 장기금리가 급등하게 되는데, 그것은 현시점에서 경기의 견인 역할을 하고 있는 주택 부문에 직접적으로 타격을 가할 수 있다.

한편, 민간 자금 수요의 회복이 완만하게 이루어지면 당국도 시간을 들여 조금씩 과잉준비금을 회수할 수 있게 되고, 그 결과 전술한 '나쁜 금리 인상'도 최소한으로 억제될 것이다. 이 경우도 당국이 양적완화를 실시하지 않았을 경우에 비해 금리는 높겠지만 근저의 민간 자금 수요가 그다지 크지 않다면 이런 종류의 상승은 한계가 있다.

또한 '양적완화 이야기'의 제4장까지 이해한 FRB가 예상되는 악영향을 피하기 위해 민간 자금 수요가 약할 때 과잉준비금을 회수한다면 FRB에는 한 가지 사용할 수 있는 정책 수단이 있다. 그것은 FRB가 스스로 양적완화는 통화공급량 증가 등에 이어지지 않았고 거시경제 부양 효과는 크지 않았다는 것을 인정하는 '자기부정' 시책이다.

즉 FRB가 스스로 양적완화는 기대한 만큼 효과가 없었다고 발표하게 되면 종료 역시 원래 효과가 없는 정책이 종료될 뿐인 것이 되기 때문에 시장에 대한 악영향도 그만큼 감소할 가능성이 있다. 실제로 샌프란시스코 연방은행의 존 윌리엄스 총재는 2013년 논문에서 양적완화는 큰 효과가 없었다는 것을 실증분석을 통해 증명하였다.

그렇다면 분명히 회수 시에는 금리가 다소 상승하겠지만 민간의 자금 수요가 회복된 이후의 금리 상승과 비교하면 그 악영향은 훨씬 작을 것으로 보인다.

반대로 전술한 2012년 잭슨 홀에서의 버냉키의 연설과 같이 큰 효과가 있었다고 자기선전식으로 발언하게 되면 양적완화 종료 시에는 시장도 그만큼 신중해지기 때문에 경제에 대한 악영향은 그만큼 커질 수 있는 것이다.

양적완화는 '포워드 가이던스'를 사용할 수 있을 때 종료해야 한다?

버냉키 의장은 2013년 11월 19일 강연에서 6월 이후의 금리 상승은 "neither welcome nor warranted"라고 불쾌감을 나타냈다. 이것은 FOMC가 '포워드 가이던스'만 제대로 하면 FRB가 장기국채를 매입하지 않아도 장기금리는 상승하지 않는다고 상정했다는 것을 의미한다.

그런데 버냉키 의장은 양적완화정책이 장기국채의 수급 구조를 변화시킴으로써 장기금리를 인하했다고 말하고 있다. 즉 FRB가 장기국채를 마구 사들이는 바람에 이것의 희소성(scarcer)이 높아지면서 그 가치상승(more valuable)으로 인해 국채금리가 하락했다는 것이다.

그리고 이 양적완화에 의한 장기금리 인하 효과는 장기에 걸쳐 단기금리를 인상하지 않는다는 시장 참가자의 기대에 영향을 미치는 '포워드 가이던스'와는 별개의 것이라고 분명히 밝혔다.

그렇다면 아무리 FRB가 '포워드 가이던스'로 정책금리를 높이지 않겠다고 선언해도 FRB가 장기국채 구입액을 줄이거나 국채를 매각하는 방향으로 바뀐다면 장기국채의 희소성은 줄어들고 가격이 하락하여 국채금리는 상승하게 된다. 그리고 이러한 현상이 실제로 발생한 것이 6월 이후의 금리 상승이었다고 말할 수 있을 것이다.

그런 의미에서 '포워드 가이던스'만 제대로 하면 장기금리는 상승하지 않는다는 FOMC의 기대에는 다소 무리가 있다. FOMC의 논리는 양적완화 종료는 정책금리를 제로로 유지한다는 '포워드 가이던스'를 사용할 수 있는 시기에 실시해야 한다는 것이기도 하다. 단기금리가 제로로 고정된 현재 상황에서의 장기금리 상승에는 저절로 한계가 있지만, 민간 자금 수요가 회복하여 단기금리를 인상해야 하는 상황이 되면 장기금리는 폭등할 수 있기 때문이다.

현시점에서 FRB는 2015년 중반까지 정책금리인 FF금리를 인상하지 않는다는 '포워드 가이던스'를 하고 있는데, 그때까지 2.3조 달러의 초과준비금 전액을 회수하는 것은 어렵다. 이는 전술한 논리에 따르면 FRB로서는 가능한 한 조기에 양적완화의 종료를 시작하는 한편 현시점에 2015년으로 설정되어 있는 금리 정상화의 개시 시기를 연기할 필요도 생기게 된다.

이러한 가운데 종료 시기를 결정하는 것은 당국에 매우 용기가 필요한 문제겠지만, 후자의 정책금리 정상화를 지연시키는 것은 큰 문제가 없을 것이다. 만약 그 시점에 이미 양적완화 종료가 시작됐다면 장기금리는 상당히 상승했을 가능성이 높고, 또한 그것은 경기와 인플레에 제동을 거는 조치로 단기금리의 정상화가 지연되어도 인플레가 발생할 위험은 줄어들기 때문이다.

물론 이 방법도 민간의 자금 수요가 회복하기 전에만 그 효과를 기대할 수 있다. 실제로 민간 자금 수요가 회복하여 인플레 우려가 제기된다면 FRB는 정책금리를 올리는 한편 자금 회수에 집중할 수밖에 없어 이에 따른 국채금리 급등은 피할 수 없게 된다.

미국이 일본보다 민간부문의 자금 수요 회복이 빠르다?

그렇다면 민간부문의 자금 수요가 완만하게 회복될 가능성과 관련하여 일본의 예를 보면 그 가능성은 충분하다고 말할 수 있다. 일본에서는 밸런스시트 불황의 원인이었던 기업의 밸런스시트 문제가 2005년경에 해소되었지만, 기업부문의 자금 수요 회복은 매우 완만하게 진행되어 왔다.

일본 중앙은행은 기업의 자금 수요가 마이너스에서 약간의 플러스로 전환된 2006년에 당시 법정준비금의 6배나 되는 과잉준비금을 전부 회수했다.

이것은 법정준비금의 6배나 되는 준비자금을 그대로 방치한다면 일본의 통화공급량이 최대 6배까지 확대되고 그것은 결국 엄청난 인플레로 이어질 수 있기 때문이다. 그 후 민간부문의 자금 수요 증가는 극히 완만하여 이런 종류의 우려는 다행히 기우로 끝이 났다.

이러한 배경에는 일본 기업이 15년이나 걸려 밸런스시트 회복 작업을 끝냈으며, 그 고통스러운 경험 때문에 두 번 다시 빚을 지지 않겠다는 '채무거부증'에 빠졌다는 사실이 있다. 그 결과, 당시 일본에서의 금리는 인류역사상 최저 수준으로 하락하였고, 은행은 대출에 적극적이었으며, 기업부문의 밸런스시트도 회복되었으나 민간부문의 자금 수요는 매우 완만한 형태로밖에 증가하지 않았던 것이다.

이것은 1930년대 대공황을 경험한 미국인이 죽을 때까지 대출을 하지 않았던 것과 매우 유사한 현상이었다.

문제는 이와 같은 현상이 지금의 미국에서 일어날지 여부다. 이와 관련하여 자금순환 통계로 볼 때 미국 가계는 여전히 제로금리하에서 큰 폭의 자금잉여 상태에 있고, 이 상태는 2013년 2/4분기까지 이어지고 있다. 이는 미국 가계가 아직 자신들의 밸런스시트가 건전해졌다고 생각하고 있지 않으며 현시점의 저축도 충분하지 않다고 생각하고 있다는 것을 시사하고 있다. 이것은 큰 빚을 가볍게 생각했던 2007년까지의 미국 가계부문과는 크게 달라진 점이었다.

한편 미국의 주택 가격이 최근 회복 기조에 있고, 예전의 일본은 회복까지 15년이 걸렸지만 미국은 3분의 1 수준인 5년밖에 안 걸렸다. 이러한 차이는 미국의 개선 속도가 당시의 일본보다 빠르게 진행되고 있을 가능성을 시사한다.

특히 미국에서는 버냉키 의장 등이 2011년부터 '재정 절벽'이라고 경고하는 등 시기상조의 재정건전화로 미국 경제가 더블딥에 빠지는 것을 방지해 왔으며 이것은 1997년에 더블딥에 빠진 일본과는 크게 다른 점이다.

1997년 초 일본은 이미 상업용 부동산에 대한 이자가 국제적으로 매력적인 수준까지 회복하였고, 지가가 외국인이 매입을 검토할 정도로 최저 시세까지 하락하였다. 그런데 그 시점에 하시모토 정권이 시기상조의 재정건전화 시책을 실시했기 때문에 더블딥에 빠져 지가는 당시 수준에서 추가적으로 50%나 하락하였다.

그런 의미에서 미국은 1997년의 일본 정부가 저지른 실수를 반복하지 않으려 하고 있으며 그만큼 민간부문의 자금 수요 회복도 빨라지게 되었다고 생각한다. 다만 현시점에서 미국의 민간부문은 제로금리 상황임에도 가계부문과 비금융법인기업부문을 합하면 GDP 대비 8%나 저축하고 있고, 연방정부도 지출을 억제하고 있어 수급 면에서 본 금리 상승 압박은 그다지 크지 않다고 보인다.

신흥국은 양적완화 움직임에 휘둘리지 않기 위해서라도 자본 유입 규제가 필요하다

또한 QE와 자본 이동 문제에 대해서 중국, 브라질 등의 국가들은 당초부터 QE2를 비롯한 이런 종류의 정책이 자본 유입을 매개로 자국의 경제 운영을 어렵게 하기 때문에 그 실시에 맹렬히 반대하였다. 즉 선진국이 양적완화에 몰두하게 되면 비교적 금리가 높은 신흥국은 자본 유입으로 버블이 되고, 반대로 선진국이 양적완화를 종료하면 신흥국은 자본 유출로 통화가치 하락이나 인플레가 발생하는 경우가 우려되고 있다. 불행하게도 최근 움직임은 그들의 우려가 현실로 나타날 가능성이 높아지고 있다고 할 수 있다.

이에 대해 2013년 9월에 러시아의 상트페테르부르크에서 개최된 G20 정상회담에서는 신흥국이 적절한 거시경제정책과 구조개혁으로 대응하면 이런 현상은 대처 가능하다고 하고 있지만 이것은 말처럼 그렇게 간단한 문제가 아니다. 적절한 거시경제정책과 구조개혁을 추진하고 있는 나라일수록 오히려 자본 유입을 촉진하고, 그 결과 자산 가격 등이 폭등해 점점 정책 운영이 어려워지고 있기 때문이다.

그런 의미에서는 선진국이 제멋대로 양적완화와 그 종료를 실시한다면 신흥국은 이에 따른 핫머니에 농락당하지 않도록 자본유입 규제를 적극적으로 활용할 필요가 있다고 생각한다.

이런 형태의 자본 유입 규제는 전술한 대로 2010년 서울에서 열린 G20에서 그 사용이 인정되었지만, 브라질과 인도네시아는 3년 동안 이를 충분히 활용하지 못했다. 만약 그들이 그러한 수단들을 활용하여 EU와 미국의 자본 유입을 제한했다면 2013년 5월 이후와 같은 사태는 일어나지 않았을 것이다.

그리고 그 배경에는 자본 유입을 제한하는 것 자체가 극히 정치적으로 수용하기 어렵다는 점이 있다. 자본 유입이 활발한 국가는 자산 가치가 상승하여 사람들의 생활이 윤택해질 뿐만 아니라, 국내 기업은 낮은 비용으로 자금 조달이 가능해 인플레도 다소 진정되는 효과가 있기 때문이다.

즉 통화가치가 상승하여 어려움을 겪는 수출 기업을 제외하면 모두가 만족하는 때에 정부가 자본 유입을 규제하는 것은 해당 국가의 중장기 안정 성장에 필요하다 하더라도 큰 정치적 용기가 필요한 일이다. 그리고 많은 경우 '모두가 만족하니까 좋은 거 아닌가'라는 식으로 논의가 흘러가 규제 도입이 지연되는 것이다.

한편, 대만의 중앙은행은 자본 유입을 매번 엄격하게 규제하고 있어 외국계 금융기관에 인기가 없다. 그러나 대만 중앙은행의 자본 유입 규제로 대만 경제는 1997년 통화 위기와 이후 리먼 쇼크 시기에 큰 영향을 받지 않았다. 이러한 일련의 사태에서 얻을 수 있는 교훈은 선진국이 제멋대로 양적완화를 실시하는 경우, 신흥국은 그 나름대로 용기를 가지고 자본 유입을 규제해야 하며 경우에 따라서는 금지도 불사해야 한다는 것이다.

또한, 2013년 5월 이후 미국의 금리 상승은 FRB가 QE3에 의한 채권 매입을 줄인다는 언급만으로 발생한 것인 만큼, 향후 FRB가 QE 자체를 종료한다면 전술한 '양적완화의 함정'처럼 금리는 더욱 상승하여 경제가 불안정해질 가능성이 높다. 그런 의미에서는 QE 종료를 향해 움직이는 미국도 그 영향을 받는 신흥국도 향후 혼돈의 시대로 접어들 것을 각오해야 할 것이다.

일본은 영국과 미국의 장기국채를 통한 양적완화정책을 배워야 한다

2013년 5월 22일 이후 미국에서 벌어지고 있는 논의는 일본에도 매우 중요한 의미를 갖는다. 현재 일본의 과잉준비금은 법정준비금의 9.7배지만 구로다 일본 중앙은행 총재의 정책이 이대로 마지막까지 실행된다면 2015년에는 18.7배 수준까지 확대되기 때문이다.

이는 현시점에 금융 정상화는 과잉준비금을 9.7분의 1로 축소하면 달성할 수 있지만 2년 후에는 18.7분의 1로 대폭 축소해야 한다는 것을 의미한다.

실제로 전술한 보고서에서도 IMF는 양적완화 종료가 연기되면 일본 중앙은행은 GDP 대비 7.5%의 손실을 입을 수 있다고 경고한 바 있다. 이것은 양적완화를 실시한 일본, 영국, 미국 중에서 일본이 최악의 상태에 빠질 수 있다는 것을 의미하는 것이다.

적어도 중앙은행에 의한 이런 식의 자금 공급은 회수가 용이한 단기 시장에서 실시해야 하며 '양적완화의 함정'을 초래하게 될 장기국채 시장을 대상으로 실시해서는 안 된다.

이제까지 일본은 밸런스시트 불황에 관해서는 줄곧 '선진국'이었다. 실제로 2008년 이후 EU와 미국은 필사적으로 일본의 경험을 공부했다.

그런데 이 장기국채를 매개로 한 양적완화에 관해서는 영국과 미국이 '선진국'이고, 2013년 5월 22일 이후의 동향을 포함해서 일본은 양국 시장의 반응을 면밀히 살펴봐야 할 것이다.

그리고 만약 그에 따른 결론이 양적완화는 늦기 전에 종료해야 한다는 것이라면 일본도 시기를 잘 보고, 주저하지 말고 그것을 실행에 옮겨야 할 것이다. 2012년 말부터의 금융완화는 엔저(엔저 현상)와 주가 상승의 계기를 만들었지만, 그 성공 사례에 취해서 종료 시기를 놓치면 일본은 IMF가 경고하듯이 엄청난 사태에 직면할 수도 있다. 이 점에 대해서는 제4장에서 자세히 살펴보기로 한다.

밸런스시트 불황하의 금융자본 시장

채권 시장이 2013년 5월 22일 버냉키의 발언에 크게 반응한 것은 채권 시장이 양적완화로 인해 '금융 기반 주식시장화'가 되었다는 것을 나타낸 것이다. 즉 금리 결정이 경제의 펀더멘털보다도 QE 실시 유무라는 수급 요인의 영향을 강하게 받고 있다는 것이다.

다만, 여기서 말하는 '금융 기반 주식시장화'란, 통상적인 의미와는 다소 다르다. 통상적 의미의 금융 기반 주식시장화란 중앙은행의 금융완화에 따라 실제로 통화공급량이 급증하고 민간이 사용할 수 있는 돈이 넘쳐 흐르는 상태를 말하지만, QE 개시 이후 시장은 통화공급량이 급증할 것이라는 예상에 기초한 금융 기반 주식시장화라는 점이다.

이것은 이번 금융 기반 주식시장화가 본래의 통화공급량 증가를 기반으로 하는 것이 아니라 그 한 단계 전인 본원통화의 증가를 기초로 한 것이기 때문에 이 두 가지는 상당히 성격이 다른 것이다. 즉 통상(밸런스시트 불황이 아니라는 의미)의 경제에서는 중앙은행이 금융완화를 실시하고 금리를 낮추어 본원통화를 늘리면, 민간이 그것에 반응하여 차입을 늘림으로써 통화공급량도 늘고 그 증가한 통화공급량이 경기와 물가를 인상시킬 것이라는 예상하에 사람들이 주식이나 부동산 투자에 몰리는 것이다.

예를 들어 1980년대 후반에는 일본 중앙은행이 당시 최저라고 말했던 2.5%까지 재할인율(중앙은행이 일반은행에 대출할 때 인정되는 이자율)을 인하한 결과, 많은 개인과 기업이 이에 편승해 돈을 빌려 투자하고 통화공급량이 늘어 경기가 확대되었으며 자산 가격도 급등했다.

또한, 2000년대 전반에 ECB가 당시 최저였던 2%까지 정책금리를 인하한 결과, EU의 많은 국가에서 개인과 기업이 돈을 빌려 투자하였고 거대한 주택 버블이 발생했다. 미국에서도 같은 시기에 많은 사람이 당시의 그리스펀 FRB 의장의 저금리정책에 반응하여 적극적으로 돈을 빌려 주택 투자에 나섰다.

그런데 현재는 각국의 정책금리가 이전보다 훨씬 낮은 수준임에도 불구하고 밸런스시트 문제를 안고 있는 각국의 민간부문은 돈을 빌리기는커녕 저축에 몰두해 있고, 더욱이 그 패턴은 리먼 쇼크 이후 쭉 이어지고 있다. 실제로 경기가 비교적 좋고 주택 가격도 상승세로 전환된 미국에서도 민간 전체로 보면 전혀 돈을 빌리지 않을 뿐만 아니라 저축을 늘리고 있다. 그 결과, 각국의 민간 신용은 그림 1-7에서 그림 1-10에 있는 것처럼 건전하다고 알려진 미국조차 리먼 쇼크 시기와 비슷한 수준에 머물러 있고, 일본은 106, EU는 100, 영국은 85라는 부진한 상태가 이어지고 있다.

그 결과, 각국에서의 통화공급량 증가는 중앙은행에 의한 대규모 유동성 공급에도 불구하고 극히 완만하게 나타나며, 각국의 물가상승률 또한 극히 낮은 수준을 기록하고 있다는 점에서 분명히 나타나고 있다.

통화공급량이 완만하게 증가하고 있는 것은 민간이 투자와 소비에 사용할 수 있는 돈이 완만하게 증가하고 있다는 것을 의미하는 것이고, 이것은 EU와 미국의 통화공급량이 중앙은행의 금융완화에 반응하여 대폭으로 증가한 10년 전과는 크게 다른 점이다.

즉 시장에서는 중앙은행에 의한 대규모 양적완화의 영향으로 유동성 혹은 금융 기반 주가 상승 등이 자주 거론되지만 실제로는 민간부문이 자유롭게 사용할 수 있는 돈인 통화공급량은 거의 증가하지 않고 있어 여기에는 큰 모순이 존재하고 있다.

유동성 공급과 통화공급량의 관계는 밸런스시트 불황 시에는 성립되지 않는다

이 모순의 배경은 많은 시장 참가자가 자신들이 대학에서 배운 '중앙은행이 본원통화를 늘리면 통화공급량도 유사하게 증가한다'는 관계가 지금도 성립한다고 믿고 있기 때문으로 보인다.

이 '관계'는 민간이 이익 최대화를 위해 움직이는 통상의 경제에서는 옳지만 민간이 채무 최소화에 몰두하는 밸런스시트 불황하에서는 전혀 성립되지 않는다는 것을 많은 사람은 알아차리지 못하고 있다. 그렇기 때문에 그들은 4년 전에 양적완화를 대담하게 실시한 영국과 미국의 통화를 팔았고, 일본이 그 방향으로 움직이기 시작한 2012년 말부터 엔화를 매도했던 것이다. 또한 그렇기 때문에 버냉키 의장이 2013년 5월 22일에 QE3의 매입액을 줄일 수 있다고 언급하자마자 시장은 크게 반응한 것이다.

그러나 각국의 지표성이 높은 통화공급량(이것은 국가에 따라 M2에서 M4까지 다양하다) 관련 동향은 각국이 밸런스시트 불황하에 있기 때문에 매우 유사하고 본서의 모두에서도 언급한 것과 같이 양적완화를 실시한 영국과 미국, 그리고 그 정도로 실시하지는 않았던 일본과 EU에서는 큰 차이가 발견되지 않았다. 즉 시장은 마치 본원통화의 증가율이 통화공급량의 증가율과 비슷하다는 전제하에 본원통화를 늘린 국가의 통화를 매도했지만, 실제 통화공급량의 증가율은 양적완화를 실시한 국가와 그렇지 않은 국가 간에 그렇게 큰 차이는 없다.

밸런스시트 불황하에서 발생하는 독특한 '유동성 기반 주가 상승'

또한 이와는 별도로 밸런스시트 불황하에서 발생하는 독특한 '유동성 기반 주가 상승' 현상도 있다. 이것은 통화공급량은 늘지 않고 경기도 물가도 상승하지 않은 가운데, 은행과 기관 투자자가 운용해야 하는 자금만 급증하는 것에서 발생하는 현상이다.

왜 운용해야 하는 돈만이 증가하는가. 이는 통상 돈을 빌리려는 사람이 더 이상 빌리지 않게 되었을 뿐만 아니라 저축을 증가시키고, 통상적으로 저축하는 사람들은 이전과 같이 저축을 하고 있기 때문이다. 게다가 중앙은행의 양적완화로 민간에 공급된 자금도 최종적으로는 저축성 자금으로써 이들 자금운용자에게 위탁된다. QE의 영향으로 자산을 중앙은행에 판 사람들은 자산의 형태가 채권에서 현금으로 바뀐 것으로 그들이 그 현금을 소비할 이유가 없기 때문이다. 그렇게 되면 자금운용사에서만 자금이 흘러넘치게 되는 것이다.

통상 경제에서의 금융완화는 경제 전체의 통화공급량을 늘리지만, 밸런스시트 불황하의 금융완화는 자금운용자에게 위탁된 자금만을 증가시킨다는 차이가 있다.

결국 이제까지의 시장은 많은 투자자가 중앙은행의 양적완화에 의한 본원통화 증가를 통화공급량의 증가와 혼동하여 통화공급량이 증가하여 경기가 좋아진다는 전제하에 반응했다. 하지만 자금이 넘쳐 흐르는 곳은 자금운용자의 세계뿐이며 실물경제는 민간이 돈을 빌리지 않는 가운데 통화공급량은 늘지 않고 경기 부진이 이어지게 된다.

이런 가운데 시장 전체를 보는 투자자는 통화공급량은 증가하지 않고 경기도 좀처럼 좋아지지 않는다고 판단하고 채권 시장으로 눈을 돌리지만, 전체상을 보지 못하는 투자자는 양적완화로 통화공급량이 늘어 경기가 좋아진다는 생각만으로 주식을 사게 된다. 그리고 후자의 움직임이 주가가 실물경제보다 먼저 반응하는 최근의 흐름을 만들어 낸 것이다. 나는 이전부터 밸런스시트 불황하에서도 전술한 것과 같은 이유로 미니 버블이 발생하기 쉽다고 지적해 왔으며 최근의 주가에서도 그러한 경향이 엿보인다.

1%대의 인플레는 너무 낮은 것인가?

FRB는 미국의 인플레율이 1% 전반까지 하락한 가운데 2013년 5월부터 양적완화의 종료를 모색하기 시작했으며 이에 대해 FRB는 앞으로도 QE3를 계속해야 한다고 주장하는 사람들이 있다.

버냉키 의장 자신도 이 점에 대해 신경이 쓰였던지 실제로 몇 번인가 이 낮은 인플레율에 대해 언급한 바 있다.

즉 FRB가 목표로 하는 2% 인플레율의 배경에는 2% 전후의 인플레율이 실질 GDP의 성장률을 가장 높인다는 과거의 계량적 분석 결과가 있다. 이것을 기초로 생각하면 현재 미국의 인플레율은 너무 낮기 때문에 FRB로서는 좀 더 완화책을 지속해야 하는 거 아니냐는 주장이다.

실제로 FRB가 주목하고 있다고 알려진 소비지출 코어 디플레이터(식료품과 에너지는 제외)는 그림 1-7에서 알 수 있듯이 2012년 중반의 전년 동월 대비 2% 상승에서 2013년 9월에는 1.19%까지 하락했다. 이처럼 낮은 증가율은 2011년 초에 미국이 디플레에 빠진 것 아니냐고 소란스러웠던 시기의 증가율과 거의 비슷한 수준이다.

또한 물가 통계는 아무래도 기술혁신에 의한 디플레 효과(같은 성능의 제품을 기술혁신에 의해 싸게 살 수 있는 것)가 정확하게 평가받지 못하는 문제가 있고, 이것을 고려하면 2% 전후의 증가율이 체감적으로는 제로인플레이고 그것을 하회하는 1.19%라는 것은 주의가 필요하다는 것이다.

종료를 생각하면 더 이상 실시하기 어려운 양적완화

인플레율이 1.19%밖에 되지 않기 때문에 추가적인 양적완화를 통해 이것을 높이고자 하는 것은 앞으로 닥칠 '양적완화의 함정'이라는 엄청난 비용을 생각하면 그렇게 쉽게 결정할 수 있는 정책이 아니다.

장기국채 매입을 매개로 한 양적완화는 밸런스시트 불황하에서는 큰 효과도 폐해도 없지만, 민간부문의 자금 수요가 회복되면 당국은 장기국채를 팔아 과잉준비금의 회수를 서두르게 된다. 그러나 이것은 큰 폭의 금리 상승 요인이 될 수도 있다. 그리고 그런 류의 금리 상승은 이후 경기 회복에 큰 마이너스가 될 수도 있다.

결국, 양적완화 정책은 밸런스시트 불황하에서는 효력을 발휘할 이유가 없지만, 민간이 밸런스시트 회복을 끝내고 돈을 빌리게 된다면 당국에는 양적완화 정책의 종료가 요구되며 그 결과 발생하는 금리의 급등은 경기 회복에 큰 마이너스다.

이는 현재 미국의 인플레율이 목표치인 2%를 1%p 가까이 하회하고 있는 것만으로 안이하게 양적완화를 지속한다든지 확대하는 것이 얼마나 장래에 큰 문제를 초래하게 될지를 여실히 보여주고 있는 것이다.

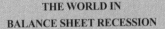

THE WORLD IN
BALANCE SHEET RECESSION

제3장

밸런스시트 불황 속
미국 경제

밸런스시트 불황을 이해한 미국

앞 장에서는 2010년 토론토 정상회의 합의 후 얼마 되지 않아 이탈한 미국이 비교적 견실한 경제 성장을 유지했다고 언급했지만, 여기까지의 여정이 결코 순탄한 것만은 아니었다. 실제로 미국은 2008년부터 완전한 밸런스시트 불황 상태였는데, 이에 대한 개념이 충분히 이해되지 않았던 당시에 많은 정책적 실수가 있었다.

다만 현재의 정책 담당자는 이러한 리스크를 충분히 이해하고 경제정책에 임하고 있으며, 이런 의미에서 자국 경제가 밸런스시트 불황이라는 특수한 상황에 놓여 있는 것을 모르는 국가들에 비해 상대적으로 상황이 호전되고 있다.

그림 3-1은 미국의 자금순환 통계를 나타낸 것이다. 이것을 보면 가계부문 및 기업부문은 제로보다 윗부분, 즉 저축(채무 변제를 포함)에 주력하고 있는 것을 알 수 있다. 특히 주택 버블의 주역인 가계부문은 버블기에 줄곧 제로보다 아랫부분, 즉 채무를 늘렸으나 버블 붕괴 이후에는 제로금리에도 줄곧 저축을 늘리고 있다. 전 세계 수요를 좌우한다고 알려진 미국의 가계부문이 일제히 저축 증대로 전환한 것에 따른 영향은 매우 컸으며, 미국 경제는 물론 세계 경제도 미국 가계부문의 변화로 성장률이 크게 둔화되었다. 미국의 가계부문은 빚을 지면서 생활하는 것이 지난 수십 년 동안 하나의 상식처럼 여겨져 왔으나, 이 상식은 2007년 이후 전혀 들어맞지 않게 되었다.

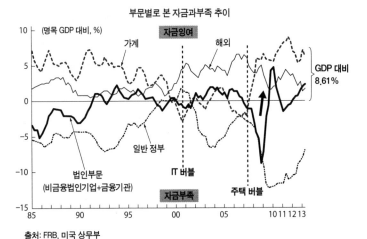

【그림 3-1】 밸런스시트 불황에 빠진 미국

부문별로 본 자금과부족 추이

출처: FRB, 미국 상무부

한편 법인부문은 2000년 IT 버블 붕괴 이후에는 그다지 돈을 빌리지 않았지만, 2007년 주택 버블 붕괴의 여파로 법인부문도 제로보다 윗부분, 즉 저축 증대와 채무 변제를 가속화했다. 이러한 기업의 행동이 최근까지도 이어지고 있다는 것은 그들도 밸런스시트 회복 혹은 강화에 힘쓰고 있다는 것을 의미한다. 이 기업이 제로금리에도 저축만 하는 배경에는 2007년 이후 금융 위기로 은행의 신용경색을 경험하고 자금운용에 매우 고생했던 것에 대한 반작용적인 측면도 있다. 이 점은 후술할 그림 3-4에서 자세히 살펴보겠지만, 한번 은행의 신용경색을 경험한 기업은 두 번 다시 그러한 쓰라린 경험을 되풀이하려 하지 않기 때문에 유동성을 최우선적으로 확보하고자 한다.

다음으로 미국 당국자의 밸런스시트 불황에 대한 인식이 중요한데, 이 개념을 이해한 사람이 백악관에서 FRB까지 상당히 광범위하게 퍼져 있고 실제로 그들은 내가 만든 밸런스시트 불황이라는 표현을 빈번히 사용하고 있다. 또한, 백악관의 경제부대인 대통령경제자문위원회(CEA ; Council of Economic Advisor)에서는 신임 스태프가 임용 후 읽어야 할 도서 목록에 나의 저서 『*The Holy Grail of Macroeconomics*』가 포함되어 있다고 한다. 그러나 실무자가 알고 있다 하더라도 최고 의사결정자가 이해하고 있지 않다면 전혀 의미가 없다. 그렇지만 미국에서는 FRB 의장인 버냉키부터 경제학계를 주도하고 있는 크루그먼 교수에 이르기까지 수많은 저명인사가 내 책을 읽었고, 미국은 밸런스시트 불황에 빠져 있다는 인식하에 경제정책의 입안 및 정책 논의에 관여하고 있다.

그래서인지, 미국의 최근 수년간의 경제정책은 밸런스시트 불황 대책이라는 측면에서 보면 어떤 나라보다도 우수하다고 말할 수 있다. 대표적인 사례가 '재정 절벽'이라는 표현에서 알 수 있듯이 FRB에서 백악관까지 모두가 성급한 재정건전화 시책 실시에 대해 강한 우려를 표명한 것을 들 수 있다.

전후 최악의 재정 적자에 직면하여 적자가 매년 1조 달러씩 4년이나 이어진다면 사람들이 재정건전화 시책 실시를 요구하는 것은 어떤 의미에서 당연하다. 그럼에도 불구하고 미국에서는 현재와 같은 국면에서 재정건전화를 서둘렀다간 엄청난 일이 벌어질 것에 대한 공감대가 형성되어 있다. 그 결과, 미국은 리먼 쇼크 직후에는 상당한 타격을 입었지만 이후에는 비교적 순조롭게 회복되어 현재는 광공업생산 기준으로 2008년 수준을 회복했다. 이것은 현재 EU권 생산이 2003년, 영국이 1992년, 일본은 2002년 수준에 머물러 있는 것을 감안할 때 높이 평가될 수 있다(다만, 일본의 경우는 재해의 영향으로 본래 수준보다 더 낮아진 면이 있다).

또한, 여타 선진국에 비해 경기가 호전되어 최근 들어 재정 적자도 상당히 줄어들고 있다. 이는 2년 전부터 '재정 절벽'에 대한 강한 경고로 인해 시기상조의 재정건전화를 회피한 성과가 지금까지 이어지고 있는 것이라고 할 수 있다.

순조롭지만은 않았던 미국의 시행착오

하지만 미국도 여기까지 오는 여정이 결코 순탄치만은 않았고, 특히 리먼 쇼크 전후의 수년간은 많은 정책적 실수와 함께 혼란도 이어졌다. 이 점에 대해서는 나의 저서인 『세계 동시 밸런스시트 불황』에서 자세히 소개했기 때문에 여기에서는 요점만 설명하기로 한다.

우선 전 FRB 의장이었던 그린스펀이 재임 중에 주택 버블이 급속히 확대되고 있었음에도 불구하고 그 존재를 마지막까지 인정하려 하지 않았던 것이 사건의 발단이다. 실제로 당시 FRB 의장 증언에서는 여야당 의원들로부터 주택 버블이 의심된다는 지적이 여러 차례 이어졌지만 그린스펀 의장은 부인으로 일관했다.

본래 누구보다도 버블에 대해 먼저 경고해야 할 중앙은행 총재가 의원들로부터 수차례 지적받았음에도 불구하고 버블의 존재를 부정했으며, 이는 미국 경제가 엄청난 소용돌이 속으로 빠져들어가는 계기로 작용하였다.

또한 이번에는 서브프라임론을 증권화한 CDO(Collateralized Debt Obligation, 부채담보증권)라는 새로운 금융 상품이 금융 위기의 촉매가 되었다. 그러나 그에 앞서 민간을 대상으로 하는 금융 상품의 품질을 검증하는 신용평가기관이 눈앞의 이익에만 눈이 멀어 이들 문제 상품에 트리플 A를 부여하는 실수를 저질렀다. 그 결과, 본래 극히 일부에 한정된 투자자만이 이해하고 평가할 수 있는 상품이 전 세계 금융기관에 대량으로 판매되었다.

이것은 브레이크를 밟아야 할 그린스펀이 브레이크를 밟지 않은 것과 동일한 것으로 본래 브레이크를 밟아야 할 신용평가기관도 브레이크는커녕 액셀을 계속해서 밟았다는 것을 의미한다. 그 결과, 미국에서 주택 버블이 붕괴되고 CDO 문제가 표면화되었을 때 대부분의 금융기관을 포함한 전 세계 수많은 금융기관이 엄청난 문제를 떠안게 된 것이다.

논의해야 할 것은 신용평가기관에 대한 규제 강화

이번 금융 위기는 신용평가기관이 서브프라임론을 포함한 CDO 등의 증권화 상품에 높은 평가를 내리지 않았다면 절대로 일어나지 않았을 것이다. 즉 무질서하고 무책임한 증권화가 이렇게까지 문제를 확대시킨 것은 신용평가기관의 '협력'이 있었기 때문이며, 이번 위기에 대한 책임은 그린스펀과 더불어 그들의 책임 또한 매우 크다고 생각한다.

이 신용평가기관 문제는 1930년대 대공황 당시에는 없었던 새로운 문제다. 대공황 이전의 미국 은행은 십수년 전의 일본 중앙은행과 같이 완전한 담보주의에 기초하여 돈을 빌려주었기 때문이다.

그렇지만 그 담보가 대공황하에서 가치의 대부분이 상실되자 담보주의의 한계와 신용력 검증의 중요성을 새롭게 인식하게 되었다. 대공황의 쓰라린 교훈으로 인해 신용평가 및 신용평가기관의 사회적 중요성이 더욱 부각된 것이다.

이러한 신용평가기관의 폭주가 이번 비극의 배경에 있지만, 위기의 촉매제가 된 CDO는 수십 명의 수학자가 3주 내내 분석해야만 간신히 해석하고 그 리스크의 특성이 판명될 정도로 복잡한 상품이다.

이것을 반대로 말하면 리스크의 특성 파악에 고도한 기술이 필요한 증권화 상품은 수리분석팀을 보유하지 못한 일반투자가 대상이어서는 안 된다는 의미다. 이런 의미에서 이 상품은 평가 대상에서 제외됐어야 했다. 왜냐하면, 한번 평가가 매겨지면 일반투자자 대상의 상품이 되어 버리기 때문이다. 이런 종류의 상품이 평가 대상에서 제외된다면 신용평가기관에 의한 느슨한 평가 그리고 이로 인한 각종 폐해도 피해갈 수 있었다고 생각한다.

본래 신용평가기관이란 자본시장에 거래되는 상품의 품질을 지키고 시장의 폭주를 막는 브레이크 역할을 해야 하지만 이번에는 그 브레이크 자체가 완전히 고장 난 것이다. 향후 두 번 다시 이와 같은 사태가 발생하지 않도록 신용평가기관에 대한 규제를 강화하는 것이 반드시 필요하다.

리먼 쇼크는 왜 발생했는가

많은 금융기관에 동일한 문제가 발생할 때에는 제1장에서 언급한 것과 같이 당국은 시스템 위기로 인식하고 시장 원리에 기초한 통상의 대응책과는 전혀 다른 정책을 마련해야 한다. 하지만 유감스럽게도 당시 폴슨 재무장관은 이러한 발상과 식견을 가지고 있지 못했으며 리먼사를 파산시키는 실수를 저지르고 말았다. 여기에서 전 세계를 뒤흔들었던 리먼 쇼크가 시작되었다. 그 직접적인 발단이 된 것은 폴슨 장관이 리먼사가 파산하기 직전 뉴욕 연방은행 회의의 모두 발언에서 당국은 리먼사에 관해 납세자의 돈을 투입할 계획이 없다고 단언한 것이었다. 이 회의는 리먼사를 그대로 놔두면 엄청난 사태로 번질 수 있다는 문제의식에서 뉴욕 연방은행의 가이트너(Geithner) 총재와 다수 민간금융기관의 최고 의사결정자들이 모인 것이었다. 그러나 이 자리에서 폴슨이 위와 같은 발언을 함으로써 모든 것이 붕괴하는 쪽으로 움직이기 시작한 것이다.

그 이유는 리먼사 뿐만 아니라 EU와 미국의 많은 금융기관이 그 당시 가격이 대폭락한 CDO를 대량 보유하고 있었기 때문이다. 결국은 B사가 문제의 CDO를 가지고 있는 것을 A사가 알고 있으며, B사는 A사가 CDO를 보유하고 있는 것을 알고 있었다. 그러나 그 시점에서 어느 누구도 문제의 CDO 가격이 어디까지 하락할 것인가를 예측할 수 없었다.

여기에서 두 가지 문제가 발생했다. 우선 리먼사 구제에 있어서 리먼사가 안고 있는 손실이 확정되지 않은 가운데, 민간은 정부의 백스톱 없이는 구제에 나설 수 없었다. 백스톱이란, 구제해야 하는 금융기관이 안고 있는 손실이 특정 금액 이상일 경우 그 초과한 분을 정부가 책임을 진다는 것이다. 이와 같은 백스톱이 있으면 민간은 자신이 부담해야 하는 손실이 확정되고, 그 이외의 리먼사 구제에 드는 비용을 계산하며, 그것과 리먼사를 흡수함으로써 얻을 수 있는 장점을 비교하게 된다. 비교한 결과, 리먼사 구제가 주주에 대해서도 정당화할 수 있다고 판단되면 이 민간 회사는 구제 작업을 시작하게 된다.

또한 당국도 리먼사 파산이 경제에 큰 피해를 초래할 수 있다고 생각했다면 이 백스톱 금액을 산정해서 민간의 누군가가 리먼사를 구제해 줄 수 있도록 해야 했다. 실제로 리먼사 파산 6개월 전에 파산한 베어스턴즈사의 구제를 둘러싸고, 당시 미국 재무부 담당자였던 스틸러는 적절한 백스톱을 설정하여 베어스턴즈사를

JP모건에 흡수시켜 별 탈 없이 일을 해결한 적이 있다.

그렇지만 스틸러의 후임인 폴슨은 견식도 부족하고 경험도 짧은 나머지 리먼사에 대해 백스톱을 제공하지 않겠다고 발언해 버린 것이다.

이렇게 되자 리먼사의 최종 손실이 얼마가 되는지를 확정할 수 없게 된 민간 회사는 아무도 구제 작업을 진행하지 않았고, 결국 리먼사는 그 다음 주 월요일에 파산하고 만다.

두 번째 문제는 많은 금융기관이 동일한 문제를 가지고 있는 가운데 리먼사를 파산시킨 결과, 모든 금융기관이 다음은 자신들의 차례일 수도 있다고 우려하여 극도의 자기방어로 전환한 것이다. 여기서 말하는 자기방어란 자금을 가능한 한 자사 내에 유보하고 외부로 유출하지 않는 것이다. 그러나 금융 시스템이란 상호 자금을 융통하는 것일 뿐만 아니라 비금융부문에 자금을 공급한다는 책무도 지고 있다.

그런데 A사는 같은 문제를 안고 있는 B사가 언제 파산할지 모르며, B사는 같은 문제를 가지고 있는 A사가 언제 파산할지 모르는 상황이 되었다. 이러한 상황에서는 누구도 시장에 자금을 유통하지 않게 되어 금융 시스템 전체가 신용경색을 포함한 완전한 기능 마비 상태에 빠지게 된다. 그 결과, 주가가 급락할 뿐만 아니라 자금 조달도 어려워진 미국 기업은 자사가 보유한 금융자산을 매각해서 하루하루 지불해 나가는 상황으로까지 내몰리게 되었다.

이 시기 미국 기업은 총 800만 명의 종업원을 해고했는데, 당시 기업부문이 직면한 신용경색의 위기를 보면 미국 기업이 종업원의 대량해고에 나선 것도 무리는 아니었다. 최근의 미국 기업은 거액의 금융자산을 보유하고 있으면서도 아무것도 하지 않으려 한다는 비난을 받고 있지만, 적어도 그 원인 중 하나는 2007~2009년에 걸쳐 그들이 직면한 신용경색 문제에 있다고 생각한다. 즉 한 번 은행의 신용경색을 경험한 기업은 그 쓰라린 경험을 두 번 다시 겪지 않기 위해 충분한 유동성을 확보하고자 하는데, 이러한 현상이 지금 미국에서 광범위하게 발생하고 있는 것이다.

또한 이 시기 FRB 폴슨의 폭거를 막지 않았다(막지 못했다?)는 것도 사태가 확대된 이유 중 하나라고 말할 수 있다. 만약 당시의 FRB가 리먼사 파산이 큰 위기로 이어질 수 있다고 인식했더라면 전술한 중남미 채무 위기에 직면한 볼커 FRB 의장처럼 모든 수단을 써서라도 리먼의 파산을 막았을 것이다. 그렇지만 전언에 따르면 적어도 뉴욕연방 가이트너 총재는 리먼사를 어떻게든 살려보려고 노력했다고 하지만, 그는 워싱턴의 버냉키와 폴슨의 협력을 얻는 데 실패했다. 당시는 이미 많은 지표가 미국 금융 시스템에 큰 문제가 있다는 것을 시사하고 있었고, 나를 포함한 여러 전문가가 그 위험성을 지적했다. FRB가 이러한 지적에 귀를 기울여 리먼사 사태에 현명하게 대처했더라면 이후 세계 경제는 상당히 다른 길을 갔을 거라고 생각하면 아쉬울 뿐이다.

은행 도산을 막은 TARP에서도 혼란이……

그런데 폴슨이 리먼을 파산시킨 뒤 수 시간이 채 지나지 않아 AIG의 위기가 불거지자 폴슨도 사태의 심각성을 인식하고 정책을 전환하여 AIG 구제로 돌아섰다. 그리고 그 직후에 공적자금으로 미국 은행을 구제하는 TARP가 논의되었는데, 그 상황에서도 그들은 두 가지 실수를 저질렀다. 첫 번째는 나를 포함한 많은 사람이 문제 해결을 위해서는 정부에 의한 자본 투입이 필요하다고 주장했음에도 불구하고 폴슨 및 버냉키는 불량 채권 매입만으로 해결될 것으로 생각했다. 당시 나는 워싱턴에서 재무부 고관에게 불량 채권 매입은 효과가 없고 자본 투입으로 정책을 전환시켜야 한다고 주장했지만, 당시 그들에게는 아직 그 정도의 위기감은 없었다.

하지만 이후 사태는 급속히 악화되었고 실제로 TARP가 실시되는 시점에 자본 투입으로 전환한 것은 불행 중 다행이었다. 다만 그 후에 수주 간의 귀중한 시간을 잃었을 뿐만 아니라 상당한 내용 전환이 있었음에도 불구하고 불량 채권 구제 프로그램이라는 TARP의 명칭은 바뀌지 않았다.

또 하나의 TARP 문제는 폴슨 및 버냉키가 은행의 신용경색이 해소될 수 있다고 의회(납세자)에서 주장하면서도 은행이 TARP 자금을 반환할 수 있는 조건으로 신용경색의 해소를 명기하지 않았다는 점이다. 그 결과, 최악의 사태가 지나간 그다음 해부터 미국

은행은 TARP 자금의 반환으로 전환하지만 그들의 신용경색은 이후에도 장기간 지속되었던 것이다.

즉 미국 TARP의 경우, 당국이 반강제적으로 대형 은행에 자본을 투입하여 이들 금융기관의 파산은 막았지만, 은행 측은 당국으로부터 수많은 요구 조건을 강요받았다. 이에 은행들은 자본 투입의 본래 목적인 신용경색 해소를 달성하지 못한 상태에서 틈을 타 공적자금을 변제했다.

여기서 당국이 보인 '틈'이란 가이트너 재무장관이 은행은 스스로 자기자본을 증강할 수 있다면 공적자금을 변제해도 좋다고 발언해 버린 것을 의미한다. 본래는 각 은행이 충분히 대출을 늘린 것을 특정 기간(예를 들어 3년)이 지난 시점에 이를 확인한 후에 변제를 인정해야 했다.

그 결과 정부의 자본은 변제되었지만 신용경색 문제는 이후에도 계속 미국 경제의 발목을 잡게 된다.

이에 비해 일본은 1997년 하시모토 정권이 재정건전화 노선을 밝힌 시점부터 당시 'Sell Japan'으로 불리던 주가 하락과 엔저가 동시에 발생했다. 주가 하락은 은행의 자기자본비율의 분자를, 엔저 현상은 분모에 직접적으로 영향을 미쳤다. 그 결과, 자기자본비율이 악화된 일본의 은행은 그해 가을부터 전혀 돈을 빌려줄 수 없게 되었다. 그래서 발생한 신용경색에 대응하기 위해 정부는 1998년 2월에 자본 투입 관련법을 제정하였다. 그러나 그 법률에는 투입 조건으로서 검찰이 개입하는 '인민재판' 식의 심사 과정이 포함되어 있었다.

이러한 조건하에서 어느 은행도 자본 투입 신청을 하지 않았고, 이로 인해 이 정책은 공회전만 거듭하다 수명을 다했다. 은행에는 대출을 줄이고 자기자본비율을 달성한다는 또 하나의 선택권이 있었다. 그러나 자본 투입이 불발로 끝나자 신용경색은 해소되지 않았고, 이것이 해소되지 않았기 때문에 일본 경제는 점점 악화될 뿐이었다.

여당은 서둘러 관련 조건들을 사실상 모두 철폐함으로써 은행이 자본 투입을 신청하도록 독려하였고, 겨우 같은 해 3월 말이 되어서야 자본 투입이 실시되었다. 그 당시 자본 투입과 1년 후인 1999년 3월에 재차 실시된 자본 투입으로 일본 중앙은행의 신용경색 문제는 크게 개선되었다(그림 1-18). 이때 일본 당국은 정부가 투입한 자본은 불량 채권 처리가 아닌 신용경색 대책으로 사용할 것을 요청하였고, 각 은행이 보유하고 있었던 불량 채권은 각 은행의 매 분기 수익으로 시간을 가지고 처리하도록 지시한 것도 신용경색 문제의 해결에 기여했다.

이들 사례가 증명한 것은 경영자의 보수삭감 등 자본 투입에 많은 조건을 달게 되면 일본처럼 은행 측이 자본의 수취를 거부한다든지, 미국의 TARP처럼 정부로부터 강제적으로 자본이 투입된 은행은 변제만을 우선시하게 된다는 것이다. 그리고 은행이 그와 같은 행동을 하게 되면 정작 중요한 신용경색 해소는 나중 일이 되며 그만큼 경기 회복은 지연되는 것이다.

TARP가 도입되어 대형 은행이 계속해서 파산하는 최악의 사태는 모면할 수 있었다. 그런 의미에서 TARP의 역할은 높게 평가받아야 할 것이다. 다만 폴슨 및 버냉키가 TARP 자금의 변제를 인정해 버림으로써 신용경색이 상당 기간 해소되지 않았다는 것은 일반 미국인이 금융 당국에 대해 부정적으로 평가하게 된 이유가 되었다. 후자의 문제는 미국 당국이 일본의 예를 참고로 충분히 회피할 수 있었지만, 그런 의미에서는 유감스러운 결과로 끝났다고 말할 수 있다.

'Pretend and Extend'로 방향을 전환한 미국 당국

또한 미국 당국은 볼커 룰(Volcker rule)로 일컬어지는 은행에 대한 규제 강화를 추진하는 한편, 2009년 가을부터는 은행의 불량채권 처리에 대한 규제를 대폭 완화하여 폭락을 거듭한 상업용 부동산이 미국 은행의 경영을 악화시키는 것을 방지했다.

즉 2007년 가을 상업용 부동산 가격이 최고점 대비 평균 43% 하락한 결과(그림 3-2), 많은 부동산 관련 대출 잔고가 부동산 가치 산정액을 상회하게 되어 은행으로서는 이들 대출의 재융자를 허가할 수 없었다. 왜냐하면, 은행은 담보물의 가치가 대출액보다 낮은 상황을 인정하지 않았기 때문이다. 또한, 부동산 가격이 대폭 하락하여 대부분의 부동산 관련 대출 잔고가 규정 LTV(Loan to Value: 전체 자산에서 차입금이 차지하는 비율)를 상회했다.

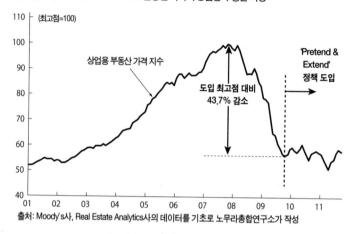

【그림 3-2】 'Pretend & Extend'로 안정된 미국의 상업용 부동산 시장

상업용 부동산 가격 지수

도입 최고점 대비
43.7% 감소

'Pretend &
Extend'
정책 도입

출처: Moody's사, Real Estate Analytics사의 데이터를 기초로 노무라총합연구소가 작성

그러나 이 시점에 미국 은행이 적정한 LTV를 상회한다는 이유로 재융자를 허가하지 않는다든지, 대출 조건을 엄격히 한다든지 했다면 대량의 상업용 부동산 관련 채무불이행이 발생하고 미국 은행과 미국 경제는 치명적인 타격을 받을 수도 있었다.

게다가 2010년부터는 버블기에 급증한 이러한 종류의 대출 관련 재융자 시점이 다가옴에 따라 당국도 민간은행도 긴급한 상황에 놓이게 되었다. 이들 재융자에 은행이 응할 수 없다면 미국은 제2의 리먼 쇼크를 맞이하게 되기 때문이다.

그래서 당국은 이제까지의 태도를 180도 바꿔, 상업용 부동산 가격이 대폭 하락했다는 근거만 제시할 수 있으면 재융자를 허가한다 해도 당국은 이를 문제 삼지 않겠다(불량 채권을 취급하지 않겠다)는 방침을 분명히 했다.

이것이 2009년 10월 FRB, FDIC(연방예금보험공사)와 재무부의 Comptroller of Currency(통화감독관)가 공동으로 낸 보도자료 "Policy Statement on Prudent Commercial Real Estate Loan Workouts"(통칭 "Pretend and Extend")로, 예를 들어 담보 물건의 가격이 대출 잔고를 하회해도 그 물건이 많은 양질의 세입자와 장기 계약을 맺고 있고 집세도 그다지 하락하지 않을 상황이라면 재융자에 응해도 좋다는 것이다.

이것은 이제까지 미국 당국의 '불량 채권은 조기에 처리하라'는 입장이 크게 변한 것을 의미하고, 동시에 '우리는 일본과는 달리 조기에 은행 문제를 해결(하기 때문에 일본과 같은 장기불황에 빠지지는 않는다)'하려던 가이트너 재무장관의 당초 스탠스도 크게 변했다는 것을 의미한다.

즉 미국 정부는 상업용 부동산 가격의 폭락 상황에서 종래의 '조속한 처리'를 단념하고 1982년도 중남미 채권 위기와 같이 (실제로는 불량 채권화하고 있지만) 우선 미국 은행이 대출을 지속하여 위기가 표면화하는 것을 피하고, 시간을 들여 각 은행의 매 분기 수익으로 조금씩 문제를 정리해 가는 방안을 선택했다.

이것은 신정권 출범 후 1년이 지나서야 겨우 당국이 현실을 제대로 직시하게 된 것으로 매우 바람직한 선택이었다. 실제로 내가 이 시기에 워싱턴을 방문하여 강조한 것은 은행 문제가 비이상적으로 커지고 납세자가 이 문제 해결에 세금을 내려 하지 않는 상황이라면 당국은 시간을 들여 문제를 해결하는 수밖에 없으며, 서둘러 불량 채권을 처리하고자 한다면 이는 오히려 사태를 악화시킬 수 있다는 점이었다.

그런데 당초 미국 측 반응은 일본은 단순히 태만했을 뿐으로 본인들은 이 문제를 신속하게 해결하여 경기 회복을 앞당길 수 있다고 생각했다. 그들은 불량 채권 문제가 금융 시스템 전체에서 보아 작을 때에는 신속하게 처리해야 하지만, 매우 클(시스템적인) 경우에는 천천히 대응해 나갈 수밖에 없다는 것을 전혀 알아차리지 못했다.

볼커 역시 나처럼 문제의 크기를 기준으로 시간을 들여 천천히 처리할 수밖에 없다는 의견을 가지고 있었지만, 당초에는 아무도 볼커의 의견에 주목하지 않았다. 2009년 연말 상업용 부동산 융자자에 대한 규제 완화에 볼커가 얼마나 공헌했는지는 알 수 없지만, 볼커는 거대한 시스템적인 위기였던 중남미 채무 위기를 이 방법을 통해 효과적으로 극복했다.

실제로 미국의 상업용 부동산 가격은 2009년 가을에 발표한 "Pretend and Extend" 보도자료의 영향으로 급락 기조가 멈추었으며 이후 최근까지 회복 기조가 이어지고 있다. 그 결과, '주택 다음은 상업용 부동산이 문제'라고 우려했던 시각이 자취를 감출 정도로 위기는 진정되었다.

재정 지출은 '3T'에서 '3S'로

실물경제에 대해 백악관의 로렌스 서머스 NEC(국가경제회의) 위원장은 당초 대규모 재정 지출을 단시간에 실시하면 그것이 마중물이 되어 미국 경제를 본래의 성장 궤도로 되돌릴 수 있을 것으로 기대했다. 실제로 그는 2009년 봄에도 그와 같은 성장 궤도로 되돌리기 위한 대규모 재정 지출인 jolt(여기에서는 좋은 의미에서의 쇼크)가 있어야 한다고 발언했다.

또한 2008년 연초에 서머스가 재정 지출의 필요성을 언급할 때에도 그의 슬로건은 '3T(timely, targeted and temporary)'였다. 즉 시기적으로 적절하고 목표를 좁힌 뒤에 일시적이어야 한다는 것이었다.

그러나 통상의 불황이라면 일회성의 대규모 재정 지출이 마중물이 되어 경기 회복의 계기를 만들 수 있지만, 밸런스시트 불황은 일시적인 재정 지출로는 문제 해결이 어렵다. 이런 불황은 민간의 밸런스시트 회복, 즉 'de-leveraging(부채 축소)'이 종료할 때까지 이어지기 때문에 정부는 재정 지출을 지속적으로 실시할 필요가 있다.

게다가 이러한 불황에는 많은 사람이 저축이나 채무 변제를 늘리는 한편, 자금에 대한 수요자는 격감하기 때문에 거기에서 발생한 디플레갭을 메워 GDP를 유지하기 위해서는 충분한 규모의 재정 지출을 실시해야 한다. 즉 '3T'로는 미국이 직면한 밸런스시트 불황을 극복하기 어렵다는 것이다.

그렇지만 서머스 위원장은 2009년 7월 강연에서 자신이 이전에는 '3T'를 주장했지만 지금 필요한 재정 지출은 '3S', 즉 'speedy, substantial and sustained'가 불가결하다고 말했다. 이것은 신속하고 충분한 규모를 필요한 만큼 계속해서 실시한다는 것으로, 서머스의 이전 입장에서 크게 진전된 것이었다.

그는 또한 미국의 불황은 질적으로 일본이 경험한 불황과 동일하다고 말했으며 일본과 1930년대 대공황의 경험을 감안할 때, 최근과 같은 불황 상태에서의 조기 출구 전략은 매우 위험하다고까지 발언하였다.

게다가 재정 지출을 지속해야 하는 배경으로 민간이 'de-leveraging'에 몰두하고 있다는 사실이 있고, 이러한 민간부문의 행동은 향후 건전한 경제를 만들기 위해서는 반드시 필요한 행동이라고 언급했다.

서머스 위원장이 이전의 '3T'에서 최근의 '3S'로 입장을 바꾼 것은 그가 밸런스시트 불황의 본질을 이해하기 시작했다는 것이고, 이는 매우 환영해야 할 변화였다.

그때까지 오바마 정권 내에서 시기상조의 재정건전화는 위험하다고 강조한 사람은 가이트너 재무장관뿐이었으며, 게다가 그것은 정권 발족 당시뿐이었다. 서머스 위원장은 2009년 2월 실시한 7,870억 달러의 재정 지출이 마중물 역할을 할 수 있을 것으로 기대하고 있었던 것이다.

또한 오바마 대통령은 취임 당시 서머스 위원장의 기대대로 될 것이라는 전제로 4년간 재정 적자를 절반으로 줄이겠다는 말을 했는데, 이는 밸런스시트 불황에는 매우 부적절한 말이었다. 이것은 제1장에서 설명한 것처럼 재정정책의 시간축 효과라는 관점에서 보면 역효과를 가져올 수 있기 때문이다.

그런 서머스 위원장이 시기상조의 재정건전화는 위험하다고 분명히 말함으로써 오바마 정권이 그와 같은 실수를 범할 리스크를 현저히 감소시켰다.

이와 같이 미국 당국은 위험 발생 전후에는 실정과 혼란도 있었지만 이후 경기 대책은 당초의 '3T'에서 '3S'로 전환되고 금융 위기 대책도 당초의 '신속한 불량 채권 처리'에서 현실적인 'Pretend and Extend'로 전환됨으로써 미국이 직면한 밸런스시트 불황에 대해 효과적인 대책을 갖추게 되었다. 이것이 영국 및 EU에 비해 상대적으로 경기가 개선된 가장 큰 원인이라고 말할 수 있다.

국민에게 병명을 알리지 않은 오바마 대통령

그렇지만 이렇게 정권의 대응이 변하고 정책이 올바른 방향으로 향하고 있음에도 불구하고 오바마 대통령은 이들 정책이 왜 올바른지에 대한 설명을 하지 않고 있다. 오바마 대통령은 이들 정책을 실시하지 않았다면 매우 어려운 상황이 처했을 거라고 말하고는 있지만, 현 정책의 정당성에 대해서는 거의 설명하지 않고 있다.

그 결과, 일반 미국인은 자신들이 밸런스시트 불황이라는 극히 특수한 불황에 직면해 있다는 사실을 알지 못한 채 정부가 여전히 대규모 재정 적자를 내고 있는 상황에 대해 반신반의하고 있다.

그리고 이러한 틈을 비집고 들어온 것이 야당인 공화당이다. 그들은 재정 적자와 큰 정부 문제를 이슈화하고, 이것들이 미국의 건국정신인 자기책임원칙에 반하는 것이라고 주장하여 큰 지지를 얻고 있다. 특히 공화당 내에서도 티파티라고 알려진 사람들은 큰 정부에 강하게 반발하고 있으며, 그들의 타협을 용서하지 않는 입장은 공화당이 오바마 정권과 많은 분야에서 타협점을 찾는 것을 어렵게 하고 있다. 그 결과, 오바마 정권은 밸런스시트 불황에 대해 올바른 대응책을 추진하려고 해도 야당의 반대로 실행에 많은 어려움을 겪고 있다.

게다가 밸런스시트 불황 극복에 필요한 재정 지출은 상당히 고가의 치료법이다. 또한 그 치료는 충분한 기간 동안 지속해야 하기 때문에 점점 비용도 높아진다. 이 비싼 치료비에 대한 합의를 얻기 위해서는 국민이 스스로 어느 정도 아픈가를 파악해야 할 필요가 있지만, 오바마 정권은 아직 국민들에게 그들이 직면한 병명조차도 분명히 밝히지 않고 있다.

이것은 폐렴 환자에게 폐렴인 것을 알리지 않고 고가의 폐렴 치료제를 사용하는 것과 같다. 환자 및 그 가족은 단지 감기에 걸린 정도라고 생각하고 있는데 의사로부터 고가의 의료비를 청구받게 되면 반발하게 된다. 즉, 실제로는 폐렴 치료가 이루어지고 있으며, 그 결과 환자가 착실히 회복해 가고 있음에도 불구하고 치료비가 너무 비싸다고 항의를 받음으로써 의사는 충분한 양의 약을 환자에게 공급하지 못하고 있는 것이 현재 미국 경제가 놓여 있는 상황인 것이다.

즉 2009년의 7,870억 달러 규모의 경기부양책이 실시되었지만, 야당의 강한 반발로 후속 재정 지출 규모는 대폭 축소되었으며 이것이 미국의 경제 회복을 지연시키고 있는 것이다.

2013년 연초 발동 예정이었던 GDP 3%에 달하는 재정건전화 시책(통칭 '재정 절벽')은 당사자들의 필사적인 노력으로 대부분은 회피되었지만, 일부 세출 삭감 및 증세가 실시되어 미국 경제 회복에 큰 장애가 되고 있다. 이것들이 없었다면 미국 경제는 지금보다도 훨씬 더 건강해졌을 것이다.

밸런스시트 불황이라는 개념이 수십 년 전부터 경제학 교과서에 실려 국민 대다수가 그것을 대학에서 배웠다면, 대통령이 한마디로 병명을 말하기만 하면 사람들은 이 병에는 재정 지출이 필요하다는 것을 떠올렸을 것이다. 실제로 병명이 폐렴이라고 진단된 이후에는 어떻게 치료할지에 대한 의사들의 의견이 부딪치지 않을 것이다. 병명이 폐렴으로 판명되면 치료법은 전 세계 어디에서도 기본적으로 동일하기 때문이다.

그렇지만 유감스럽게도 밸런스시트 불황이라는 개념은 아직 널리 알려져 있지 않고, 그 결과 각국의 정치가는 병의 전모를 국민에게 설명하는 것은 리스크가 너무 크다고 판단해서인지 누구도 설명하고 있지 않다. 그러나 이러한 설명 없이 고가의 재정 지출을 국민에게 이해시키는 것은 상당히 어렵고, 결과적으로 미국을 포함한 모든 민주국가에서 이런 종류의 불황을 극복하는 데 상당한 시간이 걸리고 있는 것이다.

버냉키 의장의 '재정 절벽' 경고로 살아난 미국 경제

다만 그 가운데서도 버냉키 FRB 의장이 '재정 절벽'을 강하게 경고한 것은 미국에도 행운이었다. 이 경고로 미국이 절벽에서 떨어지는 상황을 막을 수 있었으며 시기상조의 재정건전화 추진으로 1997년의 일본과 2010년 이후의 EU가 경험한 비참한 사태에 빠지지 않을 수 있었던 것이다. 그런 의미에서 보면 미국만이 올바른 의미에서 일본의 경험과 교훈을 이해했다고 말할 수 있다.

다만 그 버냉키 의장도 당초에는 프리드먼의 직계라고 자부할 정도로 통화정책의 유효성을 믿고 있었다. 실제로 10년 전에 일본 중앙은행이 제로금리하에서 이 이상 중앙은행이 할 수 있는 것은 없다는 입장을 표명했을 때 가장 반발한 사람 중 한 명(당시는 대학 교수)이 버냉키 의장이었다. 또한 버냉키 의장은 당초 리먼 쇼크를 가볍게 보고 GDP는 약간 하락하겠지만 1년 정도 시간이 지나면 사태는 개선되어 갈 것이라고 말했다. 실제로 당시 의장은 금리를 신속히 제로까지 하락시키면 사태가 빠르게 개선될 것으로 생각 했으며 실제로 그는 FRB 사상 최단기간에 금리를 제로까지 인하 했다.

이는 EU와 미국에서 일본 중앙은행의 금리 인하 속도가 너무 느리다는 시각을 반영한 조치로 생각되지만, 미국 경제는 그가 예 상한 것과 같은 회복 궤도에 오르지는 못했다. 미국이 직면한 문 제는 버블 붕괴에 의한 민간의 밸런스시트 훼손이며, 이 문제는 중앙은행이 금리를 단기간에 인하함으로써 해소될 수 있는 성격 의 문제가 아니었던 것이다.

이를 알아차린 의장은 2010년경 입장을 크게 변화시켰으며 그 것을 내가 확인한 것이 2011년 7월 열린 FRB 의장의 의회 증언에 서였다. 이때 이미 미국 의회 관계자 가운데 미국 경제가 일본과 같은 밸런스시트 불황에 빠져 있는 것은 아니냐며 우려하는 사람 들이 생기기 시작했고 그들이 나를 증인으로 부른 것이다.

본래 의회 증언은 FRB 의장만이 증언하게 되어 있었지만 사 태의 심각성을 고려하여 이날은 민간 전문가가 여러 명 참석하였 고 나도 그중 한 명이었다. 나를 포함한 민간 전문가들의 증언은 오후에, 버냉키 의장은 오전에 증언하게 되어 있었고, 우리도 버 냉키 의장 옆 좌석에서 의장의 발언을 듣고 있었다.

나는 과거 15년간의 경험을 기초로 버냉키 의장의 통화정책 만능론적 발상에는 찬성할 수 없었고, 『'음'과 '양'의 경제학』에서 그의 대공황에 관한 연구의 문제점을 강하게 지적했다. 그날은 버냉키 의장과 3시간이나 같이 앉아 있었고, 나는 이 책의 영역본인 『*The Holy Grail of Macroeconomics*』를 버냉키 의장에게 건넸다. 그러자 버냉키 의장은 책을 한번 보더니 "아, 그 책은 필요 없다. 이미 읽었다. 그 중에서도 일본에 관한 기술은 매우 참고가 되었다"고 말했다. 그가 "이미 읽었다"고 말했지만, 나는 버냉키 의장의 학자 시절 연구에 대해 비판적인 본서를 그가 어느 정도 이해하고 참고했는지에 대해서는 반신반의였다.

그런데 실제로 증언이 시작되자 나의 의심은 순식간에 사라졌다. 버냉키 의장이 지금과 같은 국면에서 재정건전화를 실시하는 것은 위험하다고 말한 것이다. 이것은 버냉키 의장이 이전까지 주장했던, 2009년의 재정 지출은 그 역할을 수행했으며 향후 미국 경제는 FRB가 통화정책을 통해 지원해 나갈 것이므로 정부는 재정건전화에 힘써야 한다는 기존의 발언에서 크게 변한 것이다.

그러나 이와 같은 발언으로 가장 놀란 사람은 의회 공화당 의원들로, 그들은 버냉키 의장이 공화당 측에 가까웠기 때문에 당시 공화당의 주장이었던 재정건전화의 시시비비를 물었다. 그런데 버냉키 의장은 재정건전화는 중장기적으로는 필요하지만 지금은 필요 없다고 반복해서 강조했다. 이에 공화당 측 의원들은 놀라움을 감추지 못했다.

이때 버냉키 의장은 이미 미국의 민간부문은 제로금리에도 채무 변제를 우선시하고 있으며, 밸런스시트 불황 국면에서는 정부의 재정 지출이 불가결하고, FRB의 통화정책만으로는 미국 경제를 지탱할 수 없다는 것을 알아차린 것이다.

버냉키 의장의 시기상조 재정건전화에 대한 우려는 2013년 1월에 예정되어 있던 증세와 세출 삭감 관련 논의에서 강하게 나타났다. 특히 2012년 4월 기자회견에서 가장 강하게 주장했고 여기에서 매우 중요한 발언이 이어졌다.

그 하나가 뉴욕타임스의 애플바움 기자의 발언이었다. 그는 아직 FRB가 할 수 있는 것이 있다면서 이렇게 많은 사람이 어려워하고 게다가 인플레는 안정되어 있는데 왜 FRB는 할 수 있는 모든 조치를 실시하지 않느냐고 공격했다.

이에 대한 버냉키 의장의 대답은 (이미 목표치인 2%를 상회하고 있는) 지금의 인플레율을 통화정책을 통해 더욱 가속화시켜도 얻어지는 실업률 저하는 극히 일부이고, 그와 같은 행동에 FRB가 나선다는 것은 무책임하다는 것이었다.

또한 버냉키 의장은 FRB가 30년에 걸쳐 인플레 파이터로서 신뢰를 쌓아왔기 때문에 과거 수년간에 걸쳐 이렇게 금융완화를 실시할 수 있었으며, 그 신뢰를 포기하면서까지 "일시적으로 전혀 확신이 없는(quite tentative and perhaps doubtful)" 실물경제의 개선을 추진하는 것은 현명하지 않다고 부언했다.

그러나 이것은 버냉키 의장이 이 이상 금융완화를 실시해도 실물경제에 대한 플러스 효과는 "아마 일시적이고 확인할 수 없는" 것이라고 인정한 것이며, 그렇다고 한다면 "아직 할 수 있는 조치가 있다."라고 말하는 것 자체가 무의미하게 된다.

묘하게도 버냉키 의장의 "일시적이고 확인할 수 없는 효과를 위해 인플레 파이터로서의 신뢰를 거는 것은 극히 무책임한 것이다."라는 반론은 십수년 전 비슷한 정책 요구에 대한 일본 중앙은행의 반론과 완전히 일치한다.

여기에서 버냉키 의장이 FRB의 신뢰를 전면에 내세운 것은 이전 중앙은행에 대한 신뢰는 안중에도 없고 '헬리콥터 밴'이라고까지 비난받은 버냉키 의장의 스탠스가 크게 변화한 것을 의미했다.

금융완화로 '재정 절벽'의 악영향을 상쇄할 수 없다고 단언한 버냉키 의장

버냉키 의장이 통화정책은 사실상 무력하다고 이해하고 있다는 것을 보여주는 증언은 다음의 '재정 절벽'에 관한 질의응답에서 보다 분명히 나타났다.

다우존스(Dow Jones)의 피터슨 기자는 의회에서 FRB는 의회가 '재정 절벽'을 막는 행동을 취하지 않았을 경우, 어떠한 대응을 고려하고 있는지를 질문했다.

이에 대한 버냉키 의장의 대답은 강렬했는데, "만약 그런 사태가 되면 FRB가 어떠한 수단을 쓰더라도 경제에 미치는 부정적 효과를 상쇄하는 것은 거의 불가능"이라고 단언한 것이다. 이 영어의 원문은 "there is …… absolutely no chance that the Federal Reserve could or would have any ability whatsoever to offset that effect on the economy."로 통상의 영어식 표현보다 훨씬 강렬한 표현이었다.

이것은 2009년까지 버냉키 의장이 정부가 재정건전화를 실시해도 거기에서 오는 경기에 대한 부정적 효과는 FRB의 통화정책으로 상쇄할 수 있다고 말했던 것과 정반대의 발언이다.

이렇게까지 버냉키 의장이 강한 표현으로 재정건전화에 반대한 것은 미국의 민간부문이 제로금리에도 저축하는 현재 상황에는 GDP뿐만 아니라 통화공급량도 정부의 재정 지출 규모에 크게 좌우되는 것을 이해했기 때문이라고 생각한다.

다만 한편으로 버냉키 의장은 십수년 전에 일본 중앙은행에 대해 제안한 정책을 이번에는 미국에서 실시했으며, 이는 디플레 방지에 크게 효과적이었다고 평가하고 있다.

그러나 만일 디플레를 통화정책으로 극복한다면 이론적으로는 통화공급량이 증가해야 하지만 양적완화 실시 후에도 미국의 통화공급량 증가세는 크게 변화하지 않았다.

한편, 일본은 경상수지 흑자국이었기 때문에 줄곧 엔고 현상이 고민거리였고, 경상수지 적자국인 영국과 미국은 리먼 쇼크 이후 실질환율이 크게 하락했다. 이 환율 변동의 차이가 영국과 미국이 일본보다 줄곧 높은 실업률에도 불구하고 디플레가 되지 않았던 주요인이지 않았을까 생각한다.

또한 일본은 디플레라고 해도 리먼 쇼크 이전까지는 소비자 물가를 기준으로 연평균 1%에도 미치지 못하는 미미한 수준이었으며 상당 부분은 100엔숍으로 대표되는 수입품의 급증이 가져온 가격 파괴에 의한 것이었다. 게다가 일본은 '디플레'임에도 불구하고 실업률은 최악의 시기에도 5.5%에 그쳤으며 GDP는 한 번도 버블 최고점을 하회하지 않았다.

이에 비해, 미국의 실업률은 일시적으로 두 자릿수까지 상승하고 GDP도 최고치를 대폭 하회하였다.

GDP는 이전 수준을 유지했지만 디플레를 회피하지 못한 일본과 디플레는 회피했지만 실물경제에 크나큰 상처를 남긴 미국을 비교한다 해도 그다지 의미가 있어 보이지 않는다.

일본이 '디플레'가 된 것은 '재정 절벽'에서 추락한 다음부터

그렇다면 일본이 무엇 때문에 '디플레'에 빠지게 되었는지가 문제인데, 여기에는 ① 1995년 1달러 79엔의 초엔고 현상을 경험한 일본 기업이 이후 대거 해외 생산으로 전환함으로서 발생한 '가격 파괴'와 ② 1997년 하시모토 정권이 시기상조의 재정건전화 시책을 실시하여 경기가 5분기 연속 마이너스 성장을 기록하는 등 더블딥에 빠진 것의 2가지 요인이 있다고 생각한다. 이 중①은 1990년대에 큰 화제가 되었던 '내외가격차'가 상당 부분 시정된 것이 크게 작용했다. 즉 그때까지의 일본 시장은 관세나 많은 비관세 장벽으로 보호되어 있어 국내 가격과 국제 가격 간에 큰 괴리가 있었다.

그런데 1995년경부터 일본 기업이 해외에서 조달한 것을 일본 시장에 유입시키기 시작했다. 이것이 일본의 '디플레'의 주요 원인이고, 그 결과 지금은 '내외가격차'라는 말이 일본에서 완전히 사라졌다. 이것은 이전의 일본 국내 가격이 국제 가격을 크게 상회했다는 사실을 말해주고 있다.

이러한 가운데 리먼 쇼크 이후 현저히 달러 약세가 된 미국에는 ①의 문제는 없지만 ②와 관련해서는 최근의 미국이 여전히 공화당과 티파티(보수 강경단체)의 재정건전화 요구 등을 감안할 때 완전한 대응책을 실시하기 어렵다는 점에는 주의할 필요가 있다. 이 절벽의 규모는 미국 GDP 대비 3%로, 이것은 1997년 당시 하시모토 총리가 실시한 재정건전화 시책 규모 15조 엔(일본 GDP의 3%)과 우연히도 완전히 일치한다.

미국이 일본과 같은 디플레를 회피하고자 한다면 미국은 '재정 절벽'을 확실히 피할 필요가 있으며, 1~2년의 단기간이 아닌 적어도 5년간은 적극적으로 대응할 수 있도록 해야 한다.

5년간 민간의 밸런스시트가 회복되어 그들이 다시 돈을 빌리게 되고 그 시점에 재정건전화 시책으로 전환하면 1997년의 일본과 같은 더블딥이 발생하는 일은 없을 것이기 때문이다.

한편, EU에서는 영국에서 스페인까지 '재정 절벽'에서 추락한 국가가 많고, 이들 국가가 위기 이전의 경제 수준을 회복하기까지 상당한 시간이 필요할 것으로 보인다. 게다가 EU권이 재정 건전화와 시장원리주의에 기초한 은행의 불량 채권 처리에 주력하는 것은 전체 회복 시간을 더욱 지연시킬 것이라고 생각한다.

미국의 가계부문은 아직 밸런스시트 회복 단계

그렇다면 최근 미국 경제의 상황은 어떤가. 전술한 것처럼 미국 국민은 가계부문도 기업부문도 제로금리하에서 돈을 빌리기는커녕 채무 변제 및 저축 증대에 힘쓰고 있으며 과거 15년간의 일본처럼 전형적인 밸런스시트 불황의 모습을 보이고 있다.

그림 3-3은 미국 가계부문이 2000년 이후 금융자산과 부채를 어떻게 변화시키고 있는지를 보여주고 있다. 우선 흰색 막대그래프는 예·적금이라는 금융자산의 동향을 나타내고 있는데 이 막대그래프가 중앙의 제로 선보다 위에 있으면 가계부문은 해당 기간에 금융자산을 늘린 것이 되고, 반대로 중앙의 제로 선보다 아래에 있으면 금융자산을 줄였다는 것을 의미한다.

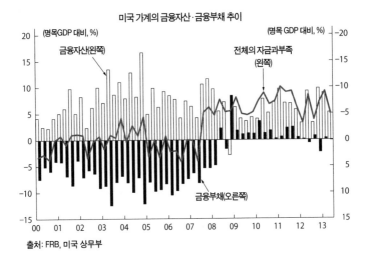

【그림3-3】 2008년 이후 채무 변제를 지속한 미국의 가계부문

미국 가계의 금융자산·금융부채 추이

출처: FRB, 미국 상무부

　한편, 검은색 그래프는 주택 대출 등 금융부채의 동향을 나타내고 있는데, 이것은 금융자산의 동향을 나타내는 흰색 막대그래프와 반대로 해석된다. 즉 제로보다 아래에 검은 막대그래프가 있으면 가계부문은 채무 변제 등으로 부채가 축소되는 것을 의미한다.

　또한 꺾은선그래프는 금융자산에서 금융부채를 뺀 가계부문 전체에서의 자금과부족(순저축)을 나타내고 있다. 이것이 제로보다 위에 있을 때는 해당 시기에 증대된 금융자산이 금융부채보다 많고(자금잉여), 반대로 제로보다 아래에 있을 경우에는 해당 시기에 늘어난 금융부채가 금융자산보다 많다(자금부족)는 것을 나타낸다. 이 꺾은선그래프는 기본적으로 그림 3-1의 가계부문 그래프와 동일하지만, 그림 3-1이 중기 추세를 살펴보기 위해 4분기 이동평균법을 활용하여 나타낸 것임에 비해 그림 3-3은 최근 동향을 보기 위해 계절조정을 실시한 각 시기별 수치를 표시하고 있다.

이 그림 3-3에서 알 수 있듯이 미국 가계는 2007년 3/4분기 이후 24분기(6년) 연속으로 자본잉여 상태가 이어지고 있다.

게다가 24분기의 대부분이 금리가 제로인 것을 감안하면 미국 가계는 이 기간에 이익 최대화가 아닌 채무 최소화에 주력했다고 말할 수 있다. 그런 의미에서 미국 가계부문의 밸런스시트 조정은 여전히 계속되고 있다고 보아야 한다.

비금융기업부문에서도 자금잉여가 이어지고 있다

그렇다면 가계부문에 비해 건전하다고 알려진 미국의 비금융기업부문은 어떤가 하면 여기도 제로금리하에 자금잉여, 즉 저축 증가가 이어지고 있다.

그림 3-4의 흰색 막대그래프의 추이를 보면 미국 기업은 2008년 1/4분기에서 2009년 1/4분기까지 5분기 연속으로 금융자산을 축소해 오고 있지만 실제로 이 시기는 베어스턴즈 파산을 비롯한 미국 금융 시스템 기능이 극단적으로 저하된 시기였다. 이것은 2008년 1/4분기부터 갑자기 미국 기업의 자금 조달(금융부채 증가)이 격감한 것에서도 알 수 있다.

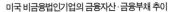

【그림3-4】 금융자산의 증가가 금융부채 확대보다 큰 미국 기업

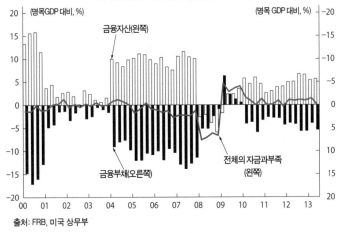

미국 비금융법인기업의 금융자산·금융부채 추이

출처: FRB, 미국 상무부

　미국의 기업부문에서는 이후 2009년 1/4분기부터 4분기 연속으로 금융부채의 증가가 마이너스가 되는 '제로금리하에서의 채무 변제'가 발생하고 있다. 즉 이 시기에는 미국의 가계부문도 기업부문도 필사적으로 채무를 변제하고 밸런스시트 회복을 위해 노력하고 있었다.

　이후 부채 축소를 멈추고 조금씩 차입도 증가하고는 있지만 그 이상으로 미국 기업은 금융자산을 늘리고 있었으며, 제로금리에도 불구하고 이 미국 기업에 의한 저축 증대는 최근까지도 이어지고 있다.

　그런 의미에서 가계부문만큼 두드러지지는 않지만 기업부문의 밸런스시트 조정도 여전히 이어지고 있으며 이들 통계에 기초하여 볼 때, 미국이 밸런스시트 불황을 탈피했다고 보기는 아직 이르다고 생각한다.

IT 버블 붕괴보다 훨씬 피해가 컸던 리먼 쇼크

여기에서 재미있는 점은 2007년 주택 버블과 2000년 IT 버블에 대한 비금융기업의 대응이 달랐다는 점이다.

IT 버블 붕괴 시기에는 버블 붕괴에 따른 영향으로 금융자산과 금융부채의 증가가 급감했지만 금융 위기라 불리는 사태는 발생하지 않았고, 기업부문 전체가 자금 조달을 그만두고 채무 변제에 주력한다든지 금융자산을 줄여 지불로 전용한다든지 등의 사태는 발생하지 않았다.

그런데 이번에는 우선 금융자산의 축소가 5분기 연속으로 발생했고 이후 4분기 연속으로 제로금리하 채무 변제가 발생했다. 이것은 지난번 버블 붕괴와 비교해 이번 쇼크가 얼마나 컸는지를 말해주고 있다. 800만 명이 해고되고 미국의 실업률이 급등했으며, 재무적인 측면에서는 은행의 신용경색을 포함한 큰 시련에 직면해 있다. 이러한 쓰라린 경험으로 인해 이들 기업이 제로금리인 지금도 금융자산의 증대를 지속하고 있다고 생각한다.

또한 이번과 비교해서 조정 과정이 훨씬 완만했던 지난 IT 버블 붕괴 때도 기업부문의 행동이 버블 붕괴 이전으로 돌아가는 데 정확히 3년이 걸렸다.

이번 충격이 몇 배나 컸다는 것을 생각하면 미국 기업이 제로 금리하에서도 저축을 늘리는 행동에서 통상적으로 돈을 빌려 사업을 확대하는 방향으로 바뀌려면 수년의 시간이 필요하지 않을까 생각한다.

특히 해고가 비교적 간단한 미국 기업은 일본과 EU에 비해 최종 수요의 동향에 민감하지만, 그 최종 수요의 제공자인 미국 가계부문이 제로금리에도 전혀 돈을 빌리지 않을뿐더러 채무 변제에 힘쓰고 있는 상황에서는 최종 수요가 크게 증가하는 것을 기대하기 어렵다. 즉 제로금리에도 가계가 돈을 빌리지 않는다는 사실에 직면해 있는 미국 기업이 가계부문의 행동이 변할 때까지 좀처럼 적극적인 사업 확대로 나서기는 어렵지 않나 생각한다.

기업부문이 미국 경제의 견인 역할을 할 수 있을 것인가?

그런데 일본에서는 밸런스시트가 훼손된 기업이 채무 최소화에 주력하게 된 것이 불황의 주원인이었지만, 미국 기업은 밸런스시트가 비교적 건전하고 그들이 경기를 견인할 가능성이 있지 않겠냐는 기대가 있다.

확실히 미국의 가계부문이 놓여 있는 상황에 비해 기업부문은 양호하다고 말할 수 있지만, 미국 기업은 전통적으로 일본과 EU 기업에 비해 최종 수요의 변동에 민감한 면이 있다. 그 최종 수요를 제공하는 가계부문이 어려운 상황에 놓여 있다는 것을 고려해 보면 그들도 적극적으로 나서서 행동하기는 쉽지 않을 것이다.

특히 그 중에서도 제로금리가 4분기 이상 이어지고 있는데도 최종 수요를 공급하는 가계부문이 전혀 돈을 빌리려고 하지 않는다는 사실은 기업에 큰 리스크라고 생각한다. 이는 이번 불황이 통상의 불황이 아니라는 것을 의미하며 이번 경기침체가 장기화되면 기업부문에도 그것에 상응하는 재무적 대응이 필요하기 때문이다.

즉 향후에도 저성장이 지속되면 어느 정도의 고성장을 전제로 한 기업의 레버리지 비율도 이에 걸맞게 조정할 필요가 생기게 된다.

1990년대 일본 기업이 채무 최소화에 주력한 최대 이유는 버블 붕괴에 의한 밸런스시트 훼손이었지만, 두 번째 이유는 1980년대까지의 고도성장이 끝나고 저성장이 이어질 것이라는 예측에 기초한 레버리지 인하였다. 후자는 지금의 미국 기업에도 그대로 적용될 수 있다고 생각한다.

막대한 민간자금잉여와 경기 회복의 부정합성을 어떻게 볼 것인가?

그런데 가계, 비금융법인기업, 금융기관의 자금과부족을 더해 4분기 이동평균법을 활용한 결과, 그림 3-1에서 알 수 있듯이 민간전체는 GDP 대비 8.6%의 자금잉여 상태인 것으로 나타났다.

많은 독자는 미국 경제가 여전히 밸런스시트 불황에 있는 것을 이해한다 해도 최근 미국 경제가 그 나름대로 개선되고 있는 가운데 민간저축이 여전히 GDP의 8.6%나 된다는 점에 다소 의아해할지도 모르겠다.

게다가 2013년 봄부터 정부의 일률적인 세출 삭감으로 경기 악화가 우려되었지만 미국 경제는 그럭저럭 잘 극복하고 있다. 2013년 10월에 발표된 미국의 2013년도 회계연도 재정 적자는 GDP 대비 4.1%로 전년도의 6.8%보다 대폭 감소했다.

정부의 재정건전화가 진행되고 있는 가운데 민간부문도 GDP 대비 8.6%나 저축하고 있다면 미국 경제는 보다 악화되어 있을 법한데 현실은 그렇지 않다는 것이다.

그래서 미국의 자금순환 통계를 재검토해 보았고, 그 결과 미국의 민간부문이 실제로 그 정도까지 저축을 늘리지 않았을 가능성이 확인되었다.

미국의 자금순환 통계에서는 각 경제 주체의 자금과부족 합계가 제로가 되지 않는다. 일국의 자금순환 통계라는 것이 본래 가계, 비금융법인기업, 금융법인, 정부 그리고 해외부문의 자금과부족을 더하면 제로가 되어야 하지만 미국만큼은 제로가 되지 않는 것이다.

FRB의 통계 담당자에 따르면 집계한 숫자를 그대로 발표하기 때문에 다 더해도 제로가 되지 않는다고 한다.

순도가 낮은 미국의 자금순환 통계

실제로 통계 작성에는 많은 양의 데이터가 필요하다. 예를 들어 비금융법인기업의 금융자산 숫자를 집계하기 위해서는 민간 기업이 보유한 현금, 주식, 파생 상품까지 모든 금융자산에 대한 데이터가 필요하다.

이를 위해서는 모든 기업을 대상으로 조사해야 하지만 이는 현실적으로 불가능하며 거기에는 당연히 많은 집계와 샘플링 문제가 발생한다.

이전에 분데스방크의 지인이 수많은 중앙은행의 업무 중에 자금순환 통계 작성에 종사하는 것만큼 노력에 비해 보상받지 못하는 일은 없다(the most thankless task in any central bank)고 말한 적이 있는데, 실제로 그런 면이 있다. 그러나 밸런스시트 불황하에서는 이런 통계가 경제를 논의하는 가운데 가장 중요한 출발점이 된다.

이와 같이 집계의 정밀도에는 다소 문제가 있어도 각국은 여러 가지 수법을 사용하여 총합이 제로가 되도록 하고 있다.

예를 들어 독일은 독일 기업이 전 세계에서 사업을 벌이고 있기 때문에 정확한 집계가 어렵다. 즉, 가계나 정부부문에 비해 기업부문의 통계가 가장 정밀도가 떨어진다.

그 결과, 독일의 담당자에 따르면 여타 정밀도가 높은 부문의 통계를 살리고 가장 정밀도가 낮은 기업부문 통계를 통해 조정한다고 한다. 실제로 독일의 과거 사례를 봐도 나중에 수정의 빈도와 폭이 가장 큰 부문은 기업부문 수치다.

미국에서도 부문에 따라 통계의 정밀도에 차이가 있고, FRB의 통계 담당자에 따르면 가계, 비금융법인기업, 금융법인, 정부, 해외의 5개 중 가장 정밀도가 높은 것은 1차 통계가 그대로 사용할 수 있는 정부부문과 해외부문이라고 한다. 이 두 가지는 매월 무역통계나 경상수지, 재정수지의 통계를 사용하면 되고, 그 이상 정밀하게 집계할 필요가 없기 때문이다. 실제로 이제까지의 예를 보아도 정부부문과 해외부문의 자금과부족은 시간이 지나서 수정되는 빈도와 폭이 가장 적다.

이 두 가지 통계의 정밀도가 높다는 것은 이 두 가지를 제로에서 빼면 정밀도가 높은 '민간' 전체의 통계가 얻어진다는 것이다. 이렇게 해서 얻어진 '민간'의 수치는 가계, 기업, 금융기관으로 나눌 수는 없지만 밸런스시트 불황의 파악에 필요한 민간 전체의 동향이라는 목적을 달성하기에는 충분하다.

실제 '민간'의 자금잉여 폭은 계속해서 축소되었다

그림 3-5는 이렇게 얻어진 ① '민간'의 동향과 ② 통상의 가계, 기업, 금융기관을 더해서 얻어진 숫자를 비교한 것이다. 이것을 보면 과거에도 큰 괴리가 몇 번이나 발생하였고, 심지어 최근에는 괴리 폭도 크고 두 개의 선 방향이 정반대인 경우도 있다.

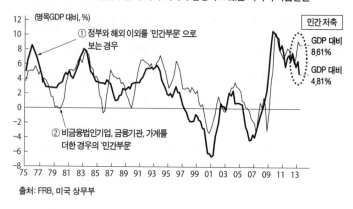

【그림 3-5】 두 개의 '민간부문'에 다시 괴리가 발생하고 있는 미국의 자금순환

① 정부와 해외 이외를 '민간부문'으로 보는 경우

② 비금융법인기업, 금융기관, 가계를 더한 경우의 '민간부문'

민간 저축
GDP 대비 8.61%
GDP 대비 4.81%

출처: FRB, 미국 상무부

예를 들어 ①은 2009년의 최고치에서 점차 자금잉여 폭이 감소하고 있지만, ②는 최근 다시 잉여 폭이 확대되고 있다.

그렇다면 어느 쪽 그래프가 우리가 이해하고 있는 미국 경제의 실제 모습과 유사할까. 그것은 ①쪽일 것이다. 즉 재정수지가 개선되고 있는데도 미국 경제가 그 나름대로 성장하고 있다는 것은 민간부문이 2009년에 비해 자금잉여 폭을 대폭 감소시켰기 때문이라고 생각할 수 있기 때문이다.

이렇게 보면 아주 최근의 미국 자금순환 통계는 민간의 자금잉여 폭이 너무 크게 나왔다고 할 수 있다. 그들의 자금잉여가 8.6%인지 아니면 4.8%인지에 따라 미국 경제에 대한 이미지가 크게 달라지기 때문이다. 다만 예를 들어 4.8%가 옳다고 한다면 이것은 제로금리하의 민간저축액으로는 여전히 위험 수역으로 결코 방심할 수 있는 상태가 아니게 된다.

게다가 2013년 6월 이후 미국의 장기금리가 두드러지게 상승하고 있다는 것을 감안하면 2009년부터 감소해 온 자금잉여 폭이 최근에 와서 다시 확대될 리스크가 있으며 이에 대한 주의가 필요하다.

한편, 2013년 10월 정부 폐쇄 및 채무 상한 인상을 둘러싼 정치적 상황을 보면 가까운 시일 내에 미국 정부가 적극적으로 재정 지출에 나서기는 쉽지 않을 가능성이 크다.

장기금리 상승으로 민간의 자금잉여가 확대되도 그것을 정부가 재정 지출로 상쇄해 줄 가능성은 거의 없다.

이렇게 보면 최근에는 그럭저럭 견실한 상태를 보이고 있는 미국 경제도 '양적완화의 함정'을 포함해 아직 진원지에서 탈출한 상태는 아니며 앞으로 민관 모두에 충분한 주의가 요구된다.

땅에 떨어진 FRB에 대한 평가

버냉키 의장은 리먼 쇼크 전후에 몇 번이나 실수를 범했지만, 그 이후는 '재정 절벽'이라는 캐치프레이즈를 사용해 정부가 시기상조의 재정건전화로 돌아서는 것을 강하게 견제하고, 미국이 1997년의 일본과 2010년 이후의 EU와 같은 상황이 되지 않도록 노력했다. 실제로 현시점에 확실히 시기상조의 재정건전화는 위험하다고 말하고 있는 중앙은행 총재는 버냉키 한 사람뿐이다. 그런 의미에서 버냉키와 같은 인물이 FRB의 최고 책임자로 있는 것은 미국에도 세계 경제에도 크나큰 행운이라고 할 수 있다.

다만 한편으로는 전 FRB 의장인 그린스펀이 버블 발생을 간과하였고 FRB 의장인 버냉키가 리먼 브라더스가 파산되는 사태를 막지 못해 세계 금융 위기를 초래한 것에 대한 워싱턴 내 역풍은 결코 약하지 않다. 실제로 의회에서는 '이런 FRB를 누가 만들었느냐'는 식의 비난이 있고, 2011년 의장 증언에 나와 같은 민간인이 버냉키 의장과 함께 초청된 것도 FRB의 의견만 들어서는 안 된다는 FRB에 대한 불신이 배경에 깔려 있다고 알려져 있다.

실제로 2010년 2월 11일 자 월스트리트저널은 FRB를 "언제나 액셀을 너무 밟아 시궁창에 빠뜨린 사람은 새로운 브레이크 테스트 역할자로 부적절하다(A driver with a record of accelerating cars into ditches may not be the best person to test new braking system)."라고까지 쓰고 있다. FRB에 대한 매우 비판적인 평가는 2010년 1월에 실시된 재신임 투표에서 버냉키 의장이 역대 최저 득표율로 재임된 것에서도 단적으로 나타났다.

뉴욕 연방은행에서 경제분석가로 활동했던 나로서는 최근 미국 내 연방은행에 대한 혹독한 평가는 가슴이 아플 정도다.

이와 같은 조직 방어를 요구받은 중앙은행 총재는 실제로 통화정책의 효력이 격감하고 있어도 외부에는 반드시 아직 할 수 있는 것이 있다고 말해야 한다. 만일 그들이 현시점에 '자신들이 실제로는 무력하다'고 말해버리면 오히려 FRB에 대한 정치적 비난이 심해지고 비난받을 필요가 없는 부분까지도 견제당하는 상황에 처할 수도 있기 때문이다. FRB가 정치권으로부터 달러가 휴지 조각이 되는 무모한 정책 시행을 요구받게 되면 사태는 지금보다 훨씬 더 어려워질 수 있다. 이러한 사태를 피하기 위해서도 중앙은행 총재는 밸런스시트 불황에 대해 아직 할 수 있는 것이 남아 있다고 말할 수밖에 없다.

실제로 10년 전 일본 중앙은행이 더 이상 할 수 있는 것은 없다고 솔직하게 말한 결과, 일본 중앙은행은 내외로부터 엄청난 비난을 받았다. 게다가 그 비난의 선두에 서 있었던 사람이 역설적이게도 버냉키 의장 본인이었다.

그래도 당시 자민당 정권 내 일본 중앙은행을 지키려는 양심적인 정치가 덕분에 다행히 사태는 수습되었지만, 불경기가 5년 이상 지속되고 실업률이 7%를 넘는 미국에서 FRB가 할 수 있는 것이 아무것도 없다고 하면 미국 정치권에서 누가 FRB를 지켜줄 것인가를 생각하면 안타까운 마음뿐이다.

버냉키 의장이 QE1과 QE2, 오퍼레이션 트위스트 그리고 QE3까지 계속해서 양적완화책을 실시해 온 것도 그와 같은 조직 방어의 목적이 배경에 있다고 생각한다.

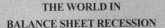
THE WORLD IN
BALANCE SHEET RECESSION

제4장

'아베노믹스'에
숨어 있는 가능성

큰 행운 속에서 출발한 '아베노믹스'

'아베노믹스'란 일본 중앙은행에 의한 대규모 금융완화를 골자로 하는 제1의 화살, 신속한 재정 지출을 골자로 하는 제2의 화살, 그리고 구조개혁을 축으로 하는 제3의 화살로 구성되어 있다. 이 중 시장이 먼저 반응한 것은 제1의 화살이었다. 실제로 '아베노믹스'가 2012년 연말에 시작된 후 처음 5개월은 허니문이라고 부를 수 있을 정도로 많은 행운도 따라 일본 경제의 분위기가 크게 변했다. 허니문은 2013년 5월로 끝이 났지만 아직 이들 경제정책에는 중요한 가능성이 많이 남아 있는 만큼, 이들을 효율적으로 활용할 수 있다면 일본은 20년 이상 지속되어 온 밸런스시트 불황과 그 후유증에서 벗어날 수 있다고 생각한다.

우선 어떤 의미에서 허니문이었냐 하면, 아베가 자민당 총재에 취임하고 2012년 12월 16일 총선거에서 승리한 이후 시장에서 '아베노믹스'가 크게 주목받기 시작했다. 이후 급속한 엔화의 평가절하 및 주가 상승이 진행되었다. 주가는 한때 80% 이상 상승했으며 엔화는 달러 대비 20% 이상 평가절하되었다. 이러한 변화를 배경으로 일본 경제의 분위기가 크게 바뀌었던 것이다.

일부 사람들은 이러한 변화를 보고 '아베노믹스'가 이론대로 실시되었기 때문에 위와 같은 변화가 가능했다고 주장하고 있지만 그 내용을 자세히 들여다보면, 사실 행운이 겹쳐 이러한 현상이 나타나고 있는 것이다. 엔화의 평가절하 및 주가 상승을 이

끈 것은 일본의 투자자가 아닌 해외 투자자들이었기 때문이다. 2012년 11월부터 2013년 10월까지 외국인 투자자는 일본 주식을 12.2조 엔이나 매수했지만, 일본의 투자자는 개인이 5.3조 엔, 금융기관도 6.5조 엔을 매도한 상황이었다.

해외 투자자, 특히 뉴욕의 헤지펀드 투자자들이 '아베노믹스'의 발표 이후 거액의 자금을 일본으로 이동시켰다. 그들은 엔화를 팔고 일본 주식 매입에 나섰다. 그러나 일본 경제를 잘 아는 일본 투자자, 특히 기관 투자자의 대부분은 해외 투자자들과는 달리 줄곧 채권 시장에 머물렀다.

그렇다면 위와 같이 해외 투자자와 일본 기관 투자자들의 투자 행동이 극명하게 달라진 배경은 무엇일까. 우선 해외 투자자들에게는 그들만의 사정이 있었다. 특히 뉴욕의 헤지펀드 투자자들은 이전 EU 위기는 더욱 악화될 것이라는 것을 전제로 상당한 자금을 EU에 투자했다. 투자했다는 것은 EU가 붕괴된다는 쪽에 투기했다는 것이다.

그렇지만 EU는 붕괴되지 않았다. 영국 및 미국 언론을 통해 수많은 경제분석가들이 'EU 붕괴는 시간문제'라고 주장했음에도 불구하고 2012년 여름에 드라기 EU 중앙은행 총재의 "whatever it takes"라는 말 한마디로 EU 붕괴를 주장하는 목소리는 많이 줄어들었다. 헤지펀드 투자자들은 EU 붕괴에 엄청난 자금을 걸었기 때문에 EU가 붕괴되지 않으면 전혀 이익이 남지 않을 뿐만 아니라 상당 규모의 손실도 피하기 어렵게 된 것이다.

그 당시 헤지펀드 투자자들이 EU에 몰두하고 있었기 때문에 일본에 대해서는 전혀 관심이 없었다. 내가 속한 회사의 고객 중에도 헤지펀드 투자자들이 많지만, 2012년 가을까지 그들은 일본에 대해서 알려고 하지도 않았다. 내가 발표한 자료 대부분은 미국과 EU의 거시 및 미시 통계에 기초한 것으로, 일본에 대해서는 처음에 몇 장 소개하는 정도였다. 그 정도로 해외 고객은 일본에 관심이 없었다.

그런데 헤지펀드 투자자들이 EU에서 이러지도 저러지도 못하는 가운데 일본의 아베 총리가 "인플레 목표를 설정하고 단기적으로 대규모 금융완화를 실시한다"고 말했다. 이것을 계기로 헤지펀드 투자자들은 기사회생을 위해 EU 포지션을 청산하여 일본으로 자금을 이동시켰다.

그 결과 EU 국가들의 국채금리가 크게 하락했다. 그때까지 공매도하던 사람들이 청산했기 때문에 금리가 대폭 하락한 것이다. 그 대신 그들의 자금은 일본 주식으로 흘러 들어가 일본의 주가를 상승시켰다. 이는 일본과 EU 경제 양쪽에 긍정적으로 작용했다. 실제로 EU 국가들의 국채금리와 일본의 주가 변동을 보면 전자가 하락하고 나서 후자가 급등하기 시작하는 경향이 뚜렷했다.

이러한 사정이 있었기 때문에 헤지펀드 투자자들이 일본을 열심히 공부해서 이러한 행동을 하는 것이라기보다는 EU 채권 시장에서 위기에 봉착한 나머지 '이제는 일본밖에 없다'는 심정으로 포지션을 변경했다는 것이 내가 그들과의 대화를 통해 느낀 인상이었다. 이것은 EU에서 헤지펀드 투자자들의 사정이 악화되지 않았다면 그들이 '아베노믹스'에 이렇게까지 반응할 이유는 없었으며, 이런 의미에서 아베 정권은 매우 운이 좋았다고 할 수 있다.

게다가 아베 정권은 일본 중앙은행과 인플레 목표를 명시적으로 설정했을 뿐만 아니라, 신임 구로다 일본 중앙은행 총재가 2013년 4월 4일에 본원통화를 두 배로 증대시키겠다는 이차원(양적, 질적) 완화책을 발표함으로써 일본이 진짜로 엄청난 일을 할지도 모른다는 기대가 점점 커지게 되었다.

일본 중앙은행은 당초부터 대규모 양적완화를 실시해 왔다

게다가 여기에서 주의해야 할 점은 구로다 신임 일본 중앙은행 총재의 이차원 금융완화에 대한 해외와 일본의 시각은 상당히 다르다는 것이다. 해외에서는 본원통화를 2배 증가시키겠다는 구로다 총재의 발표에 대해 당시 EU 언론은 대부분 깜짝 놀랐다는 반응이었다. 왜냐하면 원래 일본의 본원통화는 GDP 대비 이미 이전 후쿠이 총재나 시로카와 총재 시대에도 EU보다 훨씬 컸기 때문이다. 즉 미국이 양적완화책인 QE1, QE2, QE3를 실시해도 GDP 대비로 보면 아직 일본의 시로카와 총재 시대 수준에도 미치지 못하기 때문이다. 이런 상황인데도 아베 총리가 금융완화를 대담하게 추진하겠다고 하고, 구로다 총재가 본원통화를 2배 증가시키겠다고 발표한 것이다. 이미 엄청난 규모인 본원통화를 또다시 두 배로 늘리겠다고 하니 해외 금융관계자들이 놀라는 것도 무리는 아니었다.

다만 여기서 주의해야 할 것은 원래 일본의 본원통화는 GDP 대비로 볼 때, EU와 미국보다도 몇 배나 컸다는 점이다. 그림 4-1은 GDP 대비로 본 일본의 본원통화의 크기를 미국, 영국, EU와 비교한 것이다. 이것을 보면 상당히 이전부터 일본의 본원통화는 EU, 미국의 수 배에 달했다는 것을 알 수 있다. 왜 일본이 몇 배나 컸는가 하면, 일본의 경우에는 개인과 기업이 현금이나 은행예금을 많이 보유하고 있기 때문이다. 현금은 본원통화 그 자체다. 게다가 신용카드가 널리 보급되어 있는 EU와 미국에 비해 일본에서는 아직 현금에 의한 거래가 큰 비중을 차지하고 있다.

【그림 4-1】 EU, 미국에 비해 이미 큰 본원통화 규모를 2배로 늘리려는 구로다 일본 중앙은행 총재

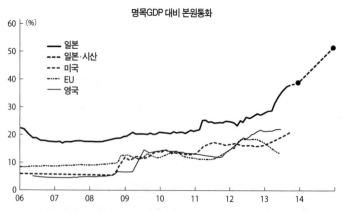

명목GDP 대비 본원통화

출처: 일본 중앙은행, 일본 내각부, FRB, 미국 상무부, ECB, Eurostat, BOE, ONS의 데이터를 기초로 노무라총합연구소가 시산 및 작성

이러한 차이에는 문화적 요인도 영향을 미쳤다고 생각한다. EU와 미국, 특히 미국의 기업은 수익이 증가하여 예금과 현금이 증가하면, 바로 그것을 금융 시장이나 주식 시장에서 운용하여 높은 이자를 얻으려 한다.

예를 들어 그들은 하버드 비즈니스 스쿨을 졸업한 우수한 인재를 기업의 재무 파트에 배정하여, 들어온 돈을 바로 어딘가에 투자하거나 어떻게 운용할 것인가를 궁리한다. 그렇게 되면 돈은 바로 은행예금에서 인출된다. 그들은 반드시 필요한 금액을 조금 상회하는 수준의 은행예금만을 남겨두고 여타 금융자산을 자본 시장의 상품 등에 투자한다.

한편, 일본 기업은 수중의 현금이나 은행예금이 늘어나도 그것을 곧바로 높은 이자율의 금융 상품으로 운용하여 고수익을 노리는 행동을 취하지는 않는다. 일본의 회사는 자신들에게는 본업이 있기 때문에 비정기적으로 늘어난 예금의 이자수익을 올리기 위해서 한정된 경영 자원을 자금운용에 무분별하게 투입해서는 안 된다고 판단한다. 이것은 결코 잘못된 판단이 아니며 본업에 최우수 인재를 투입해 왔기 때문에 일본 기업이 이제까지 우수한 제품을 만들어 냈던 것이다. 돈이 생기면 바로 그것을 운용하여 수익을 올리려 한다는 것은 그 작업에 경영 자원을 빼앗기는 것과 같다. 경영 자원이야말로 이 세상에서 가장 중요한 자원이라는 것을 생각한다면 은행예금이 조금 많아졌다고 해서 그것에 휘둘리지 않고 한정된 경영 자원을 본업에 투입하는 일본의 경영은 결코 나쁘지 않았던 것이다. 그러나 그 결과, 일본에서는 은행예금의 규모가 커졌고 이것은 일본의 본원통화를 증대시키는 원인이 되었던 것이다.

이러한 요인으로 원래 일본의 본원통화 규모는 EU, 미국에 비해 매우 컸다. 그것을 아베 총리가 더욱 증가시킬 것이라고 말하고 구로다 일본 중앙은행 총재가 2배로 늘리겠다고 언급하자 해외 투자자들은 놀랍다는 반응이었지만, 일본 내 투자자들은 이미 그 규모가 컸기 때문에 크게 동요하지 않았다.

일본의 기관 투자자는 왜 움직이지 않았나

그렇다면 일본의 기관 투자자는 왜 움직이지 않았을까. 그 이유는 그들이야말로 밸런스시트 불황 문제를 일본에서 가장 잘 이해하고 있는 사람들이기 때문이다.

즉, 일본의 은행과 기관 투자자는 채무 변제로 금융기관에 되돌아 온 돈과 새롭게 저축된 돈을 처음으로 수취하는 사람들이다. 그래서 그들은 이들 자금을 운용할 곳을 열심히 찾게 된다. 그렇지만 일본에는 이 자금을 빌릴 상대가 나타나지 않는다. 모두 저축에만 몰두하고 있는 것이다.

게다가 연금이나 생명보험을 운용하는 기관 투자자는 어떤 나라에서도 정부 규제에 의해 환율 리스크를 과도하게 부담하지 않도록 되어 있다. 또한 원금 리스크도 제한된다. 즉 자금을 전부 주식으로 운용할 수 없고, 어느 정도는 채권으로 운용해야 한다는 규칙이 정해져 있는 것이다. 이들 규제는 연금과 생명보험의 펀드 매니저들이 환율 및 원금 리스크를 과도하게 부담하여 연금 및 생명보험의 원금이 크게 손실되는 사태를 방지하기 위해 각국이 도입하고 있는 것이다.

이런 가운데 돈이 계속해서 들어오고 있다. 현시점에 일본의 민간이 저축한 GDP 대비 8%에 상당하는 자금이 그들에게 들어오는데, 이것을 일본 내에서 운용하려 해도 민간에는 빌리려는 사람이 없다. 일본 내에서 유일하게 돈을 빌리고 있는 곳은 재정 적자를 내고 있는 정부이기 때문에 국채를 구입하게 된다. 일본의 투자자에게는 이러한 투자 행동이 20년 이상 실질적으로 강요되어 왔다. 그들은 일본 중앙은행이 신속하고 대담하게 양적완화를 재개한다고 해도 민간에 빌릴 사람이 없으면 이러한 금융완화는 통화공급량을 증가시키지 못하고, 또한 통화공급량이 증가하지 않는다면 경기가 좋아질 이유도 없다는 것을 누구보다도 잘 알고 있다.

전술한 대로 금융완화책이 효과를 보려면 통화공급량이 증가해야 하는데, 통화공급량이 늘려면 돈을 빌리려는 사람이 있어야 한다. 그런데 돈을 빌리는 사람이 없는 일본에서는 일본 중앙은행이 아무리 양적완화를 통해 유동성을 공급해도 그 자금은 은행 외부로 유통되지 않는다. 이와 같이 통화승수가 증가하지 않으면 경기가 좋아질 이유가 없으며 인플레가 가속화될 이유도 없어진다.

일본 중앙은행이 대규모 금융완화책을 실시해도 결국은 인플레가 발생하지 않는다고 생각하면 채권 시장에 머물러 있는 편이 보다 현명한 선택이다. 즉 그들은 주식 등에 투자하여 나중에 실망하는 것보다는 역시 채권 시장에 있는 것이 현명하다고 생각하게 된다. 이것이 일본의 민간에 자금 수요가 없는 것을 정확히 알고 있는 기관 투자자의 행동인 것이다.

좀 더 말하면 일본의 디플레도 민간에 돈을 빌리려는 사람이 없는 것이 원인이다. 만일 민간에 빌릴 사람이 있고, 그들이 제로 금리를 활용하여 적극적으로 돈을 빌려 써 준다면 통화승수는 플러스가 되고 통화공급량은 급증하여, 이미 예전에 인플레가 되어 있을 것이다. 즉 일본의 잃어버린 20년과 디플레 모두 민간의 자금 수요가 부족한 것이 원인이고, 이러한 시점에 기초한 대책이 아니라 디플레만 어떻게 해 보려고 해도 좋은 결과는 기대하기 어렵다는 것을 일본의 기관 투자자들은 예전부터 알고 있는 것이다.

게다가 일본 중앙은행은 2001년부터 2006년까지 양적완화를 실시하여 법정준비금의 6배 수준까지 규모를 늘렸다. 그러나 통화공급량은 전혀 늘지 않았고, 인플레도 가속화되지 않았다. 그뿐만 아니라 엔화 환율은 점점 상승하였고, 2003년부터 2004년에 걸쳐 엔고가 큰 문제가 되었다.

당시에는 고이즈미 총리와 부시 대통령이 매우 우호적인 관계였기 때문에 2003년부터 2004년에 걸쳐 일본은 당시 역사상 최대 규모인 총액 35조 엔 규모의 외환 시장 개입을 단행했다. 제로

금리하에서 대규모 양적완화를 실시하고 있는데도 역사상 최대 규모로 외환 시장에 개입해야 할 정도의 엔고에 대한 압력이 발생했다.

왜 이론대로 되지 않았을까. 결국 돈을 빌릴 사람이 없었기 때문이다. 즉 대규모 양적완화를 실시해도 그림 1-10에서처럼 일본의 통화공급량은 거의 늘지 않았다. 통화공급량이 늘지 않는다는 것은 양적완화를 통해 엔을 달러나 유로에 비해 상대적으로 늘려서 엔저를 유도하는 방법도 성공할 수가 없다는 것이다.

또한 영국과 미국, 양국의 양적완화에 대한 반응의 둔함도 일본의 투자자들을 신중해지게 했다. 즉 리먼 쇼크 직후부터 미국에서도 FRB가 양적완화를 통해 은행의 지급준비금을 법정준비금의 20배까지 늘렸고, 영국은 10배로 증가시켰다. 또한 영국과 미국 양국의 인플레율은 일본 중앙은행의 구로다 총재가 목표로 한 2% 정도로, 실질금리는 양국 모두 마이너스 상태였다. 그럼에도 불구하고 '아베노믹스'가 시작된 2012년 12월 당시 양국의 실업률은 모두 7.8%였지만 일본은 4.3%였다. 미국에서는 FRB의 버냉키 의장이 실업률이 6.5%가 되면 양적완화를 중지하겠다고 말했지만, 일본은 '아베노믹스'가 시작된 시점에 이미 그 수준을 대폭 하회했던 것이다.

게다가 영국과 미국은 은행준비액을 대폭 늘렸지만 미국의 경기 회복은 극히 완만하고, 영국은 한때 더블딥이라고 불리는 상태로까지 전락하였다. 이들 미국과 영국의 사례는 인플레율을 플러스로, 실질금리를 마이너스로 해도 사태는 개선되지 않는다는 것을 증명한 것이며 또한 그렇기 때문에 일본의 기관 투자자는 채권 시장에 계속 남아 있었던 것이다.

엔화의 평가절하·주가 상승은 일본 기관 투자자가 국채에 머물러 있었기 때문에 발생했다

일본 기관 투자자의 이러한 판단은 '아베노믹스'의 허니문에는 플러스 요인으로 작용했다. 일본의 투자자가 채권 시장에 머문 결과 일본의 금리는 오르지 않았고, 금리가 오르지 않았기 때문에 해외 투자자는 안심하고 주식을 매입하고 엔화를 매도할 수 있었던 것이다.

만일 일본의 금리가 상승했다면 주식 매입 관련 리스크가 높아지고 그렇게 되면 주가 상승은 멈추게 된다. 더구나 금리가 상승하면 엔고가 될 가능성도 높아지기 때문에 엔화 매도 투자자는 신중해 질 수밖에 없다. 그 당시는 미국 금리도 영국 금리도 낮은 상황이었기 때문에 이러한 상황에서 일본 금리만 상승하게 되면 엔고가 심화될 리스크가 있었다. 엔고가 되면 기업 수익 악화가 초래되어 해외 투자자에 의한 일본 주식 매입이 감소된다.

이러한 상황에서 일본 기관 투자자가 채권 시장에 머물러 주었기 때문에 금리는 상승하지 않았던 것이다. 해외 헤지펀드 투자자를 포함한 투자자들의 시선에서 보면 일본만큼 안심하고 투자할 수 있는 곳은 없었고, 이 때문에 그들은 일본 주식을 매입하고 엔화를 매도한 것이다.

이것이 2013년 1월, 2월에 들어서자 처음에는 설마라고 생각하며 머뭇거리던 일본 개인 투자자들도 참여했다. 밸런스시트 불황에는 돈을 빌리려는 사람이 없기 때문에 통화승수가 마이너스가 되어 통화공급량이 늘지 않는다는 이야기를 기관 투자자는 이해한다 해도 일반 개인 투자자들에게는 이해하기 어려운 이야기다. 언론에서는 인플레가 닥칠 것이라고 했고, 실제로도 주가가 상승했기 때문에 일반 투자자는 이런 흐름에 편승해야겠다고 생각했다. 그래서 개인 투자자가 대거 진입한 것이다. 그 결과, 닛케이 평균 주가는 최저치를 기준으로 약 80% 상승하였고, 엔화는 70엔대 후반에서 순식간에 100엔까지 회복했다.

'아베노믹스' 효과라고 알려져 있지만 실은 엔화의 평가절하·주가 상승은 일본의 기관 투자자가 채권 시장에 머물러 있었기 때문에 가능한 것이었고, 이런 의미에서 행운이 따랐다고 할 수 있다. 제대로 경제를 이해하고 있는 사람들이 채권 시장에 남아 있었기 때문에 그 정도로 알지 못한 해외와 일본 내 개인 투자자들이 시장을 움직이게 하는 것을 가능하게 했기 때문이다.

허니문으로 변한 일본 경제의 풍경

주가가 80%나 상승하면 당연히 국내 경기의 분위기도 변한다. 그래서 3월, 4월부터는 일본 경제가 정말로 큰 일을 낼지도 모른다는 분위기가 고조되었다. 주식이 80%나 상승했으니 당연한 반응이었다. 게다가 엔화도 평가절하되었기 때문에 이번에는 정말로 인플레가 되는 것 아니냐는 기운이 4월부터 일본 내에서 형성되었다.

실제로는 이때도 인플레는 발생하지 않았고, 그러한 징조가 없었음에도 불구하고 TV 프로그램에서는 혹시 인플레가 되는 것 아니냐는 목소리가 나왔다. 거짓말도 100번 들으면 사실이 된다는 말처럼 언론에서 인플레가 될지도 모른다고 반복하자 사람들은 영향을 받기 시작했다. 이것은 일본 경제에 있어 매우 큰 변화였다고 말할 수 있을 것이다.

이러한 와이드 쇼 효과가 왜 중요하냐 하면 일본 기업의 밸런스시트는 2005년경 채무 변제도 거의 마무리되었고, 최저금리로 자금을 빌릴 수 있는 상황에서도 일본 기업은 전혀 돈을 빌리려 하지 않았기 때문이다.

이에는 두 가지 이유가 있다. 첫 번째는 채무에 대한 트라우마로 두 번 다시 그런 끔찍한 경험을 하고 싶지 않은 것이고, 또 다른 하나는 이미 성숙한 일본 경제에는 그다지 투자 기회가 많지 않은 것이다. 인구는 감소하고 시장도 축소되고 있기 때문에 국내에 투자해도 높은 수익을 기대할 수 없다는 것이다.

전자의 트라우마에 대해 적어도 물리적으로 빌릴 수 없는 것이 아니라 심리적으로 빌리고 싶지 않은 것으로 밸런스시트 불황의 출구 문제라고도 할 수 있는 과제다. 이것은 민간의 밸런스시트가 훼손되어 채무 과다와 같은 상황이 된 지금의 미국, 영국, 스페인과는 크게 다르다(후자의 투자 기회에 대해서는 후술). 밸런스시트가 훼손되어 재무상에 문제가 있는 사람이 은행에 가도 은행은 돈을 빌려주지 않는다. 그러한 사람이나 기업에는 돈을 빌려주지 않는다는 규칙이 있기 때문에 은행은 빌려주고 싶어도 빌려줄 수가 없다.

일본의 민간도 2005년경까지는 재무 구조에 문제가 있었고 빌리고 싶어도 물리적으로 빌릴 수도 없는 상황이었다. 그러나 2005년 이후에는 밸런스시트가 회복되어 빌릴 수 있게 되었지만 누구도 빌리지 않았다. 이것은 버블 붕괴 이후 15년이나 채무 변제에 쫓긴 상황에서 생겨난 '채무거부증'이라고도 말할 수 있는 심리적 문제였다. 대공황 이후의 미국에서도 같은 트라우마가 관찰되었다. 그들도 1929년 이후 채무 지옥을 경험했기 때문에 두 번 다시 빚을 지려고 하지 않았다. 실제로 그들 대부분은 죽을 때까지 빚을 내지 않았다.

그 결과, 미국에서도 1929년에 대공황이 시작된 이후 금리가 정상화(장·단기금리가 1920년대 평균치 회복)되는 데에 30년이 걸렸다. 그 사이에 민간부문의 밸런스시트는 제2차 세계대전의 대규모 재정 지출로 빠른 속도로 건전화되었지만 그래도 그들은 돈을 빌리지 않았고, 장·단기금리가 1920년대 평균치인 4.1%를 회복한 것은 1959년이 되어서였다.

이 심리 문제에 대해 아베 총리와 구로다 총재가 취한 대책은 일종의 심리전이었다. 모두에게 2%의 인플레가 될 것으로 생각하게 할 정도의 충격적 정책을 펴고, 그것을 언론 등이 다루게 해서 사람들의 인식을 변화시키고자 한 것이다.

채권 시장의 반응으로 끝난 허니문

심리 문제에 대해 심리전으로 대응한 것은 높게 평가되어야 하지만, 문제는 빌리는 측뿐만 아니라 빌려주는 측도 와이드 쇼를 보고 있다는 것이다. 여기서부터 양날의 칼이 가진 부정적인 면이 부각된다. 즉 빌려주는 측인 기관 투자자들이 와이드 쇼를 보고 혹시 정말로 인플레가 되는 것은 아닌지 의심하게 되면 그들은 혼란에 빠지게 된다. 그들이 어떤 시점에 보유한 10년 물 국채 이자가 0.8%였을 때, 인플레가 실제로 2%라면 이자가 0.8%밖에 되지 않은 10년 물 국채 가격은 폭락할 것이기 때문이다. 빌리려는 사람이 인플레가 될 것으로 생각하는 것과 같은 이치로 빌려주는 측도 인플레가 된다고 생각하면 그들은 국채를 보유하려 하지 않을 것이다.

그 결과, 구로다 총재가 이차원 완화를 개시한 직후부터 국채 매도가 대폭 증가하여 당초 0.3%대까지 하락했던 금리가 1%까지

70bp나 급증했던 것이다.

장기금리가 급상승하자 이번에는 주식과 외환 시장이 조정 단계에 접어들었다. 이제까지 그들은 금리가 오르지 않는다는 전제로 주식을 사고 엔화를 팔았지만, 금리가 상승한다면 이번에는 그러한 포지션을 유지하기 어려워진다. 그 시점에 일본의 주식과 엔화가 조정 단계에 들어선다.

한때 엔화는 1달러당 103엔까지 올랐지만 다시 90엔대로 되돌아가 주식은 20% 정도 하락했다. 2013년 10월까지 주가와 외환 시세가 좁은 범위에서 거래되었지만 그것은 채권 시장이 반응한 것으로, 2012년 12월부터 2013년 5월까지 이어진 '아베노믹스'의 허니문이 끝났다는 것을 의미한다.

제1차 아베 정권과는 다른 제2차 아베 정권

그렇다면 '아베노믹스'의 허니문이 끝나고 앞으로는 어떻게 될 것이냐는 질문에 대해 허니문은 끝났지만 아직 큰 가능성은 남아 있는 상황이라고 생각한다. 왜냐하면 이 허니문을 만든 것은 '아베노믹스'의 3가지 화살 중 하나에 불과하기 때문이다. 첫 번째 화살은 일본 중앙은행이 대규모 금융완화를 실시한다는 것에 해외 투자자들이 편승한 것이지만 아직 두 번째와 세 번째 화살이 남아 있다.

두 번째 화살은 재정 지출로, 이것에 대해 주류 경제분석가들은 일본은 이미 GDP의 두 배가 넘는 정부 채무가 있는데도 추가로 지출하는 것은 안 된다고 비난하고 있다. 그러나 제1장에서 언급한 것처럼 일본의 민간부문은 제로금리에서도 GDP 대비 8%나 저축하고 있다. 통상적인 상황이라면 제로금리에서 민간은 적극적으로 돈을 빌릴 것이지만 일본의 민간부문은 과거 20년간 반대로 채무 최소화에 주력했던 것이다. 민간 전체에서 8%나 저축하고 있는 것은 민간의 소득순환에서 돈이 8%씩 누출되고 있는 것으로 그만큼 정부가 빌려서 사용하지 않으면 일본 경제는 디플레 악순환에 돌입하게 된다.

민간이 GDP 대비 8%나 저축하고 있는 사실을 모르는 내외의 경제분석가들과 평론가들은 지금까지 거액의 재정 지출을 했지만 아직도 일본 경제는 회복하지 못했는데 또 같은 정책을 실시하는 것은 어리석다고 비난한다. 그러나 실제로는 정부가 이러한 정책을 실시했기 때문에 민간이 저축에 주력했음에도 불구하고 일본 경제는 대공황에 빠지지 않을 수 있었던 것이다.

아소 재무장관은 이러한 경제의 메커니즘을 잘 이해하고 있는 몇 안 되는 정치가 중 한 명이다. 아베 총리가 그를 재무장관으로 임명한 것도 이러한 이유 때문이다. 아소는 일본의 민간부문이 제로금리하에서도 거액의 저축을 하고 있는 것을 잘 알고 있기 때문에 자신이 총리였던 시기(2008년 9월~2009년 9월)와 지금의 '아베노믹스'에서도 우선적으로 재정 지출을 실시한 것이다.

재정정책에 대해서는 2013년 1월에 추경예산이 국회를 통과했고 실제로 가동되고 있다. 민간부문이 제로금리에도 거액의 저축을 하고 있는 시기에 재정 지출을 하지 않을 수 없고, 그 사실을 무시한 하시모토 총리는 큰 실패를 겪었다. 이후 정권도 오부치와 아소를 제외하면 충분한 재정 지출을 하지 않고 불황을 장기화시켰다. 제1차 아베 정권이 단명에 끝난 것도 구조개혁이 한쪽으로만 기울어 재정이 변변치 못했고 경기 개선이 늦어졌기 때문이지만, 이번에는 두 번째 화살의 형태로 명시적으로 재정 지출이 포함되어 있다.

아베 정권은 밸런스시트 불황의 트라우마를 해소할 수 있을까

'아베노믹스'의 두 번째 화살은 재정인데, 이번 재정 지출은 실제로는 두 부분으로 구성되어 있다. 첫 번째 부분은 정부가 스스로 돈을 쓰는 재정 지출이다. 이것은 일본의 민간이 제로금리 하에서도 GDP 대비 8%에 해당하는 저축을 하고 있는 상황에서는 반드시 필요한 것으로, 재정 없이는 일본 경제가 또다시 침체될 가능성이 있다.

또 하나의 부분은 2013년 여름부터 논의되고 있는 투자감세 및 일괄상각이다. 이것들은 전술한 차입거부증에 빠져 있는 기업들의 트라우마를 해소하기 위한 대책이다. 일본의 민간부문 밸런스시트가 회복되었음에도 그들은 돈을 빌리려고 하지 않는다. 그러나 이 문제를 신속히 해소하지 않으면 아무리 시간이 흘러도 재정건전화를 실현할 수 없기 때문에 빠른 시일 내에 민간 기업이 트라우마를 극복할 수 있도록 해야 한다.

먼저 발표된 것은 리스를 보다 손쉽게 한 것으로 투자감세와 일괄상각 등이 중점적으로 논의되고 있다. 이것들이 사용하기 편한 내용으로 구성된다면 경영자들도 진지하게 검토할 것이다. 정부가 이렇게까지 지원해 주는데 자신들이 호응하지 않을 이유는 없다. 그들이 그렇게 생각하여 돈을 빌려 사용해 준다면 모두가 좋은 방향으로 향하게 된다. 트라우마는 한번 극복하면 더 이상 트라우마가 아니기 때문에 이것이 잘 진행되면 진정한 의미에서 일본은 밸런스시트 불황으로부터 탈피할 수 있는 것이다. 그리고 민간의 자금 수요가 창출된다면 정부는 민간의 미차저축을 빌려 사용할 필요가 없게 되고 이를 바탕으로 안심하고 재정건전화를 추진할 수 있게 된다.

지금 우리가 직면해 있는 이 트라우마는 밸런스시트 불황의 출구 문제다. 이미 밸런스시트는 회복되었지만 트라우마는 남아 있다. 물리적인 문제라면 물리적인 답을 낼 수 있지만 트라우마는 심리적인 문제다. 심리적인 문제는 무엇을 어떻게 하면 충분한 것인가를 사전에 알 수 없다는 면에서 대응이 용이하지 않다. 과거에 밸런스시트 불황이 수십 회 정도 발생해서 통계적으로 이렇게 하면 이렇게 된다는 사례가 각국의 경험을 통해 알 수 있으면 좋겠지만, 밸런스시트 불황은 수십 년에 한 번 일어나는 경제 현상으로 이전 사례가 1930년대 대공황이기 때문에 우리가 필요한 종류의 데이터는 존재하지 않는다.

그렇게 되면 가능한 것을 해 나가는 수밖에 없는데 지금 아소 재무장관은 열심히 이 문제에 대한 대응방안을 마련 중이다. 그러한 의미에서 20년간이나 밸런스시트 불황에 허덕인 일본이 이제서야 진지하게 밸런스시트 불황을 종식하려는 정책을 실시하려 하고 있다.

최후에 남은 밸런스시트 불황의 트라우마

본래 2008년 아소 정권 때 트라우마 대책 실시가 예정되어 있었다. 당시의 아소 총리도 남은 일본의 문제가 빚에 대한 트라우마라는 것을 이해하고 어떻게든 그것을 극복해야 한다는 문제의식을 가지고 있었다. 그래서 그가 정권을 잡은 후에 일괄상각, 투자감세에 대한 논의를 시작했으며 일부는 신문에도 보도되었다.

일괄상각이나 투자감세라고 하는 것은 투자를 하는 사람에게는 감세가 되지만 그렇지 않은 사람에게는 감세가 이루어지지 않는다는 의미에서 특정 목표를 달성하기 위한 정책이었다. 그렇지만 불행하게도 관련 논의를 시작하는 시기에 리먼 쇼크가 발생했기 때문에 트라우마 대책을 대신하여 긴급 경기 대책이 정권의 최우선 과제가 되었다.

리먼 쇼크로 생산성이 가장 큰 폭으로 하락한 곳은 일본이었다. 리먼 브라더스가 파산한 것이 9월 15일이었지만 5개월 후인 2009년 2월, 일본의 광공업생산은 1983년 수준까지 하락하였다. 실제로 25년 치 생산이 5개월 만에 사라진 엄청난 일이 벌어졌다.

진원지인 미국에서조차 광공업생산은 1997년 수준에서 멈추고 회복하기 시작했으나 일본은 자그마치 1983년 수준까지 하락하였다. 그렇게 되자 전 일본에서 생산 설비가 남아돌게 되었고 이러한 상황에서 정부가 투자감세 혹은 일괄상각 등을 실시하는 것은 의미가 없었다. 그래서 이 논의는 없었던 것이 되었다.

아소 총리는 그 시점에서 필요한 경기 대책을 다수 실시하고 더 이상 일본 경제가 침체되는 것을 막았지만 이후 선거에서 패배하게 된다.

정권 교체로 민주당 정권이 탄생했지만 민주당 정권 3년 동안 제로금리에도 돈을 빌리지 않는 민간에 어떻게 대응할 것이냐는 문제의식이 전혀 보이지 않았다. 나는 몇 번이나 민주당 간부를 포함해 의원들을 대상으로 밸런스시트 불황에 대해 설명할 기회가 있었으나, 민주당 정권은 누구에게 말하면 무엇이 움직이는지도 알 수 없는 정권이었기 때문에 결국 그러한 대책은 실시되지 않았다. 이는 그만큼 시간이 낭비되었다는 것이다.

그래도 일본의 생산은 민간의 필사적인 노력으로 조금씩 회복되어 2013년 9월에는 2002년 수준까지 회복되었다. 게다가 2012년 말까지 계속된 초엔고도 미국 헤지펀드 투자자들이 첫 번째 화살에 크게 반응해 준 덕택으로 시정되었다. 그러한 가운데 정부가 트라우마를 해소할 목적으로 투자촉진책을 실시하는 것은 극히 적절한 대책이라고 생각한다.

다만 이 심리 문제는 결코 간단하지 않다. 트라우마는 진정으로 극복할 때까지는 트라우마로 쭉 이어지기 때문이다. 미국조차도 1929년부터 경제가 침체되고 금리가 원래 수준, 즉 대공황 이전인 1929년 평균치 금리로 되돌아가는 데 30년이라는 시간이 걸렸다. 대공황 이전 수준으로 금리가 회복된 것은 1959년이다. 미국의 경우는 뉴딜이라는 거대한 재정 지출을 실시하고, 제2차 세계대전 시기에는 천문학적인 재정 지출을 하여 밸런스시트가 회복되었다. 그렇게 해도 1959년까지 민간은 돈을 빌리려고 하지 않았다. 그 정도로 트라우마는 만만치 않은 것이다. 지금의 일본은 버블 붕괴로부터 23년째이지만, 지금도 금리가 정상화될 징조는 어디에도 보이지 않는다. 그것은 이 트라우마가 남아 있다는 것일 뿐만 아니라 상당히 심각하다는 것을 말해주고 있다.

구로다 총재의 이차원 완화가 시작되고 6개월이 지난 2013년 11월, 은행의 과잉준비금은 법정준비금의 9.7배까지 증가했지만 그 자금의 대부분은 그림 4-2의 그래프처럼 아직 일본 중앙은행 당좌예금으로 있으며 민간 대상 대출이 증가하는 쪽으로는 움직이고 있지 않다. 인플레 기대가 소폭 상승하고 민간의 일부가 전향적으로 된 것은 사실이지만, 그것이 아직까지는 자금 수요로 이어지지 않고 있다. 장래에 조금씩 보일 가능성은 물론 있지만, 자

금의 대부분이 아직 일본 중앙은행 당좌에 머물러 있기 때문에 적
어도 아직은 리플레파가 말하는 세계는 출현하지 않고 있다.

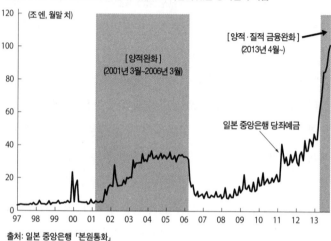

【그림 4-2】 일본 중앙은행의 당좌예금으로 머물러 있는 양적완화 자금

출처: 일본 중앙은행 「본원통화」

다만 일본의 경우는 대공황 당시의 미국과 비교하면 한 가지
긍정적인 점은 있다. 그것은 적어도 일본의 GDP는 한 번도 버블
최고치를 하회한 적이 없다는 것이다. 이는 소득이 줄지 않고 있
다는 것으로, 줄지 않은 소득으로 채무 변제를 하고 있었기 때문
에 당시의 미국만큼 힘들지 않았을 것이다.

미국의 경우는 후버 대통령의 실정으로 GDP가 46%나 하락하
였기 때문에 사람들은 그 46%나 감소한 소득에서 채무 변제를 해
야 하는 상황이 되었다. 이에 비해 일본은 소득은 줄지 않았기 때

문에 채무 변제가 불가능한 것은 아니었다. 그래도 수천만 명의 사람들의 인생 설계가 엉망이 되었다. 그러한 경험을 많은 사람이 공유했기 때문에 트라우마가 강하게 남아 있었을 것이다.

또한, 미국은 제2차 세계대전 때 천문학적인 재정 지출을 통해 순식간에 경기를 회복시켰다. 그러나 일본은 진주만 공격과 같은 계기가 없었기 때문에 그러한 행동을 취할 수 없었고, 점진적으로만 재정 지출이 실시되어 불황이 장기화되고 말았다. 그 결과, 사람들은 점점 신중해졌다. 아베 정권이 되어서야 겨우 이 문제에 대한 대책을 강구하려는 움직임이 있으나 결코 안심할 수 없는 상황이다. 트라우마는 그렇게 간단히 극복될 수 있는 문제가 아니기 때문이다.

다만, 그러한 가운데 구로다 총재의 이차원 완화는 일종의 지원사격이 되고 있다. 실제로 2013년 봄부터 도쿄 내에서도 상업용 부동산 가격이 20% 이상 상승했다는 이야기도 나오고 있고, 혹시 인플레가 될지도 모른다고 생각해서 행동하는 사람들이 늘어나고 있기 때문이다. 그러한 의미에서 구로다의 금융완화책은 본래 두 번째 화살로 대응하는 트라우마 문제에 대한 하나의 지원사격이 되고 있다고 말할 수 있다.

또한 이 트라우마 해소라는 관점에서 보면, 리먼 쇼크로 밸런스시트 불황에 빠진 미국은 2011년에 지금의 일본 정부가 추진 중인 일괄상각을 이미 실시하였다. 오바마 정권이 실시한 이 정책은 2011년 중에 실시한 설비 투자는 모두 2011년 중에 상각할 수 있도록 하는 것으로, 지금의 일본에 가장 필요한 정책이다. 이 오바마의 정책은 2012년에 한해 50%까지 연중 상각해도 좋다는 것으로, 이것은 당시의 미국 경제 유지에 상당한 효력을 발휘했다고 생각한다. 밸런스시트 불황 23년째에 접어든 일본이 논의하고 있는 정책을 미국은 글로벌 금융 위기 발생 이후 3년만에 실제로 실시하였다는 것은 부럽기 그지없다. 게다가 일본의 경우 민간의 밸런스시트는 이미 회복되어 있어 민간부문이 여전히 밸런스시트 회복 중인 2011년의 미국보다 이런 종류의 정책이 효과가 있을 가능성이 크다.

빌려주는 사람을 늘리는 구조개혁에서 빌리려는 사람을 늘리는 구조개혁으로

'아베노믹스'의 세 번째 화살은 구조개혁으로, 이 용어는 이미 여러 가지 의미로 사용되고 있으며 싫증 날 정도로 들어왔다. 일본 국내외에서 너무나도 많은 평론가와 경제분석가들이 밸런스시트 문제와 구조 문제의 차이를 알지 못해, 통상의 통화 및 재정정책이 듣지 않는 상황에 직면하면 고민 없이 손쉽게 구조개혁이 필요하다고 떠드는 경향이 있다. 실제로 그들 대부분은 구조개혁이라 하면 마치 정의의 편인 것처럼 생각하는 경향이 있다. 그러나 1990년의 버블 붕괴 이후 일본과 2000년의 IT 버블 붕괴 이후의 독일 그리고 2008년 주택 버블 붕괴 이후의 EU도 불황의 주원인은 밸런스시트 문제지 구조적 문제가 아니었다. 또한 이러한 오진이 불황을 필요 이상으로 장기화시킨 것이다.

그러나 이번 '아베노믹스'의 구조개혁은 이제까지의 그것과는 조금 다른 것처럼 보인다. 예를 들어 고이즈미 정권은 구조개혁을 연호하면서 '구조개혁 없이는 경기 회복도 없다'는 슬로건을 내걸었다. 그러나 그때의 구조개혁은 일본이 밸런스시트 불황에 빠져 있다는 관점에서 보면 일본 경제를 위한 구조개혁이 아니라 구조개혁을 위한 구조개혁이었다.

즉 고이즈미 총리가 총력을 다해 추진한 것은 도로공단의 민영화도 있었지만 핵심은 우정 민영화(郵政民營化)였다. 그렇다면 우정 민영화의 목적은 무엇이었을까. 당시 알려진 바로는 우정에 국민의 저축이 많이 포함되어 있음에도 불구하고 그 대부분은 국채로 운영되어 국민에게 그 혜택이 제대로 돌아가지 않고 있었다는 것이 문제시되었다. 우정을 민영화하여 민간에게도 혜택이 공평하게 돌아가도록 하는 것이 우정 민영화의 본래 목적이었다.

그러나 최근 20년간 일본에서 무엇이 가장 부족했냐 하면 그것은 민간부문의 자금 수요자였지 자금 공급자가 아니었다. 고이즈미 총리가 하려고 한 것은 민간부문에 대한 자금 공급자를 늘리려는 것이었는데, 그 당시는 제로금리 상황에도 민간에 자금 수요자가 없었기 때문에 그와 같은 개혁이 일본 경제에 긍정적으로 작용할 이유가 없었던 것이다. 그렇기 때문에 나는 민영화 논의가 시작된 당초부터 우정 민영화에 반대하는 입장을 취했다.

부정적인 측면을 말하자면 우정국은 원래 민간에 돈을 빌려주는 노하우는 없고 국채를 사는 노하우밖에 없었다. 민간에 빌려주는 노하우는 일본의 민간은행 및 신용조합, 신용금고가 보유하고 있다. 그와 같은 노하우가 없는 우정국을 민영화하여 민간에 돈을 빌려줄 수 있게 되면 그들은 가격으로 승부를 겨룰 수밖에 없다. 즉 그들은 대출금리를 낮추고 시장에 진입할 수밖에 없다. 그렇지만 고이즈미 정권이 탄생하기 훨씬 이전부터 일본의 대출금리는 매우 낮은 수준이었고 리스크에 걸맞은 수익을 기대하기가 매우 어려운 상황이었다. 여기에 우정국이 무리하게 진입하면 우정국은 현행보다 더 낮은 금리로 돈을 빌려줘야 한다. 우정국은 민간 대상 부실채권도 없기 때문에 이 분야에 관해 매우 적극적으로 금리를 낮추어 대출을 늘리려 할 가능성이 있다. 그렇게 되면 노하우를 가지고 민간에 자금을 빌려주던 민간금융기관은 우정과의 경쟁에서 밀릴 수밖에 없고 결국 민간의 금융기관이 구축(驅逐)되어 우정국이 그 시장을 차지하게 된다.

그렇다면 구축된 민간금융기관은 무엇을 하게 되냐면 그들은 국채를 살 수밖에 없게 된다. 남아 있는 자금 수요처가 정부밖에 없기 때문이다. 그렇게 되면 민간 대상 대출에 노하우가 있는 민간금융기관은 국채를 사고, 국채를 사는 노하우가 있는 우정국은 민간 대상 대출에 나서면서 처지가 뒤바뀌는 게 된다. 그리고 본래 리스크에 맞는 금리가 설정되어 있지 않기 때문에 노하우가 없는 우정국은 결국 엄청난 불량 채권을 보유하게 될 것이다. 이런 의미에서 우정 민영화는 일본이 떠안고 있는 문제의 답이 되지 못하고 지금과 같은 시기에 서둘러서는 안 되는 일이다.

그런데 '아베노믹스'의 구조개혁을 보면 대부분이 빌리려는 사람을 늘리는 개혁이다. 즉 농업, 에너지, 환경, 의료 등의 분야에서 규제 완화를 추진하여 시장을 창출하고 거기에 투자 기회를 만드는 것은 빌리려는 사람을 늘리는 정책이다. 그런 의미에서 일본이 안고 있는 문제에 대해 올바른 구조개혁이라 할 수 있다. 또한 아베 총리가 주도적으로 참가를 표명하고 있는 TPP도 시장 창출을 목적으로 하고 있으며 그런 의미에서 보면 돈을 빌리려는 사람을 늘리는 정책이라고 말할 수 있다.

물론 구조개혁이라고 해도 논의가 막 시작된 단계로서 구체적인 정책은 아직 제시되지 않았고, 재계와 경제계로부터는 이것이 구조개혁이라고 할 수 있느냐는 불만의 목소리도 있다. 그러나 아베 정권은 이전 정권과 한 가지 크게 다른 점이 있다.

이제까지의 정권은 어떤 경기 대책을 실시하면 다음은 6개월에서 9개월 후에 결과를 보고 결정하자는 입장으로, 그 사이에는 아무것도 하지 않았다. 그런데 5월 말에 시작된 아베 정권의 다양한 구조개혁 발표를 보면 아베 총리는 처음부터 "이것은 불충분하니까 대책을 강구하도록 하겠습니다."라고 발언하고 있다. 또한 다음 개혁안을 발표할 때에는 "준비되는 대로 바로 다음 정책을 실시하겠습니다."라고 말하고 있다. 이들 발언으로부터 아베 총리가 상당한 위기감을 가지고 행동하고 있다는 인상을 받을 수 있다. 하나의 정책을 실시하고 나서 '올해 할 정책은 다 했으니 다음은 내년에'라는 소극적 태도가 아니라는 점은 높이 평가해도 좋지 않을까.

구조개혁은 미시개혁으로 수십 년은 걸리는 것이 보통이다

구조개혁에 관해 개혁안이 발표될 때마다 언론을 포함한 평론가들은 거만하게 '이것은 불충분하다', '이 시책은 의미 없다'고 발언한다. 또한 해외 투자자 중에는 향후 2개월 이내에 구조개혁 법안이 국회를 통과하지 않으면 일본 주식을 싸게 팔아 넘길 것이고 일본 주식은 폭락할 것이라고 협박에 가까운 말을 하는 사람도 수없이 많다.

그러나 구조개혁이라는 것은 원래 10년 이상 걸리는 작업이다. 이는 구조개혁은 거시경제가 아니라 미시경제에 관한 것이기 때문이다. 미시적으로 구조를 바꾸고 그것을 본 사람들이 행동을 변화시켜 간다. 예를 들어 어떤 개혁에 공감한 사람들이 회사를 그만두고 스스로 MBA를 취득하여 회사를 만들어 성과를 내기까지 십수년이 걸리는 것이 보통이다.

미국의 레이건 대통령과 영국 대처 총리가 구조개혁에 매진한 것은 1980년대 초반이었지만, 레이건 대통령의 공급 측면 개혁의 수혜를 입은 것은 12년 뒤 클린턴 대통령이었다. 그 정도로 시간이 걸리는 것이다. 오늘의 구조개혁으로 내일 무언가 바뀔 것으로 기대하는 것은 오히려 이상한 일이다. 즉 구조개혁은 시작하고 나서 결과가 나올 때까지 적어도 5년, 10년 혹은 그 이상 걸릴 수도 있기 때문에 그것에 따라 주가가 움직이는 것 자체가 본래 이상한 것이다.

전술한 XX월까지 구조개혁 법안을 통과시키라고 주장하는 외국인 투자자에게 법안을 통과시키면 그 결과가 나오는 10년 후에도 당신은 일본 주식을 보유할 것이냐고 물어봤지만, 이에 대해 제대로 대답하는 투자자는 한 명도 없었다.

구조개혁은 규모의 문제도 크다

구조개혁과 관련해서는 반드시 해야 하는 것이 많은 것은 분명하다. 하지만 여기에서 중요한 것은 실제로 개혁안의 상세 내용이 발표되었을 때에는 '이 정도밖에 안 되어 실망이다'라는 평가가 이제까지 여러 번 있었다는 것이다. 이것은 영어로 "The devil is in the details"로 알려진 문제다.

예를 들어 건축 기준의 용적률 완화의 경우, 그것을 도쿄의 일부 지역에서 하는지, 아니면 전국의 모든 도시를 대상으로 광범위하게 하는 것인지에 따라 그 거시적인 영향은 크게 달라진다. 만일 전국적 규모로 추진한다면 일본 경제가 고도성장기와 같은 기세를 회복하는 것도 결코 꿈은 아니다.

일본의 도시 지역 주민의 주택 사정은 높은 소득 수준을 감안할 때, 매우 열악하다고 할 수 있다. 여타 선진국에서는 이 정도의 소득이라면 좀 더 넓은 곳에서 거주하고 좀 더 풍요로운 생활이 가능한데 일본에서만은 매우 힘든 주거 환경에 만족해야 한다. 이 것은 토지의 유효 이용이 전혀 진전되지 않았기 때문으로, 용적률 완화 등을 개혁하여 이 문제를 해결할 수 있다면 일본 경제가 향후 20년간 두 자릿수 성장을 실현해도 이상하지 않을 정도로 잠재 수요가 크다고 생각한다. 그러나 그것이 도쿄의 특정 구나 지역에 관한 것이라면 순식간에 '아베노믹스'에 대한 기대가 사라질 것이다.

지금 여러 방면에서 논의가 진행 중이고 아베 총리도 그 나름대로 노력하고 있겠지만, 결국 마지막에 나온 안의 상세 내용이 실망스러울 가능성이 있기 때문에 이와 관련하여 주의가 필요하다. 세 번째 화살인 구조개혁에 대해서는 아직 상세 내용이 명확하지 않기 때문에 뭐라고 말하기 어려우나 일본 중앙은행의 구로다 총재에 버금가는 대담한 내용이 제시되었으면 한다.

더 이상의 행운을 기대해서는 안 된다

그렇다면 '아베노믹스'가 어떠한 리스크를 가지고 있을까. 전술한 두 번째와 세 번째의 화살 내용이 불충분한 것으로 끝날 수 있는 리스크와 함께 당초의 허니문을 가져온 첫 번째 화살에도 리스크는 숨어 있다. 이는 허니문이 끝난 지금 첫 번째 화살은 향후 어떻게 관리되어야 하는 것에 대한 문제기도 하다.

외국인 투자자가 이 화살에 반응하여 준 덕분에 주가상승과 엔저가 초래되었고, 이로 인해 허니문이 발생한 것은 분명하다. 그러나 앞으로 어떻게 할 것인가를 생각할 때 영어로 "Don't push your luck too far(더 이상 운에 맡겨서는 안 된다)."라는 표현처럼 더 이상 행운을 기대해서는 안 된다고 말하고 싶다. 2012년 12월부터 2013년 4월까지의 성과는 아마 누구도 예상하지 못했을 거라고 생각한다. 미국의 헤지펀드 투자자들이 그러한 행동을 취할 것이라고 누구도 예상하지 못했기 때문이다.

2012년 12월 16일에 있었던 총선거 결과를 보아도 아베의 자민당은 압도적인 표를 획득한 것은 아니었다. 의석은 다수 획득했지만, 득표율로 보면 제3그룹을 다 더한 것이 아베의 자민당보다 많았다. 자민당의 득표율은 이전 총선거에서 민주당에 정권을 내 주었을 때와 별반 다르지 않았다. 총선거 시 많은 일본인은 아베 정권으로 바뀐다 하더라도 경기는 좋아지지 않을 것이라고 말했고, 이는 설문조사의 결과이기도 했다.

그러나 그것을 몰랐던 것인지 아니면 무시했던 것인지 미국 헤지펀드 투자자들이 대거 일본 시장에 들어와 엔저와 주가 상승 분위기를 조성해 주었기 때문에 이전과는 완전히 다른 새로운 풍경이 조성되었다. 이것은 행운 이외에 아무것도 아니었다. 만약 헤지펀드 투자자들이 그러한 행동을 취하지 않고 EU권에서 무언가를 하려고 했다면 이러한 변화는 결코 일어나지 않았을 것이다.

그러나 여기에서 일본 중앙은행이 뭔가 추가적인 조치를 취하면 좀 더 경기가 좋아지지 않을까 하고 욕심을 내게 되면 엄청난 일이 벌어질 위험이 있다. 인플레가 되면 경기가 좋아질 것이라는 구로다와 하마다의 생각에는 'time inconsistency problem(시간 부정합성 문제)'가 있다.

통상의 경기순환을 보면 경기가 회복되어감에 따라 노동 시장이 완전고용에 가까워진다. 그렇게 되면 임금이 상승하기 시작하고 물가가 오르기 시작한다. 또한 그것을 감지한 사람들이 이것은 인플레가 될지도 모른다고 생각해서 금리를 높인다. 중앙은행이 높일 수도 있고 민간이 높일 수도 있으나 아무튼 금리가 상승한다.

이러한 상황에서의 금리 인상은 문제가 되지 않는다. 예를 들어 정부 시각에서 보면 금리가 상승한 시점에는 이미 경기가 회복되어 조세수입 증가를 기대할 수 있기 때문이다. 게다가 일본의 경우는 장기간 침체된 경기가 회복하면 세수 증가가 상당한 규모에 달할 수 있다. 세수가 대폭 증가하면 국채금리가 상승하여 국채 발행 비용이 높아지지만, 이것은 세수 증가에 비해 작은 부분이기 때문에 정부는 이 문제에 어렵지 않게 대응할 수 있다.

한편, 금융기관의 시각도 유사하여 앞에서 언급한 순서로 금리가 상승하면 그 이전에 이미 민간의 자금 수요는 회복되어 있기 때문에 정부에 빌려주는 것보다 민간에 빌려주는 것이 절대적으로 수익이 크다. 정부에 돈을 빌려준다는 것은 가장 낮은 금리로 빌려주는 것이기 때문이다. 금융기관은 민간에 돈을 빌려줄 수 있게 되어 거기에서 충분한 수익이 나면 나중에 금리가 상승하여 보유 중인 국채에 자본손실이 발생해도 민간부문 대출로 수익을 올리고 있기 때문에 충분히 대응할 수 있게 된다.

이러한 의미에서 인플레가 발생하고 금리가 상승하는 것은 어떠한 문제도 없으며 그러한 패턴은 이제까지의 경기 회복 시기에 여러 번 경험 한 바 있다. 따라서 경기와 민간의 자금 수요 회복에 기인한 금리 상승은 '좋은 금리 인상'이라고 말할 수 있다.

그렇지만 구로다 총재가 하려는 것은 순서가 반대이다. 구로다는 "어찌되었든 인플레가 되면 경기는 회복한다. 디플레가 문제다."라고 말하고 있다. 그러나 만약 정말로 사람들이 일본 중앙은행의 정책으로 인플레가 된다고 생각하면 우선 채권 시장의 금리가 상승한다. 왜냐하면 인플레가 발생한다고 생각하면 누구도 이자율이 0.8%밖에 안 되는 10년 물 국채를 보유하려 하지 않을 것이기 때문이다. 게다가 채권 시장에서 채권을 파는 것은 전화 한 통으로 끝난다. 짧게는 2분이면 매각이 완료된다.

한편, 실제로 인플레가 되어 실물경제가 반응할 때까지는 상당한 시간이 걸린다. 많은 사람은 진짜로 인플레가 되었다는 것을 확인할 때까지 기존의 행동 패턴을 바꾸려 하지 않기 때문이다. 또한 인플레 대책으로 집을 사려고 해도 집을 사려면 먼저 보러 가야 하고 은행과 협의를 거쳐야 한다. 물론 부인을 설득시켜 어떤 장소로 할 것인가도 결정해야 한다. 그렇게 되면 아무래도 시간이 걸리는 것이다. 실물경제가 반응하기까지 긴 시간이 걸리는 것에 비해 채권 시장이 반응하는 것은 수분밖에 걸리지 않는다.

사람들이 구로다 총재가 수단을 가리지 않고 인플레를 실현하려 한다는 인식을 실제로 가지게 되면, 맨 먼저 팔리는 것은 국채다. 채권이 팔리면 금리는 상승한다. 금리가 상승하면 일본의 금융기관이 보유한 국채의 가치는 대폭 하락한다. 거기에서 발생하는 자본 손실은 상당한 금액이 될 것이다. 한편, 이들 금융기관의 민간 대상 대출은 실물경제가 아직 회복되어 있지 않기 때문에 아직 늘지 않는다. 그렇게 되면 수익은 늘지 않고 있는데 국채 관련 자본 손실만 먼저 발생하게 되고, 은행은 잘못하면 자기자본 부족에 빠지게 된다. 그러나 자기자본 부족 상태에 빠진 은행은 돈을 빌릴 수 없게 된다. 즉, 구로다 총재가 아무리 자금을 공급해도 금리가 먼저 상승해 버리면 은행은 자기자본이 부족하기 때문에 돈을 빌릴 수 없다. 금리가 먼저 상승하면 자금 수요에도 부정적인 영향이 예상된다. 그렇게 되면 그렇지 않아도 낮은 통화 공급 증가는 더욱 낮아질 수도 있다. 이것은 '아베노믹스'의 첫 번째 화살이 자멸해 버리는 것을 의미한다.

같은 문제가 정부부문에서도 발생한다. 정부는 금리가 상승하면 국채 발행 비용이 대폭 증가하지만, 아직 실물경제는 회복되지 못해 세수가 증가하지 않는다. 세수가 늘지 않은 상황에서 국채 발행 비용이 상승한다면 재정 적자만 확대되어 혼란만 가중된다. 이는 현재 스페인 등이 경험하고 있는 상황이다.

그렇게 되면 재정건전화를 요구하는 목소리가 커진다. 실제로 국채금리가 급등한 2013년 4월에는 일부 민간 경제분석가 및 IMF와 함께 구로다 총재까지도 재정건전화가 필요하다는 취지의 발언을 하였다. 그러나 재정건전화 목소리가 커지면 두 번째 화살은 거기에서 소멸해 버린다. 게다가 일본의 민간부문이 GDP 대비 8%나 저축하고 있는 가운데 정부가 재정 지출에 나서지 못하게 된다면 화폐승수는 한계적으로 마이너스가 되어 경제는 일시에 디플레 악순환에 빠지게 된다.

이와 같이 인플레 우려가 먼저 나오고 금리가 상승하는 것은 밸런스시트 불황하에서는 특히 위험하고, 이는 '나쁜 금리 인상'이 된다.

2013년 4월 이후에 채권 시장이 이렇게 반응을 한 것은 일본 중앙은행의 역할이 이제는 끝났다는 것이며, 그와 같은 국면에서 구로다 총재는 더 이상 적극적으로 나설 필요가 없다. 이제까지는 매우 행운이 따라준 형국이 이어졌지만, 첫 번째 화살을 더 이상 운에 맡겨서는 안 된다.

인플레의 오버슈트에 대한 강력한 입장 표명이 필요

인플레에 대한 우려로 인해 금리가 상승하는 문제는 이전부터 일본 중앙은행이 줄곧 우려했던 점이지만, 이미 구로다 총재가 이차원 완화책을 시행하고 있는 현 상황에서 이 리스크를 어떻게 조절하는가가 향후 중요한 과제가 될 것이다.

구로다 총재는 금융완화는 이제 막 시작된 단계이므로, 지금은 부작용이나 출구 문제를 걱정할 시기가 아니라는 입장이다. 그러나 이론적으로 '나쁜 금리 인상'이 '좋은 금리 인상'보다 먼저 출현할 수도 있는 지금의 일본에서 당국자가 그와 같은 사태에 대한 대응을 지금부터 준비해 두는 것은 필요하다고 생각한다. 게다가 양적완화책 이후에는 2013년도 6월 이후 미국이 경험한 '양적완화의 함정'이 기다리고 있다.

그렇다면 어떤 대책이 가능할 것인가. 우선 생각할 수 있는 조치는 일본 중앙은행과 정부가 자신들은 2%의 인플레를 목표로 하지만, 2%를 대폭 상회하는 인플레의 오버슈트(overshoot)는 절대로 허용하지 않겠다고 표명하는 것이다.

이차원 완화가 시작된 4월 4일 이후의 일본 중앙은행은 물론 그 이전의 일본 중앙은행은 인플레 파이터로서 국민이 신뢰할 만한 훌륭한 실적을 가지고 있고, 현시점에서 일본 중앙은행이 그와 같은 발언을 하게 되면 그 나름의 설득력은 있다고 생각한다.

여기서 일본 중앙은행과 정부가 오버슈트를 허용하지 않겠다는 방침을 분명히 함으로써 이대로 가면 엔화의 급락과 함께 정말로 인플레를 제어할 수 없게 되지 않겠냐는 우려에서 시장을 안심시킬 수 있다. 또한 실제로 이 우려를 불식시키는 것이 가능하다면 장기금리가 급등하는 리스크도 상당히 억제될 수 있다고 생각한다.

실제로 인플레에 영향을 미치는 엔저와 주가 상승이 허니문 시기에 이렇게 급속하게 진행됨에 따라 인플레율이 오버슈트할 리스크도 생겼다고 말할 수 있다. 이 '예상 외의 개선'을 감안하여 일본 중앙은행이 향후 금융완화의 속도를 조정하는 것이 반드시 필요하다고 생각한다.

일본 중앙은행에 과도하게 의존한다는 이미지를 불식시켜야

또한 아베 정권으로서는 자신들의 경기 회복 시나리오가 일본 중앙은행의 정책에 의존하고 있다는 이미지를 불식시키고 두 번째와 세 번째의 화살을 이제까지보다 더욱 강력하게 추진해 나가야 할 것이다. 두 번째와 세 번째의 중장기적인 정책이 일본 경제 회복에 불가결하다는 것은 누구나 인정하고 있으므로 아베 정권이 일본 중앙은행의 정책에만 의존하고 있다는 이미지를 주게 되면, 그 정책이 장기금리 상승 등으로 한계에 달했다고 생각되는 시점에 모든 것이 멈추게 되기 때문이다.

하물며 아베 정권이 일본 중앙은행의 정책만으로 여기까지 온 것이기 때문에 정치적으로도 어려운 나머지 두 개의 화살을 무리해서 실시할 필요는 없다고 생각한다고 여겨지면 이제까지 일본 주식을 리드해 온 투자자들이 일제히 매도에 나설 가능성이 있다.

그러나 두 번째와 세 번째 화살이 제대로 제시된다면, 일본 중앙은행의 정책이 장기금리의 상승 등으로 여의치 않게 되더라도 경제 전체는 올바른 방향으로 움직이게 된다.

또한 QE 종료에 얽힌 '양적완화의 함정'으로 미국은 크나큰 시련을 맞이하고 있다. 버냉키가 QE 해제를 시사하는 발언을 한 것만으로 미국의 10년 물 이자는 0.75%p나 상승했지만, 이 시기에 미국의 경제가 현저히 개선되고 있다는 징조는 없었다. 그래도 장기금리가 저렇게 상승한 것은 채권 시장이 수급 악화를 우려한 '나쁜 금리 인상'이었기 때문이다. 게다가 이 '나쁜 금리 인상'은 제2장에서 소개한 '양적완화의 함정'이라는 형태로 향후 계속해서 경기 회복을 지연시킬 가능성이 있다.

이 미국의 고충을 구로다 총재도 알고 있기 때문에 일본은 '양적완화의 함정'에 빠지기 전에 정책 전환을 고려해야 할 것이다. 또한 그렇게 되면 첫 번째 화살에서 연유하는 리스크는 최소한으로 억제할 수 있을 것이다.

밸런스시트 불황 속 일본에는 국채 폭락을 막는 무기가 있었다

일본은 정부 부채가 GDP의 240%나 된다. 이러한 재정 적자로 인해 일본의 국채는 줄곧 폭락할 것이라고 했지만, 지난 20년간 폭락한 적이 없다. 폭락하지 않은 이유는 크게 두 가지가 있다. 첫 번째는 밸런스시트 불황 속에서 발생한 적자는 민간부문이 버블로 실패한 것 때문에 발생한 재정 적자이다. 이 경우, EU 가입국이 아닌 국가에서는 재정 적자를 충당할 재원 관련 문제가 발생하지 않고 경제의 자동 복원 메커니즘이 가동한다.

또 다른 이유는 만약 밸런스시트 불황하에서 국채가 외부로부터의 충격으로 폭락하는 국면에 접어들게 되면 중앙은행은 얼마든지 국채를 매입할 수 있다는 사실이다. 즉 밸런스시트 불황하의 통화승수는 한계적으로 마이너스이기 때문에 아무리 중앙은행이 국채를 사들여도 인플레는 발생하지 않는다. 이는 누군가가 일본 국채를 폭락시키기 위해 국채를 대량으로 내다 팔아도 일본 중앙은행이 사들이면 된다는 것이다. 일본 중앙은행이 국채를 사들이면 공매하는 사람들의 노력은 모두 헛수고가 된다. 이런 부류의 사람들을 전멸시키고 시장이 안정되면 일본 중앙은행은 조금씩 국채를 일본의 기관 투자자에게 되돌리면 되는 것이다. 평상시라면 중앙은행이 국채를 매입하는 것은 절대로 해서는 안 되지만 밸런스시트 불황 시에는 허용된다. 밸런스시트 불황 국가에는 밸런스시트 불황국의 자기방어 수단이 있는 것이다.

나는 해외 투자자들에게 일본 중앙은행은 이러한 무기를 가지고 있으므로 주의해야 한다고 몇 년간이나 경고해 왔다. 해외에는 그러한 불순한 의도를 가진 사람들이 있기 때문이다. 이러한 나의 설명에 그들 대부분은 이해하게 된다.

그런데 구로다 총재가 인플레를 만들겠다면서 스스로 국채를 매입함으로써 인플레 우려가 발생하여 나쁜 금리 인상이 되었을 때 그들이 일본 국채를 공매하면 어떻게 될까? 인플레 우려가 확산되고 있기 때문에 일본 중앙은행은 우선 인플레 우려를 불식시켜야 한다. 그러나 인플레를 억제해야 할 일본 중앙은행은 국채를 팔고 자금을 흡수해야 하기 때문에 국채 매입을 통한 시세 유지는 어렵게 된다. 그렇게 되면 최근 20년간 일본 국채의 폭락을 억제해 온 하나의 중요한 무기를 쓸 수 없게 된다.

이런 의미에서라도 일본 중앙은행이 무리하게 국채 시장에 인플레를 가속화시키려는 시도에는 문제가 있다. 게다가 경기가 좋아졌을 때에는 양적완화 종료와 '양적완화의 함정'이라는 거대한 문제가 기다리고 있다. 이런 것을 생각해보면 일본 중앙은행은 더 이상 무리를 해서는 안 되며 여기까지 온 것도 행운이었기 때문에 "Don't push your luck too far."라고 말하고 싶다.

따라서 첫 번째 화살은 이제까지의 선언적 효과와 행운이 겹쳐져 매우 훌륭한 성과를 거두었지만, 앞으로는 매우 신중하게 대응해 나가야 할 것이다. 두 번째 화살인 재정 지출에 대해서는 민간부문의 트라우마를 극복하기 위해 할 수 있는 모든 시책을 실시해야 한다. 구로다 총재가 금융완화 만큼의 충격을 줄 수 있을 정도의 내용을 가진 정책을 지속적으로 시행해 나가기를 기대한다.

누구도 일본의 엔저와 관련된 환율 조작을 비판하지 않았다

허니문이 끝났어도 본래 상태로 돌아오지 않는 것이 엔저다.

일본은 과거 수십 년간 무역 흑자를 기록해 왔기 때문에 외환시장에는 지속적으로 엔고 압력이 있었다. 그런데 일본은 2011년부터 무역 적자국이 되었고 그 적자액이 지금은 상당히 큰 규모를 형성하고 있다. 게다가 일본은 고령화와 산업공동화가 현저하고 동북 대지진으로 막대한 피해를 입었다. 이런 상황이 계속된다면 원래 엔저가 될 터이지만 외환 시장에서는 2012년 말까지 계속 엔고 현상이 이어졌다. 나는 보고서나 강연에서 '최근의 외환 동향은 정상이 아니다. 일본 정부는 외환 시장에 개입해야 한다'고 몇 번이나 강조했지만 그럼에도 불구하고 엔고는 계속 이어졌다.

이러한 상황에서 아베 총리는 '아베노믹스'로 금융완화를 추진한다고 공언했다. 거기에 미국의 헤지펀드 투자자들이 반응해 주어서 엔저가 되었고, 엔저가 급속하게 진행되면 이제까지의 예처럼 G7나 G8에서 '이것은 외환 시장 조작으로 용인될 수 없다'는 불평이 나올 법했다. 실제로 외환 시장에서 이제까지의 경험을 기초로 언제 이러한 불평이 EU 고관의 입에서 나올까 걱정했지만 이번에는 한 마디로 나오지 않았다. 독일 메르켈 총리가 다소 불평을 내비쳤지만 실제 공식 코멘트로 발표되지는 않았다. 왜냐하면 일본은 이제 무역 적자국이기 때문이다.

버블이 붕괴하고 나서 2013년까지 23년 동안 일본의 총리, 재무장관, 재무심의관 등이 엔고를 억제하기 위해 엔저 유도 발언을 수차례나 해왔지만, 그래도 엔고를 해소할 수 없었다. 그것은 일본이 세계 최대의 무역 흑자국이고, 무역 흑자국이 자국 통화의 평가절하를 통해 경기를 회복시키려고 하면 무역 적자국으로부터 반발이 생기기 때문이다. 그들은 '그렇지 않아도 세계 경제의 불균형이 이렇게 심각한데, 일본은 엔저로 상황을 더욱 어렵게 할 생각인가'라고 말한다. 그러한 목소리가 나오면 외환 시장은 곧바로 엔고로 반응하기 때문에 엔저 유도는 성공할 수 없었다.

무역 흑자국은 자신의 국가에 잉여 저축이 있기 때문에 자국 저축을 내수 확대로 활용하여 경기를 진작시키는 것이 국제 룰이다. 무역 적자국은 자신의 국가에 충분한 저축이 없으므로 무역수지를 균형 상태로 유지하기 위해 자국 통화의 평가절하를 통해 외수를 활용하는 방법이 국제적으로 용인되고 있다.

일본은 과거 40년간 줄곧 최대 규모의 무역 흑자국이었기 때문에 불황 대책으로서 엔저를 사실상 선택할 수 없었다. 그런데 지금은 무역 적자국으로 전락했기 때문에 엔저를 실행하겠다고 해도 이것은 국제 룰에 따른 올바른 정책 대응이기 때문에 아무도 불평하지 않는 것이다.

일본은 리먼 쇼크 이후 4년간 세계 경제를 떠받쳐 왔다

2012년 말까지 4년간 엔고가 지속되었던 배경에는 정책적인 요소가 크게 영향을 미쳤다고 할 수 있다. 무슨 말인가 하면 리먼 쇼크가 발생한 지 2개월 후에 워싱턴에서 긴급 G20 회의가 열렸다. 당시 아소 총리도 참가했는데, 그때 20개국이 합의한 내용은 '우리는 통화 전쟁을 하지 않는다'는 것이었다. 각국이 1930년대와 같은 통화절하 경쟁은 하지 않는다고 분명히 표명했지만, 그

약속을 지킨 것은 일본뿐이었다.

여타 국가들은 양적완화라는 수법을 사용했다. 이 양적완화를 통해 일제히 통화의 평가절하를 실시했다. 영국도 대규모 양적완화를 실시했고 미국도 QE1에서 QE3까지 거액의 완화책을 실시했으며 EU도 비슷한 정책을 펼쳤다. 또한 스위스는 대놓고 외환 시장에 개입하여 강제로 평가절하를 유도했다. 그러나 일본만은 그리 하지 않았기 때문에 엔화만 점점 강세를 나타냈고, 여타 통화는 전부 평가절하되는 상황이 벌어진 것이다.

그때 아베 총리는 일본 기업으로부터 '요즘과 같은 엔고에서는 사업을 지속할 수 없다'는 원망이 가득한 소리를 들었지만, 반응하지 않았다. 그는 80년 전 역사의 교훈을 이해하고 있었기 때문에 대응책을 마련하지 않은 것이다.

1930년대 대공황 시기에 왜 세계 경제가 그렇게까지 나빠졌을까. 그 이유는 당시 채권국이었던 미국 스스로 채권국이라는 자각과 책임감이 없었고 그러한 인식조차 없었기 때문이다. 그렇기 때문에 불황을 맞이했고, 채무국이 통화의 평가절상을 추진하면 미국도 그것을 쫓아갔다. 그러나 무역 적자를 내고 있는 채무국은 그밖에 선택 사항이 없기 때문에 통화의 평가절하를 할 수밖에 없지만, 무역 흑자를 내고 있는 채권국이 평가절하를 실시하면 채무국은 자국 통화를 더욱 평가절하하지 않을 수 없었다. 이것은 통화의 평가절하 경쟁을 초래했고 그 영향으로 세계 각국이 보호주의라는 형태로 자기방어에 몰두한 결과, 세계 무역의 규모가 3분의 1로 감소하는 엄청난 일이 벌어졌다.

리먼 쇼크가 발생했을 당시 일본은 대규모 무역 흑자국이었고 최대 채권국이었다. 그렇기 때문에 이 역사를 알고 있는 아소 총리는 채권국인 일본이 채무국의 조치를 따라 하면 세계 경제가 붕괴할 것이라고 판단한 것이다. 이후 정권이 민주당으로 바뀌지만, 민주당의 첫 재무장관으로 임명된 후쿠이도 같은 인식을 가진 인물이었다. 그는 1930년대 교훈을 정확히 이해하고 있었기 때문에 엔고가 지속되었던 것이다.

그 시기에 일본이 펼친 세계 경제와 세계 무역을 유지하는 정책은 100% 올바른 정책이었다. 만일 일본이 미국이나 영국과 같은 정책을 채용했다면 어떻게 되었을까 생각하면, 그 당시 일본이 '우리가 희생하더라도 여타 국가들과 같은 정책은 실시하지 않겠다'고 결정한 것에는 매우 큰 의의가 있었다. 그러나 유감스럽게도 해외에는 당시 일본의 고상한 희생을 평가해 주는 사람이 거의 없었고, 일본의 행동을 당연한 것으로 받아들였다.

당시 아소 재무장관과 후쿠이 재무장관이 통찰력 있는 역사 인식을 바탕으로 통화의 평가절하 정책을 실시하지 않음으로써 통화 전쟁은 막을 수 있었다. 그 결과, 세계 무역은 1930년대와 같이 붕괴되지 않았고, 이후 4년간 미국 경제는 조금씩 회복되었다. EU는 제5장에서 설명한 것처럼 자신들의 실정으로 또 다른 함정에 빠졌지만, 적어도 정말 눈앞이 캄캄했던 리먼 쇼크 당시에 비해서는 다소 좋아졌다.

그리고 그 4년 뒤, 또다시 자민당이 정권을 잡았다. 아베 총리는 엔화의 평가절하를 이야기하기 시작했고, 그것에 헤지펀드 투자자들이 편승해 준 덕분에 엔저 현상이 발생했다. 이에 대해 미국의 자동차 업계로부터 반발의 목소리가 나왔지만, 아소 재무장관은 G8이나 G20에서 "4년 전 통화 경쟁은 하지 않겠다는 약속을 지킨 것은 일본뿐이다. 여러분은 모두 양적완화라는 편법으로 통화의 평가절하를 유도했다. 그러나 우리가 평가절하책을 쓰지 않았기 때문에 세계 경제는 통화 전쟁에 휘말리지 않게 되었다. 그 결과, 일본은 최근 4년간 대규모 무역 흑자에서 무역 적자로 전락하는 크나큰 희생을 치렀다. 4년 전과 비교해 4년 후인 지금 여러분은 좋은 상황에 놓여 있다. 그렇기 때문에 4년 전에 여러분이 했던 것을 지금은 일본이 하고자 한다"고 반론했던 것이다.

아소 재무장관의 발언에는 그 누구도 제대로 된 반론을 하지 못했다. 그러한 의미에서 최근 4년간을 돌이켜봐도, 또 일본이 무역 적자라는 것을 보아도 엔저는 앞으로도 유지될 것이다. 즉, 갑자기 85엔이나 70엔으로 엔화 환율이 오를 가능성은 EU에서 엄청난 일이 벌어지지 않는 한 극히 희박하다.

실질실효환율은 일본 기업의 어려움을 나타내지 못한다

일부에서는 엔화 시세를 실질실효환율로 보면 심각한 엔고 상황이 아니며, 특히 1995년에 달러당 79엔이었을 때와 비교하면 리먼 쇼크 이후의 실질실효환율은 훨씬 낮은 수준이라고 지적한다.

실질실효환율의 접근법에 의하면, 미국의 인플레율이 일본보다 높게 추이될 경우, 그 사이에 명목환율이 변하지 않아도 양국 간 인플레율의 차이만큼 일본에서 수출한 물건은 미국에서 비싸게 팔리는 것이므로 그만큼 실질적으로 '달러 가치 상승, 엔화 가치 하락'이 진행되고 있다고 해석된다.

따라서 1995년부터 현재까지 일본의 물가 수준은 약간 디플레 현상을 띠고 있다. 그러나 미국을 포함한 일본의 무역상대국에서는 각각 인플레가 진행되었기 때문에 실질실효환율로 계산하면 엔화 환율은 1995년 당시보다도 지금이 훨씬 낮다. 실제로 나는 미국의 금융 당국자로부터 실질실효환율로 보면 리먼 쇼크 이후 일본 기업이 엔고로 고통받고 있다고 보기 어렵다는 발언을 들은 적도 있다.

일본의 수출 산업에서 진짜 '실질실효환율'은 명목환율

그러나 위와 같은 지적에는 두 가지 문제가 있다. 첫 번째는 1995년에 발생한 달러당 80엔 대의 엔고 현상이 4개월간 지속되었고 이후 사태가 개선되었다는 점이다. 그런데 이번에는 4년 이상 '초엔고'가 이어지고 있고, 이것이 산업계에 미치는 영향은 이전과 비교할 수 없을 정도로 심각하다. 게다가 이전에는 아직 실력을 갖추지 못한 한국과 중국이 지금은 상당한 힘을 키워가고 있기 때문에 환율이 쌍방으로 영향을 미치고 있다. 그렇기 때문에 이 4년 동안 일본이 치른 비용은 상당이 큰 것이다.

두 번째 문제는 일본의 경우, 수출품이 내구재나 중간재에 특화되어 있다는 점이다. 그런데 내구재의 가격은 일본뿐만 아니라 미국 등에서도 전혀 오르지 않았다.

실질실효환율의 계산으로는 소비자물가와 같은 '전체'의 인플레 격차로 명목환율을 조정하지만, 수출품이 내구재 등으로 편중된 일본의 경우, 자국의 인플레율이 제로여도 상대국에서의 수출품 판매가격도 오르지 않았기 때문에 비교해야 하는 인플레율은 양쪽 모두 제로라는 것이다.

이는 일본의 수출업자가 직면하는 '실질실효환율'은 명목환율과 거의 유사한 것으로 명목환율이 4년간 과거 최고 수준으로 추이했다는 것은 그들이 막대한 피해를 입었다는 것을 의미한다.

물론 이 문제는 미국의 대일 내구재 수출업에는 더욱 심각한 영향을 미친다. 그들의 관점에서 보면, 자국의 제조 비용은 매년 2% 전후로 상승하고 있는 데에 비해 일본에서의 제품 판매가격은 거의 오르지 않는다. 그렇기 때문에 미국의 자동차 업체 등은 조금이라도 엔화 가치가 떨어지면 불평을 하고, 미국 언론이나 일부 정치가는 '일본을 용서할 수 없다'는 논조로 목소리를 높여 왔다.

다만, 이번에는 그들의 주장이 이전만큼 영향력을 갖기 어려울 것으로 보인다. 왜냐하면 일본 자체가 이미 무역 적자국이 되었기 때문이다.

이전 미국의 자동차 업체나 그것을 대변하던 의회와 USTR(미국통상대표부)이 영향력을 가지게 된 것은 당시의 일본이 세계 최대 규모의 무역 흑자국이고, 그 흑자국이 엔저를 유도하여 세계 경제의 불균형을 더욱 확대시키는 것은 용납할 수 없다는 합의가 이루어졌기 때문이었다. 그렇기 때문에 버블 붕괴 이후 일본이 밸런스시트 불황에 빠져 힘든 경제 운영을 강요받았을 때도 무역 흑자국인 일본은 엔저를 통한 외수 확대를 불황 극복의 수단으로 사용하지 않았던 것이다.

실제로 EU와 미국으로부터의 경고를 무시한 일본의 대장성이 1999년 6월 당시 117엔이었던 환율을 내리기 위해 대대적으로 외환 시장 개입을 단행하자 서머스 미국 재무장관은 맹렬히 반발했다. 결국 3조 엔에 달하는 대규모 외환 시장 개입에도 불구하고 엔화는 오히려 급등하여 한때 100엔 가까이 평가절상이 되었다.

그렇지만 지금의 일본은 무역 적자국이고 EU에 대한 무역수지는 이미 적자로 전락했다. 이 무역 적자국이 자국 통화의 평가절하를 통해 적자를 해소하려는 시도는 정당한 정책 대응이며 무역상대국으로부터 이러쿵저러쿵 말을 들을 이유도 없다.

95엔~100엔대가 바람직하다

그렇다면 일본은 더더욱 엔저를 추진해야 할까. 아마 95엔~100엔 정도의 현행 수준을 유지하는 것이 가장 바람직하다고 생각한다. 원전이 전부 멈추고 에너지 문제가 부각된 상황에서 현재 수준보다 엔화 환율이 떨어지면 이번에는 에너지 비용 상승이라는 경기 마이너스 효과가 엔저로 인한 플러스 효과를 상쇄할 가능성이 있다. 그러나 95엔~100엔 정도라면 이전의 초엔고에 비해 경기에 긍정적으로 작용할 가능성이 높다.

엔저로 전환하는 계기를 만든 것은 아베 정권의 탄생이었다. 그러나 현행 수준에서 엔저를 멈추고 원래의 엔고로 되돌아가지 않는 배경에는 크게 두 가지 이유가 있다. 그것은 일본이 무역 적자국이라는 사실과 지난 4년간 일본이 세계 경제를 지탱하기 위해서 큰 희생을 감수하였다는 것에 대해 어떤 나라도 반론을 제기할 수 없는 상황이기 때문이다.

따라서 이것은 앞으로도 일본 경제에 플러스 요인이 될 것이며, 일본 기업도 이제서야 비즈니스에 우호적인 환경이 조성되었다는 것을 실감하고 있다고 생각한다.

일본의 재정 적자가 확대된 최대 이유는 기업의 행동 변화

그런데 일본의 정부 채무가 이렇게까지 확대되었기 때문에 일본인이 국채를 소화할 수 있는 것도 앞으로 수년밖에 남지 않았다는 논의가 있다. 그리고 그 대부분이 일본의 개인금융자산(2013년 6월 기준, 1,590조 엔) 규모에 대한 비율의 형태로 논의가 진행되고 있다.

이 문제를 생각할 때 개인금융자산이 하나의 요소인 것은 맞지만, 이런 종류의 논의는 일본이 떠안고 있는 문제의 본질을 놓치고 있다. 일본이 이렇게까지 많이 정부 채무를 갖게 된 이유는 일본 국민 개개인의 행동에서 비롯된 것이 아니기 때문이다.

과거 20년간 일본의 정부 채무가 막대한 규모로 확대된 원인은 일본 기업의 행동 변화에 있다.

이것은 자금순환 통계(그림1-15a 및 15b)에서 민간기업의 저축과 정부의 재정 적자가 정확하게 반비례하고 있다는 사실에 단적으로 나타나 있다. 실제 비금융법인기업 자금부족의 GDP비와 일반정부 자금부족의 GDP비의 상관관계는 1980년도부터 2012년까지 마이너스 0.81이었고, 이것에 민간금융기관을 더하면 마이너스 0.86으로 역상관 관계가 매우 강하다.

이와 함께, 기업이 저축을 늘린 시기는 모두 일본의 불황과 겹친다. 이는 재정 적자의 직접적 원인은 기업부문이 제로금리하에서도 저축 증대에 몰두함으로써 민간의 디플레갭이 확대되어 불황이 초래되었기 때문이라고 말할 수 있다.

또한 기업부문이 그러한 행동을 취한 이유는 1990년부터 2005년까지 15년간은 버블 붕괴로 훼손된 자사의 밸런스시트 회복 때문이었고, 2008년의 리먼 쇼크 이후는 세계적인 금융 위기에 대한 자기방어였다고 볼 수 있다.

이것은 어떤 경우에서도 기업의 저축이 먼저 증가하고, 거기에서 경기가 악화되어 정부의 재정부담 증가로 이어진 것이다. 이는 민간의 금융기관에는 정부의 재정 적자를 파이낸스할 정도의 미차저축이 원래 있었던 것이다.

다시 말하면, 민간기업이 이렇게까지 저축에 몰두하지 않았다면 경기도 그렇게까지 악화되지 않았으며, 경기가 악화되지 않았다면 정부도 그 정도로 재정 적자를 내지 않아도 되었을 것이다.

이것은 그리스와 같은 방만 재정에서 비롯된 '정부의 실수에 따른 재정 적자'와는 인과관계가 완전히 반대이며, 그것을 무엇보다도 정확히 반영하고 있는 것이 바로 금리이다.

즉 한정된 민간저축에 대해 민간도 정부도 돈을 빌리려 하는 통상의 재정 적자 상황에서는 구축 효과가 발생하여 금리가 상승한다. 이 경우는 민간이 빌리려고 하는 상황에서 정부가 무리하게 끼어드는 것이기 때문에 경제학 교과서에 있는 것처럼 자원 배분도 왜곡되고 경제 성장 전체에도 악영향을 끼칠 수 있다. 그리스가 거짓 재정 적자를 발표한 것으로 판명되어 외국 투자자의 신용을 잃게 되자 그리스의 금리가 급상승하기 시작한 것은 당연한 결과라고 말할 수 있다.

한편 현재의 일본, 영국, 미국은 금리가 거의 제로여도 버블에 편승한 민간부문이 밸런스시트 회복을 위한 저축 증대에 몰두하고 있는 것이 불황의 원인이다. 이 저축은 정부가 빌려 쓰지 않으면 빌리려는 사람이 없기 때문에 은행 내부의 미차저축 형태로 축적되어 디플레갭이 된다.

이 경우에는 정부 차입에 의해 자원 배분이 악화되는 일도 없다. 만약 정부가 빌려 쓰지 않으면 이들 자원은 '실업'하게 되고, 실업이야 말로 최악의 자원 배분이기 때문이다. 게다가 민간에서 이들 자금을 운용하는 펀드 매니저들은 마지막에 남은 자금 수요자인 정부로 쇄도하기 때문에 국채의 가격은 상승하고 국채금리는 하락하는 것이다.

이와 같은 '민간 측 과실에 의한 재정 적자'는 경제활동을 지탱하고 민간의 밸런스시트 회복을 지원해 경제를 개선해 간다는 의미에서 '선'이며 그것이 낮은 국채금리의 형태로 나타나는 것이다.

또한 재정 적자가 기업 행동의 변화에 기인하고 있는 것은 기업이 돈을 빌리려 하지 않는 한 재정건전화는 성공하지 못한다는 것을 의미하기도 한다. 즉, 기업이 돈을 빌리려고 한다면 정부가 재정건전화를 추진해도 정부가 빌리지 않게 된 민간저축을 민간기업이 곧바로 빌려 써 주기 때문에 GDP는 유지된다. 그리고 GDP가 유지되면 재정건전화는 성공하게 되는 것이다.

일본의 재정 적자 원인이 기업이 제로금리에도 저축에 몰두하고 있는 것이라는 점을 모르는 사람들은 개인금융자산을 기준으로 재정파이낸스가 앞으로 몇 년 가능하다는 등의 논의에 몰두하고 있다. 그럴 여유가 있다면 어떻게 해야 기업부문이 돈을 빌려써 줄 것인가를 생각하는 것이 보다 현명하다. 이 기업 행동을 고칠 수 있다면 일본은 디플레 문제도 재정 적자 문제도 해결해 나갈 수 있기 때문이다.

이런 의미에서 '아베노믹스'의 제2와 제3의 화살로 민간이 돈을 빌리도록 만드는 정책을 실시해 나가는 것이 일본의 재정건전화에 매우 중요한 첫걸음이라고 말할 수 있다.

인구 감소가 경제 침체의 근본 원인이라고 보는 일본

그런데 일본의 인구, 특히 그 중에서도 생산가능인구가 최근 계속해서 감소하고 있고, 이것이 일본 경제가 침체를 거듭하고 있는 원인이라고 주장하는 사람이 많다.

일본의 인구가 감소한다는 것은 '일본비관론'으로 직결하는 논의로서, 나 역시 최근 10년간 전 세계 투자자들과 펀드매니저 담당자들로부터 '일본은 머지않아 없어질 것이다. 그런 곳에 투자할 수는 없다'는 말을 귀가 따가울 정도로 들어 왔다.

당장 내일의 환율도 모르는 사람들이 수백 년 후의 이야기로 일본을 경시하는 시각을 갖는 것은 납득이 안 되지만, 이 인구 요인이 일본 경기침체의 근본적인 원인 중 하나인 것은 틀림없는 사실이다. 또한 실제로 일부 기업은 점점 인구 감소로 시장이 축소되고 있는 일본이 아니라 시장이 확대되고 있는 해외로 생산거점을 옮기고 있다.

이민이 경제의 활력을 향상하는 데 크게 공헌해 온 영국과 미국의 시각에서 일본의 인구 문제를 보면, 인구가 감소하고 고령화가 심화되고 있는 일본이 이민에 대해 폐쇄적인 것이 큰 마이너스 요인으로 비춰지고 있다.

예를 들어 미국의 최첨단 기술을 견인해 온 캘리포니아주 실리콘밸리는 대만, 중국계와 인도계 사람들 없이는 절대 돌아가지 않는다. 전 세계의 우수한 금융 인력을 모아 금융 센터가 된 런던도 윔블던 현상이라고 불릴 정도로 우수한 인재가 모여들어 경쟁력을 유지하고 있다.

이와 같은 방식으로 성공해 온 사람들(이들 중 대부분은 자신이 이민)이 자금운용의 입장에서 일본을 보면, 일본은 고령화로 경제가 축소되는 가운데 정말로 미래가 있는가라는 의문을 갖게 된다.

게다가 1990년대부터 최근의 '아베노믹스'까지 일본의 주가를 떠받친 것이 이들 외국인 투자자였다는 것을 감안하면 최근 들어 그들이 위와 같은 우려를 한다는 것은 일본의 주가 형성에도 중요한 의미를 갖는다.

내수 침체는 생산가능인구의 감소가 아니라 밸런스시트 불황이 원인

이러한 가운데 일본에서는 2010년에 모타니 고스케(藻谷浩介)가 쓴 『디플레이션의 정체』가 베스트셀러가 되었고, 이 책에서 모타니는 생산가능인구의 감소로 일본의 내수 침체를 설명할 수 있다고 주장하고 있다.

여기에서 모타니가 내세운 데이터는 소매판매 등 일반적으로 내수를 나타내는 지표뿐만 아니라 자동차 판매 대수 및 수도 사용량 등 경제활동에 직결하는 지표까지 포함하고 있고, 이것들은 모두 1990년대 후반부터 감소로 전환되어 있으며 이러한 움직임은 일본의 생산가능인구 동향과 일치한다고 주장하고 있다.

실제로 모타니는 전국 지자체 데이터를 세세한 부분까지 확인한 결과, 유일하게 생산가능인구가 감소하고 있지 않은 오키나와(沖繩)현만이 내수가 확대되고 있다는 것을 확인했다.

모타니의 책은 매우 읽기 쉽고, 사용되는 데이터도 재미있는 것이 많으며, 통찰력 있는 지적과 분석도 다수 있다. 그러나 생산가능인구의 감소가 일본 경제의 침체를 설명하는 데에 충분한 요인이라는 주장에는 지나친 위화감이 느껴졌다.

모타니가 내걸고 있는 많은 현상은 사실 밸런스시트 불황의 결과이기 때문이다.

개인의 금융자산은 금융기관을 매개로 이미 어디선가 사용되고 있다

우선 모타니는 고령자가 대부분을 보유하고 있는 1,500조 엔이라는 개인금융자산을 사용하게 하거나 젊은 세대에게 증여하여 그 젊은 세대가 사용하도록 하는 것이 가장 중요한 경기 대책이라고 주장하고 있다. 그러나 이 1,500조 엔은 창고에 지폐 형태로 쌓여 있는 것이 아니다.

1,500조 엔의 대부분은 금융기관에 맡겨져 있다. 그렇다고 한다면 이 1,500조 엔을 맡고 있는 금융기관은 그 돈을 어딘가에 빌려주었을 것이고, 빌려진 돈은 어딘가에서 사용되고 있을 터다.

이 1,500조 엔의 일부를 정부의 정책으로 다른 곳에서 쓰이도록 한다면, 지금 그것을 사용하고 있는 사람 및 기업은 그 크기만큼 금융기관으로부터의 융자를 받을 수 없게 되고 소비와 투자를 삭감해야 한다.

즉 전체적으로 1,500조 엔의 일부를 정책적으로 이제까지와는 다른 분야로 전용하려 해도 그 크기만큼 돈을 쓸 수 없는 사람이 어딘가에서 발생하기 때문에 경기 전체가 좋아질 이유는 없는 것이다. 이런 종류의 정책이 기능하기 위해서는 거기에 동원되는 돈이 이제까지 현금으로 창고 등에 사장되어 있는 경우뿐이다.

즉 아무리 인구 고령화가 진행되어 고령자가 보유한 자산이 증가해도 이것이 모두 금융기관을 통해 대출되어 사용되고 있다면 내수 감소의 요인은 되지 않는다는 것이다.

기업의 채무 변제가 소비와 투자를 억제했다

그런데 버블 붕괴 이후 일본에서는 기업과 개인에게 발생한 밸런스시트 문제로 인해 민간이 제로금리하에서도 채무 변제에 몰두하는, 어느 경제학 교과서에도 실려 있지 않은 듯한 사태가 발생했다. 이 제로금리하에서도 민간기업이 돈을 빌리지 않는다는 이상 사태는 일본에서 초저금리 상태를 항시화시켰고, 고령자의 인생 설계에 직접적으로 영향을 미쳤다. 그들 중 많은 사람은 금리 수입으로 매일매일 지출을 충당하려 하기 때문이다.

금리 수입을 상실한 그들은 다른 수입이 없기 때문에 원금을 지켜야 했고, 그 결과 소비를 축소할 수밖에 없었다.

또한 현세대도 자금 수요자가 부재한 가운데 현금과 연금, 생명보험의 이자가 격감하여 그만큼 저축을 늘리지 않고서는 노후에 대비할 수 없는 상황이 되었다. 이것은 결과적으로 개인소비를 억제하는 것으로 연결되는데, 이것이 두드러진 시기는 1990년대 후반이다. 그리고 이 시기는 우연히도 모타니가 지적한 생산가능인구가 감소하기 시작한 시기와 일치한다.

예를 들어, 버블 이전 일본의 장기금리는 5~6%였고, 만약 고령자가 보유한 금융자산이 1,000조 엔이라고 하자. 이것이 5%로 운용되면 그들의 연간 금리소득은 50조 엔이 된다. 이는 현재 일본 GDP의 10% 수준이고 이와 같은 돈이 사용되는지 사용되지 않는지에 따라 경제 상황은 크게 변화한다.

그렇지만 지금은 단기금리가 0%이고 장기금리가 0.8%이기 때문에 1,000조 엔이 모두 10년 물로 운용된다 하더라도 8조 엔밖에 되지 않고, 이전에 비해 그들의 수입은 42조 엔이나 감소하는 것이다.

이 금리 수입은 원래 수준에서 40조 엔 이상이나 감소한 것으로, 이것은 현세대와 고령자의 소비에 큰 영향을 미친다.

저축을 깨지 않고 원금 유지를 우선시하는 고령자

본래 고령자는 소비는 하지만 생산은 하지 않기 때문에 고령자 수가 증가하면 디플레갭이 줄고 인플레를 실현시키는 쪽으로 영향을 미칠 것이다.

그렇지만 지금의 일본에서는 제로금리에도 기업이 전혀 돈을 빌리지 않는 '차입거부증'에 빠져 있기 때문에 금리 수입을 잃은 고령자들은 필사적으로 금융자산의 원금을 지키려 한다. 현시점에서의 인구 고령화는 인플레 요인이 아니라 디플레 요인이다.

즉 제약의 근원은 고령화가 아니라 밸런스시트 불황을 경험한 민간부문이 차입을 병적으로 싫어하게 되고, 그 결과 금리 수입이 격감한 고령자들이 원금 유지에 집착하게 된 것이다.

이 민간의 자금 수요자 부족 문제는 2003년 이후 점차 개선되어 그림 1-15b와 같이 2007년에는 기업부문이 본래의 모습과 비슷한 정도까지 회복했지만, 2008년 9월 리먼 쇼크의 영향으로 다시 급속히 확대되었다. 즉, 최근에는 금융자산을 늘리려는 기업이 차입금을 늘려서라도 사업을 확대하려는 기업보다 다시 많아진 것이다.

이것은 리먼 쇼크로 일본의 생산이 한때 1983년 수준까지 하락하고, 일부에서 신용경색이 발생한 것에 의한 충격으로 기업이 한꺼번에 신중해진 것이 배경이 되었다고 생각한다.

일본 경제의 병목현상은 민간기업의 자금 수요 부족이 원인

그런 의미에서 정부는 조세를 포함한 모든 인센티브를 동원하여 민간기업이 돈을 빌려 쓰도록 하는 것을 최우선 과제로 삼아야 하며, 이것만 극복할 수 있다면 나머지 문제는 사실 그리 심각하지 않다. 그런 의미에서 '아베노믹스'의 두 번째 화살인 재정 지출로 일괄상각이나 투자감세가 논의되고 있는 것은 매우 중요한 부분이다.

즉 기업이 돈을 빌려 사용하기 시작하면 1,500조 엔의 금융자산은 민간이 활용하게 되고 거기에 금리가 붙으면 고령자도 쉽게 돈을 사용할 수 있게 된다. 또한 현역 세대도 그 나름대로 금리가 붙으면 지금과 같은 저축을 하지 않아도 노후에 대비할 수 있다.

더욱이 민간의 자금 수요가 회복된다는 것은 정부가 증세와 지출 삭감으로 재정건전화를 추진해도 정부가 빌리지 않게 된 돈을 민간이 바로 빌려 사용하기 때문에 GDP를 감소시키지 않고 재정건전화를 추진할 수 있다는 것이다. 그렇게 해서 비로소 정부는 재정 적자 문제에 대처할 수 있게 된다.

결국, 지금의 일본에 가장 부족한 것은 민간에서 차입해 주는 사람들이고 이 병목현상을 해소하는 것이 일본 경제의 정상화를 위해 반드시 필요하다.

밸런스시트 불황으로 물건을 소중히 여기게 된 일본인

그런데 모타니가 지적하는 여타 사례 중 1997년에 최고치를 기록한 뒤 1인당 수도사용량이 줄고 있다는 점에 대해서는 1995년의 초엔고를 배경으로 많은 공장이 해외로 진출한 것으로 설명할 수 있을 것이다. 공장이 해외로 나감으로써 모노즈쿠리(物作り, 장인정신)에 필요한 물 사용량도 줄어든 것이라고 생각할 수 있다.

또한, 1980년대까지 이어진 '고도성장과 지가 상승'의 신화가 이후에 버블 붕괴로 무너진 것은 일본의 소비활동에 큰 변화를 가져왔다. 그때까지는 매년 월급이 상승하는 것을 전제로 소비해 온 사람들이 그 전제가 붕괴됨에 따라 한꺼번에 신중한 태도를 보였기 때문이다.

예를 들어 1990년대 전반까지도 일본에서 자동차를 2~3년에 한 번 교체하는 것은 당연시되었다. 그 결과, 일본의 중고차 시장에는 EU와 미국에서는 상상하기 어려울 정도로 주행거리도 짧고 신제품에 가까운 번쩍번쩍한 자동차가 깜짝 놀랄 정도로 싸게 팔렸던 것이다.

한편, 일본 차의 품질은 세계 최고이고 자동차 자체는 10년 이상 사용해도 전혀 문제없을 정도로 성능이 좋아졌다. 그 결과, 동남아시아와 구소련은 일본의 싸고 질 좋은 중고차를 대량 수입하였다.

그런데 밸런스시트 불황으로 수입이 전혀 늘지 않았을 뿐만 아니라 오히려 줄기 시작한 사람들은 재화를 소중히 사용함으로써 이전과 같이 빈번히 자동차를 교체하는 행동을 더 이상 취하지 않게 되었다.

이것이 일본 내 자동차 시장이 성장하기는커녕 침체를 계속하고 있는 최대의 요인이 아닐까 생각한다. 또한 수년 전에 시작된 '그린맨'이라고 불리는 사람들에 의한 철저한 불법주차 배제로 인해 그렇지 않아도 이점이 적은 도시 지역에서의 자동차 보유가 더욱 급감했다. 이것도 일본 내 자동차 판매량이 최고치에서 260만 대 가까이 감소한 요인 중 하나라고 생각한다.

미국에서도 '황금의 60년대'가 끝나고 경기 침체가 이어진 1970년대부터 사람들은 자동차를 빈번하게 교체하지 않게 되었고 동일한 현상이 1990년대 후반 일본에서 발생한 것이다.

또한 내가 일본에 돌아온 1984년 당시는 구두와 의복을 수리하는 가게가 극히 드물었다. 헌 옷을 파는 가게는 거의 찾아볼 수 없었다. 이것은 고도성장이라고 알려진 당시, 구두와 의복은 수리하는 것이 아니라 새롭게 사는 것이 상식이었기 때문이었다. 그 결과, 나는 수선해야 하는 물건은 샌프란시스코에 있는 부모님 댁까지 가지고 가서 그 근처에서 수선하기도 했다.

그런데 현재 일본에는 그러한 수리점이 너무 많아 장사가 될지 우려될 정도다. 또한 헌 옷을 취급하는 가게도 폭발적으로 늘어난 것을 실감할 수 있다.

이것들은 모두 장기불황의 산물이고, 또한 그것은 일본의 소비자가 이제서야 현명한 '보통'의 소비자가 되었다는 것이기도 하다. 이것은 낭비가 줄어들었다는 점에서 좋았지만, 당연히 그 이전의 성장을 전제로 한 소매업자에게는 큰 충격이었다.

모타니가 지적한 생산가능인구의 감소는 내수 부진의 필요조건도 충분조건도 아니지만, 제로금리에도 민간이 돈을 빌리지 않게 된 것은 내수 부진의 충분조건이다. 또한, 현시점에서 문제의 핵심은 밸런스시트 회복에 몰두한 기업이 밸런스시트 회복이 완료되었음에도 채무 변제를 하느라 너무 고생한 경험 때문에 '차입거부증'에 걸려 돈을 빌리지 않게 되었다는 것이다. 따라서 일본 경제가 본격적으로 회복하기 위해서는 민간부문이 차입에 대한 트라우마를 극복하는 것이 필요조건이다.

소비세를 포함한 일본의 세제를 어떻게 개혁할 것인가

'아베노믹스'와 직접적인 관계는 없지만, 2012년 여름 여야 합의로 2015년까지 소비세율을 10%로 인상하기로 결정되었다. 이 합의는 여야를 불문하고 일본의 정치권에서는 매우 다행스럽다고 생각하지만, 경제적으로는 제로금리하에서도 민간이 거액의 저축에 몰두하고 있다는 점에서 심각한 리스크가 되고 있다.

우선 정치적 측면에서 보면 일본의 소비세율은 언젠가는 인상해야 하는 사안이지만, 이제까지의 예를 보아도 소비세율을 인상한 정치가는 거기서 정치 생명이 끝난 경우가 많다. 그런데 이번에는 여당과 야당이 합의한 사안이기 때문에 소비세율 인상 책임의 절반은 반대 측 사람들에게도 있다. 일본의 정치가에게 세율을 어차피 높여야 하는 상황이었다면 이 합의에 의거하여 인상하는 것이 정치적으로는 최선의 선택이 된다.

그런데 경제적으로는 제로금리하에서도 민간이 GDP 대비 8%나 저축하고 있는 이상 사태가 계속되고 있고, 이와 같은 국면에서의 증세는 개선 중인 경기를 물거품으로 만들 수도 있는 자살행위이다. 당시 전년도 실질 GDP 성장률이 4.4%로 발표되었고, 이것이 G7 가운데 최고 수준이었다는 것을 배경으로 소비세율 인상을 결정하였다.

그런데 실제로는 세율을 인상하자 경제가 디플레 악순환에 빠져 당시 5분기 연속 마이너스 성장을 기록하는 등 전후 최악의 상황이 초래되었다.

그 이유는 ① 전년도 수치는 한신 대지진 이후의 부흥 사업이라는 정부 수요가 상당 부분을 차지하고 있었고, ② 민간은 이미 그 시점에 거의 제로에 가까운 금리에도 전혀 돈을 빌릴 수 없게 된 가운데 정부까지 재정건전화에 몰두했기 때문에 경제는 디플레 악순환에 돌입한 것이다.

1997년 일본의 경험을 참고한 미국과 무시한 영국

당시 일본의 사정은 묘하게도 '재정 절벽'에서 굴러떨어지는 것을 어떻게든 회피하려는 2013년의 미국과 닮아 있다.

즉 당시 일본의 10년 물 금리도 2.5% 전후로 현재의 미국 수준 (2.7%)과 매우 비슷했고, 현재 미국의 민간부문은 1997년의 일본처럼 제로금리하에서 GDP 대비 4.8%~8.6%나 저축하고 있었다.

미국 당국은 일본의 1997년 경험을 조사한 결과, FRB의 버냉키 의장을 필두로 '재정 절벽'이라는 조어를 사용하여 미국의 민간부문이 돈을 빌리지 않은 상황에서의 재정건전화는 위험하다고 지속적으로 경고했으며 어떻게든 간발의 차로 회피한 것이다.

게다가 버냉키 의장은 만약 정말로 미국 경제가 '재정 절벽'에서 굴러떨어진다면 FRB의 통화정책으로는 전혀 대응할 수 없기 때문에 미국 경제에 엄청난 일이 발생할 것이라고 말하고 있다. 미국은 이렇게 일본의 교훈을 정면으로 받아들이고 같은 잘못을 반복하지 않기 위해 노력하고 있는 것이다.

한편, 대서양의 반대편에서는 2010년에 탄생한 캐머론 정권에 대해 당시의 킹 영국 중앙은행 총재는 일본의 교훈을 완전히 무시했다. 그는 정부가 재정건전화에 몰두해도 중앙은행의 금융완화로 영국 경제는 지탱될 수 있다고 호언했다. 그러나 결과는 영국 중앙은행이 사상 최대의 양적완화를 실시했음에도 불구하고 영국 경제가 더블딥에 빠져버렸다.

그리고 2010년 당시 영국에서도 0.5%라는 사상 최저 금리에도 불구하고 민간은 GDP 대비 8%나 저축하고 있었다.

그 후 킹 총재는 자신의 실수를 알아차린 것인지 임기 종반에는 통화정책의 한계라는 표현을 자주 언급하였다.

1997년 일본의 실패를 거울삼아 그것을 회피한 미국은 최근 들어 그 나름대로의 회복을 보이고 있는 반면, 처음부터 일본의 경험을 무시한 영국은 더블딥에 빠졌다. 즉 일본, 미국, 영국의 예를 보면 민간이 제로금리에도 GDP 대비로 저축을 크게 늘리고 있을 때는 절대로 재정건전화를 추진해서는 안 된다는 것이다.

또한 그와 같은 국면에서는 아무리 통화정책을 완화해도 민간에 자금 수요자가 부재하기 때문에 돈은 금융 시스템 외부로 나가지 못하고, 재정건전화에서 오는 부정적 효과를 금융완화로 상쇄하는 것은 가능하지 않다는 것이다.

외국인 투자자는 소비세율 인상을 바라고 있다?

이들 내외의 사례가 있음에도 불구하고 일본 내 모 신문은 마치 모든 외국인 투자자가 소비세율의 인상을 바라고 있는 듯한 이미지를 만드는 데 필사적이다. 그러나 적어도 내가 접할 기회가 있는 EU와 미국의 투자자들로부터의 질문은 '정말로 이러한 시기에 소비세율을 인상해도 괜찮은가?'라는 우려의 목소리가 압도적으로 많다.

왜 그들이 이러한 걱정을 하는지는 그들의 입장에서 생각해 보면 쉽게 알 수 있다. 즉, 지금 미국 주식에 투자한 사람의 입장에서 보면 미국의 거시경제에서 가장 우려되는 것은 미국 경제가 '재정 절벽'에서 굴러떨어지는 리스크일 것이다. 그렇게 되면 지금의 미국은 1997년 당시 일본이나 최근의 스페인과 같이 될 가능성이 높기 때문이다. 그와 같은 걱정을 하고 있는 해외 투자자가 제로금리에도 민간이 돈을 빌리려 하지 않는 일본에서 똑같은 걱정을 하지 않을 리가 없다는 것이다.

실제로 1997년은 나도 선명히 기억하고 있지만, 연초에 하시모토 총리가 재정건전화로의 정책 전환을 발표하는 순간 외국인의 일본 주식 매도가 시작되었고, 그것이 'Sell Japan'이라는 새로운 단어가 생길 정도로 엄청난 사태로 확대되었다. 당시의 외국인 투자자도 그 시점에 일본 경제가 정부의 재정 지출로 지탱되고 있는 것을 알고 있었고, 그렇기 때문에 그들은 재정건전화 시책이 발표되는 시점에 일본 주식을 매도하기 시작한 것이다.

이때 일본 주식 매도는 주가 하락과 엔저를 동시에 초래했고 그래서 자기자본비율의 분모와 분자의 양쪽에서 영향을 받은 일본의 은행은 적절히 대응할 수 없게 되었다. 거기에서 시작된 신용경색으로 그렇지 않아도 재정건전화로 큰 타격을 받은 일본의 경기는 한층 더 악화되고 말았다.

이 실패로 일본의 재정 적자는 세율을 높이고 세출을 삭감했음에도 불구하고 1997년도의 22조 엔에서 1999년도의 38조 엔까지 73%나 확대되었으며, 이것을 원래의 수준으로 되돌리는 데 10년이나 걸렸던 것이다.

만약 2014년의 일본에서 동일한 현상이 발생한다면 그것이야 말로 차마 눈 뜨고 볼 수 없는 사태가 될 것이다. 현재의 재정 적자 는 리먼 쇼크의 영향으로 1996년의 두 배 이상인 46조 엔으로 확대 되었고, 누적 채무도 GDP의 240%나 되기 때문이다.

지금의 기업 수익은 정부의 방대한 재정 적자로 성립된다

한편, 정부는 재정 적자를 줄여서는 안 된다는 일본 내 경제 단 체로부터의 목소리가 여전히 존재한다. 그러나 그들은 이를 주장 할 자격이 없으며 제로금리에도 돈을 빌리지 않는 그들이야말로 지금 일본 경제의 최대 문제인 것이다.

즉 만약 정부가 재정 적자를 지속적으로 실시하여 금리가 높 아지고 그 결과로서 민간투자가 축소된다면 그들은 주주를 대표 하여 정부에 불평할 자격은 있을 것이다. 정부가 적자를 줄인다면 금리가 하락하여 민간은 좀 더 큰 투자를 할 수 있고, 그것은 최종 적으로 경제 전체뿐만 아니라 개개의 기업에도 플러스가 되기 때 문이다.

그런데 제로금리를 실시하고 있는 일본에서는 위와 같은 논의 는 전혀 성립되지 않는다. 국채금리가 대폭 하락했다는 것은 정부 의 재정 적자가 전혀 민간의 부담이 되지 않는다는 것을 나타내고 있기 때문이다.

그뿐만 아니라 지금과 같은 국면에 정부가 재정 적자를 줄이고자 한다면 가장 곤란한 것은 경제가 디플레 악순환에 빠져 소득이 격감하는 민간부문이다. 실제로 지금 기업이 일본에서 얻고 있는 수익의 상당 부분은 정부가 민간의 미차저축을 빌려서 사용하여 총수요가 지탱되었기 때문에 가능한 것이다.

소비세율을 인상한다면 이와 함께 재정 지출도 불가피

민간이 제로금리에도 저축에 몰두하고 있는 상황에서는 경제적으로 세율을 올릴 이유가 없다. 그러나 정치적으로 언젠가는 실시해야만 하는 소비세율 인상을 여야 합의로 추진한 것은 책임의 절반을 야당에 지울 수 있다는 점에서 장점이다. 그렇다면 소비세 문제에 어떻게 대응하는지가 중요해지는데, 만약 그와 같은 정치적 이유로 소비세율을 올린다면 정부는 증세에서 오는 부정적 경제 효과를 재정 지출로 상쇄하는 것이 불가결하다.

이것은 사실 그렇게 호들갑을 떨 문제는 아니다. 왜냐하면 1997년도에는 소비세율 인상과 함께 대규모 추경예산의 연기, 특별감세의 폐지, 사회보장부담비의 인상이라는 4가지 정책이 동시에 시행되었던 것에 비해 이번에는 소비세율 인상만 문제기 때문이다.

즉 이전에는 4가지 정책이 세트로 15조 엔 규모였지만, 이번에는 1개뿐으로 여기에서 오는 부정적 경제 효과를 상쇄하는 비용은 이전의 절반 정도면 충분하다고 생각한다. 예를 들어 소비세율 1%p분의 증세는 2조 엔에서 2.5조 엔으로 알려져 있고, 그렇다고 한다면 심리적인 요인을 제외하면 6조 엔에서 7.5조 엔의 재정 지출로 부정적 효과의 상쇄가 가능하다는 계산이 된다.

실제로 정부도 그러한 발상을 하고 있는 것인지 5조 엔 규모의 추경예산이 논의되고 있으며 투자감세와 일괄상각, 또는 법인세 인하 등이 그 상쇄 정책으로 논의되고 있다.

이 중 밸런스시트 불황의 후유증인 기업의 '차입거부증'에 직접 영향을 미치는 투자감세와 일괄상각은 반드시 필요하지만, 여기에서 주의해야 하는 것은 이들 기업 대상 감세만으로는 소비세율 인상의 상쇄 정책으로 역부족일 수 있다는 것이다.

그 이유는 소비세 증세의 부정적 효과는 증세 직후에 가장 크게 나타나는 것에 비해 기업 대상의 감세 효과가 발휘되기까지는 적어도 반년 이상의 시간이 필요하기 때문이다. 그러한 시차가 있기 때문에 만약 증세 직후부터 총수요가 급감한 1997년과 같은 상태가 된다면, 아무리 정부가 투자감세와 일괄상각을 제시해도 기업 측이 그것들을 활용할 이유가 없어진다.

따라서 소비세율을 인상한다면 정부는 기업 대상의 감세뿐만 아니라 정부 지출의 확대 등으로 총수요 급락에 대비할 필요가 있다.

정부 부채를 해소하기 위해서는 일본의 경제 성장률을 높이는 대담한 정책이 필요

이 소비세율 3% 올리는 것만으로도 이렇게 소란스러운 일본에서 GDP 대비 240%나 되는 정부 부채를 어떻게 해소할 것인가는 누구나 걱정하는 문제다.

결국 문제가 이렇게 커진 원인은 과거 20년간 정부 및 경제학계, 언론이 일본이 밸런스시트 불황에 빠진 것을 이해하지 못하고 재정이라는 불황에 효과적인 유일한 약을 투입하는 것을 주저했기 때문이다. 또한 실제로 재정 지출에 나선 때도 재정건전화의 필요성을 끊임없이 강조해 모처럼 실시한 재정 지출의 시간축 효과를 충분히 살리지 못했다.

즉 두 마리 토끼를 쫓지 않겠다고 선언한 오부치 정권과 리먼 쇼크에 직면한 아소 정권을 제외하면 이제까지의 모든 정권은 재정건전화와 경기 회복이라는 두 마리 토끼를 쫓는 정책을 실시하였고, 그 결과 불황을 이렇게까지 장기화시킨 것이다.

실제로 최근 20년간 밸런스시트 불황하에서 절대로 성공할 수 없는 재정건전화 시책을 몇 번이나 '국무회의에서 결정'하고 그 것을 금과옥조처럼 지키려고 했지만, 당연히 목표는 한 번도 달성되지 못했다. 그뿐만 아니라 오히려 그 목표를 달성하기 위해 재정 지출을 줄인 것이 불황을 장기화시켰다.

그 결과, 정부 부채는 급속히 확대되었고, 이 문제를 통상의 증세나 세출 삭감만으로 해소하기 위해서는 엄청난 시간이 필요할 것이다. 실제로 일부 사람들은 일본은 무엇을 해도 이미 늦었다는 식으로 말하기도 하는데, 확실히 통상의 정책으로는 매우 힘들 것이다. 그러나 최근 기업이 제로금리에도 돈을 빌리지 않고 저축에만 몰두하는 문제가 아직 해결되지 않았고, 이것을 전술한 투자감세와 일괄상각으로 극복하기 위해서는 적어도 수년은 필요할 것이다.

그래서 민간의 미차저축이 해소되고 나서 비로소 재정건전화가 가능해지지만 그때의 정부 채무가 GDP 대비 어느 정도 인가를 생각하는 것만으로도 많은 사람은 낙담할 것이다. 그러나 여기에서 사람들이 낙담하는 것이 추가적인 재정 투입을 주저하게 하는 악순환으로 이어지는 것이다.

그러나 문제가 이렇게까지 커진 것은 교과서적인 사고에 속박되어 두 마리 토끼를 쫓아왔기 때문이라면 이 문제의 해결에는 전혀 다른 발상이 필요할 수도 있다. 그리고 그것은 증세와 세출삭감 등 경제를 위축시키는 교과서적인 수법뿐만 아니라 과감하게 일본 경제의 성장률을 높이는 정책이 필요하다는 것이다.

활기를 되찾을 수 있는 정책 실시가 중요

이것은 '아베노믹스'의 성장 전략에도 관련이 있지만 그 전에 일본을 향후 어떤 나라로 만들 것인가, 혹은 일본은 어떠한 국가가 될 수 있는가 등에 관한 논의가 필요할 것이다. 이미 많은 산업이 중국을 포함한 신흥국으로 이전하고 있는 가운데 일본 경제의 성장률을 높이는 데 선택할 수 있는 사항은 그리 많지 않기 때문이다.

예를 들어 아베 총리의 슬로건은 '일본을 되찾겠다'이지만 이것은 당연히 예전의 일본으로 되돌아가자는 것은 아닐 것이다. 예전 산업의 많은 부분은 일본보다 임금이 훨씬 저렴한 신흥국으로 이전했기 때문이다.

상술한 슬로건의 진정한 의미는 '일본의 활기를 되찾자'는 것이라고 생각되는데, 이를 위해서는 사람들이 의욕을 가지도록 하는 정책이 필요하다. 또한 일본이 무엇을 할 수 있는지를 신중하게 생각할 필요가 있다. 아무리 의욕이 있어도 그 분야에서 일본이 성공할 수 있는 조건이 갖추어지지 않는다면 그 비전이 성공할 가능성은 낮아지기 때문이다.

여기에서 말하는 '조건'이란 중국이나 신흥국이 발버둥 쳐도 쫓아오지 못하는 것이 여러 개 있어야 한다는 것이다. 여기에는 잘 알려진 일본의 고도 기술과 품질관리 등에 더해 동네가 안전하고 수돗물도 마실 수 있고 사람들이 친절하고 예의 바르다는 문화적 조건도 당연히 포함된다. 사계절이 있는 풍부한 자연도 그중 하나일 것이다.

이 정도의 조건이 갖추어진 일본은 예를 들어 아시아의 스위스라는 포지션에서 고도의 기술을 가진 제조업, 세련된 서비스업, 그리고 풍부한 자연을 기초로 한 관광산업 등을 전면에 내세우면 세계적으로도 경쟁력을 보유한 경제가 될 수 있다고 생각한다.

특히 아시아에서 급증하고 있는 중산층 및 부유층 시각에서 보면, 일본은 자신들이 가지고 있지 못한 것을 보유한 지리적으로도 가까운 지역이기 때문에 주목도는 앞으로도 높아질 것이다. 게다가 그들은 윤택하면 윤택해질수록 일본의 안정적인 치안과 예의 바르고 친절한 국민성을 새롭게 평가하게 될 것이다.

토지의 효과적 활용을 성장의 기폭제로

다만 일본의 약점으로 세금과 주거 비용이 많이 드는 점을 들 수 있다.

이 중 높은 주거 비용은 부당하게 낮은 용적률과 건폐율의 제한으로 건평의 공급이 억제되어 토지의 유효 이용이 세계적으로 보아도 극히 낮은 수준인 것에 기인하고 있다. 이 문제는 국민의 생활 수준을 올리기 위해서라도 '아베노믹스'의 제3의 화살인 구조개혁으로 반드시 개혁해 나가길 기대하는 부분이다.

실제로 '아베노믹스'의 제3의 화살에는 용적률의 재검토가 명기되어 있지만 문제는 적용 범위다. 그것이 극히 일부 지역인지 일본의 도시 지역 대부분에 적용되는 것인지에 따라 그 거시적인 영향이 크게 달라지기 때문이다.

토지의 유효 이용 문제는 1991년 미일구조협의에서 논의되기 시작했지만, 미국이 그 직후 걸프 전쟁에 전념함에 따라 거의 진전을 보이지 않은 채 지지부진해진 사안이기도 하다.

미국과 홍콩을 참고로 대대적인 세제 개혁을 추진해야 한다

향후 일본을 어떤 나라로 만들어 갈 것인가에 대한 판단을 기초로, 어떤 세금을 높이고 어떤 세금을 낮추는 것이 바람직할지 생각해야 한다.

만약 일본을 앞서 언급한 것처럼 아시아의 스위스로 자리 잡게 하고 아시아의 돈을 끌어들여 발전하고자 한다면, 지금보다 소비세율은 높이고 소득세율은 낮추어야 할 것이다.

그리고 이것을 선진국에서 실천한 것이 레이건 미국 대통령의 공급 측면 개혁이었다.

당시 미국도 1970년대에 대두한 일본에 철강, 반도체에서 조선까지 거의 모든 산업을 침탈당했다. 그때까지 무적으로 아메리카 드림을 구가한 미국은 순식간에 일본에 쫓기는 신세가 되었고 실제로 당시 미국 내에서는 일본에 산업을 빼앗겨 자신들은 농업국으로 전락하는 것 아니냐는 우려도 제기되었다.

그래서 미국에서는 '일본식 경영'이 극구 찬양되는 한편, 슈퍼 301조(Super 301)나 달러 약세, 각종 신사 협정으로 일본으로부터의 수입을 억제하려 했지만 사태는 개선되지 않았다.

그리고 그들이 최종적으로 도달한 결론은 뒤에서 쫓아오는 상대를 뿌리치기 위해서는 더 빨리 달려야 한다는 것이다. 그것이 공급 측면의 개혁이라는 형태로 추진되었는데, 이를 통해 소득세율을 대폭 낮추어 사람들의 의욕을 끌어냈고 미국 경제는 부활한 것이다.

　　지금의 일본도 조금씩 중국을 포함한 신흥국에게 시장을 빼앗기고 있다는 의미로 당시의 미국과 비슷한 '쫓기는 나라'가 되었고, 쫓아오는 이들 국가를 뿌리치기 위해서는 과감한 공급 측면의 개혁이 필요하게 되었다.

　　당시 레이건 대통령도 대규모 재정 적자를 내어 물의를 빚었는데, 그 적자도 지금 일본의 수준과 비교하면 매우 작은 것이다. 또한 현재 일본에는 당시의 미국에는 없었던 고령화와 밸런스시트 불황에 기인하는 문제가 있다.

　　지금의 일본은 레이건 시대의 미국보다도 더 대담하게 대응해야 하며, 일본은 세계에서 가장 공급 측면이 강한 홍콩의 세제 등을 참고로 삼아야 할 것이다.

　　홍콩의 소득세는 최고 17%이고 실질적으로는 순소득의 15%로 되어 있다. 또한 홍콩에는 자본이득세도 배당에 대한 과세도 상속세도 없다.

　　작은 홍콩이 이제까지 많은 시련을 극복해 여기까지 성장해서 온 것도 이 세제가 사람들의 의욕을 최대한 이끌어냈기 때문이다. 그러나 홍콩은 토지의 유효이용도가 세계에서 가장 높다. 게다가

2013년 시점의 홍콩의 구매력 평가로 본 1인당 소득은 일본을 큰 폭으로 상회하고 있다.

실제로 레이건 시대의 미국에서도 홍콩의 세제를 참고해야 한다는 목소리가 있었고, 미국에도 해외로부터 자금을 유치하기 위해 외국인의 미국인 대상 증여에는 일체 세금이 부과되지 않는 제도가 있다.

또한 일본과 같이 많은 산업을 중국에 빼앗겨 '쫓기는 국가'가 된 대만에서는 수년 전에 상속세와 증여세 모두 대담하게 10%씩 인하했다. 그 결과, 대만에서는 이제까지 유출되던 자금이 대거 본국으로 되돌아왔다.

일본에 대한 일본 내외의 시각이 바뀔 수 있는 정책을

여기서 예를 들어, 아베 정권이 소득세, 법인세, 상속세, 증여세, 소비세를 모두 (최고세율을) 20%로 한다고 발표하면, 아마 일본 국내를 포함한 전 세계의 일본에 대한 시각은 근본적으로 바뀔 것이다.

우선 일본 내에는 수많은 개인이 의욕적으로 변해 적자 기업의 수는 급감하고, '어차피 세금으로 낼 정도라면'이라고 치부되던 비효율적인 지출도 급격히 줄 것이다. 또한 금융자산의 대부분을 보유하고 있는 고령자들로부터 젊은 세대를 대상으로 한 자산이전도 가속화될 것이다.

이들은 모든 측면에서 일본 경제의 효율성·생산성을 높일 뿐만 아니라 외국인에 의한 대내 투자와 외국으로 빠져나가는 일본인 부유층의 돈을 일본으로 되돌릴 수도 있다.

일본만큼 과감한 개혁을 싫어하는 국민도 없다고 이야기되는 가운데, 최고세율을 모두 20%로 한다는 것은 꿈 같은 일이라고 생각할 수 있다. 그러나 일본 재정의 참담한 상태를 생각하면 향후 이런 종류의 대담한 제안이 더 나올 필요가 있다고 생각한다.

전국적인 버블이 붕괴한 후에만 발생하는 밸런스시트 불황은 전국적으로 버블이 발생하는 일이 극히 드문 것처럼 십수년에 한 번 정도밖에 발생하지 않는다. 그러나 한 번 발생하면 정부는 당초부터 충분한 재정 지출을 민간이 다시 돈을 빌리게 될 때까지 계속할 필요가 있다.

여기에서 과거 20년간의 일본과 2010년 이후의 EU권과 같이 정부가 재정 지출을 머뭇거리고 재정건전화와 경기 회복이라는 두 마리 토끼를 잡으려는 정책을 실시하면 불황은 그만큼 심각해지고 장기화되어 결과적으로 누적 정부 부채는 막대한 금액으로 확대된다.

현재 일본의 누적 채무액은 엄청난 규모지만, 이런 종류의 불황이 십수년에 한 번 정도밖에 일어나지 않는다는 것은 당국에도 재정건전화를 위해 그만큼의 시간이 주어진다는 것이다. 버블과 밸런스시트 불황을 경험한 사람들은 두 번 다시 같은 실수를 반복하지 않기 때문에 다음 버블과 밸런스시트 불황은 이들 모두가 죽고 당시의 기억이 사라진 뒤에나 발생한다.

지금 일본 정부의 누적 채무를 5년이나 10년 안에 어떻게든 해보려 한다면 엄청난 무리가 따르고 그 노력 자체가 경기를 악화시킬 수도 있다. 그러나 주어진 시간이 30년이나 40년이라면 국가의 세제를 근본에서 재검토하는 등 모든 수단을 써서 경제 효율과 경제 성장률을 높여 대응할 수 있는 가능성이 생기는 것이다.

밸런스시트 불황이라는 개념이 이제까지의 경제학 교과서에 실리지 않았기 때문에 일본은 당초 많은 시행착오를 강요당했으며, 계속해서 두 마리 토끼를 잡으려는 실수를 범하고 말았다. 그 결과, 일본은 아시아 중에서도 1인당 GDP가 이미 싱가포르에 뒤처졌고, PPP(구매력 평가) 기준으로는 대만과 홍콩에도 밀리게 되었다.

그러나 이 불황의 실태가 밝혀진 지금, 같은 실수를 반복할 이유는 없다.

게다가 지금의 일본은 메이지유신 이후 처음으로 '따라붙고 앞지르는' 입장에서 '쫓기는 신세'가 되었고, 필요한 개혁에 주어진 시간은 극히 한정되어 있다. 지금의 미국은 1990년대 일본의 교훈을 살려 '재정 절벽'을 필사적으로 회피하는 등 성과를 내고 있다. 그리고 지금의 일본은 1970년대 미국의 교훈을 살려 사람들이 의욕을 되찾을 수 있는 개혁을 신속하게 실시할 필요가 있을 것이다.

이제까지 뒤처진 것을 만회하기 위해서라도 앞으로는 밸런스 시트 불황과 그 후유증인 대출거부증의 실태를 정확히 파악하여 거기에 걸맞은 과감한 성장 전략을 제시할 필요가 있다.

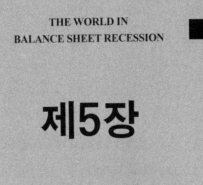

THE WORLD IN
BALANCE SHEET RECESSION

제5장

EU 위기의
진상과 해결

그리스 위기에서 시작되었으나 그리스와는 관계없는
EU 위기

현재 진행 중인 EU 위기는 밸런스시트 불황론의 응용 문제라고 볼 수 있다. 지금 이 위기는 거시경제(경기 악화)와 미시경제(경쟁력 격차의 확대)라는 두 가지 측면에서 살펴보아야 하며, 이를 위해 밸런스시트 불황이라는 개념이 반드시 필요하다. 그러나 불행하게도 일본, 미국, 영국, EU 중에서 이 개념에 대한 이해가 가장 부족한 곳이 바로 EU 지역이다.

이 위기는 그리스의 방만한 재정 운영 실태가 알려지면서 시작되었다. 그러나 더욱 비극적인 것은 그리스 위기의 영향으로 인해 그리스와는 반대되는 성격의 밸런스시트 불황에 빠진 국가들의 상황이 더욱더 악화되었다는 점이다. 그리고 그 배경에는 EU 형성의 기초가 된 마스트리흐트 조약이 밸런스시트 불황에 전혀 대응하지 못하는 결함을 가진 조약이라는 점과, 같은 통화권 내에서 복수의 국채 시장이 존재하는 EU 고유의 구조적 문제가 자리잡고 있다.

여기서 우선 밸런스시트 불황과 관련해서 말하자면, 본서의 모두 부분에서도 언급했듯이 EU는 2007년경까지 거대한 주택 버블을 경험하였다. 이 주택 버블은 그림 1-2에 있는 것처럼 2007년에 붕괴하지만, 이에 영향을 받은 국가들의 민간부문은 채무 축소에 몰두하고 이로 인해 EU에 가입한 많은 나라들이 밸런스시트 불황에 빠졌다. 이 밸런스시트 불황을 극복하기 위해서는 재정 지출이 불가피한데, 리먼 쇼크 직후인 2008년 11월, 긴급 G20 회의에 기초하여 각국이 2009년부터 재정 지출을 실시하였고 이것은 이들 국가의 경제가 안정 국면으로 회복되는 데 크게 공헌했다.

그런데 2009년 말에 그리스가 방만한 재정 운영을 은폐했던 일이 표면화되고 재정 위기에 빠짐에 따라 여타 EU 참가국도 재정건전화로 돌아서는 극히 파괴적인 방향으로 치달았다.

왜 파괴적이냐 하면, 그리스는 자국의 민간저축을 훨씬 상회하는 방만한 재정을 운영했지만, 여타 EU 가맹국은 자국의 민간 부문이 일제히 밸런스시트 회복에 몰두했고, 이로 인해 자국 내 대규모 미차저축이 발생했기 때문이다. 이들 국가는 재정 지출을 통해 자국 내 미차저축을 빌려 사용해야 하지만, 반대로 재정건전화 정책으로 전환하였다. 당초 EU와 미국에서는 아직 밸런스시트 불황에 관해 거의 이해하지 못했고, 그리스 문제로 재정 적자의 크기만이 강조된 결과, EU 참가국과 영국, 미국 및 밸런스시트 불황을 전혀 몰랐던 일본의 간 나오토(菅直人) 정권마저도 제2의 그리스가 되지 않도록 재정건전화로 정책 방향을 전환하기 시작했다. 게다가 이러한 흐름은 2010년 토론토 정상회의에서 G20 전체가 재정건전화를 추진하기로 결정하는 사태로 이어졌으며, 2011년 독일 주도로 결정된 신재정협정(Fiscal Compact) 도입은 이를 가속화하였다.

유로 도입이 초래한 큰 폭의 금리 인하

그렇다면 왜 EU가 이와 같은 상황에 처한 것일까. 이는 인공적으로 만들어진 통화 운영과 인플레 파이터라고 알려진 독일 분데스방크가 ECB(EU 중앙은행)를 장악하게 되었기 때문이다. ECB 본부도 분데스방크와 같은 독일의 프랑크푸르트에 설치되었다. 이 때문에 EU의 정책금리도 독일 마르크의 금리 수준을 따라가는 형태가 되었으며 이로 인해 여타 EU 참가국은 금리를 대폭 인하하였다.

이러한 금리 인하는 주변국에 두드러지게 나타났으며 그 중에서도 그리스는 특히 심했다. 그림 5-1은 주변 국가와 독일의 10년물 국채금리의 추이를 나타내고 있다. 그리스의 10년 물 수익률은 1993년에는 독일보다 1,800bp나 높았지만, 그 후 거의 일관되게 수익률 차이가 축소되었다. 2001년 그리스가 EU에 참가한 이후에는 불과 수십 bp까지 그 차이가 축소되었다.

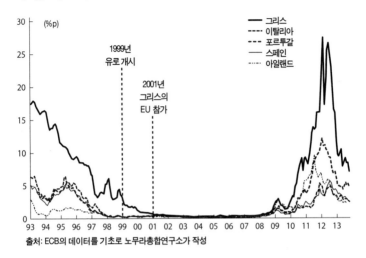

【그림 5-1】 EU 주변국과 독일의 10년 물 국채금리 차이

이렇게 급격하게 금리가 하락한 이유는 전술한 ECB의 인플레 파이터로서의 명성으로 인플레 리스크가 대폭 하락했고, 유로라는 단일 통화로 인해 외국 투자자가 외환 리스크를 걱정하지 않고 그리스 국채를 포함한 주변국 국채를 사는 것이 더욱 용이해졌기 때문이다.

인플레 리스크와 외환 리스크가 없어져도 그리스 국채의 신용 위험(크레딧 리스크)은 남아 있었지만, 이는 수십 bp에 불과한 수준 이었다.

크레딧 리스크를 억제한 마스트리흐트 조약

크레딧 리스크가 축소된 요인 중 하나는 마스트리흐트 조약으로 가맹국은 재정 적자를 GDP의 3% 이내로 억제하도록 규제되었기 때문이다. 이 조건이 충족되는 한 참가국 정부가 채무불이행 상태에 빠질 리스크는 극히 적어진다.

그 결과, 1994년 말에 90%를 자국 내에서 보유하고 있던 그리스 국채는 2007년에는 비율이 완전히 역전되어 해외부문 비중이 79%까지 확대되었다(그림 5-2).

【그림 5-2】 그리스 국채의 외국인 보유 비율

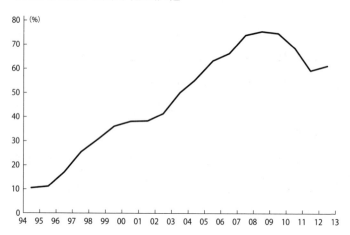

출처: 그리스 중앙은행의 데이터를 기초로 노무라총합연구소가 작성

또한 실제로 각국의 재정 적자를 보아도 그리스를 제외하면 대부분의 국가들은 2006년경까지 재정 적자를 GDP 대비 3% 전후로 유지하고 있었다(그림 5-3).

【그림 5-3】 EU권의 재정 적자

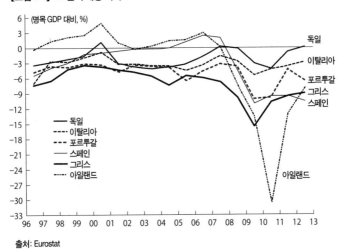

출처: Eurostat

이 3% 규제가 도입된 배경에는 인공적으로 만들어진 유로라는 통화를 운영하기 위해 몇 개의 인공적인 조건이 필요하다고 생각되었기 때문이다. 그 가운데서도 특히 우려된 것은 EU 참가국 정부가 유로와 ECB에 대한 시장의 신뢰를 역이용해서 큰 재정 적자를 내고, 이것이 결국 유로 통화의 가치를 떨어뜨리지 않겠냐는 점이었다. 그리스 위기와 이후 유로의 동향을 보면 이러한 걱정이 적중했다고 할 수 있다. 그리스의 재정 적자 문제를 계기로 유로가 대규모로 매도되었기 때문이다.

이와 같은 틀 안에서 시장이 그리스 재정 적자가 GDP의 3% 전후로 추이하고 있다고 신뢰하던 시기에는 괜찮았지만, 2009년 가을에 탄생한 신정권이 이전 정권이 발표한 재정 적자 숫자는 엉망이었고 실제 적자는 그것보다 훨씬 크다고 발표한 시점부터 위기가 가시화되었다.

그 결과, 그리스 국채금리는 급증했으며(그림 5-1), 그 금리 수준은 한때 독일의 국채금리를 2,500bp나 상회하는 수준까지 상승했다.

유로에 의지한 그리스와 이에 맹렬히 반대한 독일

결국 그리스는 유로 도입으로 국채 발행 비용이 많이 축소되었고 해외부문이 적극적으로 그리스 국채를 사 주는 가운데 재정 규율이 대폭 이완되었다. 이것이 그리스 위기의 주원인이었던 것은 틀림없다.

유로를 만든 사람들은 EU 참가국이 대규모 재정 적자를 내기 쉬운 상황을 마스트리흐트 조약으로 방지하려고 했으나, 그리스는 허위로 보고하여 규제를 벗어나려고 했다. 게다가 독일에서는 67세가 되어야 연금을 받을 수 있는 반면, 그리스는 50대 후반에 은퇴해도 연금을 받는다는 것이 언론에서 크게 다루어짐에 따라 독일 등에서는 그리스와 같은 사회는 근본적인 개선이 필요하다는 인식이 퍼졌다.

예를 들어 어느 독일의 유력 의원은 그리스는 근대국가의 형태를 갖추고 있지 못하고, 아직 동로마제국이나 오스만제국 시대의 발상과 제도로 움직이는 면이 있으며, 이것들은 근본적인 개혁이 필요하다고 역설하였다. 이 의원은 자신의 지인인 어느 그리스인의 집에 수영장이 있는데, 그 지인이 세무서로부터 고정자산세 납부 절차가 번거롭기 때문에 신고하지 않아도 된다는 대답을 받은 적이 있다는 사례를 들었다.

또한 그리스의 민주주의도 과거지향적인 인적 관계로 움직이는 경우가 많고, 건전한 정책 논쟁으로 선거 결과가 결정된다고 보기 어렵다고 평가했다. 그리고 이러한 언급은 '그리스는 서양 민주주의의 발상지로서 EU에 들어왔지만, 지금의 그리스에는 당시 모습은 없고 그리스를 EU권에 포함한 것은 명백한 실수다.'라는 주장으로 이어졌다. 또한 또 다른 의원은 중장기적으로 경쟁력이 없는 그리스는 EU에서 탈퇴해야 하며, 탈퇴 후 자국 통화의 평가절하를 실시하여 경제를 재건해야 한다고 말했다.

이러한 인식이 독일 등 일부 국가가 그리스 지원에 맹렬하게 반대하는 이유이고, 그들의 관점에서 보면 게으르고 기본적인 룰도 지키지 않은 국가들을 왜 지원해야 하는지 의문이라는 것이다. 이를 기반으로 독일 정부는 그리스를 포함한 주변국의 구조개혁이 절대적으로 필요하다고 생각하게 됐는데, 실제로 이러한 태도의 배경에는 독일 자신이 힘들었던 2005년 전후의 구조개혁이라는 쓰라린 경험이 자리 잡고 있었다.

'위기가 닥치지 않으면 구조개혁은 실패한다'는 독일의 강한 신념

여기에서 독일이 말하는 구조개혁이란 독일이 1999~2005년경에 실시한 개혁, 특히 그중에서도 연금개혁을 포함한 노동 시장의 유연성 강화를 지칭한다. 당시 독일에서도 이 개혁은 매우 어려운 것이었는데, 그들은 개혁이야말로 독일이 지금과 같이 경쟁력을 보유하게 된 원동력이라고 믿고 있다.

독일의 정치가도 자신들이 이룬 구조개혁에 만족하고 있는 것은 아니며, 아직 필요한 개혁이 남아 있다고 말하면서도 자신들이 경험한 개혁의 험난함을 기준으로 지금이 바로 남유럽을 개혁할 수 있는 절호의 기회라고 굳건히 믿고 있다.

즉 1999~2005년 불황 시기에 독일 기업이 계속해서 공장을 임금이 저렴한 동유럽으로 이전하는 가운데 구조개혁이 절실했지만, 국내의 정치적 저항은 매우 심각했다. 이를 통해 그들이 배운 것은 그러한 종류의 개혁은 위기 상황에서만 가능하고, 그렇다고 한다면 남유럽을 근본부터 개혁하기 위해서는 대규모 경제 위기가 발생한 지금밖에 기회가 없다는 발상이다.

이것이 메르켈 총리가 기회만 있으면 남유럽 구조개혁의 필요성을 강조하는 이유이고, 또한 자신들의 개혁 경험이 너무나 힘든 과정이었다는 것을 감안한 발언인 것이다.

실제로 메르켈 총리와 가까운 의원은 메르켈은 결코 주변국 지원에는 반대하지 않지만, 경쟁력 격차를 줄이는 구조개혁이 없는 지원은 받아들이지 않는다고 말하고 있다.

또한 그들은 현 상태를 남유럽 개혁의 기회라고 보고 남유럽 경제가 악화하면 할수록 개혁의 기회는 커지고 있다고 생각한다. 그러나 경제가 악화되고 있기 때문에 정책 전환이 필요하다는 발상으로는 이어지지 않고 있다.

EU 위기가 점점 심화되는 가운데 독일이 전혀 태도를 바꾸려고 하지 않는 이유는 지금이야말로 자신들이 2005년 전후에 추진한 구조개혁을 남유럽에서 진행시킬 기회라고 믿기 때문이다.

독일의 태도는 일리가 있지만 여기에서 주의해야 할 점은 민간저축을 훨씬 상회하는 방만한 재정으로 어려움에 처한 국가는 사실상 그리스뿐이며, 여타 EU 가맹국은 버블 붕괴 영향으로 민간이 밸런스시트 회복에 몰두했기 때문에 자국 내에 대규모의 미차저축이 발생했다는 사실이다. 자국 내에 저축이 없어 독일 등 외부로부터의 지원을 필요로 하는 국가는 그리스뿐이고 밸런스시트 불황의 스페인이나 아일랜드는 자국 내에 재정 적자를 충당할 수 있는 규모의 저축이 존재하고 있었다.

그러나 이들 국가는 무지, 무신경한 사람들에 의해 'PIIGS'라는 용어로 그리스와 똑같이 취급됐다. 그 결과, 실제로는 밸런스시트 불황이라는 완전히 별개의 병에 걸린 이들 주변국은 그리스와 같이 구조개혁이 불가피하다는 잘못된 정부 대책에 휘둘려 사태가 더욱 악화되었다.

게다가 EU 가맹국들에는 국내 미차저축이 자국의 국채 시장으로 흘러가지 않아 밸런스시트 불황으로부터의 자동 복원 메커니즘이 기능하기 어려운 EU 고유의 구조적 문제가 있었다. 이 점에 대해서는 후술하기로 한다.

IT 버블 붕괴로 크게 변화한 독일 민간부문의 자금 변동

그런데 독일인 절대 다수가 믿어 의심치 않는, 자신들의 경쟁력 원천은 그 동안 추진해 온 구조개혁에 있다는 인식도 사실은 절반만이 옳은 것이다. 나머지 절반은 2000년에 IT 버블이 붕괴되어 밸런스시트 불황에 빠진 독일을 구제하기 위해 ECB가 초저금리정책을 실시하여 주변국에 버블이 발생한 것에 원인이 있다.

즉 독일은 1998~2000년에 걸쳐 세계적으로 발생한 IT 버블로 개인부문과 기업부문의 밸런스시트가 악화되어 심각한 밸런스시트 불황에 돌입한 것이다.

당시 나스닥 시장에 상응하는 독일의 노이어 마르크트(Neur Markt)는 주가가 10배로 급등한 후 크게 폭락하는 등 최고치에서 97%나 하락하였다(그림 5-4). 그 결과, IT 관련 기업에 투자한 개인과 기업은 빚을 떠안게 되었고 자산 가치는 폭락하였다.

【그림 5-4】 2001년 버블 붕괴로 밸런스시트 불황에 빠진 독일

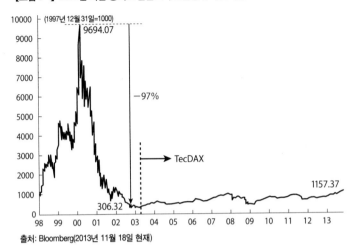

출처: Bloomberg(2013년 11월 18일 현재)

그 결과 독일 경제는 엉망진창이 되었는데, 이 시기에 민간부문은 2000년부터 가계부문과 기업부문이 저축을 대폭 늘리게 되었고 저축액은 2007년 기준으로 GDP의 13%에 달할 정도(그림 5-5)로 확대되었다.

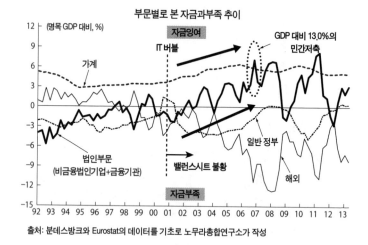

【그림 5-5】 버블 붕괴 후에 돈을 빌리지 않게 된 독일의 민간부문

부문별로 본 자금과부족 추이

출처: 분데스방크와 Eurostat의 데이터를 기초로 노무라총합연구소가 작성

이 가운데 우선 가계부문을 보면 (그림 5-6), IT 버블 붕괴를 계기로 그들이 이전과는 달리 전혀 돈을 빌리지 않게 된 것을 알 수 있다. 즉, 2000년대까지 독일의 가계부문은 꾸준히 저축을 늘려왔지만, 그 나름대로 돈을 빌려 주택 등에 지출하기도 했다. 그런데 IT 버블 붕괴 이후, 그들은 전혀 돈을 빌리지 않게 되었을 뿐만 아니라 2004~2006년에 걸쳐 채무 변제로 돌아섰다. 이러한 빚을 거부하는 행동은 최근까지도 이어지고 있다.

【그림 5-6】 IT 버블 붕괴 후의 금리 인하에도 돈을 전혀 빌리지 않는 독일의 가계부문

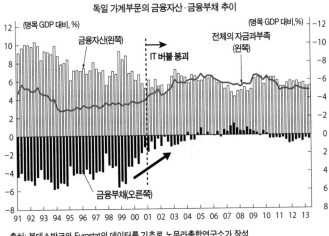

독일 가계부문의 금융자산·금융부채 추이

출처: 분데스방크와 Eurostat의 데이터를 기초로 노무라총합연구소가 작성

    독일의 가계부문이 전혀 돈을 빌리지 않게 되자 주택 가격은 2003년에 ECB가 당시 전후 최저치였던 2%까지 정책금리를 인하했음에도 불구하고 계속 하락하였다. 독일 이외의 국가에서는 중앙은행의 초저금리정책에 반응하여 주택 가격이 상승했지만 독일만은 반대로 하락한 것이다.

    또한 독일의 기업부문도 IT 버블기에 빚을 대폭 늘렸고, 그 규모는 독일이 통일한 직후보다도 훨씬 확대되었다(그림 5-7).

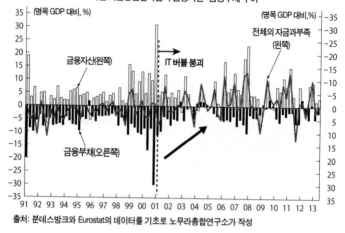

독일 비금융법인기업의 금융자산·금융부채 추이

출처: 분데스방크와 Eurostat의 데이터를 기초로 노무라총합연구소가 작성

그리고 그 기업부문도 IT 버블 붕괴 이후에는 차입을 급격히 감소시켜 2006년경까지 전혀 돈을 빌리지 않게 되었다. 이 기간에 ECB가 금리를 2%까지 하락시켰음에도 불구하고 독일 기업은 그 금리를 무시하고 밸런스시트 회복에 매진한 것이다.

※ 이 기업의 통계상으로는 2006년부터 2007년에 걸쳐 독일의 기업부문이 금융자산을 급증시키고 있다. 하지만 독일의 통계 작성자에 따르면 이것은 2006년 이후 통계 작성 시 기준 개정에 의해 특수 조정이 이루어지면서 발생한 것으로 통상적인 의미에서의 독일 기업의 실태를 반영한 것은 아니다.

EU 위기를 초래한 독일의 IT 버블

이것은 버블 붕괴로 밸런스시트가 훼손된 민간부문이 일제히 채무 최소화로 돌아서면서 발생하는 밸런스시트 불황의 전형적인 형태로, 이후 닥칠 경기 악화를 방지하기 위해서는 정부가 민간저축 증가분을 빌려서 사용해야 했다. 그러나 당시 독일에는 아직 밸런스시트 불황이라는 개념이 알려지지 않았으며, 독일은 전술한 마스트리흐트 조약으로 인해 재정 적자가 GDP 대비 3%를 넘지 못하도록 되어 있었다. 그 3% 제한 규정을 조약에 넣은 것은 다름 아닌 독일이었다. 그 결과, 독일 정부는 신속하게 재정 지출을 시행할 수 없었고 경기는 계속 악화되었다.

또한 이들 통계를 보면, 2000년 이후 독일은 ECB의 대폭적인 금융완화에도 불구하고 경기가 좋아지지 않았으며 'EU의 환자 (Sickman of Europe)'라고 불리었다. 당시 독일은 전후 최저 금리에도 민간부문에서 돈을 빌리는 사람이 없었기 때문에 ECB의 금융완화에 반응할 이유가 전혀 없었던 것이다.

이렇게 IT 버블 붕괴가 독일 경제에 큰 영향을 미쳤음에도 불구하고 독일 내 대부분의 전문가는 이러한 사실을 정확히 인식하지 못했다. 나는 2012년에 독일의 연구기관과 대학으로부터 여섯 번이나 초청되었는데, 그때마다 그들은 그림 5-6을 보고 깜짝 놀랐다. IT 버블 붕괴의 영향으로 그렇게까지 자국의 가계부문 행동이 변화한 것을 알지 못했던 것이다. 그러나 이러한 인식 없이 그 이후의 EU 문제를 논의하는 것은 무리가 있다.

※ 참고: 자금순환 통계의 계절조정값은 미국 이외에는 공표되고 있지 않다. 그래서 미국 이외의 국가들에 대해서는 금융자산과 금융 부채의 값에 대해 X-12-ARIMA 프로그램에 의한 계절조정값을 산출하고 있다. 그때 금융자산과 금융부채의 값이 마이너스가 되는 경우도 있기 때문에 계절조정의 옵션은 Addictive 기법을 선택하였다.

독일 경제를 구제하기 위한 정책금리 인하는 버블을 초래

EU 최대 경제국인 독일의 경기가 부진하다는 것은 EU 전체 경기도 나쁘다는 것이기 때문에 ECB는 대폭적인 금융완화를 실시하였다. 이로 인해 유로 단기금리는 2003년 분데스방크 시대의 최저 금리를 하회하는 2% 수준까지 하락하였다(그림 1-3).

이 시기 ECB 트리쉐 총재는 "프랑스인이 총재를 맡고 있는 ECB가 독일인이 총재인 분데스방크보다도 낮은 금리를 실시했다"고 말하며 의기양양했다. 그러나 실제로는 트리쉐 총재가 자랑스럽게 말한 것처럼 ECB가 인플레 억제에 성공했기 때문에 저금리가 된 것이 아니라 독일이 밸런스시트 불황에 빠졌기 때문에 그렇게 된 것이었다.

그러나 민간이 채무 최소화로 돌아서 차입자가 없는 독일 경제는 당연히 ECB의 저금리에 반응하지 않을 뿐만 아니라 통화공급량 증가는 독일을 제외한 국가들의 절반 정도에 불과했다(그림 5-8).

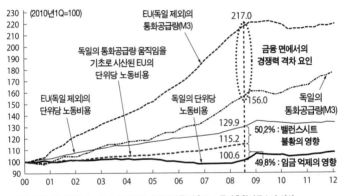

【그림 5-8】 민간이 차입금을 늘린 국가들과 늘리지 않은 독일에서 통화공급량 증가율이 크게 다른 것이 경쟁력 격차의 최대 요인

출처: ECB, 분데스방크, 그리스 중앙은행의 데이터를 기초로 노무라총합연구소가 시산

게다가 독일 경제가 대규모 금융완화에도 반응하지 않은 것에 대해 독일 내부에서도 이것은 구조 문제 때문이라고 보는 견해가 다수를 차지하고 있었다. 이것은 일본의 고이즈미 정권이 밸런스시트 문제를 구조 문제로 잘못 본 것과 완전히 동일한 실수로, 이 실수가 '슈뢰더 2010년 계획'이라고 불리는 독일의 과감한 구조개혁의 원점이었다.

그러나 독일이 아무리 구조개혁을 추진해도 경기는 좋아지지 않았다. 실제로 당시 독일에서는 논의된 구조개혁을 모두 실시했지만 왜 경기가 개선되지 않느냐는 불만이 다수 제기되었다.

물론 구조개혁에는 그 나름의 장점이 있지만 문제가 밸런스시트에 있을 때에는 구조개혁을 실시해도 경기가 좋아지지 않는 것은 당연한 것이다.

한편, 2001년 이후의 대폭적인 금리 하락은 독일 이외의 국가들에서 자산 버블을 유발했다. 특히 EU 주변국은 IT 버블에 직격탄을 맞지 않은 결과, 이 시점에서의 밸런스시트는 지극히 건전했다. 그들의 입장에서 보면 ECB의 초저금리정책 실시를 배경으로 부동산 투자에 몰두하는 것은 당연한 행동이었다. 경제학 교과서에 따르면 중앙은행이 이상 수준까지 금리를 하락시키면 (밸런스시트가 건전한) 민간부문은 장래에 인플레와 자산 가격 상승에 대비해 부동산에 대한 투자를 늘리게 된다. 이 과정에서 발생한 EU의 주택 버블은 그린스펀 전 FRB 의장이 IT 버블 붕괴를 배경으로 금리를 인하함으로써 발생한 미국의 주택 버블과 완전히 똑같은 구조로 규모도 비슷했다.

이런 가운데 주택 버블이 가장 확대된 아일랜드의 가계부문을 보면(그림 5-9), ECB가 금리를 2%까지 낮추는 과정에서 그들의 차입이 급증하였다는 것을 알 수 있다. 아일랜드는 IT 버블의 영향을 크게 받지 않았고 민간부문의 밸런스시트는 건전했다. 거기에

ECB가 금리를 대폭 인하했기 때문에 아일랜드의 가계부문은 교과서에 있는 것처럼 돈을 빌려 부동산에 투자한 것이다.

【그림 5-9】 금리 인하의 영향으로 대출을 크게 늘린 아일랜드 가계부문

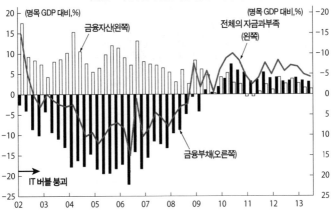

아일랜드 가계부문의 금융자산·금융부채 추이

출처: 아일랜드 중앙은행, 아일랜드 통계국의 데이터를 기초로 노무라종합연구소가 작성

완전히 동일한 현상이 스페인에서도 발생했다. 스페인의 가계부문은(그림 5-10) 원래 매우 건실하고 저축도 꾸준히 늘려왔다. 그러나 2%라는 저금리의 매력에 끌려 같은 시기에 대출을 늘리는 방향으로 전환하였다. 그들도 IT 영향을 크게 받지는 않았기 때문에 ECB가 금리를 내리기 시작한 시점에 밸런스시트는 건전했다. 그 결과, 그들도 ECB의 대폭적인 금융완화 영향으로 교과서 반응을 보인 것이다.

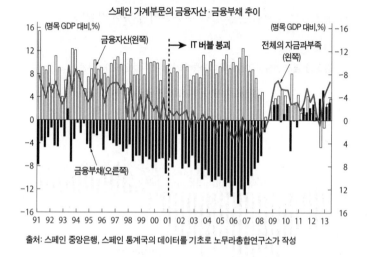

스페인 가계부문의 금융자산·금융부채 추이

출처: 스페인 중앙은행, 스페인 통계국의 데이터를 기초로 노무라총합연구소가 작성

독일 이외의 국가들이 ECB의 금리 인하에 반응하여 돈을 빌려 주택에 투자한 결과, 이들 국가는 호황을 맞게 되고 그것은 독일에 크나큰 호재로 작용하였다. 즉, 독일은 이들 국가에 대한 수출을 확대하여 밸런스시트 불황에서 벗어날 수 있었던 것이다.

독일은 2000년까지는 소폭의 무역 흑자를 기록하는 국가였지만, 2007년에는 일본과 중국을 제치고 순식간에 세계 최대의 무역 흑자국이 되었고 그 증가된 흑자의 대부분은 대EU 수출에서 발생하였다(그림 5-11). 실제로 이 기간에 독일의 대미 무역 흑자는 소폭 증가한 것에 그쳤으며 대아시아 무역 적자는 오히려 확대되었다.

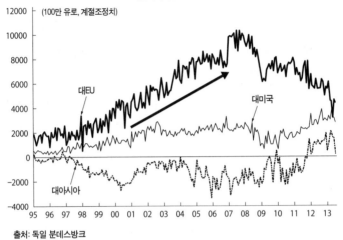

독일의 지역별 무역수지

출처: 독일 분데스방크

남유럽 국가들의 '낮은 국가경쟁력'에 대한 오해와 진실

이 문제에 대해 독일 등에서는 남유럽 국가들이 낮은 국가경쟁력 문제를 극복하기 위해 독일이 한 것과 같은 구조개혁을 실시하든지 아니면 EU권을 이탈하여 '싼' 자국 통화로 되돌아가야 한다고 주장하기도 한다.

이것은 남유럽이 대규모 무역 적자를 내고 있다는 점에서 일견 옳은 것으로 보이지만, 여기에는 한 가지 잘못된 가정이 있다. 그것은 이들 국가가 자신들의 잘못으로 인해 국가경쟁력을 상실했다고 가정하는 점이다.

즉 어떤 국가가 인플레임에도 불구하고 금융 당국이 금융을 긴축하지 않아 임금이 지속적으로 상승하여 국가경쟁력을 상실했다면 그 나라는 자국 통화의 평가절하를 실시하여 국가경쟁력을 회복시켜야 한다. 실제로 유로 도입 이전의 남유럽 국가들은 이러한 조치를 빈번하게 실시했다.

이러한 과거 사례에 비추어 남유럽, 특히 그리스는 EU권에서 이탈해야 한다는 논의로 이어질 수 있지만, 유로 도입 이후 남유럽 국가들도 북유럽 국가들도 모두 하나의 금융정책하에 있었기 때문에 각국은 금융부문에서 정책적으로 대응할 수단을 가지고 있지 않다. 그런 의미에서는 남유럽의 임금과 물가가 너무 높아 북유럽에 비해 국가경쟁력이 낮다고는 할 수 있지만, 그것은 ECB 금융정책의 결과이고 이것을 남유럽의 잘못으로만 규정할 수는 없다.

독일과 여타 국가들간 크게 달랐던 통화공급량 증가 추이

그렇다면 왜 단일 통화정책하에서 이렇게 큰 경쟁력 차이가 발생했을까? 그것은 동일한 금융정책하에서도 독일과 여타 국가들간 통화공급량의 증가 정도가 크게 달랐기 때문이다(그림 5-8).

그리고 통화공급량의 증가 정도가 달랐던 것은 전술한 독일에서 1990년대 후반 IT 버블이 발생했으며 이 버블이 2000년에 붕괴한 결과, 독일이 심각한 밸런스시트 불황에 돌입했기 때문이다.

밸런스시트 문제로 민간이 돈을 전혀 빌리지 않게 되면 민간의 통화승수는 한계적으로 제로에서 마이너스가 되고 그렇게 되면 통화공급량은 늘지 않게 된다. 이와 같은 국면에서 통화공급량을 늘리기 위해서는 재정 지출이 불가피하지만 마스트리흐트 조약으로 인해 정부의 재정 적자는 GDP 대비 3%까지로 제한되어 있다.

실제 독일의 재정 적자는 이 시기에 3%를 여러 차례 상회했지만, 재정 지출은 충분하다고 보기 어려울 정도였으며 경기와 통화공급량의 증가도 저조했다. 이러한 상황에서 ECB는 EU권에서 가장 큰 독일 경제를 구제하기 위해 2001년에 4.7%였던 금리를 2003년에는 전후 최저인 2%까지 인하했던 것이다.

그러나 이 2%라는 초저금리에도 민간 전체가 밸런스시트 문제로부터 채무 최소화로 전환한 독일에서는 자금차입자가 없어 통화공급량은 증가하지 않았고, 주택 등 자산 가격도 오르기는커녕 지속적으로 하락했다. 그 결과, 독일의 임금과 물가도 당연히 오르지 않았던 것이다.

그런데 IT 버블의 영향을 받지 않았던 남유럽 국가들의 민간 부문은 밸런스시트도 건전하고 자금 수요도 왕성했다. 이런 상황에서 ECB가 금리를 2%까지 인하하자, 대출과 통화공급량은 대폭 증가하였고 이와 더불어 임금과 물가도 동반 상승했다.

즉 밸런스시트 불황에 빠진 독일에서 ECB의 2% 금리는 효과가 없었지만, 독일 이외의 국가들에 이러한 금리는 매우 낮은 것으로 그것이 결과적으로 양자 간 통화공급량 증가의 차이와 국가 경쟁력 격차를 초래하였던 것이다.

구조개혁 요인은 경쟁력 차이의 절반밖에 설명하지 못한다

독일만이 밸런스시트 불황을 겪고 있었다는 사실에 기인한 경쟁력 격차와, 독일이 구조개혁을 추진한 것에서 기인한 경쟁력 격차의 관계를 정리한 것이 그림 5-8 그래프의 아랫부분이다. 이것들은 만약 EU(독일 제외)의 통화공급량 증가가 독일과 동일하다면 독일을 제외한 EU권의 단위당 노동비용이 독일에 비해 어느 수준에서 추이했을까를 비교하였다.

우선, IT 버블이 붕괴한 2000년부터 리먼 쇼크가 발생한 2008년 3/4분기까지의 독일을 제외한 EU의 통화공급량은 117% 증가했다.

그런데 IT 버블이 붕괴하고 민간이 일제히 채무 최소화로 돌아선 독일에서는 같은 시기 통화공급량이 56%밖에 증가하지 않았고 이것은 당연히 물가와 임금 상승률 억제 요인으로 작용했다.

실제 이 시기에 독일의 물가상승률은 여타 EU 국가들을 큰 폭으로 하회하였고, 단위당 노동비용(ULC)은 여타 EU권에서는 현저히 상승했지만 독일은 전혀 상승하지 않았다. 예를 들어 2000년에서 2008년 3/4분기까지의 단위당 노동비용은 그림 5-8에 나온 것처럼 독일을 제외한 EU 국가에서는 100에서 129.9까지 29.9%나 상승한 것에 비해 독일에서는 100.6으로 0.6% 상승에 그쳤다.

이는 만일 독일을 제외한 EU와 독일의 노동자 경쟁력이 2000년에 동일했다면 리먼 쇼크 때는 독일을 제외한 EU 국가의 노동자가 독일 노동자에 비해 30%(29.3%p)나 상대적으로 비싸진 것이다.

그렇다면 이 29.3%p의 격차 중, 어느 정도가 독일인이 말하는 '고통스러운 구조개혁의 성과'라는 미시경제 요인이고, 나머지 얼마가 독일이 밸런스시트 불황에 빠졌다는 거시경제 요인일까. 결론적으로 말하면 약 절반이 전자의 이유로 나머지 절반은 후자의 이유로 설명될 수 있다.

즉 이 기간 동안 독일을 제외한 EU 국가의 통화공급량은 117% 증가했지만 같은 시기 단위당 노동비용은 29.9% 증가했다.

독일을 제외한 EU 가맹국의 단위당 노동비용 움직임을 통화공급량의 변화로 얼마나 설명할 수 있을지를 회귀분석을 통해 분석하면, 독일을 제외한 EU 가맹국의 단위당 노동비용이 이 기간 동안 15.2% 증가했다는 결과가 나온다. 즉 만일 독일을 제외한 EU 가맹국의 통화공급량 증가가 독일과 동일하다면, 이 기간 독일을 제외한 EU 가맹국의 단위당 노동비용 증가는 29.9%가 아니라 15.2%였다고 추정할 수 있다.

이는 양자의 단위당 노동비용의 격차 중 29.9%에서 15.2%를 뺀 14.7%p 분은 양국 간 통화공급량의 차이가 초래한 부분이 된다. 이것은 전체 29.9%p의 50.2%에 해당하는 수치다.

한편, 이 기간 독일의 단위당 노동비용은 0.6%밖에 상승하지 않았다. 이는 15.2%에서 0.6%를 뺀 14.6%p 분은 통화공급량으로는 설명할 수 없는 부분, 즉 독일이 실시한 구조개혁에 의한 부분이라고 해석할 수 있다. 이것은 전체 격차 29.9%p의 49.8%에 해당한다.

상술한 분석은 지극히 단순한 계산이고 해결해야 할 문제가 많이 있지만, 독일인이 말하는 구조개혁의 중요성과 내가 주장하는 독일이 밸런스시트 불황에 빠짐으로써 생기는 영향의 크기를 판단하는 하나의 기준으로는 삼을 수 있을 것이다.

이 시산(試算)으로 알 수 있는 것은 독일인이 말하는 구조개혁이라는 미시경제 요인은 분명히 중요하지만, 그것으로 설명할 수 있는 경쟁력 격차 비율은 전체의 약 절반이고 나머지 절반은 독일이 밸런스시트 불황에 빠져 있었으며 독일 이외 EU 가맹국이 호경기였기 때문이라는 거시경제 요인에 의한 것이다.

동일한 계산을 독일 대 그리스로 해 보면, 양국 간 경쟁력 격차 중에서 독일의 구조개혁으로 설명할 수 있는 부분은 52.2%, 통화 공급량 증가의 격차로 설명할 수 있는 부분은 47.4%가 된다. 대그리스와 대독일을 제외한 EU 가맹국 시산 결과가 매우 비슷하다는 것은 그리스의 임금은 분명히 독일과 비교해서 대폭 상승했지만, 독일을 제외한 EU 가맹국과 비교하면 그렇게 극단적으로 상승했다고 보기 어렵다는 것을 의미한다.

결국 ECB는 독일 경제를 걱정하여 금리를 낮추었지만 밸런스시트 불황에 빠진 독일은 금리 인하에 전혀 반응하지 않았다. 그 대신에 EU 주변국이 주택 버블의 형태로 금리 인하에 반응하여 GDP와 통화공급량이 매우 증가했고 물가와 임금도 상승했다. 독일은 그와 같은 주변국에 대한 수출량을 급속히 늘려 밸런스시트 불황에서 회복할 수 있었던 것이다.

유로의 혜택을 가장 많이 받은 독일

만약 독일이 그 당시 유로에 가입되어 있지 않았다면 ECB가 그렇게까지 금리를 인하하지는 않았을 것이며 주변 국가들로 주택 버블이 확대될 이유도 없었을 것이다.

그렇다면 독일은 금융완화에 반응하지 않은 자국의 밸런스시트 불황을 분데스방크가 가장 싫어하는 마르크의 평가절하 아니면 과거의 일본, 영국, 미국처럼 대폭의 재정 지출로 극복하는 수밖에 없었다.

그런 의미에서 유로의 혜택을 가장 많이 받은 곳은 독일이라고 말할 수 있고, IT 버블 붕괴 이후 독일의 재정 적자가 확대되지 않았던 것도 독일을 구하기 위해 ECB가 (IT 버블 영향을 받지 않았던) 여타 EU 참가국에서 주택 버블을 만들어 준 덕택이라고 말할 수 있다.

리먼 쇼크 이후 이들 국가는 주택 버블이 붕괴되어 심각한 밸런스시트 불황에 빠졌지만, 역설적이게도 거기서 표면화된 그리스 위기로 인해 유로가 대폭 하락한 것이 독일의 수출 산업에 플러스 요인으로 작용했다.

즉 독일의 EU 가맹국 대상 수출은 그림 5-11과 같이 EU 위기의 영향으로 다소 하락했지만, 동시에 유로의 평가절하로 EU 가맹국 이외 지역으로의 수출이 확대되었다.

그 결과, 독일은 EU 가맹국 내에서 유일하게 공업 생산이 리먼 쇼크 이전 수준에 근접하였으며, 실업률도 23년 전 독일 통일 이후 최저 수준이 되었다. 이런 의미에서는 독일은 IT 버블 붕괴 후에도 리먼 쇼크 후에도 EU에 가입함으로써 가장 큰 혜택을 누려왔다고 할 수 있다.

지금의 독일이 있도록 도와준 EU 가맹국에서는 주택 버블이 붕괴하고 경기 악화와 더불어 경쟁력 격차 문제가 제기되고 있지만, 과연 독일이 이들 국가의 경쟁력 문제를 비난할 자격이 있는가에 대해서는 논의의 여지가 있다고 생각한다. 이들 국가가 경쟁력을 상실하고 밸런스시트 불황에 빠진 것은 ECB가 밸런스시트 불황에 빠진 독일을 구하기 위하여 단기금리를 2%까지 인하한 것이 크게 영향을 미쳤기 때문이다.

현시점에서 EU 가맹국이 안고 있는 불황과 경쟁력 부족 문제는 이들 국가가 태만했기 때문에 발생한 것이 아니라, EU에서 최초로 밸런스시트 불황에 빠진 독일이 이런 불황에 불가피한 재정 지출을 하지 못했고, 그 결과 과도한 부담이 ECB의 금융정책에 지워졌기 때문에 발생한 것이다.

금융 측면에서 본 독일과 EU 가맹국의 또 다른 의존 관계

또한 EU 위기를 금융이라는 측면에서 보면 또 다른 상호 의존 관계가 보인다. 이는 주변 국가들에 돈을 빌려 준 것은 독일과 프랑스의 은행이 압도적으로 많았다는 것이며, 이것은 어느 정도 필연적인 부분이 있었기 때문이다.

즉 IT 버블 붕괴 이후 밸런스시트 불황에 빠진 독일은 그림 5-5처럼 가계부문뿐만 아니라 기업부문도 자금잉여가 되는 등 국내 민간부문에 자금 수요가 없었다. 실제로 2006년 독일의 민간부문은 전후 최저 금리에도 불구하고 GDP 대비 13%나 저축하고 있었다. 한편, 독일 정부는 마스트리흐트 조약에 의한 제한으로 인해 GDP의 3%를 상회하는 적극적인 차입을 결정하기가 용이하지 않았다. 그 결과, 독일의 민간부문이 GDP 대비 13%나 저축하고 있었음에도 불구하고 독일 정부는 이 중 3~4%밖에 대출하지 않았고 독일은행에는 자국 내에서 운영하기 어려운 미차저축이 대량으로 발생하였다.

그렇게 되면, 독일의 은행은 해외부문에 돈을 대출할 수밖에 없다. 그 돈이 향한 곳은 주택 버블로 경기가 좋았던 주변국이었다. 주택 버블이 발생한 이들 국가는 자금 수요가 왕성하고 금리도 높아졌을 뿐만 아니라 모두 유로를 도입하고 있었기 때문에 빌려주는 측인 은행은 외환 리스크를 걱정할 필요도 없었다.

한편, 1990년대 일본에서는 유사한 밸런스시트 불황으로 자국내 자금 수요가 격감했지만, 이 기간 동안 일본 정부가 적극 재정으로 국채를 대량으로 발행했기 때문에 일본의 은행은 자국채를 통해 외환 리스크를 부담하지 않고 민간의 미차입금을 운영할 수 있었다. 게다가 1990년대 전반에 엔화 가치는 1990년의 1달러당 160엔에서 1995년의 1달러당 80엔까지 대폭 상승하였고, 그들은 대외 투자로 거액의 외환 손실을 입었기 때문에 이후 외환 리스크에 매우 신중해졌다.

그런데 독일의 은행은 독일 정부가 재정 적자 확대를 꺼렸기 때문에 자국 내에서는 효율적으로 자금을 운영할 수 없었다. 그 결과, 그들은 EU 가맹국과 동유럽 국가들에 돈을 빌려주고 서브프라임론과 관련 없는 미국산 CDO(채무담보증권) 등의 증권화 상품을 대량 구매해야 했다. 이와 같은 상태에 놓여 있는 자금 공급자가 독일에 많았던 것이 미국과 주변 국가들의 주택 버블을 더욱 크게 한 것도 사실일 것이다. 실제 독일의 은행은 이후 미국의 서브프라임 문제에서도 큰 타격을 받았다.

결국, 독일은 밸런스시트 불황하에서 일본에 거액의 미차저축이 발생하였음에도 불구하고 자국 정부가 재정 적자에 소극적으로 대응한 결과, 독일 기업은 주변 국가에의 수출, 독일의 은행은 주변 국가들에의 융자에 나설 수밖에 없는 구조가 형성되었다. 이것은 필요한 시기에 필요한 규모의 재정 적자가 실시되지 않았던 것이 실물경제뿐만 아니라 금융에도 큰 왜곡을 만들어 냈다는 것을 보여주고 있다.

독일은 ECB가 대폭의 금융완화로 주변 국가에 버블을 만들어 주었기 때문에 밸런스시트 불황에서 탈피할 수 있었지만, 이 과정에서 만들어진 버블이 2009년부터 붕괴되어 주변 국가가 일제히 밸런스시트 불황에 빠졌으며, 이것은 EU 위기를 초래한 주원인이 되었다.

심각한 밸런스시트 불황에 빠져 있는 스페인

2007년 시점의 스페인 가계부문을 보면, 전술한 그림 5-10에 나오는 것처럼 주택 버블이 붕괴된 이후 EU 역사상 최저 금리 수준임에도 불구하고 돈을 전혀 빌리지 않고 있었다.

실제 2009년부터 최근까지의 18분기 중 스페인의 가계부문이 차입을 늘린 것은 4분기 정도로 나머지 분기에는 채무 변제에 몰두했다.

스페인의 가계부문이 채무 변제로 돌아선 것은 1990년 이후로는 1993년 1/4분기만으로, 당시의 스페인 금리가 지금보다 훨씬 높았던 것을 감안하면 최근 상황이 얼마나 비정상적인가를 알 수 있다.

한편 스페인의 기업부문은 그림 5-12에 나오는 흰색 막대그래프의 추이에서 알 수 있듯이 유럽과 미국의 은행 문제가 표면화된 2008년부터 8분기 연속으로 금융자산이 축소되고 있다. 스페인의 기업부문이 과거 어쩔 수 없이 금융자산을 축소한 것은 1990년 이후로는 1992년 1/4분기가 유일하고 이 시기 금리도 지금보다 훨씬 높았다. 이것은 그들이 2008년 이후에 직면한 자금융통 문제가 얼마나 심각했는지를 보여주고 있다.

【그림 5-12】 금융자산의 축소를 강요당한 스페인 기업

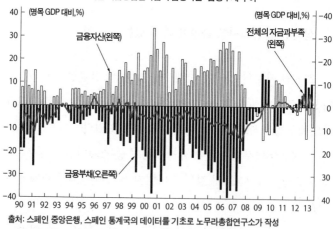

스페인 비금융법인기업의 금융자산·금융부채 추이

출처: 스페인 중앙은행, 스페인 통계국의 데이터를 기초로 노무라총합연구소 작성

또한, 스페인의 기업부문은 2009년 2/4분기부터 3분기 연속으로 채무 변제에 몰두하고 있었고, 게다가 그것은 스페인 역사상 최저 금리하에서 발생하였다. 즉 2009년 스페인의 기업부문은 거액의 채무 변제와 금융자산 축소를 동시에 추진했다.

실제로 스페인 기업부문이 1990년 이후를 기준으로 채무 변제로 돌아선 것은 2009년이 처음이었다. 이것은 2007년 이후 그들의 밸런스시트 문제와 거기에서 오는 자금운용 문제가 얼마나 심각했는지를 말하고 있다.

그 후 스페인 기업부문은 2010년경 한때 정상화 기미를 보였는데, 이해부터 스페인에서는 재정건전화의 필요성이 제기되기 시작했고 그것이 실시되자 경기는 일순간에 더블딥으로 향했다.

그 결과, 스페인의 기업부문은 다시 금융자산의 축소와 채무변제에 내몰렸으며 이러한 바람직하지 못한 조합은 최근까지도 이어지고 있다.

또한 리먼 쇼크를 계기로 스페인에서 민간의 차입이 가장 컸던 시점과 그것이 가장 적었던 시점의 차이를 보면, 2007년부터 2013년 2/4분기까지의 기간에 가계부문은 GDP 대비 5.42%, 법인부문은 18.96%나 저축을 늘리는 방향으로 전환하였고, 이 두 가지를 더하면 GDP 대비로 24.38%나 된다(그림 5-13). 이것은 이제까지 많은 돈을 빌려 주택 등에 투자한 사람들이 일제히 그것을 중지하고 저축에 몰두한 결과 GDP 기준으로 20%가 넘는 민간수요가 사라진 것을 의미함과 동시에 스페인 경제가 매우 심각한 밸런스시트 불황에 빠져 있다는 것을 의미한다. 즉, 만일 스페인 정부가 이러한 상황에서 어떠한 정책적 대응도 하지 않았다면 이 기간에 스페인 경제는 24%나 축소되고 1930년대 대공황과 비슷한 상황이 발생할 수도 있었다. 실제로 스페인의 실업률은 2013년 9월 26.6%에 달했으며 25세 이하 실업률은 56.5%까지 상승하였다.

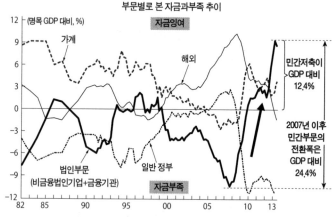

【그림 5-13】 스페인의 자금순환

부문별로 본 자금과부족 추이

출처: 스페인 중앙은행, 스페인 통계국의 데이터를 기초로 노무라총합연구소가 작성

거대한 주택 버블 뒤처리에 쫓기는 아일랜드의 가계부문

아일랜드도 2007년 이후 주택 버블이 붕괴되었으며 이는 가계부문의 행동 변화를 초래했다. 예를 들어 아일랜드의 가계부문은 그림 5-9의 꺾은선그래프의 추이처럼 버블기에 GDP 대비 최대 15%나 자금부족(2006년 2/4분기)이 될 정도로 적극적으로 돈을 빌려 투자했지만, 그 이후 버블 붕괴의 영향으로 2010년 2/4분기에는 GDP 대비 10%나 자금잉여가 발생할 정도로 신중해졌다.

즉 이런 변화만으로 아일랜드 경제는 GDP 대비 25%에 달하는 수요 감소가 발생했다고 말할 수 있고, 이는 아일랜드 경제가 터무니없는 시련에 직면했다는 것을 보여주고 있다.

또한 그 결과, 가계부문은 검은 막대그래프의 움직임처럼

2009년 2/4분기 이후 아일랜드 근대 역사상 금리가 최저로 내려갔음에도 불구하고 전혀 돈을 빌리지 않을 뿐만 아니라 줄곧 채무변제로 돌아섰으며 이러한 경향은 현재도 이어지고 있다.

주택 가격은 최근 들어 겨우 하락이 멈추는 듯했으나 여전히 2007년 가을에 보인 최고점의 절반 수준이고, 이 하락에서 오는 가계부문의 밸런스시트 조정은 앞으로도 지속될 것이다.

자금잉여가 계속되는 아일랜드의 비금융기업부문

아일랜드의 비금융기업부문(그림 5-14)도 버블기인 2005년부터 2007년까지는 크게 차입을 늘려 왔지만 2010년 이후부터는 자금잉여 상태가 지속되고 있다.

【그림 5-14】 자금잉여가 이어지고 있는 아일랜드 기업부문

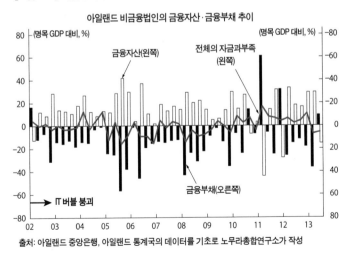

아일랜드 비금융법인의 금융자산·금융부채 추이

출처: 아일랜드 중앙은행, 아일랜드 통계국의 데이터를 기초로 노무라총합연구소가 작성

다만, 같은 자금잉여라도 2010년 2/4분기까지는 차입을 하면서 그 이상으로 저축을 늘리는 완만한 밸런스시트 조정이었지만, 그 이후에는 상황이 급변하여 채무 변제 및 금융자산의 축소가 엿보인다. 이것은 아마 아일랜드 기업이 자금운용에 가장 어려움을 겪었던 시기였다고 생각한다.

실제로 채무 변제와 금융자산 축소 사태는 이 통계가 시작된 2002년 1/4분기 이후 2010년 3/4분기까지 한 번도 동시에 발생하지 않았다. 이는 2010년부터 시작된 금융 쇼크가 얼마나 대규모였으며 이상 현상이었다는 것을 보여준다.

다만, 이 지옥과 같은 시기는 2011년에 끝이 났고 2012년에도 여전히 자금잉여 상태는 이어졌지만, 채무 변제와 금융자산의 축소라는 자금운용의 압박을 시사하는 상황은 아니었다. 그리고 2013년에 들어와서 이 부문은 겨우 자금부족을 기록하게 된다.

아일랜드의 민간부문은 가장 저축이 적었던 2008년 2/4분기에서 가장 저축이 많았던 2010년 1/4분기까지의 기간에 저축을 GDP 대비 37.2%나 늘렸다. 이것은 아일랜드 역사에서 가장 낮은 금리하에서 발생했다(그림 5-15).

【그림 5-15】 거대한 민간 자금잉여가 이어지는 아일랜드

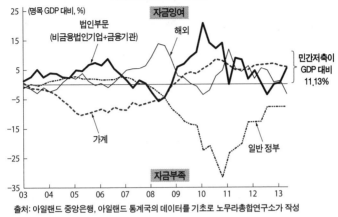

부문별로 본 자금과부족 추이

출처: 아일랜드 중앙은행, 아일랜드 통계국의 데이터를 기초로 노무라총합연구소가 작성

　같은 시기에 정부부문의 악화는 GDP 대비 19.7%까지 확대되었다. 이는 민간부문 미차저축의 53%를 정부가 빌려서 쓴 것으로 경제의 소득순환에 재유입되었다는 것이다. 그러나 아일랜드 경제의 디플레 악순환으로 인해 GDP 대비 17%가 넘는 디플레 갭을 메울 수가 없었다. 게다가 재정건전화 시책에 의해 디플레갭은 한층 더 악화되었다. 즉, 민간부문의 채무 압축 규모를 생각하면 아일랜드의 재정 적자는 아직 불충분했다. 그 결과, 아일랜드의 GDP는 명목치로 한때 최고치에서 20%나 감소하고 실질치에서도 10% 이상 감소했다. 실업률은 한때 15.1%까지 확대되었지만 최근에는 약간 개선(13.6%) 되었다.

2013년에 들어와서 아일랜드 민간부분은 금융자산을 축소해야 하는 상황은 모면했지만 여전히 GDP 대비 11.13%나 되는 거액의 저축을 계속하고 있고, 이는 아일랜드가 아직 밸런스시트 불황의 한복판에 있다는 것을 보여주고 있다.

비교적 최근에 시작된 포르투갈의 밸런스시트 불황

포르투갈 가계부문(그림 5-16)의 금융부채 동향은 검은색 그래프의 추이로 알 수 있듯이 2008년 버블 붕괴 이후 우선 차입(금융부채의 증가)을 줄이고 2011년부터는 본격적인 채무 변제로 전환했다. 그리고 이 채무 변제 상황은 지금도 이어지고 있다.

【그림 5-16】 포르투갈 가계부문도 2008년까지 저축 행태를 바꾸지 않았다

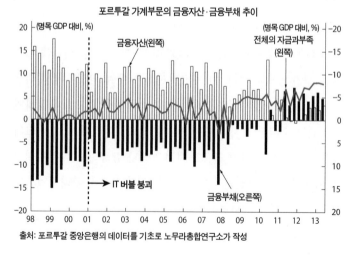

출처: 포르투갈 중앙은행의 데이터를 기초로 노무라총합연구소가 작성

또한 포르투갈의 비금융기업부문(그림 5-17)은 리먼 쇼크 이후 1분기(2009년 1/4분기)에만 금융자산이 축소되었으며 이후 상당 기간 평온하였다.

【그림 5-17】 점차 자금잉여로 전환되고 있는 포르투갈의 기업부문

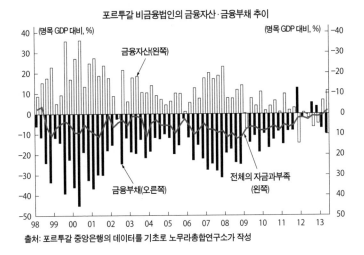

포르투갈 비금융법인의 금융자산·금융부채 추이

출처: 포르투갈 중앙은행의 데이터를 기초로 노무라총합연구소가 작성

그렇지만 그림 5-17처럼 2011년 4/4분기부터 채무 변제 및 금융자산이 축소되기 시작했으며 2013년 2/4분기에는 자금잉여 상태가 되었다.

이러한 금융자산의 축소와 채무 변제가 포르투갈의 근대 역사상 최저 금리에서 발생하였다는 것은 포르투갈도 전형적인 밸런스시트 불황하에 있다고 말할 수 있고, 게다가 그 조정은 비교적 최근에 시작되었다.

이 비교적 안정된 전반기는 포르투갈의 주택 시장이 스페인과 그리스와 같은 대규모 버블로 확대되지 않았고, 그 결과 버블이 발생하지 않았음에도 불구하고 'PIIGS'로 동일시되어 포르투갈 중앙은행이 자금 조달에 어려움을 겪었던 것이 하나의 이유라고 생각한다. 즉, 포르투갈은 빌리는 측 문제인 밸런스시트 불황과 더불어 빌려주는 측 문제인 신용경색도 문제가 되었을 가능성이 있다.

그 결과 포르투갈의 가계부문과 기업부문은 매우 어려운 상황에 놓여 있었고 포르투갈이 GDP의 8.9%나 되는 저축을 하고 있었던 것은 경기 안정을 위해서는 어느 정도의 재정 지출이 필요했다는 것이다.

이탈리아도 포르투갈과 유사한 상황

그렇다면 이탈리아의 상황은 어떠했는지를 살펴보자. 이탈리아의 가계부문은 2008년부터 차입을 절반으로 감소시켰지만, 그래도 2011년 중반까지는 저축도 하면서 차입도 하는 통상적인 패턴을 유지하였다. 이것은 이탈리아의 주택 시장이 기본적으로 버블과 연관이 없고 큰 밸런스시트 문제가 발생하지 않았기 때문이라고 생각한다(그림 5-18). 그런데 EU 위기에 휘말린 2011년 중반부터는 가계부문도 전혀 돈을 빌리지 않게 되었을 뿐만 아니라 사상 최저 금리에도 불구하고 채무 변제에 몰두했다.

【그림 5-18】 채무 변제로 전환하고 있는 이탈리아의 가계부문

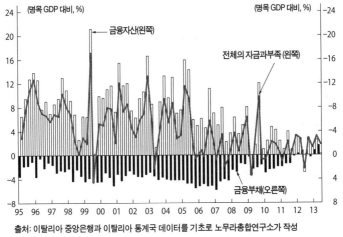

이탈리아 가계부문의 금융자산·금융부채 추이

출처: 이탈리아 중앙은행과 이탈리아 통계국 데이터를 기초로 노무라총합연구소가 작성

　　한편 비금융기업부문은 금융 위기가 발생한 2008~2009년경 금융자산의 축소를 강요당할 정도로 어려운 상황에 직면했지만 이후 한때 사태는 정상으로 회복되었다. 그런데 2012년부터는 4분기 연속으로 금융자산의 축소와 6분기 연속으로 채무 변제를 강요당하는 매우 어려운 상황이 이어지고 있다(그림 5-19). 2012년부터 사태가 급변했다는 것은 주택 버블이 발생하지 않았던 포르투갈과 같이 이탈리아의 금융계가 EU 위기에 휩쓸렸기 때문이라고 생각한다.

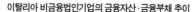

【그림 5-19】채무 변제에 열중하고 있는 이탈리아의 기업부문

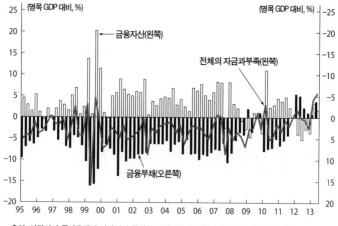

이탈리아 비금융법인기업의 금융자산·금융부채 추이

출처: 이탈리아 중앙은행과 이탈리아 통계국 데이터를 기초로 노무라총합연구소가 작성

　어찌 되었든 이 4개국의 불황에 관해서는 민간부문 저축이 급증한 것이 주요 원인이고, 민간의 채무 축소에서 발생하는 수요 감소를 상쇄하고 경기를 안정시키기 위해서는 오히려 재정 적자가 너무 작다고 할 수 있다. 또한 주택 버블이 발생하지 않고 이번 위기의 후반에 사태가 급변한 포르투갈과 이탈리아의 경우, 빌리는 측 문제인 밸런스시트 불황뿐만 아니라 빌려주는 측 문제인 신용경색도 사태를 악화시킨 요인이라고 생각한다.

　게다가 민간부문이 일제히 채무 축소에 몰두하는 이들 국가에서는 통화승수가 한계적으로 제로 혹은 마이너스이기 때문에 금융정책은 효력을 발휘할 이유가 없고 재정 지출로만 GDP를 지탱할 수 있다. 실제로 그림 5-8을 보아도 리먼 쇼크 이후 ECB가 거액의 자금을 공급했지만 EU 가맹국의 통화공급량은 전혀 증가하지 않았다.

따라서 민간의 채무 축소가 이어지는 한, 이들 국가의 재정 지출은 불가피할 뿐만 아니라 이들 국가에서의 재정건전화는 경기 악화를 점점 가속화시켰다.

심각한 밸런스시트 불황에 빠진 스페인, 아일랜드 및 포르투갈이 현시점에서 재정건전화에 몰두하는 것은 1997년의 일본과 같은 실수를 범하는 것으로 이러한 실수가 많은 국가에서 발생하려 한다는 것은 매우 우려스러운 부분이다.

EU 국가 간 국채금리가 양극화된 이유

그런데 여기에서 EU 가맹국에서만 발생하는 극히 특수한 문제가 이들 국가를 가로막고 있다. 이 문제는 밸런스시트 불황에 빠진 영국과 미국, 일본의 경우, 국채금리가 역사적으로 낮은 수준으로 하락하여 재정 지출의 부담을 줄였지만, 같은 밸런스시트 불황에 빠진 스페인과 이탈리아의 국채금리는 반대로 급등한 것에서 단적으로 나타나고 있다(그림 5-20). 이는 여타국에는 없는 EU의 특수 사정이 크게 영향을 미쳤기 때문이다.

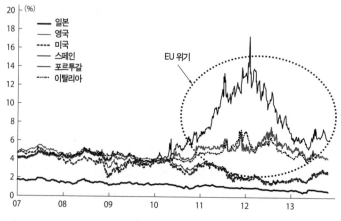

【그림 5-20】 세계적 조류에서 크게 괴리된 EU 가맹국의 10년 물 국채금리

출처: Bloomberg (2013년 11월 18일 현재)

즉 민간부문이 일제히 채무 변제와 저축 증대에 몰두하여 발생한 밸런스시트 불황하에서는 민간저축을 운용하는 기관 투자자는 제1장(p.64)에서 언급한 것처럼 상당히 제한적인 선택 사항 안에서의 자금운용이 요구된다.

즉 민간부문 전체가 채무 최소화에 몰두한다는 것은 그 나라의 자금운용자는 자국의 민간부문에 돈을 빌려줄 수 없다는 것이다. 물론 그들에게 자국의 주식이나 해외 증권을 구입할 수 있는 선택의 여지는 있지만, 연금이나 생명보험과 같은 ALM(자산·부채의 종합적 리스크 관리)이 엄격히 요구되는 투자자에 대해서는 그들이 원금 리스크를 너무 많이 부담하지 않도록 각국 정부가 엄격히 규제하고 있다.

그렇게 되면 기관 투자자는 자국 통화로 표시되는 원금의 안전성이 높은 채권을 원하게 되고 밸런스시트 불황하에서 그 요구에 응하는 것은 자국의 국채뿐이다. 그 결과, 밸런스시트 불황하에서는 기관 투자자의 자금이 자국의 국채로 향하고 국채금리는 통상적으로는 생각하기 어려운 수준까지 하락하고 만다. 이 밸런스시트 불황하에서 국채금리가 대폭으로 하락하고 정부의 재정 지출을 용이하게 하는 것은 제1장에서 설명한 것처럼 밸런스시트 불황하에서 경제가 갖는 중요한 자동 복원 메커니즘인 것이다.

이 메커니즘은 15년 전 일본에서 처음으로 관측되었으며 이후 미국과 영국, 스웨덴과 같은 국가들에서도 관찰되었다.

자국채보다 안전한 국채를 외환 리스크 없이 살 수 있게 된 EU 국가들

그렇다면 왜 일부 EU 국가들은 그렇게 되지 않았을까. 이는 이들 국가의 기관 투자자가 자국의 국채가 아닌 여타 EU 국가의 국채를 구입해도 외환 리스크를 부담하지 않기 때문에 자국의 재정 적자가 너무 과도하다고 생각하면 재정 문제가 없는 여타 EU 가맹국 국채를 구입할 수 있기 때문이다.

실제 EU 내에는 밸런스시트 불황이라는 질병을 이해하지 못한 평론가와 경제분석가가 다수 있고, 그들은 재정 적자의 크기만을 문제시한다. 즉, 그들도 과거의 일본에서처럼 이와 같은 대규모 재정 적자는 국가의 파탄을 의미하기 때문에 신속히 재정건전화를 추진해야 한다고 주장한다. 거짓말도 100번 말하면 사람들이 믿게된다는 말이 있듯이 아침부터 밤까지 언론으로부터 재정 적자의 문제점만 듣게 된 사람들은 당연히 그 나라 국채를 피하고 재정 적자가 문제 되지 않는 여타 국가의 국채를 사게 된다.

즉 스페인의 연금과 생명보험은 자국채가 싫다면 독일 국채를 사면 된다. 그렇게 되면 자국 내에 큰 민간저축이 있어도 그 저축이 자국채가 아닌 독일 국채 구입 등으로 유출되기 때문에 자국채 금리는 상승하게 되고 스페인 정부는 밸런스시트 불황에 반드시 필요한 재정 지출이 어렵게 된다.

실제로 2011년 11월에 내가 마드리드에서 기관 투자자를 대상으로 한 세미나에서 "오늘 이 모임에 오신 여러분 중에 스페인에서 독일로 자금을 옮기신 분은 어느 정도입니까?"라고 묻자 돌아온 대답은 "everybody(전원)"였다.

다시 말해, 밸런스시트 불황에 빠진 스페인과 아일랜드, 포르투갈은 민간저축이 큰 폭으로 증가했음에도 불구하고 그 저축이 독일 등으로 유출되고 있다. 그 결과, 자국채는 수요자 부족으로 인해 금리가 상승하고 이들 국가의 정부는 밸런스시트 불황에 반드시 필요한 재정 지출이 불가능하게 될 뿐만 아니라 이 불황에 가장 바람직하지 않은 재정건전화를 강요당하고 있다.

즉 EU는 단일 통화이지만 17개나 되는 국채 시장이 존재하고, 게다가 이들 시장 간 자본 이동이 완전히 자유롭기 때문에 밸런스시트 불황하에서의 자동 복원 메커니즘이 기능하지 않게 되는 것이다.

스페인과 아일랜드에서 유입되어 온 민간저축을 독일과 네덜란드 정부가 적극적으로 사용한다면 EU 전체 경기는 유지되고, 이것은 스페인과 아일랜드에도 플러스로 작용할 것이다. 그렇지만 자금이 유입된 독일과 네덜란드도 마스트리흐트 조약의 재정 적자가 GDP의 3%까지라는 제한을 의식해서 재정건전화에 여념이 없다.

그 결과, 스페인과 같은 국가는 자국의 민간저축이 급증하여 경기가 악화되고 있음에도 불구하고 정부가 그 저축을 사용할 수 없기 때문에 재정건전화를 강요당한다. 또 자금이 유입된 국가도 그것을 사용하려 하지 않는 가운데 EU 경제 전체가 점점 축소 균형으로 향하고 있는 것이다. 이 밸런스시트 불황하에서의 자동 복원 메커니즘이 EU에서는 기능하지 않는다는 사실은 EU의 중대한 구조적 결함이며 신속히 개선해야 하는 부분이다.

경기 흐름을 극단적으로 확대시키는 EU 내 자금 이동

생각해 보면 수년 전까지만 해도 EU에서는 이것과는 완전히 반대의 자금 이동이 발생했다. 즉 2000년 IT 버블 붕괴로 심각한 밸런스시트 불황에 빠진 독일에서는 자국 내에 자금 수요가 없어 은행 등 금융기관이 자국채보다도 금리가 높은 남유럽 국채를 적극적으로 구입했다. 이 독일로부터의 자금 유출은 주택 버블에 빠져 있던 이들 국가의 버블을 더욱 과열시켰다.

이것은 EU 내 자금이 양극단으로 움직일 위험성이 있다는 것을 보여주는 것으로, 경기가 좋을 때에는 보다 높은 수익 실현을 위해 버블이 발생한 지역으로 자금이 유입되어 버블을 더욱더 확대시키고, 버블이 붕괴되면 자금은 버블이 발생하지 않는 국가로 순식간에 이동한다는 것이다.

이 자금 이동의 문제점은 극히 비생산적일 뿐만 아니라 경기의 변동을 한층 더 크게(pro-cyclical) 만든다. 즉, 버블이 발생하여 더 이상 자금이 들어오면 안 되는 국가에는 자금이 대폭 유입되어 버블을 확대시키는 한편, 반대로 밸런스시트 불황에 빠져 정부가 자금을 필요로 하는 국가에서는 자금이 빠져나가 이들 국가에 필요한 재정 지출을 불가능하게 한다.

'Fiscal Space(재정 여력)'가 갖는 의미는 EU 가맹국과 여타 국가에서 상이하다

그런데 EU 가맹국 당국자 중에서도 밸런스시트 불황하에서 재정 지출이 불가피하다는 것을 이해하는 사람이 2012년경부터 조금씩 늘어났다. 그래도 그들 중 다수는 재정 지출이 가능한 것은 '재정 여력'이 있는 국가들이고 '재정 여력'이 없는 국가들은 역시 재정건전화를 추진할 수밖에 없다는 식으로 받아들인다.

이 '재정 여력'은 지속적으로 국채를 발행할 수 있고 재정에 여유가 있다는 의미이지만, 그들 대부분은 이 말의 의미가 EU 내 국가들과 여타 국가들에서 크게 다르다는 것을 알지 못하고 있다.

본래 재정 지출이 필요한 밸런스시트 불황이라는 것은 제로금리하에서도 민간에 미차저축이 발생하기 때문에 발생하는 것이다. 이는 디플레 악순환을 막는 데 필요한 재정 지출을 하는 자금은 그 나라 금융 시스템 내부에 미차저축의 형태로 존재한다는 것을 의미한다.

게다가 그 미차저축을 운용해야 하는 투자자는 밸런스시트 불황하에 남겨진 유일한 수요자인 정부의 국채를 사지 않을 수 없고, 그것이 이 불황하에서는 불가피한 '재정 여력'을 제공하는 것이다.

물론 이들 투자자도 해외로 자금을 옮길 수 있지만 이를 위해서는 외환 리스크라는 높은 벽을 넘어야 하고 부채가 모두 자국 통화로 표시된 투자자에게 이것은 큰 리스크이다.

그렇기 때문에 EU 가맹국에서는 일본, 영국, 미국 등에서 볼 수 있듯이 밸런스시트 불황에 빠지면 국채금리가 큰 폭으로 하락하는 형태로 이들 국가의 '재정 여력'이 확보되어 온 것이다.

그런데 EU에서는 동일 통화권에 복수의 국채 시장이 존재하고 이들 시장 간 자금 이동은 완전히 자유롭다. 그렇게 되면 비EU의 '재정 여력'이 충분한 국가들도 EU화되어 자국의 미차저축이 여타 EU 가맹국의 국채 시장으로 도피해 버려 결과적으로 '재정 여력'이 상실되는 상황이 발생한다.

예를 들어 현시점에서 스페인의 민간부문은 그림 5-13에 보이는 것처럼 GDP 대비 12.4%나 저축하고 있으며 이것은 GDP 대비 6.5%(2013년 정부 목표)인 스페인의 재정 적자를 해결하기에 충분한 금액이다. 즉, 스페인이 비EU 국가라면 스페인에는 충분한 '재정 여력'이 있고 스페인의 국채금리는 대폭 하락했을 것이다. 그리고 이들 국가의 국채금리가 영국과 미국, 스웨덴과 같은 수준으로 하락하면 EU 위기도 발생하지 않았을 것이다. EU 위기는 이들 국가의 국채금리가 급등한 것을 계기로 시작되었기 때문이다.

그런데 현실은 스페인 저축의 상당 부분이 외국으로 유출되고 또한 언제 유출될지 모르는 공포감에 스페인의 국채금리는 일본, 영국, 미국에 비해 훨씬 높아졌다.

그뿐 아니라 돈이 외국으로 유출됨으로써 자국채금리가 상승한 주변국은 '재정 여력'이 없다는 식으로 인식되어 재정건전화 시책 실시를 강요당했다.

그러나 제로금리하에서도 민간에 미차저축이 발생했을 때에 정부가 그것을 사용하든지 아니면 반대로 정부마저도 채무 변제로 돌아서면 경제 전체의 미차저축은 더욱 커지고 경제는 디플레 악순환에 돌입한다. 게다가 디플레 악순환에 빠져 있는 국가들의 투자자는 점점 돈을 외국으로 유출하려 한다. 그 이유는 디플레 악순환에 빠져 실업률이 급상승하고 있는 국가의 정부는 국제신용기관에 의한 평가가 하락할 뿐만 아니라 정말로 장래 채무불이행 상태에 빠질 위험이 높아지기 때문이다. 그들이 돈을 외국으로 유출하면 할수록 사태는 더욱더 악화된다.

마스트리흐트 조약의 결함 조항에 대한 조속한 수정이 필요하다

그렇다면 이 EU 고유의 문제에 어떠한 해결책이 있을 수 있을까. 문제는 크게 두 가지로 나눌 수 있다. 첫 번째는 마스트리흐트 조약이 밸런스시트 불황에 대응하지 못하는 결함 있는 조약이라는 것이고, 두 번째는 EU 내 채권 시장 간에 발생하는 극히 비생산적인 자금 이동이다.

우선 전자에 관해서는 현재 스페인의 민간 저축(가계+기업+금융기관)은 GDP 대비 12.4%나 있지만, 마스트리흐트 조약에 의하면 정부는 GDP 대비 3%까지만 빌려 사용해야 한다는 것이다. 그렇다면 남는 9%는 디플레갭으로 남고 스페인 경제는 매년 9%씩 축소된다. 그런데 제로금리하에서도 민간부문이 GDP 대비로 12%나 저축하는 현상을 전혀 상정하지 않았던 마스트리흐트 조약 내용에는 이럴 때 어떻게 대응해야 하는 지가 전혀 언급되어 있지 않다. 이 조약은 민간이 이익 최대화에 몰두하는 교과서적인 세계만을 상정하고 있고, 민간부문이 제로금리하에서도 채무 변제로 돌아서는 밸런스시트 불황은 전혀 예상하지 못했다.

1990년대에는 아직 EU와 미국에 밸런스시트 불황이라는 개념이 전혀 알려지지 않았기 때문에 그것은 어느 정도 어쩔 수 없었 겠지만, 만약 이 개념이 그 시점에 인지되어 마스트리히트 조약에 반영되었다면 IT 버블 붕괴 이후의 ECB와 독일 정부의 대응도 크 게 달라졌을 것이다.

즉 마스트리히트 조약에서 밸런스시트 불황에 빠져 있는 국가 는 충분한 재정 지출로 대응하고 여타 EU 가맹국과 ECB에 지장 이 없도록 하는 것이 의무화되어 있다면 독일은 그렇게까지 수출 에 의존할 필요가 없었고, ECB도 독일을 구하기 위해 그렇게까지 금리를 낮추어 스페인과 아일랜드에서 주택 버블을 만들지 않아 도 되었을 것이다.

또한 독일 은행도 자국채로 자금 운영이 가능했다면 그렇게까 지 그리스 국채와 미국 서브프라임 증권에 돈을 쏟아붓지 않아도 되었을 것이다.

그런 의미에서 이번 위기는 밸런스시트 불황에 대응하지 못한 마스트리히트 조약이 초래한 정책의 왜곡에 원인이 있는 것이며 이 점은 조속히 고쳐나갈 필요가 있다.

통상(밸런스시트 불황이 아니라는 의미)의 세계에서는 3%라는 재정 적자의 제약이 그 나름대로 의미가 있지만, 밸런스시트 불황에 빠 져 있는 경제는 그 제약에서 벗어나 여타 EU 가맹국과 ECB에 피 해를 주지 않도록 충분한 재정 지출을 의무화해야 한다. 그렇게 하면 비로소 마스트리히트 조약은 밸런스시트 불황과 그렇지 않 은 상황 모두에 효과적으로 대응할 수 있게 된다.

실제 재정 지출에는 EU와 ECB의 보증이 불가결하다

다만 현실적인 문제로 예를 들어 스페인과 아일랜드 정부가 자신들의 경제가 밸런스시트 불황에 빠져 있는 것을 알아차려도 EU와 ECB가 그 문제의식을 공유하고 이들 국가의 재정 지출을 보증하지 않는 한 각국 정부는 지금의 (파괴적인) 재정건전화 노선에서 벗어날 수 없다. 주변국 정부가 EU와 ECB의 보증 없이 재정 지출을 하게 되면 이들 국가의 민간자금은 지금보다 몇 배나 빠른 속도로 독일 국채 등으로 빠져나갈 가능성이 높기 때문이다.

그런 의미에서 EU, ECB나 IMF 등의 국제 기관이 해당 국가가 밸런스시트 불황에 빠져 있고 재정 지출이 올바른 대응책이라는 것을 보증해 줄 때까지 각국은 정책 전환을 할 수 없다.

즉 마스트리흐트 조약을 밸런스시트 불황에 대응시키기 위해서는 이 불황에 빠진 국가들에 재정 지출을 의무화할 뿐만 아니라 EU와 ECB가 해당 국가의 재정 지출에 대해 보증하고 필요하다면 지원할 수 있도록 할 필요가 있다.

필요하다면 지원한다는 문구는 매우 중요하지만 한편으로 그 지원에 필요한 지출을 요구받을 수 있는 독일 등은 강하게 반발할 가능성이 있다. 독일의 우려는 일견 합리적이지만 실은 여기에도 밸런스시트 불황에 대한 몰이해가 자리 잡고 있다.

왜냐하면 이러한 종류의 불황에 빠진 국가는 자국에 거액의 미차저축이 발생하고 그 민간저축이 IMF나 EU의 보증으로 자국채 시장으로 되돌아오게 되면 EU나 독일이 새롭게 부담할 것이 없어지기 때문이다.

즉 여기에서 필요한 것은 밸런스시트 불황을 겪는 국가에 존재하는 민간부문의 미차저축이 IMF나 EU의 보증으로 자국의 국채 시장에 되돌아오게 하는 것이다.

그렇게 되면 EU권 국가들에서도 밸런스시트 불황하의 자동 복원 메커니즘이 기능하게 되고 거기에서 경기 회복 가능성이 생기게 된다. 독일은 이들 국가가 재정 지출을 시행하면 자신들의 부담이 커지는 것을 우려하여 이들 국가에 재정건전화를 요구하고 있는데, 이것은 밸런스시트 불황의 본질을 전혀 이해하고 있지 못한 대책이다.

유로 통화의 안정을 위해서는 '국채는 자국민만 구입 가능'하다는 제도 도입이 필요하다

다만 현실적으로 이와 같은 규정을 마련한다 해도 밸런스시트 불황에 빠진 국가의 미차저축이 여타 EU 가맹국으로 유출된다면 해당 국가의 정부는 국채를 발행할 수 없고, 그 결과 재정 지출도 불가능해진다.

이것이 EU의 두 번째 구조적 결함이다. 그렇다면 가맹국 정부가 재정정책의 자유를 확보하면서 EU 고유의 자금 이동 문제를 극복하는 방법은 없을까. 답은 '있다'이다. 이제까지 나는 이 문제에 대해 두 가지 해결 방안을 제안해 왔다. 하나는 정치적으로는 어렵지만 이상적인 해결 방안이고, 두 번째는 그것을 현실적으로 받아들이기 쉽도록 한 것이다.

여기에서는 우선 이상적인 방안을 먼저 소개하고자 한다. 그것은 EU 가맹국은 자국채를 자국민에게만 팔 수 있다는 제한을 두는 것이다. 만약 EU 발족 당초부터 이 룰이 전술한 3% 룰 대신 도입되었다면 지금과 같은 위기는 발생하지 않았을 것이다.

우선 이 룰을 도입하면 각국의 재정에는 본래의 재정 규율이 회복된다. 각국 정부는 자국민이 허락하지 않는 재정 적자를 낼 수가 없기 때문이다. 이는 지금 아테네에서 돌을 던지며 계속 항의하고 있는 그리스인들에게도 중요한 의미를 갖는다. 그들은 자신들이 독일과 프랑스의 부자 은행과 IMF의 피해자라고 주장하며 돌을 던지고 있는데, 만약 이 룰이 도입되면 이러한 항의는 의미가 없어지기 때문이다. 그뿐 아니라 그들은 자신들의 직업을 지키기 위해서라도 자신들의 지인과 친척에게 그리스 국채를 팔도록 노력하게 된다.

이 '자국채는 자국민만 구입 가능' 조항을 3% 조항 대신 도입한다면 본래의 재정 규율이 회복될 뿐만 아니라 밸런스시트 불황에도 적절하게 대응할 수 있게 된다. 자국민만 납득한다면 각국은 밸런스시트 불황하에서 필요한 재정 지출을 실시할 수 있기 때문이다. 여기에서 정부가 밸런스시트 불황의 발생 메커니즘을 정확히 설명한다면 그 나라 국민도 채무 변제에 몰두하는 한편, 정부의 재정 지출 필요성을 이해하게 될 것이다.

이 규제는 스페인과 아일랜드의 자금운용자가 자국채가 아닌 독일 국채를 사는 상황을 억제하게 된다. 결국, EU 내에서는 같은 유로 표시 '국채'가 다수 존재하기 때문에 투자자의 리스크 허용도가 높은 붐(boom) 시기에는 모두 고금리의 그리스와 포르투갈 국채로 향하고, 금융 불안 등으로 허용도가 감소하면 모두 일제히 독일 국채로 향하는 극히 불안정한 흐름이 조장된다. 이것은 자국 통화표시 국채가 한 종류밖에 존재하지 않는 일본, 미국, 영국에서는 존재하지 않는 불안정 요인이지만, 자국민만 자국채를 살 수 있다면 EU에서도 이러한 문제는 발생하지 않게 된다.

또한 이처럼 자국민만 구입할 수 있다는 형태로 각국 재정을 내부 문제화하면 각국의 정치와 재정문제가 EU 전체로 파급되는 사태를 막을 수 있다. 예를 들어 그리스 정부가 파탄하면 곤란한 것은 그리스 국민뿐으로 이 문제는 EU 전체와는 분리해서 생각할 수 있기 때문이다(다만 ECB가 보유하는 각국 국채에 채무불이행이 발생한 경우에 대한 대응은 별도로 결정할 필요가 있다).

이는 가맹국에서 선거나 정변이 있을 때마다 유로라는 통화가 크게 변동되는 현상에서 벗어난다는 것을 의미한다. 각국이 자국민만 국채를 팔 수 있다는 규율만 지킨다면 그 나라 재정은 그 나라 내정 문제고 EU 전체에 악영향을 미칠 가능성은 급속히 감소하기 때문이다. 그 결과, ECB는 참가국의 개별적 재정 상황과 선거 결과에 크게 영향을 받지 않고 EU 전체 관점에서 올바른 통화정책의 운영에 집중할 수 있게 된다.

또한 이 규제는 국채에만 적용되고 민간 채무에는 적용되지 않는다. 따라서 독일의 은행이 그리스의 사채를 구입하는 것은 자유이고 스페인의 투자자가 독일의 주식을 사는 것도 자유이다. 이렇게 하면 자본 이동의 자유화에 의해 초래된 자본 효율의 향상이 확보된다.

본래 각국이 단일 통화를 도입해서 얻어지는 경제 효율의 향상은 이들 국가의 민간부문에 귀속되는 것이다. 단일 시장에서 시장이 크게 확대되어 효율성이 높아지고 다른 발상을 가진 많은 경제 주체가 참가함으로써 시장의 신뢰가 강화되기 때문이다.

한편, 일국의 투자자가 여타 국가의 국채를 사는 것이 경제 전체의 자본 효율을 높일 수 있을지 여부는 논의의 여지가 있다. 일본의 투자자가 이자율이 높은 미국 국채를 구입한다고 해서(미국 정부가 일본 정부보다 효과적으로 돈을 쓰지 않는 한) 국제 경제 차원에서 자본 효율이 향상된다고는 생각하기 어렵기 때문이다. 따라서 정부 차입을 자국민의 저축으로 한정하는 것은 단일 통화가 초래한 자본 효율의 향상과 모순되는 것은 아니다.

이러한 나의 해결 방안에 대해 영국 파이낸셜 타임스의 마틴 울프는 재미있는 해결책이지만 시행 가능성에 의문을 나타냈다. 즉, 민간이 이러한 규제를 회피하려는 것을 어떤 방법으로 막을 것이냐는 질문이다. 고도로 통합된 EU의 금융 시장에서 국채를 자국민만 살 수 있다는 룰을 완벽하게 적용하는 것은 어려울 것이다. 다만 주요한 금융기관과 기관 투자자가 지키도록 하는 것만으로도 상황은 지금과 크게 달라질 것이다. 예를 들어 스페인의 기관 투자자가 자국채를 사 주는 것만으로 스페인의 국채금리는 크게 하락하고 가격은 상승할 것이다. 그것으로 스페인과 아일랜드의 국채금리가 영국, 미국 수준까지 하락한다면 이들 국가의 국채금리 상승으로 시작된 유로 위기 자체가 해소된다. 게다가 그들이 구입하기 시작하면 스페인 국채 가격은 상승하고 그만큼 스페인 국채를 보유하고 있지 않은 여타 국내 투자자의 운용 성적은 떨어지게 된다.

이와 관련해서 어느 금융기관을 자국의 금융기관이라고 인정할 것이냐는 문제에 대해서는 은행 행정과 같이 자국의 금융 당국이 검사하는 금융기관을 자국 금융기관으로 인정해야 할 것이다. 이렇게 하면 당국은 언제라도 자산 내용을 확인할 수 있기 때문이다.

나는 EU 각지에서 이 대안을 제시했는데, 그것을 들은 사람들은 발상 자체는 극단적이지만 이 룰이 당초부터 도입되었다면 지금의 EU 위기는 발생하지 않았을 것이라는 반응이 많았다.

한편, 그곳에서 자주 언급된 것은 자국민 룰은 일종의 자본규제(capital control)고, 이런 종류의 규제는 EU 내에서는 원칙적으로 금지되어 있으며, 이 장애를 극복하는 것은 매우 어렵다는 것이었다. 다만 2013년 키프로스 위기로 EU 당국은 스스로 자본규제를 도입했고 원칙적 금지라는 것은 어디까지나 원칙에 불과하고 예외가 있을 수 있다는 것 또한 보여주었다.

또한 과거 십수년 동안 이 룰 없이 유로가 여기까지 온 결과, 어느 가맹국도 자국채의 많은 부분을 외국인이 보유하게 되었고 앞으로 그러한 룰을 도입하기 어려울 것이라는 우려도 있었다. 다만 이 문제도 극변완화조치와 같은 특단의 조치를 도입하면 대응할 수 있고 문제는 그때까지 당국에 의지가 있는지 여부라고 생각한다. 이 룰 하나를 도입하는 것만으로 진정으로 인류의 위업이라 말할 수 있는 EU 경제를 구할 수 있다면 그것은 수지맞은 장사라고 생각할 수 있기 때문이다.

자국채와 외국채에 상이한 리스크 가중치를 설정해야 한다

그래서 2012년 후반부터 나는 이상적인 방안을 조금 수정하여 좀 더 받아들이기 쉬운 방법을 제안하기 시작했다. 그것은 EU 내 금융기관과 기관 투자자가 보유하는 자국채와 외국채에 대해 상이한 리스크 가중치를 설정하는 것이다. 자국채를 구입한 경우 리스크 가중치를 제로나 이에 가까운 수준으로 억제하고 그 이외의 국채에 대해서는 그에 걸맞은 리스크 가중치를 부여하는 방안을 제안했다.

이 리스크 가중치라는 것은 금융기관이 맡겨진 자금을 운용할 때, 리스크가 높은 융자와 투자를 하는 경우 그에 걸맞은 자기자본을 준비해야 한다는 사고에 기초한 것으로, 1990년대에 은행을 대상으로 한 BIS 기준이 도입된 이후 각국의 금융기관 관련 행정에 폭넓게 사용되는 방법이다.

이 규제의 본래 목적은 금융기관이 너무 높은 리스크를 부담하지 않도록 하는 것이지만, 본 제안에서는 EU 내 투자자의 상황을 조금이라도 일본, 미국, 영국 투자자의 상황과 비슷하게 하는 것이 목적이다. 또한 자국의 국채 리스크 가중치를 외국보다 낮게 설정하는 근거는 자국의 경제 상황과 국채 시장은 자국민이 가장 잘 이해하고 있을 것이라는 사고에 기초해 있다.

일본, 미국, 영국의 투자자는 전 세계 금융 상품을 살 수 있지만 그래도 전술한 원금과 외환 리스크를 제한한 당국의 규제에 의해 자금의 상당 부분이 자국채 구입에 쓰이고 있다. 그리고 그것이 밸런스시트 불황에 놓여 있는 이들 국가의 국채금리를 대폭 하락시켜 정부의 재정 지출을 지원하고 있다. 이와 같이 밸런스시트 불황하 경제의 자동 복원 메커니즘을 EU 각국에서 만들 수 있다면 현재 EU 위기의 많은 부분은 해소될 수 있다.

이 상이한 리스크 가중치를 설정하는 수법은 정부 감시하에 있는 은행과 기관 투자자에게만 적용할 수 있지만, 그래도 그들 대부분이 자국채를 사게 된다면 이들 국가의 국채 이자율은 하락하고 이를 통해 이들 국가는 '재정 여력'을 확보하게 된다. 이 수법은 각국 재정정책을 해당 국가의 내부 문제로 만들어 재정 규율을 강화하는 효과를 기대할 수는 없지만, 도입에 필요한 법제도 마련은 훨씬 용이할 것으로 보인다. 다양한 리스트 가중치 설정

방법은 금융행정의 핵심적 역할을 수행하고 있으며 각국에서 이미 폭넓게 도입되어 있기 때문이다.

자본 이동의 자유화를 원칙으로, 법적으로는 지극히 엄격하게 만들어져 있는 마스트리히트 조약에 리스크 가중치를 도입하기 위해서는 상당한 노력이 필요할 것이다. 그러나 현실적으로 EU 위기가 이렇게까지 악화되고 스페인, 아일랜드, 포르투갈도 밸런스시트 불황에 빠져 있는 상황에 한시라도 빨리 이 조약을 수정해야 한다. 게다가 키프로스 사태에는 자본 이동의 자유화 원칙에 반하는 규제가 도입된 사실을 감안하면 본서가 제안한 리스크 가중치 도입도 전혀 불가능하지는 않다고 생각한다.

게다가 3% 룰로 인해 밸런스시트 불황에 대응하지 못하고 있는 많은 EU 가맹국이 매우 어려운 경제 상황에 놓여 있다. 최근 EU와 IMF 주도의 지원책도 단순한 시간벌기라는 시각이 많다. 이것은 최종적으로 유로가 어느 방향으로 나아가야 할 것이냐는 비전이 결여되어 있기 때문이다. 하지만 만일 밸런스시트 불황에 빠진 국가에 재정 지출을 의무화하고 국채는 자국민만 살 수 있도록 하면서 전술한 상이한 리스트 가중치를 설정한다면 지금 발생하고 있는 문제는 재발하지 않을 것이다. 그렇게 되면 유로의 장래에 대한 사람들의 시각도 변할 것이다. 적어도 현재와 같이 근본적인 해결책이 제시되지 않은 채로 위기에서 또 다른 위기로 표류하는 상황과 비교하면 문제를 근본에서 해결하는 '엔드 게임'이 제안되는 것이 중요하다.

그리고 그렇게 되면 어떻게 거기까지 갈 것이냐는 기술적인 문제가 남는다. 예를 들어 5년 후에 모든 가맹국이 새로운 룰을 이행한다고 한다면 이 5년 동안 무엇을 해야 하는가를 생각해야 한다. 이때 그리스와 같이 더 많은 외부 지원을 필요로 하는 국가도 생길 것이다. 그러나 5년 후에 새로운 룰을 이행하여 EU의 미래가 안정된다면 이를 위한 노력은 충분히 가치가 있다고 생각한다.

이와 같은 리스트 가중치가 도입되어 국채금리가 하락하면 EU 위기 자체가 과거의 일이 될 뿐만 아니라 EU권 국가들에서도 밸런스시트 불황에서의 자동 복원 메커니즘이 기능하게 된다. 거기에서 유발되는 국채금리 하락으로 해당 국가들이 필요한 재정 지출에 나서면 이들 국가도 경기 회복의 계기를 잡게 된다.

EU의 정책 논의는 유감스럽게도 아직 거기까지 진행되어 있지 않지만, 최근 들어 가맹국 재정 당국이 비공식적으로 자국의 금융기관이 자국채를 보유하도록 지도하고 있다는 소문이 돌고 있다. 이것이 사실이라면 이는 정식으로 리스크 가중치 정책이 도입되지 않은 가운데 차선책으로 시행되고 있다고 말할 수 있다. 만약 그런 종류의 지도로 그럭저럭 이들 국가의 자동 복원 메커니즘이 기능하기 시작한다면 이는 환영해야 할 일이다.

또한 비공식적으로 그러한 공작을 추진할 정도라면 정식으로 상이한 리스크 가중치를 도입하여 경제의 자동 복원 메커니즘을 확보하는 것이 훨씬 더 투명하고 신뢰를 증대시킬 수 있을 것이다.

소버린과 은행 리스크 분리는 자동 복원 메커니즘에 대한 부정

그런데 이러한 바람직한 흐름을 방해하고 있는 것이 최근 EU 내 은행 시스템을 통일하여 은행 리스크와 정부의 소버린 리스크를 구별하려는 움직임이다.

이것을 주장하는 사람들은 같은 알프스 스키장에서 국경을 사이에 두고 이탈리아 측과 오스트리아 측에서 융자를 받을 때의 금리가 다른 것은 정상적이지 못하기 때문에 이러한 금융의 단절(financial fragmentation) 현상을 해소해야 한다는 것이다.

이것은 일견 올바른 것처럼 들리지만 문제는 그 원인이다. 만약 양국 간 국채금리의 격차가 전술한 국채 시장 간 자본 도피에 기인한 것이라면 이 도피에 손을 대지 않는 한 본질적인 문제는 해결할 수 없다.

즉 만약 스페인의 미차저축이 스페인의 국채 구입에 쓰였다면 스페인 국채금리는 대폭 하락했을 것이다. 스페인 국채금리가 하락하면 스페인 민간기업이 은행으로부터 받는 융자에 대한 이자도 하락하고 현재 논의되고 있는 '금융의 단절 현상'도 훨씬 축소되었을 것이다.

또한, 독일의 장기금리도 스페인 등 주변국으로부터의 자본유입이 감소했다면 그만큼 하락하는 일은 없었을 것이고 독일과 주변국의 금리 차이는 더욱더 축소되었을 것이다.

즉 밸런스시트 불황을 겪고 있는 국가의 미차저축이 자국의 국채 시장으로 향하는 자동 복원 메커니즘이 기능하면 현재 논란이 되는 금융단절 현상의 상당 부분이 해소될 것이다.

한편, EU가 모색하는 소버린과 은행 리스크를 구별한다는 사고가 실제로 실시된다면 각국 금융기관은 가능하면 자국채는 보유하지 말라는 뜻이 되며 이는 밸런스시트 불황하에 있는 경제의 자동 복원 메커니즘을 완전히 부정하는 것이다.

그렇게 되면 이 불황에 빠진 국가의 국채금리를 하락시키는 메커니즘이 기능하지 않고 이들 국가에서의 디플레 악순환은 더욱더 심해진다. 그리고 그것은 이들 국가로부터의 자본 유출을 한층 더 가속화시킬 수 있다.

그래도 그 방향으로 정책을 추진한다면 EU는 별도의 제도적 틀을 만들어 유출된 저축을 본국으로 되돌려야 할 것이다. 즉 자국의 금융계를 매개로 자국의 미차저축을 자국채 구입으로 환원할 수 없게 되면 EU 전체적인 측면에서 그와 같은 기능을 별도로 갖추어야 할 것이기 때문이다.

그렇게 되면 EU는 EU 공동채권이라도 발행해서 주변국의 미차저축을 흡수하고 그것을 다시 주변국으로 되돌리는 작업을 해야 하는데, 이 작업은 정치적으로 매우 어렵고 실제로 EU 공동채권 도입에 가장 반대하고 있는 나라는 바로 독일이다.

독일이 반발하는 이유는 전술한 것과 같이 67세가 되지 않으면 연금을 받을 수 없는 독일의 재정 적자와 50세 후반부터 연금을 받을 수 있는 그리스의 재정 적자를 하나의 공동채권으로 조달하는 것은 공정하지 못하다는 사고에 기인한다. 그렇다고 한다면 독일은 은행과 소버린 리스크를 구별한다는 사고에 반대해야 한다.

이렇게 보면 지금 EU가 모색하고 있는 은행과 소버린 리스크를 나누고자 하는 정책은 밸런스시트 불황하에 있는 국가들이 본래 가지고 있는 자동 복원 메커니즘을 완전히 망가뜨릴 뿐만 아니라 EU 공동채권 도입 등을 통한 자금순환 시스템 없이는 EU권 전체의 미차저축(디플레갭)을 증대시킬 수 있다.

그것보다도 EU는 이번 EU 위기의 촉매 역할을 한 밸런스시트 불황에 빠진 국가들의 미차저축이 여타 국채 시장으로 도피하는 문제에 직접적인 효과를 가진 리스크 가중치 규제를 도입해야 하며, 이 문제를 더욱 악화시킬 수 있는 은행과 소버린 리스크의 구별정책은 포기해야 한다.

불황과 재정 적자에는 두 가지가 있다는 것을 모르는 드라기 총재

그렇다면 이들 정책 전환의 핵심을 쥐고 있는 EU, ECB, IMF(통칭 트로이카)의 불황에 대한 인식은 어느 정도일까. 여기도 수년 전에 비해서는 상당히 좋아졌다. 그중에서도 가장 이해도가 높은 곳은 IMF이고, 그들의 출판물 일부에서는 내가 만든 용어인 밸런스시트 불황이라는 표현을 이미 사용하고 있다. 실제 트로이카 중에서도 IMF는 재정건전화에 가장 신중하고 그런 의미에서 가장 현실적인 대응책을 내놓는 기관이기도 하다.

한편 이해도가 높지 않은 것은 ECB의 드라기 총재로 그는 매회 정책결정회의 이후 기자회견에서 EU 경기가 부진한 것은 "필요한 민간의 밸런스시트 조정에 의한 것이다."라고 발언하고 있다. 이는 드라기 총재가 EU 내 민간부문에서 밸런스시트 조정이 발생하는 것을 인식하고 있다는 것을 보여주고 있는데, 드라기 총재는 그 후에 반드시 "그러나 이들 국가에는 엄격한 재정건전화가 필요하다"고 부언한다.

이와 관련해서 밸런스시트 조정이 발생하고 있다고 인식하는 사람은 최근 수년 사이에 상당히 늘었지만, 그와 같은 국면에서 통화승수가 한계적으로 마이너스가 되기 때문에 통화정책의 효력은 감소하고 정부에 의한 재정 지출이 불가피하다는 사실을 이해하는 사람은 여전히 많지 않다. 유감스럽게도 드라기 총재도 그런 사람 중 한 명이라는 인상을 받았다.

다시 말하면 드라기 총재는 재정 문제도 불황도 기본적으로 한 종류밖에 없다고 생각하는 경향이 있다. 실제 민간의 과실로 발생한 재정 적자와, 정부와 정치가의 실수로 발생한 재정 적자는 성격이 완전히 다름에도 불구하고 그 차이가 정확히 인식되고 있지 않은 것이다.

예를 들어 드라기 총재는 2012년 7월 21일자 프랑스『르몽드』지와의 인터뷰에서 재정건전화 등의 구조개혁은 장기간에 걸친 것이지만 그것만으로는 단기 문제를 극복할 수는 없지 않느냐는 질문에 대해 자국인 이탈리아의 1992년을 예로 들면서 반론했다.

즉 1992년 당시 이탈리아는 재정 적자가 GDP 대비 11%나 되었는데 이탈리아가 통화 통합에 합의하자, 재정 적자가 줄기 전에 이탈리아의 국채금리가 하락하기 시작했다는 것이다(다만 이 시기는 EU 통화 통합과 관계없는 일본, 미국, 영국의 국채금리도 대폭 하락했다).

그러나 왕성한 민간 자금 수요가 있었던 1992년 당시 이탈리아의 재정 적자와 심각한 밸런스시트 불황이었던 2012년의 스페인 재정 적자는 그 성격이 완전히 달랐다.

그 증거로 당시 이탈리아는 재정건전화에 몰두했지만 왕성한 자금 수요가 있었던 민간이 정부가 빌리지 않게 된 돈을 빌려 사용하였기 때문에 경기는 악화되지 않았고 재정건전화는 크게 진전되었다.

이것과 완전히 동일한 현상이 1992년부터의 클린턴 정권 시절 미국에서도 관찰되었다. 실제로 미국은 이후 재정 흑자를 기록하기도 하였다. 그리고 양국 모두 정부가 재정건전화를 시작한 시점에 국채금리가 교과서대로 하락하였다.

그런데 이번 스페인에서는 2010년에 재정건전화로 방향을 전환하자마자 경제가 악화되고 실업률은 급속히 증가했다. 또한 스페인이 디플레갭에 빠져 스페인의 민간저축은 독일로 유출되었고, 국채금리는 정부가 재정건전화를 추진하고 있었음에도 불구하고 점점 상승하였다.

이것은 재정 적자에는 두 종류가 있다는 것이고 이 점을 ECB의 총재가 아직 이해하고 있지 못하다는 것은 매우 우려되는 부분이다. 스페인과 아일랜드 경제를 올바른 방향으로 이끌기 위해서는 ECB와 EU가 이들 국가의 재정 지출에 대해 보증할 필요가 있기 때문이다.

그리스를 제외하면 자본 도피가 문제

나는 최근 수년간 여러 EU 가맹국 금융 당국자를 대상으로 세미나를 개최했지만 거기에서 제기된 반론의 대부분은 정책의 실무 면에 관한 것이었다. 예를 들어 밸런스시트 불황하에서 재정 지출이 필요해도 이를 시장이 허용하지 않으면 정부로서는 재정 건전화를 계속하는 것 이외에 방도가 없지 않느냐는 질문이었다. 또한 독일 정부 관계자로부터는 재정 적자가 큰 주변국이 적극적 재정 지출을 실시하는 것을 독일의 납세자가 지원하는 것은 말도 안 된다는 반론이 제기되었다.

이것들은 적절한 반론으로 들리지만 나는 아직 시장이 허락해 줄 것인가 여부도 시험해 보지 못했는데 그것을 판정하는 것은 이상하다고 반론했다. 또한 방만하게 재정을 관리한 그리스를 제외하면 이들 국가에는 거액의 민간저축이 있고 이것이 자국의 국채 시장으로 되돌아오면 독일의 납세자와 ECB가 실제 부담해야 하는 지원액은 제로에 가까워진다는 점을 강조했다.

그리스를 제외한 주변국에 거액의 민간저축이 있다는 점은 이제까지의 EU 가맹국 간 정책 논의에서 완전히 배제되어 있었고 이 점을 내가 전술한 도표 등을 통해 지적하자 대부분은 깜짝 놀랐다.

예를 들어 스페인의 민간부문은 GDP 대비 12%나 저축하고 있으며 스페인의 재정 적자는 GDP 대비 6.5%이다. 이것은 스페인의 민간저축이 스페인의 국채 시장으로 되돌아오면 스페인은 독일 등의 외부 지원 없이 자력으로 자국의 재정 적자를 충당할 수 있게 된다.

그런데 이 사실을 알아차리지 못한 독일과 북유럽 정책 담당자들은 주변국의 재정 적자가 확대되는 것을 극도로 경계하고 있다. 그들은 주변국 국채금리가 상승한 것은 주변국 민간부문이 자력으로 저축하고 있지 못하다고 예단하고 주변국 재정건전화 지연은 독일을 포함한 북유럽 납세자의 부담 증가를 초래할 것이라고 우려하고 있다. 그들은 그리스를 제외하면 문제의 본질은 자본 도피이고 저축 부족이 아니라는 점을 인식하지 못하고 있는 것이다. 그들은 주변국 문제가 방만한 재정이 가져온 통상적인 재정 위기이고 재정건전화가 유일한 해결책이라고 믿고 있는 것이다.

그리고 재정건전화를 유일한 척도로 생각하는 한 주변국 경제의 건전화는 지연되고 그것이 이들 국가에 대한 시장의 신뢰 저하로 이어지고 있지만 이 관민 합동의 처방전 자체가 틀렸다면 얘기는 크게 달라진다.

예를 들어 EU와 ECB가 "새로운 병이 발견되어 그 발병 경위를 조사해 보니 이제까지의 처방전은 틀렸다는 것이 판명되었다. 따라서 우리는 앞으로 악순환 고리를 끊는 것에 전력을 다해 민간의 체력을 개선한 다음 재정건전화를 추진하고자 한다"고 말한다면 시장 참가자 전원은 아니더라도 상당 부분은 생각을 바꿀 가능성이 생긴다.

구체적으로는 EU가 "스페인은 밸런스시트 불황에 빠져 있고 스페인에는 거액의 민간저축이 있다. 이것은 스페인에 잠재적인 '재정 여력'이 있다는 것을 의미하고 우리는 그 민간저축이 스페인에 필요한 재정 지출의 재원이 되는 것을 바라며 필요하다면 지원하겠다"고 말해야 하는 것이다.

그렇게 되면 그 시점에서 향후 필요한 정책을 실시할 수 있게 되지만, 이번 위기 과정에서 당국이 이것은 다른 병일 수도 있다고 말하는 것을 한 번도 들어보지 못했다.

당국의 설명 없이 시장이 자발적으로 스탠스를 바꾸는 일은 없다

그러나 의사의 입장인 당국이 이것은 다른 질병이라고 발표도 하지 않았는데 시장이 자발적으로 입장을 바꾸어 재정건전화 이외의 척도로 정책을 평가하는 것은 상상하기 어렵다.

그런 의미에서는 왜 다른 치료가 필요한가를 설명하지 않고 '시장이 허용해 주지 않기 때문에' 다른 치료가 어렵다고 하는 것은 무책임한 행위라고 할 수 있다.

최대한 설명해도 시장이 허용해 주지 않는다면 이는 어쩔 수 없겠지만, 아직 한 번도 다른 질병이라고 설명하지 않았으면서 올바른 치료가 가능하지 않은 이유를 시장 때문이라고 하는 것은 책임 전가에 지나지 않는다.

나는 2005년경에 ECB의 고위층 인사를 대상으로 독일이 IT 버블로 밸런스시트 불황에 빠졌을 때에 필요한 재정 지출을 요구하지 않고 금융완화를 통해 독일 이외의 경제를 버블로 만들어 독일을 구제한 것은 이들 국가에 불공평하지 않느냐는 이야기를 건넨 적이 있다. 그런데 그때 ECB 고위층 인사의 대답은 "그것이 단일통화의 의미이고 독일에만 재정 지출의 예외를 인정할 수는 없기 때문에 통화정책을 통해 EU 전체의 경기를 부양시킬 수밖에 없다."라는 것이었다.

이것은 달리 말하면 만약 독일이 자국의 밸런스시트 불황을 자국의 재정 지출로 대응했다면 ECB는 그렇게까지 금융완화에 몰두할 필요가 없었고 주변국과 독일의 경쟁력 격차도 지금과 같이 확대되지 않았을 것이다.

이 문제는 EU 내에 밸런스시트 불황에 빠진 국가와 그렇지 않은 국가가 혼재해 있기 때문에 발생하는 것이다. 이것을 해소하기 위해서는 밸런스시트 불황에 빠진 국가가 재정 지출을 할 수 있도록 해야 하며 ECB가 그와 같은 국가를 위해 과도하게 금융완화를 실시하는 일이 없도록 할 필요가 있다.

그리스가 EU 탈퇴로 얻는 이득

그런데 최근 들어 거시경제 요인에 기인한 경쟁력 격차가 줄어들고 있다. 예를 들어 통화공급량 증가 추이는 2010년 이후 독일에서는 현저히 가속화되는 한편, 자금 유출에 직면해 있는 그리스에서는 급속한 감소세가 이어지고 있다. 그 결과 그림 5-21에서처럼 2011년에는 교차하였고 이후 이러한 경향은 최근까지도 이어지고 있다.

【그림 5-21】 2010년 이후 급속히 감소한 그리스의 통화공급량

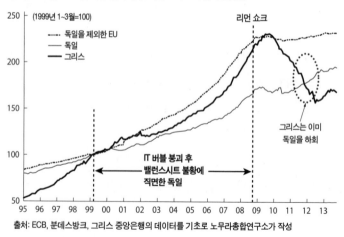

출처: ECB, 분데스방크, 그리스 중앙은행의 데이터를 기초로 노무라총합연구소가 작성

이것은 그리스의 인플레와 단위당 노동비용이 향후 더욱 하락해 갈 것을 의미하고, 실제 그리스의 단위당 노동비용은 최고치를 기록한 2010년을 기준으로 이미 10% 이상 하락했다. 통화공급량 추이가 물가와 단위당 노동비용에 영향을 미치기 위해서는 시차가 필요하다는 것을 고려하면 그리스의 단위당 노동비용은 향후 더욱 하락할 것이다.

이미 지금도 독일과 그리스의 단위당 노동비용의 격차는 차이가 가장 컸던 2009년의 절반 이하 수준으로 감소해 있고 이 격차가 해소되는 것은 시간문제다.

이미 양국 간 단위당 노동비용이 근접하고 있고 게다가 양국의 거시경제(통화공급량) 흐름이 노동비용의 차이를 해소하는 방향으로 움직인다는 것은 그리스가 EU에서 이탈하는 이유가 그만큼 약해지고 있는 것을 의미한다.

즉 그리스가 EU에서 이탈하는 최대 이유는 자국 통화의 평가절하에 의한 경쟁력 회복이지만 그 상당 부분은 이미 단위당 노동비용의 감소로 달성되었다. 게다가 그리스의 통화공급량 추이는 아직 남아 있는 단위당 노동비용 격차를 조기에 해소하는 방향으로 움직이고 있는 것이다. 실제 독일의 '구조개혁'이 없었다면 양국 간 경쟁력 격차는 지금쯤(2013년 연말) 완전히 해소되었을 가능성이 있다.

물론 이 논의는 2000년의 양국 간 단위당 노동비용에 큰 격차가 없었다는 것을 전제로 하지만, 당시 양국 간 경쟁력 격차에 대한 논의가 전혀 없었다는 것을 고려하면 이 가정은 전반적으로 충족되어 있다고 생각할 수 있을 것이다.

아르헨티나 사례에 비추어봐도 그리스가 EU 이탈로 얻을 것은 없다

가까운 미래에 양국의 단위당 노동비용 격차가 해소되는 것이 왜 중요한가. 만일 그리스가 EU 이탈을 선택한 경우에도 그 과정에서 발생하는 혼란을 극복하여 경제가 정상화되기 위해서는 상당한 시간이 필요하기 때문이다.

그리스의 EU 이탈과 비슷한 사례로 자주 인용되는 것이 2001년 아르헨티나의 국채 채무불이행과 달러 페그제 폐지이다. 당시 아르헨티나는 페소(Peso)라는 자국 통화가 존재하고 있었음에도 불구하고 거기에서 발생한 혼란을 극복하는 데 3년 이상의 시간이 소요되었고 그 일부는 지금도 이어지고 있다. 실제 채무불이행으로부터 11년이나 지난 2012년에 해군의 연습함이 가나에서 억류당하는 사건이 발생했고 2005년에 실시된 채무 리스크에 관한 재판은 지금도 진행 중이다.

내가 아르헨티나 중앙은행을 방문했을 때에 현지 사람들로부터 당시 상황에 대한 이야기를 들을 기회가 있었다. 예금 봉쇄 조치 등을 실시해야 했던 당시 금융계 사람들은 모두 두 번 다시 생각하고 싶지 않은 지옥이었다고 회상했다. 그중 당시 민간은행에 근무했던 사람은 당시의 혼란과 사회질서 붕괴로 인한 폭동 사태 중에 죽을 수도 있다는 두려움 속에서 생활했다고 했다.

유럽과 미국의 경제분석가 중에는 아르헨티나의 GDP가 채무 불이행 1년 후부터 확대로 전환되었다는 통계 수치를 들어 조정이 단기간에 종료되었다고 말하는 사람들이 있지만, 현지 사람들이 경제적 안정을 실감하기까지는 3년 가까운 시간이 필요했다.

또한 아르헨티나의 사람들에게 그리스가 아르헨티나와 같은 길을 가야 하는지를 물으면 그들은 아르헨티나는 원래 토지가 매우 풍요롭고 외환 시세만 적정하면 수출 가능한 물품이 매우 많지만, 과연 그리스가 유사한 조건을 충족하고 있는지 되묻는다. 즉 아르헨티나에서는 1998년에 경제 위기가 시작되지만, 그 후 채무 불이행을 거쳐 GDP가 1998년 수준을 회복한 것이 2004년경이었다. 그러나 아르헨티나만큼 천연 자원이 많지 않은 그리스는 회복에 좀 더 시간이 걸리지 않겠냐는 것이다.

게다가 아르헨티나는 처음부터 페소라는 자국 통화가 존재했지만, 완전히 새로운 통화를 도입해야 하는 그리스의 경우에는 혼란스러운 상황이 더욱 장기화될 가능성이 있다.

또한 원칙적으로 약한 통화에서 강한 통화로 이행하는 것은 사람들이 받아들이기 쉽고 비교적 순조롭게 진행되지만, 그 반대는 매우 어렵고 예금 봉쇄를 포함한 많은 강제적인 정책이 필요하다.

앞으로 2, 3년 안에 그리스의 대독일 단위당 노동비용 격차가 해소될 것을 생각한다면 그리스가 혼란 극복에 상당한 시간이 소요되는 EU 이탈을 선택할 이유는 없는 것이다.

또한 그리스의 노동조합 등이 고용 유지를 조건으로 임금 하락에 응한다면 2~3년도 지나지 않아 경쟁력 격차는 해소될 것이다. 이미 그리스의 실업률이 27%나 된다는 것은 향후 그와 같은 합의가 이루어져도 전혀 이상하지 않다고 생각한다.

실제로 2012년 6월, 내가 베를린에서 만난 독일 정부의 고위 관리도 최근 들어 그리스 가격과 임금이 경쟁력을 갖기 시작했다고 말했다. 이것이 민간의 대 그리스 투자 확대로 연결된다면 그리스 경제도 희망을 갖게 될 것이다.

그리스 이외에서도 경쟁력 격차는 수년에 해소

그렇다면 그리스를 제외한 EU 가맹국의 단위당 노동비용은 어떨까. 그림 5-22에 있는 것처럼 아일랜드도 스페인도 과거에 비해 단위당 노동비용이 상당히 하락했다.

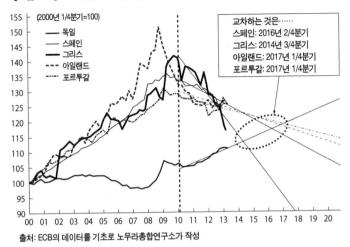

【그림 5-22】 EU 주변국과 독일의 단위 노동비용 비교

출처: ECB의 데이터를 기초로 노무라총합연구소가 작성

　이것은 이들 국가가 심각한 밸런스시트 불황에 빠져 있고 스페인의 경우 실업률이 25%를 상회하는 현재 상황을 생각하면 오히려 당연한 결과라고 할 수 있다.

　이들 국가의 단위당 노동비용 추이와 독일의 단위당 노동비용 추이를 2010년 1/4분기에서 연장해 보면, 그리스와 독일이 교차하는 시기는 2014년 3/4분기이고 아일랜드가 2017년 1/4분기, 스페인이 2016년 2/4분기로 포르투갈이 2017년 1/4분기가 된다.

　이와 같은 집계 결과는 어떤 시기의 동향을 기준으로 볼 것인가에 따라 크게 달라지지만, 최근 동향을 보면 아일랜드를 제외하면 전술한 집계 결과보다도 더 빠른 시점에 독일과의 격차가 해소될 가능성도 있다고 할 수 있다.

또한 아일랜드는 2008년 말에 최고치를 기록한 뒤 이미 20% 가까이 하락했고, 게다가 2000년에 저렴한 임금이 장점이었다는 것을 생각하면 이미 상당히 경쟁력을 회복했을 가능성이 있다.

한편 독일에 대해서는 인플레 파이터로 이름을 날린 분데스방 크마저도 2012년에 독일 임금이 상승하는 것을 용인해야 한다고 말하는 등 1999년 있었던 3자 간 합의를 수정해야 한다는 목소리 가 나오고 있다. 1999년의 합의는 독일의 임금 상승률을 노동생산 성 상승률보다 낮게 억제하는 것이었으며, 이를 통해 독일의 임금 상승률은 억제되어 왔다.

실제로 독일의 실업률은 23년 전 통일 이후 최저 수준이다. 광 공업생산이 리먼 쇼크 전 과거 최고치를 거의 회복했다는 것을 고 려하면 독일의 임금이 상승하는 것은 당연하다고 말할 수 있다. 또한 그렇다면 전술한 경쟁력 격차가 해소되는 시기는 더욱 가까 워지고 있는 것이다.

물론 주변국의 경쟁력이 자국 내 디플레(internal deflation)로 회복 되었다고 해서 이들 국가의 경제가 회복해 간다고 단정하기는 어 렵다. 이것은 심각한 밸런스시트 불황에 빠져 있어 내버려 두어도 내수가 감소하는 아일랜드와 스페인에서는 특히 주의할 필요가 있다.

EU 공동채권 구상은 EU 제도적 결함의 절반밖에 해결하지 못한다

한편, EU에서는 재정 통합이 불가피하다는 주장이 있다. 실제 EU에서는 많은 사람이 통화는 통합했지만 재정을 통합하지 않았기 때문에 이번 위기가 발생한 것이라고 말한다. 그러나 EU 개혁이 이러한 방향으로 진행되면 밸런스시트 불황에 빠져 있는 국가와 그렇지 않은 국가가 동일한 재정정책을 강요당하고 점점 문제가 복잡해질 가능성이 있다. 예를 들어, 재정통합을 향해 가려 해도 그것은 EU 내 일부 국가들이 밸런스시트 불황에 빠져 있는 것에 대응할 수 있는 재정통합이어야 한다. 이것은 정치적으로는 매우 곤란한 과제가 될 수 있다.

또한, 프랑스에서 올랜드 정권이 탄생한 이후 EU 가맹국에서는 EU 공동채권을 발행하여 자금 조달을 해야 한다는 주장이 주목을 받았다. 이 수법에 대해 결론부터 말하면 EU가 안고 있는 두 가지 제도적 결함 중 하나에 대해서는 해결책이 되지만 거기에는 정치적으로 큰 장애가 있을 뿐만 아니라 두 번째 제도적 결함에 대해서는 전혀 해결책이 되지 못하는 문제가 있다.

여기에서 말하는 두 가지 제도적 결함은 ① EU 내 국채 시장에서 발생하는 극히 경기순행적이고 비생산적인 자본 이동과 ② 마스트리흐트 조약이 밸런스시트 불황에 대응하고 있지 못하다는 것을 지칭한다.

①의 자금 이동 문제에 대해 EU 공동채권 도입은 현재 17개나 되는 국채 시장을 하나로 묶는다는 점에서 하나의 해결책이 될 수 있을 것이다. 독일의 저축도 스페인의 저축도 EU 공동채권으로 갈 수밖에 없다면 전술한 것과 같은 불안정하고 경기순환적인 자본 이동은 발생하지 않을 것이기 때문이다.

이러한 장점은 분명히 크지만 문제도 적지 않다. 아마 그 가운데에서 가장 큰 것은 어떠한 정치적 프로세스로 발행액을 결정하고, 발행을 통해 얻는 자금을 어떻게 각국에 배분할 것인가이다. 또한 어떤 국가가 지급불능이 될 때 여타 가맹국은 어떻게 대응해야 할 것이냐는 문제도 있다.

이들 모두 만만치 않은 정치적 과제이고 게다가 경기도 동조되지 않은 17개국이 간단히 이들 문제를 해결할 수 있다고는 생각할 수 없다. 예를 들어 56세에 연금을 받을 수 있는 국가의 재정 적자와 67세까지 일하지 않으면 연금을 받을 수 없는 나라의 재정 적자를 같은 EU 공동채권으로 조달하게 되면 당연히 후자의 국민들로부터 전자의 국민에 대한 불만이 표출될 것이기 때문이다.

견실한 경제 운영을 해 왔다고 자부하고 있는 독일은 이것을 특히 받아들이기 어렵고, 실제 독일의 메르켈 총리는 이 제안에 맹렬히 반대하고 있다.

독일이 EU 공동채권을 받아들이도록 하기 위해서는 독일의 요구를 받아들일 필요가 있으나 아마 그것은 주변국 정부가 더욱 더 엄격한 재정건전화를 실시해야 한다는 요구일 것이다. 그러나 독일이 그와 같은 것을 말하면 사태는 현재보다 훨씬 더 악화될 수 있다. 민간이 제로금리에도 채무 최소화로 복귀한 국가에서 정부도 같은 방향으로 움직인다면 밸런스시트 불황에서 오는 디플레 악순환은 한층 더 심해지기 때문이다.

그러나 밸런스시트 불황이라는 질환의 존재가 널리 인지되고 마스트리흐트 조약이 이 불황에도 올바르게 대응할 수 있도록 개정되기까지는 채무국이 한층 더 긴축재정을 실시하겠다고 약속하는 것 이외에 독일이 EU 공동채권 구상에 합의할 가능성은 적다.

EU는 밸런스시트 불황이라는 인식이 확산되는 것이 대전제

그것보다도 국채는 자국민만이 보유할 수 있도록 하는 룰과 다른 리스크 가중치를 도입하는 편이 알기 쉽고, 그 범위 내에서 각국이 재정적 자유를 갖는 편이 훨씬 효율적이라고 생각한다.

나는 2003년에 출판한 『*Balance Sheet Recession*』에서 일본·미국·EU가 밸런스시트 불황에 빠진다면 가장 비참해지는 것은 마스트리흐트 조약으로 묶여 있는 EU가 될 거라고 경고했었다. 또한 밸런스시트 불황이 실제 발생한 이번 위기에는 당초부터 적극적으로 EU의 사회지도층과 일반인에게 밸런스시트 불황의 본질과 그 대응책을 설명해 왔다. 그 중에서도 EU 위기의 원인은 마스트리흐트 조약의 결함과 EU 고유의 국채 시장 간 불안정한 자금 이동, 이 두 가지에 있다는 나의 분석에 대해 많은 국가에서 놀라웠다는 반응이 많았다.

그래도 시간이 지남에 따라 많은 금융계 종사자와 산업계 사람들은 "이제서야 우리의 문제를 이해할 수 있었다"고 말했고 2011년 가을에 열린 마드리드 강연에서는 산업계 거물이 "스페인은 리처드 쿠를 국유화해야 한다. 그리고 스페인의 문제 해결을 위해 일하도록 해야 한다"고까지 말해주었다. 그러나 이와 같은 발언이 나오는 것 자체가 이 지역에는 밸런스시트 불황이라는 질병에 대한 이해가 전혀 확산되어 있지 않다는 것을 의미했다.

이것이 EU 가맹국 국민들이 자신들이 질병에 걸려 있는 것을 이해하지 못하고 단기적으로 대응하기에 바빠 효과적인 수단을 취하지 못하는 배경이라고 생각한다.

남유럽 국가의 구조개혁은 반드시 필요하다는 독일의 신념

2012년 6월에는 베를린에서 여당의 유력 정치가 및 경제관료와 의견을 교환할 기회가 있었다. 그들과 이야기하면서 그들은 남유럽 국가들의 구조개혁이 반드시 필요하다고 굳게 믿고 있었고 그것은 신념에 가까운 것이라는 인상을 받았다.

이러한 독일의 주장에 대해 나는 이들 국가에 구조개혁이 필요한 것에는 동의하지만, 지금 EU가 직면하고 있는 위기는 구조개혁의 지연 때문에 발생한 것이라고 보기 어렵다고 반론했다.

예를 들어 최근 수년간 남유럽 국가들은 역사상 최저 수준의 금리에도 전혀 반응하지 않고 경기가 점점 악화되고 있지만, 그 이전에는 이들 국가도 교과서대로 낮은 금리에 반응하여 호황을 구가하고 있었다. 불과 수년 만에 사태가 이렇게까지 악화된 것을 지연된 구조개혁 때문이라고 보는 것은 무리가 있다고 지적한 것이다. 즉 만약 구조개혁의 지연이 이번 경기 악화의 원인이라면 구조 문제는 이전부터 존재했기 때문에 남유럽의 상황은 훨씬 전부터 악화되었어야 하지만 현실은 그렇지 않다는 점을 강조한 것이다.

일본에서도 십수년 전에 완전히 동일한 구조개혁 지상론이 부상해 고이즈미 정권이 구조개혁을 추진했지만, 경기는 좋아지지 않았다. 즉, 당시의 일본과 최근의 남유럽 모두 구조개혁은 필요했지만 그것 때문에 이들 경제가 제로금리 상황에도 부진한 것은 아니라고 설명한 것이다.

폐렴과 당뇨병을 동시에 앓고 있는 EU

경제가 갑자기 금융완화에 반응하지 않게 된 것을 예전부터 있었던 구조 문제로는 설명할 수 없다고 하자 "그렇다면 무엇이 원인인가."라는 질문이 이어졌다. 거기에서 나는 버블과 그 붕괴가 유발한 밸런스시트 불황에 대해 이야기했다.

다만 같은 독일인이라고 해도 프랑크푸르트의 금융계 종사자와 기관 투자자들은 밸런스시트 불황이라고 하면 최근에는 바로 그 의미를 이해하지만, 베를린의 정치가에게는 아직 이 개념에 대한 이해가 확산되지 않았기 때문에 나름의 시간을 들여 설명할 필요가 있었다.

즉 버블이 붕괴되고 자산 가격이 폭락하여 빚만 남은 민간은 채무 초과에서 탈피하고자 일제히 채무 최소화에 몰두하는데 그것이 엄청난 '합성의 오류'를 만들어 내고 제로금리하에서도 경제가 디플레 악순환에 돌입하여 불황이 발생하는 메커니즘을 설명한 것이다.

그리고 이와 같은 특수한 불황은 수십 년에 한 번밖에 발생하지 않지만 그것이 발생한 시기에 정부가 재정 지출로 대응하지 않으면 점점 사태는 악화될 뿐이며, 이것은 민간이 참고 견디면 경기가 호전되는 그러한 형태의 불황은 아니라고 설명했다.

그들은 태어나 처음 듣는 밸런스시트 불황에 대한 설명에 귀를 기울여 주었지만, 그래도 그들은 구조개혁 없이 경쟁력 문제는 어느 것 하나 해결하지 못한다고 두 번 세 번 반론했다.

그래서 나는 지금의 EU는 두 가지 질병을 동시에 앓고 있다고 이야기했다. 이 두 가지 병이란 하나는 폐렴이고 다른 또 하나는 당뇨병이다.

구조개혁 이야기는 모두 당뇨병에 대한 치료법으로, 이때는 영양을 너무 많이 섭취하지 않도록 주의하거나 운동량을 늘려 장기적으로 체질을 개선할 수 있도록 노력해야 한다.

한편 밸런스시트 불황은 내버려두면 급속하게 사태가 악화된다는 의미에서 폐렴에 비유했다. 이 경우, 처음 3일 동안 올바른 치료가 이루어지지 않으면 환자는 사망하게 된다.

게다가 이 두 가지 병은 동시에 발생하는 경우도 있는데 그 치료법은 어떤 의미에서 완전히 모순되는 면이 있다.

즉 당뇨병의 경우는 영양분을 억제할 필요가 있지만, 폐렴은 충분한 영양분을 공급하지 않으면 환자가 병을 이기지 못하고 사망하기 때문이다.

이 두 가지 질환이 동시에 발생한 경우, 의사는 어떤 치료를 우선시해야 하는가. 그것은 당연히 폐렴이다. 이쪽은 시급히 치료해야 하지만 당뇨병은 시간적 여유가 있기 때문이다. 그래서 나는 방만 재정으로 자멸한 그리스는 물론 스페인, 포르투갈과 아일랜드에 대해 긴축재정(austerity)은 잘못된 것이고 이것을 강요하면 사태는 점점 악화될 뿐이라고 강조했다.

이 결론은 그들이 염두에 두고 있는 세계와는 완전히 다르지만 거기에서 나는 일본과 미국의 두 가지 예를 들었다. 일본의 하시모토 정권이 1997년에 실시한 긴축재정의 결과와 최근 FRB 의장이 발언한 '재정 절벽'이라는 경고였다.

전자에 대해 민간부문이 제로금리하에서도 채무 최소화에 몰두하는 가운데 정부가 증세와 세출 삭감을 실시한 결과, 경제가 붕괴되고 재정 적자가 1996년 22조 엔에서 1999년 38조 엔으로 72%나 증가했다. 일본은 이 적자 규모를 원래 수준으로 되돌리는데 10년 가까이 걸렸다는 사실을 설명했다.

후자에 대해서는 밸런스시트 불황의 리스크를 이해하고 있는 버냉키 의장이 재정건전화의 위험성을 '절벽'이라는 지극히 강한 표현을 사용하여 의회에 경고한 사실을 소개했다. 또한 영국의 캐머런 정권이 긴축재정을 대대적으로 추진한 결과, 영국 경제는 그들의 예상과는 달리 더블딥에 빠졌다는 것도 강조했다.

독일 정치가들은 독일과 EU 문제로 골머리를 앓고 있었는데, 이 일본, 미국, 영국의 사정에 대해 큰 관심을 보였다.

결국 앞으로는 밸런스시트 불황과 구조 문제가 동시에 발생한 스페인, 포르투갈, 아일랜드에 대해 재정건전화가 아니라 재정지출을 인정하고 그들이 폐렴을 극복한 다음 당뇨병 치료에 전념해야 한다고 주장했다.

이 설명에 의원들도 그 나름의 견해를 나타냈는데, 그중 한 사람은 분명히 암 치료에는 모르핀이 필요한 경우가 있다고 말해 주었다. 즉, 암의 고통을 환자가 견디기 어려워하면 그 이상의 치료가 불가능하기 때문에 우선은 고통을 완화시키고 환자가 치료를 견딜 수 있는 상황을 만들어야 한다는 점에서는 어느 정도 이해한 것으로 보인다.

남유럽 국가의 재정 적자는 주목해도 민간의 저축 증가는 무시

또한 그들은 현재 스페인과 포르투갈, 아일랜드의 민간부문이 거의 제로금리 상태임에도 불구하고 저축이 대폭 초과된 상태로 전환되었다는 사실을 알지 못했다.

그들은 이들 국가가 대규모 재정 적자를 안고 있으며 외국으로부터의 자금 원조가 필요하다는 인식은 갖고 있지만, 이들 국가의 민간부문이 수년 전 버블 시기에 비해 대폭으로 저축을 증대시키고 있다는 사실은 전혀 알지 못했다.

그러나 민간이 제로금리하에서도 저축을 늘리고 있는 것이 불황의 원인이며 이로 인해 경기가 악화되는 것이 재정 적자 확대의 주요 원인이라는 것을 이해하지 않는 한 현시점에서 재정 지출이 올바른 대책이라는 결론에 도달하지 못한다.

그런 의미에서 남유럽과 아일랜드는 제로금리에도 저축 증대에 몰두한다는 밸런스시트 불황의 가장 큰 특징이 자국의 민간부문에 두드러지게 나타나고 있다는 것을 좀 더 국내외에 적극적으로 알릴 필요가 있다.

또한 내가 스페인의 민간부문이 이전에 비해 대폭으로 저축을 늘리고 있지만 그 돈이 스페인 국채가 아닌 독일 국채로 유출되고 있으며 그것이 EU 위기의 원흉이라고 지적하자 그들도 적잖이 놀란 모습이었다. 게다가 그리스를 제외한 나머지 국가에는 자국의 재정 적자를 충당할 수 있는 충분한 민간저축이 있고 이들 저축이 자국의 국채 시장으로 향할 수 있게 한다면 독일 납세자에게는 1원도 새로운 부담이 생기지 않는다고 강조했다.

그래서 나는 이 자본 도피 문제를 회피하기 위해서는 국내외 국채 보유에 상이한 리스크 가중치를 설정하든지 EU권 국가들은 자국민만이 국채를 팔 수 있다는 룰을 마련해야 한다고 제안했다. 그러자 예상과는 달리 나의 제안에 즉각적으로 부정적인 반응을 보인 것은 정부 측 학자 한 명뿐이었다.

여타 정치가들은 일단은 얘기를 들어보겠다는 태도를 보였고, 덕분에 나는 편안히 프리젠테이션을 진행할 수 있었다. 내가 그 1년 전에 독일에서 같은 제안을 했을 때에는 거의 반응이 없었고 상대해 주지도 않는다는 느낌을 받았는데, 그때에 비하면 이것은 큰 변화였다. 물론 이것이 나의 분석과 제안에 그들이 전적으로 동의해 주었다는 것을 의미하는 것은 아니었다.

2012년에 베를린에서 받은 인상은 독일 정치가는 상당히 강한 신념을 가지고 있지만 현시점에 정말로 이대로 가는 것이 현명한가에 대해서는 다소 회의적이었다는 것이었다.

이것은 불과 1년 전에 그들의 자신만만했던 태도와 비교해 보아도 상당히 변한 것이고 실제로 그들의 입에서는 자신들도 일본을 포함한 외국 사례를 좀 더 공부할 필요가 있다는 발언까지 나왔다.

다만 영국, 미국에 비해 그들의 밸런스시트 불황에 대한 이해는 아직 전무에 가깝고 이것이 이해되기까지는 아직 시간이 필요하다. 향후 적어도 상당 기간 독일의 정책 순위는 당뇨병 치료를 우선시하고 폐렴 치료는 이제까지와 다름없이 소홀히 다루어질 위험이 크다.

과거에 축적된 금융자산으로 연명하고 있는 그리스

한편 그리스와 같이 외국인에 의한 국채 소화에 편승하여 방만 재정을 지속한 국가는 자국의 재정 적자를 충당할 저축이 자국 내에 없기 때문에 신속히 재정 규율을 확립할 필요가 있다.

다만 그리스는 국채 소화의 대외의존도가 60%가 넘고 문제가 너무 커졌기 때문에 단기적으로는 IMF와 여타 EU 가맹국의 지원을 받으면서 시간을 들여 사태를 개선할 수밖에 없다고 생각한다.

그렇다면 방만 재정으로 벽에 부딪친 그리스는 어떻게 하고 있을까. 그림 5-23처럼 그리스의 기업부문은 버블이 붕괴한 2009년부터 2013년 중반까지 거의 일관되게 금융자산 축소에 몰두했다는 것을 알 수 있다.

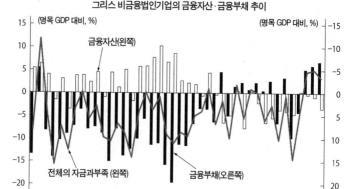

【그림 5-23】 금융자산의 축소가 이어지고 있는 그리스의 기업부문

그리스 비금융법인기업의 금융자산·금융부채 추이

(명목 GDP 대비, %)

금융자산(왼쪽)

금융부채(오른쪽)

전체의 자금과부족 (왼쪽)

출처: 그리스 중앙은행과 그리스 국가 통계국 데이터를 기초로 노무라총합연구소가 작성

　　금융자산을 이렇게까지 축소한 것은 그리스 기업이 과거에 축적된 자산을 갉아먹으며 생존하고 있다는 것이고 매우 비참한 상황이라는 것을 의미한다.

　　그렇다면 그리스의 가계부문은 어떨까. 그림 5-24에서 볼 수 있듯이 기본적인 방향은 기업부문과 같고 금융부채를 줄이면서 (채무를 변제하면서) 한편으로는 금융자산을 축소시키며 생활하고 있는 모습을 엿볼 수 있다.

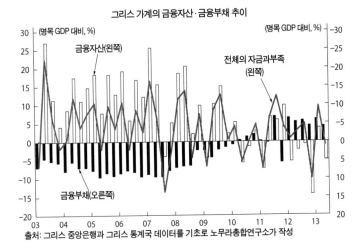

【그림 5-24】 금융자산을 축소하면서 채무 변제를 서두르는 그리스 가계부문

그리스 가계의 금융자산·금융부채 추이

출처: 그리스 중앙은행과 그리스 통계국 데이터를 기초로 노무라총합연구소가 작성

즉 가계부문과 기업부문 모두 채무를 변제하면서 과거의 저축을 갉아먹고 생활하는 모습은 그리스의 불황이 사람들이 견딜 수 있는 한계에 가까워졌을 가능성이 있어 각별한 주의가 필요하다.

성급한 긴축재정은 그리스를 파멸시킬 수도 있다

EU 측은 이제까지 어찌 되었든 못된 짓을 저지른 그리스를 징계한다는 의미에서 지속적인 긴축재정을 집요하게 요구해 왔다. 그러나 이미 그리스의 가계와 기업의 상당 부분이 과거에 축적해온 것으로 생활하는 상태가 되었다면 더 이상의 긴축재정은 그리스 사회와 민주주의 체제까지도 망가뜨릴 수 있다.

게다가 그리스의 민간부문이 과거의 저축을 줄이면서 생활하게 되면 당연히 그들의 자국채 구입 여력도 급감하게 된다. 그리스 국민에게 자국채를 살 여력이 없다면 그리스의 재정 위기는 시간이 지나도 해소되지 않는다.

또한 그리스가 외국으로부터의 채무를 변제하기 위해서는 자국민이 이에 걸맞은 저축을 하는 것이 필요하다. 그러나 현재 그리스 국민은 과거의 저축을 갉아먹고 생활하므로 긴축재정을 추진하면 상황이 더욱더 악화될 수 있다. 그렇게 되면 그리스가 향후 채무불이행에 빠질 위험이 더욱 높아지게 된다.

물론 자금순환 통계라는 하나의 통계만으로 더 이상 그리스에 긴축재정을 요구하는 것은 위험하다고 단언하는 것은 무리가 있고 좀 더 많은 지표를 종합적으로 보고 판단할 필요가 있다. 예를 들어 그리스의 민간부문에 과거에 축적해 놓은 자산이 많으면 단기적으로 금융자산의 축소가 발생해도 큰 문제가 되지 않을 가능성이 있다. 그래도 그리스 민간부문의 저축 부족이 상당 부분 금융부채 증가에 의한 것이 아니라 금융자산 감소에 의한 것이라는 사실에는 주의할 필요가 있다.

그리고 만약 더 이상의 긴축재정이 채무불이행 위험을 높인다면 트로이카(국제 채권단) 측은 단기적 재정건전화 프로그램이 아니라 장기적 재정건전화 프로그램으로 중심축을 이동해야 할 것이다. 단기적 재정건전화에 집착하게 되면 그리스 경제가 더욱 악화되고, 그리스 정부의 채무불이행 위험이 더욱 커지면 본전도 건지지 못하는 사태가 발생할 수도 있기 때문이다.

그런데 해외에서는 정말로 그리스가 심각한 사태에 처해 있는지에 대해서도 의견이 갈리고 있고, 이 점이 논의를 더욱 어렵게 하고 있다.

예를 들어 그리스에서 수영장이 있는 집은 고정자산세를 부담해야 하는데, 대부분의 사람들은 자택에 수영장이 있다는 것을 신고하지 않아 정부가 항공 사진을 찍어 수영장의 존재를 증명할 정도다.

또한 그리스에서는 건설 중인 집은 고정자산세의 과세 대상이 되지 않는다는 점이 악용되어 많은 가구는 반영구적으로 '건설 중'으로 되어 있다. 즉 이들 집은 일부가 계속 '미완성'인 채로(예를 들어 창문 하나에 창틀이 들어가 있지 않은 상태로) 남아 있어 세금을 내고 있지 않다.

이와 같은 사례는 수도 없이 많고 채권국 측에서 보면 그리스라는 나라는 밑바탕부터 철저하게 재검토하지 않으면 기본적인 문제도 해결할 수 없는 것 아니냐는 식으로 비치고 있다. 즉 독일 등의 채권국들은 그리스는 좀 더 고생을 해야 하며, 징세 시스템 등을 개혁하는 것에서 시작하지 않으면 미래가 없다는 의견을 갖고 있다.

이와 같은 양자의 대립과 불신은 '치킨 게임'의 양상을 보이고 있다. 그리스 일각에서는 그리스가 정말로 EU에서 이탈하게 된다면 채권국 측에도 큰 손해가 발생하는 만큼, 최종적으로는 채권국 측이 지원해 줄 것이라고 믿고 있다.

한편 독일 등의 채권국 측은 그리스를 지원하지 않으면 큰일이 벌어질 것은 알고 있지만, 그렇다고 해서 쉽게 지원을 입에 담으면 그리스가 나태해지고 개혁이 더욱 어려워진다고 생각하고 있다. 이러한 대립이 평행선을 달리고 있고, 이러한 과정에서 그리스의 위기는 더욱 커지고 있다.

그리스 스스로 해결책을 제시하는 것이 중요하다

채권국과 그리스 간의 상호불신이 확대되는 가운데 문제를 해결하고자 한다면 최후에는 그리스 측이 징세 문제를 포함한 이들 구조 문제를 어떻게 정리할 것이냐는 '엔드 게임'을 제시하는 것이 불가피하다고 생각한다.

그리고 그것을 위해서는 내가 이전부터 제안한 것처럼 그리스 국채는 그리스 국민만 구입할 수 있다는 것을 확약하는 것이 하나의 해결책이 될 것이다. 만약 그것이 '엔드 게임'이 된다면 그리스의 증세 제도의 문제 등은 모두 그리스의 내부 문제가 되고, 이러한 상황을 방치하면 그리스 정부는 그만큼 지출을 줄여야 하기 때문이다.

또한, 이와 같은 '엔드 게임'이 분명히 제시되면 채권국 측도 자국의 납세자에 대해 금융 지원은 일시적인 연결 융자이고 독일이 그리스의 상황을 항상 고려하지는 않을 것이라고 설명할 수 있다.

한편 그리스에서 긴축재정에 반대하는 야당은 자국민만 국채를 살 수 있게 된다면 그들도 달리 생각하지 않을 수 없게 된다. 그리스의 징세 제도에 어느 정도의 문제가 있는지를 가장 잘 알고 있는 것은 그리스인 자신들이기 때문이다.

이제까지 그리스 위기로 인해 허점이 많은 징세 제도를 가지고 있는 그리스에 돈을 빌려준 외국의 민간금융기관은 거액의 채권 포기라는 형태로 자신들의 불충분한 심사에 대한 책임을 추궁받게 되었다. 남은 것은 여전히 허점투성이의 징세 제도로, 이것의 개혁을 그리스 국내외가 납득할 수 있는 형태로 추진하기 위해서는 스스로 배수의 진을 치고 이 문제를 내부화하는 방안이 추진되어야 한다고 생각한다.

반대로 이와 같은 '엔드 게임'이 제시되지 않는다면 그리스 정부와 채권국 사이에 큰 불신이 생기고 사태의 개선은 그만큼 지연될 것이다.

독일의 최대 문제는 민간부문의 자금 수요 부족

최근 수년간 독일은 여타 EU 가맹국에 대해 재정건전화의 필요성을 강조하고 있지만 독일에도 사실 큰 문제가 남아 있다. 그것은 독일의 민간부문이 IT 버블 붕괴 이후 그림 5-5에 나오듯이 전혀 돈을 빌리지 않게 되었다는 것이다.

즉 독일의 가계부문 저축은 2005년에 GDP 대비 6.5%까지 확대된 후 최근까지 줄곧 5~6%의 높은 수준에서 추이하고 있다.

한편 본래 돈을 빌려 쓸 법인(기업) 부분은 그림 5-5에서처럼 거액의 자금잉여가 빈번하게 발생하고 있고, 그림 5-7의 비금융법인 기준으로 보아도 적극적으로 돈을 빌리고 있는 상황은 아니다. 제3장에서 지적한 것처럼 독일 기업부문의 통계는 정밀도에서 약간의 문제가 있긴 하지만, 전체적으로 그들이 사상 최저 금리에도 적극적으로 돈을 빌리고 있지 않다는 것은 분명해 보인다.

일본의 기업은 버블 붕괴 후 채무 지옥을 경험한 뒤 밸런스시트가 회복된 지금도 돈을 전혀 빌리지 않고 있는데, IT 버블 붕괴 후 독일 기업부문에서도 완전히 동일한 현상이 발생하고 있다.

그러나 가계부문은 저금을 하고 기업부문은 돈을 빌리지 않는 상황에서 ① 정부가 재정 적자를 내어 민간의 과잉 저축을 흡수하든지, 아니면 ② 독일이 외국에 대해 무역 흑자를 지속하든지 둘 중 하나가 아니면 경기는 유지될 수 없다.

현재는 ②로 독일 경제가 유지되고 있지만 둘 다 장기적으로는 유지할 수 없다. 독일이 건전한 형태로 경기를 유지하기 위해서는 어떻게 해서든 가계부문이 저축을 줄이든지, 기업부문이 자금 조달을 늘릴 필요가 있다.

이 중 가계의 저축률을 정책으로 바꾸는 것은 각국의 경험에 비추어 볼 때 매우 어려운 것으로 알려져 있다. 그렇다고 한다면 정부는 기업의 행동을 바꾸는 수밖에 없는데, 만약 그들이 지금의 일본 기업처럼 버블 붕괴 후 채무 지옥을 경험하여 두 번 다시 차용 같은 것은 하지 않는다는 '빚 거부증'에 빠져 있다면 그 극복에는 막대한 노력이 필요하다. 최근 독일에서도 역사적으로 낮은 수준의 금리가 이어지고 있음에도 불구하고 독일의 기업부문이 저축과 채무 변제를 계속하고 있다는 것을 생각하면 그들의 트라우마도 일본 기업과 동일하기 때문에 상당히 심각할 가능성이 있다.

만일 지금의 독일 기업이 빚 거부증이라는 트라우마에 빠져 있다면 독일 정부는 '아베노믹스'의 제2, 제3의 화살처럼 기업이 그 트라우마를 극복할 수 있을 정도의 획기적인 인센티브를 제시할 필요가 있다.

독일이 경기부양책을 실시할 가능성은 낮다

본서에서는 이제까지 주변국의 저축을 주변국 내에 가두고 주변국 정부에 사용하게 하는 방법에 대해서 논했다. 이에 대해 크루그먼과 페티스 등의 논자는 독일이 좀 더 돈을 쓰도록 하면 EU 전체에도 돈이 순환될 것이라고 주장했다. 분명히 주변국에서 유입된 자금을 독일이 모두 빌려 써 준다면 EU 전체의 경기가 부진할 이유는 없어진다. 그러나 이것은 독일 경제의 현 상황을 감안할 때 비현실적인 제안이라고 생각한다.

이는 전술한 것과 같이 독일의 실업률이 20년 만에 낮은 수준에 머무르고 있으며 독일의 광공업생산도 리먼 쇼크 전에 도달한 최고점에 접근하는 등 극히 높은 수준에 있기 때문이다. 이와 같은 과열 기미를 보이는 독일 경제의 과제는 오히려 인플레 우려이고 이와 같은 나라가 외부에서 "독일 정부는 좀 더 돈을 빌려 써라."라고 말한다 해도 그것을 순순히 받아들일 가능성은 극히 낮다.

이러한 독일의 상황을 고려하면 주변국의 저축을 주변국 내에 가두고 주변국 정부에 사용하도록 하는 것이 이번 위기에 대해 훨씬 직접적이고 현실적인 대응책이라고 생각한다. 또한 전술한 것처럼 독일 기업이 '빚 거부증'에 빠져 있다면 이것은 독일 자신의 문제로서 적절한 트라우마 해소책이 실시되어야 할 것이다.

다만 2013년 6월에 독일 정부가 발표한 자국의 금융공사 KfW가 독일 정부의 평가 등급으로 시장에서 자금을 조달하고 그것을 스페인의 금융공사를 거쳐 스페인 중소기업에 저금리로 대출하는 안은 원래 스페인에서 창출된 민간저축을 독일을 거쳐 스페인에 되돌린다는 의미에서 매우 중요한 시도이다. 현재 규모는 8억 유로로 크지 않지만 향후 대폭 확대해 가야 할 것이다.

EU 금융 시스템 붕괴는 드라기 총재의 LTRO로 회피

그런데 버블이 붕괴되면 빌리는 측의 문제인 밸런스시트 불황과 빌려주는 측 문제인 금융 위기가 발생한다. 이 중 전자에 대해 재정정책은 효과적이지만 통화정책은 별 효과가 없다. 한편 후자의 금융 위기에 대해서는 금융 당국에 의한 유동성 공급과 이자율 인하, 자본 투입과 자산 구매 등의 대책이 불가피하다.

이번 EU 위기도 역시 은행 위기가 발생했다. 게다가 그것은 많은 은행이 같은 문제를 같은 시기에 안고 있는 시스템의 위기였다. 실제로 많은 은행이 자본 도피로 급락한 주변국 국채를 보유하고 있었고, 주택 버블의 붕괴 영향으로 불량 채권 문제에 직면하게 되었다. 이를 배경으로 각 은행은 서로 불신하게 되고 2011년 중반에 심각한 신용 불안이 표면화되었다. 그 결과 금융기관들은 ECB를 매개로만 거래하게 된 사태까지 발생한 것이다.

이와 같은 위기에 대량의 유동성을 공급하여 결제 시스템의 파탄을 막는 것이 중앙은행 본래의 책무이다. 1997년의 일본 중앙은행과 2008년 리먼 쇼크 직후 FRB도 거액의 유동성을 공급하여 위기를 극복했다.

한편 트리셰(Trichet) 총재가 이끄는 당초의 ECB는 독일 등의 반대를 무릅쓰고 주변국의 국채를 구입하였지만 그 규모가 한정되어 있었기 때문에 큰 효과를 보지는 못했다. 트리셰 전 총재는 자신이 독일의 중앙은행, 분데스방크의 정통 계승자라는 의식이 강해 분데스방크와 비슷하거나 그 이상으로 인플레 파이터로서 ECB를 이끈 측면이 있고 그것이 ECB의 금융 위기에 대한 대응을 지연시켰다.

그러한 가운데 2011년 말에 ECB 총재가 트리셰에서 드라기로 교체되었는데, 드라기는 2011년 12월과 2012년 2월에 3년 물 자금을 1% 금리로 공급하는 LTRO로 불리는 대담한 금융완화를 실시했다. 1차에는 4,892억 유로, 2차에는 필요한 담보 기준을 완화하여 800개에 달하는 은행에 총액 5,295억 유로의 자금을 제공했다.

금액적으로는 두 번 모두 이탈리아와 스페인 은행의 조달액이 두드러졌지만 은행 수로 보면 특히 2차에는 독일이 다른 나라들을 압도해 400개 이상의 은행이 포함되었다. 독일의 은행 대부분은 지방의 중소은행이었고 그들은 차입 담보 기준이 완화되었기 때문에 참가할 수 있었다고 알려졌다.

이는 경기가 좋다고 알려진 독일에서도 자국 내에 돈을 빌리려는 사람이 없어서 중소 금융기관이 상당히 어려운 상황에 놓여 있다는 것으로 그들이 조달한 금액은 약 1,000억 유로에 달했다고 알려졌다.

이 두 번에 걸친 ECB에 의한 자금 공급은 금융 시스템 안정화에 크게 공헌하였고, 또한 당초는 이탈리아와 스페인의 국채금리 저하에도 크게 공헌하여 EU 내 불확실성이 상당히 해소되었다.

그런 의미에서 이 시기에 ECB의 수장이 정통파적인 발상을 가진 트리셰에서 대담한 발상을 하는 드라기 총재로 교체된 것은 EU가 매우 운이 좋았다고 말할 수 있다. 드라기는 EU에 대규모 공급 과잉 문제가 있고 게다가 민간 자금 수요도 약한 가운데 ECB가 아무리 유동성을 공급해도 인플레로 이어지지 않는다고 판단하고 행동했으며 이는 올바른 분석이었다.

또한 드라기 총재는 2012년 여름에 일정한 조건을 충족한 국가에 ECB가 적극적으로 자금을 원조하는 OTM 정책을 발표하였다. 또한 이와 더불어 유로를 지키기 위해서 ECB는 주어진 모든 권한을 동원한다는 "Whatever it takes."라는 발언을 통해 유로에 대한 투기적 움직임을 봉쇄했다. 이 시점에 대규모 투자 자금이 일본으로 향한 것은 제4장에서 언급한 대로다. 이런 일련의 정책과 함께 주변국의 금융기관이 자국의 국채를(당국의 요청을 받아?) 구입하게 되어 유로는 겨우 안정세로 돌아서게 되었다.

드라기 총재의 공수표

그렇다면 ECB가 자금 공급을 확대하면 EU 경기는 회복될까. 대답은 'NO'일 것이다. EU의 많은 국가가 밸런스시트 불황에 빠져 있고 민간 자금 수요가 약한 가운데 ECB가 공급한 자금의 많은 부분이 은행 내에 머물러 있을 가능성이 크기 때문이다.

그런데 빌려주는 측 문제인 금융 위기와 빌리는 측 문제인 밸런스시트 불황을 구별할 수 없는 많은 시장 관계자와 정책 담당자는 당초 LTRO의 효과를 과신한 나머지 EU 문제가 해결되어 갈 것으로 생각하고 말았다. 실제로 2012년 3월에 만난 금융 당국의 고위 관리는 "1조 유로의 돈이 해결할 수 없는 문제는 없다."라는 발언까지 하면서 최악의 시기를 탈출했다는 것을 강조했다. 또한 또 다른 고위 관리는 "재정건전화에 필요한 Fiscal Compact(신재정협정)도 완성되고 ECB도 대응했기 때문에 EU에 남은 작업은 경제 성장을 뒷받침하는 구조개혁뿐이다."라고도 말했다.

그러나 이들 정책이 민간이 밸런스시트 문제를 떠안고 있고 채무 최소화에 몰두한다는 불황의 주원인에 손을 대지 않았기 때문에 경기 부진은 이어졌다.

또한 드라기 ECB 총재는 기회가 될 때마다 채무 문제를 안고 있던 각국 정부가 재정건전화 시책 실시로 신뢰를 회복하는 것이 최우선 과제이고, 그 이외의 정책은 각국 정부가 신뢰를 회복한 후에 생각해야 한다고 말했다.

이 중 드라기 총재가 "순서가 중요하다(sequencing matters)"고 말한 것은 ECB가 먼저 금융완화를 실시함으로써 채무국 정부가 안심해 버려 필요한 재정건전화를 소홀히 하는 것에 대한 우려를 의미했다.

또한 채무국 측이 이 드라기 총재의 재정건전화 요구를 받아들인 것은 자신들이 재정건전화에 몰두하면 당연히 자국 경기는 악화되지만, 그 보답으로 ECB가 대담한 금융완화를 추진하여 경기를 좋게 해 준다면 자국의 경기 부진은 단기적인 것으로 끝나고 중장기적으로는 경기가 회복할 것이라고 기대했기 때문이다.

그러나 민간이 채무 최소화에 몰두하는 밸런스시트 불황하에서는 정부의 재정건전화에서 오는 경기의 마이너스 효과를 중앙은행의 금융완화로 상쇄된다는 것은 물리적으로 불가능하다. 민간도 정부도 채무 최소화에 몰두하면 돈을 빌리는 사람이 없어지고 중앙은행이 아무리 금융완화를 실시해도 통화승수가 한계적으로 마이너스가 된다. 이러한 가운데 통화공급량은 늘지 않고 이와 같은 상황에서 경기가 개선될 이유는 없기 때문이다.

그런 의미에서 만약 드라기 총재가 채무국 정부에 대해 먼저 재정건전화를 실시하고 ECB가 금융완화로 경기를 뒷받침한다고 말한다면 이것은 엄청난 공수표가 된다.

더블딥과 EU의 불량 채권 문제

그런데 ECB에 의한 LTRO 실시로 빌리는 측 문제인 금융 위기가 최악의 사태가 되는 것은 피했지만 이 은행 문제는 향후에도 큰 문제로 남을 가능성이 있다.

이는 스페인과 같이 경제가 디플레 악순환에 빠져 실업률이 26%까지 상승한 경제에서 은행의 불량 채권 문제가 악화되지 않을 수 없기 때문이다. 게다가 2013년에 들어와 주택 가격 하락이 멈춘 아일랜드를 제외하면 많은 국가에서 주택 가격이 지속적으로 하락했다. 이것이 계속 하락하는 것은 은행의 불량 채권 문제도 민간의 밸런스시트 문제도 지속적으로 악화되고 있다는 것이다. 게다가 밸런스시트 불황하의 더블딥은 많은 사람을 절망하게 하고 그때까지 어떻게든 참아온 국가들도 포기하게 한다.

실제 일본에서도 1997년 하시모토 정권 시기에 더블딥으로 실업 문제와 은행 문제가 순식간에 악화되었다. 즉 사람들은 그때까지는 경제가 호전될 것으로 믿고 어떻게든 노력했지만 경기가 더블딥에 빠지자 포기해 버린 것이다.

일본의 기업은 버블 붕괴 후 1997년까지 7년 동안은 해고를 삼갔고 실업률도 3%대를 유지하고 있었지만, 더블딥에 빠진 후에는 고용에 손을 대지 않을 수 없었다. 또한 일본의 은행 문제도 1997년 이전에는 니신조(二信組) 문제와 주택금융전문회사 사건 등 부분적인 것에 한정되어 있었지만, 1997년에는 산요 증권과 홋카이도 탁식은행, 야마이치 증권의 파탄에서 전국적인 은행의 신용경색으로 금융 위기가 순식간에 확대되었던 것이다.

최근 스페인의 실업률은 26%이고 채무 변제가 어려워진 사람들의 수는 급증하고 있다. 또한 이와 같은 사람들의 급증이 스페인의 주택 가격을 더욱 하락시킬 가능성도 부정할 수 없다.

확실히 드라기 총재의 LTRO는 EU의 은행들이 직면했던 자금 조달 문제에 대해서는 큰 해결책이 되었지만 EU의 은행들에는 아직 대규모 불량자산 문제가 남아 있다.

게다가 불량 채권 문제에 직면해 있는 은행은 좀처럼 리스크를 줄이지 못하고 있어 EU의 신용경색 문제는 여전히 심각하다.

시스템 위기를 수리하지 않는 유럽은행 감독기구(EBA)의 폭거

이와 같이 많은 은행이 같은 문제를 동시에 안고 있는 시스템적인 은행 위기가 발생했음에도 불구하고 EU의 은행을 감독하는 EBA는 2011년 EU 내 모든 은행에 자기자본비율의 개선을 요구하는 폭거를 저질렀다.

문제를 안고 있는 은행 수가 한정되어 있고, 남은 대부분의 은행과 기업이 건전하다면 후자가 전자의 증자에 응하는 것이 가능하다. 그러나 대다수의 은행이 문제를 안고 있을 때는 정부가 솔선하여 자본 투입을 하지 않는 한 단기간에 이들 은행의 자본을 증강하는 것은 불가능하다. 누구나 그와 같은 증자에 응할 여유가 없으며 그러한 경우의 자본조정 비용은 매우 높게 책정되기 때문이다.

이에 대해 주택 버블이 붕괴되어 같은 문제를 안고 있는 미국은 정부가 솔선하여 TARP를 통해 민간은행에 자금을 투입했다. 또한 미국에서는 2009년 가을에 은행 융자 관련 규제를 충족하지 못하는 상업용 부동산 융자에 대해서도 은행에 의한 신용경색을 피하기 위해 일부러 당국이 "Pretend and Extend"라는 통달까지 내고 은행에 지속적인 융자를 요청한 것이다.

당시 미국이 이와 같은 현실적인 대응을 한 것은 당국이 규제와 시장 원리에 집착했다면 모두가 붕괴될 수 있었기 때문이다.

즉 많은 은행에 같은 문제가 발생하고 있다는 이른바 시스템 위기 시에는 시장 원리와는 완전히 반대의 발상이 필요한 것을 그들은 알고 있었던 것이다.

한편 EBA의 요구를 받은 EU의 은행은 민간으로부터의 증자는 현실적이지 않다고 판단하고 대출을 줄이는 형태로 자기자본비율을 달성하고자 하였다. 그 결과, EU 은행의 신용경색은 더욱 악화되었다. 게다가 그 영향은 EU뿐만이 아니라 아시아를 포함한 신흥국에까지 미쳤다. 실제로 많은 EU의 은행은 본국에서 신용경색이 발생하면 당국에 의해 감시당하기 때문에 EU 외에서 적극적으로 자산 매각에 몰두했던 것이다. 신흥국 경제가 2012년 이후 활기를 상실한 이유 중 하나는 이들 국가의 장기 프로젝트를 일본 은행과 함께 담당한 EU의 은행이 EBA의 요구를 받아들여 꼼짝달싹 못하게 된 것이었다.

금융 시스템 불안을 증폭시킬 수 있는 키프로스의 은행 처리

게다가 EU에서는 2012년 EBA의 폭거로 사태가 점점 악화되고 있는데도 납세자의 돈을 더 이상 사용하지 않는다는 시장원리주의를 내건 데이셀블룸(Dijsselbloem) 재무장관이 EU 그룹(EU권 재무장관회의)의 의장이 되면서부터 흐름이 더욱 이상한 쪽으로 진행되었다.

본래 EU는 700억 유로의 자금으로 ESM(EU 안정 메커니즘)을 설립하고 문제가 있는 은행에 자본을 투입하는 등의 방안을 추진하고 있었다. 이것은 2014년부터 본격적으로 기능할 예정이었지만 데이셀블룸은 그 전에 시장주의에 기초하여 문제의 은행은 청산한다는 완전히 다른 방향으로 정책을 추진하였다. 실제로 네덜란드에서는 2013년 2월 1일에 SNSR이라는 파탄한 은행을 국유화할 때 주주뿐만 아니라 노후채 보유자에 대해서도 전액 손실부담을 과하는 대담한 방법으로 처리했다.

이러한 가운데 2013년 3월에 키프로스 은행 문제가 표면화되었는데, 유로 그룹은 10만 유로까지의 소액 예금자는 보호하는 한편 모든 고액 예금자에게는 부담을 지우는 시장 원리에 기초한 수법을 도입했다.

이것은 이전에 일본을 떠들썩하게 했던 페이 오프(pay off, 최근 영어로는 ball-in이라고 불리고 있다)를 키프로스에서 실시한 것으로 이 영향으로 EU 내 고액 예금자들은 자신의 은행은 안전한가를 우려하기 시작했다.

십수년 전 일본에서도 시장원리주의자들이 페이 오프 실시를 강하게 주장했다. 하지만 나를 포함한 몇몇 전문가들은 대규모 은행 모두가 최악의 평가 등급으로 힘들어하는 이때에 그중 한 은행을 페이 오프로 처리하게 되면 여타 은행의 고액 예금자들이 불안을 느끼고 이로 인해 금융 시스템 전체가 불안해지기 때문에 그와 같은 조치는 취해서는 안 된다고 반론했다. 다행히 이 경고가 받아들여져 당시 자민당 정조회장이었던 가메이는 페이 오프 연기를 결단하여 위기를 모면했다.

결국 일본에서는 페이 오프 추진의 제1인자인 다케나카가 금융담당 장관이 되었을 때도 페이 오프는 한 번도 실시되지 않았고 일본의 금융기관은 시간을 들여 체력을 회복하게 되었다.

흥미롭게도 일본에서 페이 오프가 실시된 유일한 사례는 다케나카의 지인인 기무라가 설립한 일본진흥은행뿐이었다. 부실 경영으로 파탄한 이 은행은 결제성 예금을 취급하지 않았고, 당국은 이것을 페이 오프로 도산시켜도 금융 시스템 전체에는 별다른 영향이 없다고 판단한 것이다. 일본진흥은행은 규모가 작았고, 게다가 이 은행이 페이 오프로 처리된 시점에 대부분의 일본 은행은 건전한 상태를 달성했다. 그러한 상황에서 파탄한 은행을 페이 오프로 처리하는 것은 충분히 일리가 있다고 말할 수 있다.

이후 키프로스는 특수한 사례로서 전례로 삼지 않겠다는 움직임과 앞으로 키프로스적 수법, 즉 페이 오프에 의한 처리가 주류가 될 것이라는 두 가지 모순적인 목소리가 EU 내 당국자들로부터 나오고 있다.

그러나 향후 금융 위기에 대한 대응은 데이셀블룸 방식이 아니라 ESM 방식이 본래의 모습이라는 것을 더욱 분명하게 빨리 표명하지 않는 한 고액 예금자의 동요는 계속될 것이다. 그러나 그들이 동요하면 은행은 신중해질 수밖에 없다. 고액 예금자가 언제 예금을 움직일지 알 수 없게 되면 은행은 돈을 빌려줄 수 없게 되기 때문이다.

시장원리주의자가 많은 미국이 신속하게 정부에 의한 자본 투입을 포함한 현실적인 대응으로 전체를 구하는 방향으로 대응하고 있는 것에 비해, 사회민주주의적인 생각을 하는 사람이 많은 EU에서 이와 같은 원리주의적 정책이 가장 바람직하지 못한 시기에 추진되는 것은 이해하기 어려운 점이다.

미국에서는 납세자 부담이 오히려 크게 늘었다

데이셀블룸은 리먼을 파산시킨 폴슨 미국 재무장관과 같이 금융기관의 처리에 더 이상 납세자의 돈을 사용하지 않겠다고 말하고 있지만, 미국에서 그러한 이유로 리먼을 파산시킨 결과 AIG를 필두로 모두가 붕괴되어 최종적인 납세자 부담은 당초의 몇십 배나 확대되고 말았다.

민간 전체가 제로금리에도 채무 변제로 돌아선 것에서 유래한 밸런스시트 불황과, 많은 은행이 같은 문제를 안고 있음으로써 발생하는 은행의 시스템 위기는 양쪽 모두 '합성의 오류'가 깔려 있고 대응을 잘못하면 사태가 급속히 악화될 수 있다. 이와 같은 사태에 직면한 당국은 1982년의 중남미 채무 위기에 직면한 볼커 FRB 의장(당시)과 같이 모든 은행을 시간을 들여 구한다는 통상의 시장 원리와는 완전히 반대되는 대응이 필요한 것이다.

유감스럽게도 EU에서는 이번 데이셀블룸 사건이 보여주듯이 밸런스시트 불황과 은행의 시스템 위기에 대한 지혜가 부족하다. 실제로는 폐렴인데도 당국자들은 보통의 감기 정도로만 생각하고 있다. 이는 향후에도 EU 경제의 큰 마이너스 요인이 될 것으로 보인다. 결국, 이번 EU 금융 위기의 최대 비극은 볼커와 같은 견해와 영향력을 가진 인물이 한 사람도 없다는 것이라고 말할 수 있다.

이번 키프로스는 조세 피난처이기도 하고 여기에서 발생한 것이 여타국에 파급되지 않을 가능성도 있지만, EU의 불량 채권 대책이 이렇게 우왕좌왕 흔들리는 것은 결코 EU의 경기 회복에 플러스 요인이 되지 않을 것이다.

버블 붕괴에서 구하기 위해 새로운 버블을 만드는 악순환

이렇게 보면 EU 내에서 밸런스시트 불황에 빠진 국가는 여타 가맹국과 ECB에 피해를 주지 않기 위해서라도 EU와 ECB의 허가를 받은 다음에 충분한 재정 지출을 해야 한다. 그러나 현재의 마스트리히트 조약은 밸런스시트 불황의 존재 자체를 상정하고 있지 않기 때문에 이와 같은 사태에는 전혀 대응하지 못하고 있다. 게다가 여기에 큰 문제가 있기 때문에 EU 내 어디에선가 밸런스시트 불황이 발생할 때마다 ECB의 금융정책에 부담이 지워지는 구조로 되어 있다.

그러나 ECB의 통화정책은 EU 전 지역에 균등하게 영향을 미치기 때문에 이전에는 독일을 구하려 했더니 남유럽에서 버블이 발생하였고, 이번에는 주변국을 구하려고 초저금리정책을 실시했지만 주변국은 ECB가 아무리 노력해도 그 혜택을 받을 수 없는 상황이다. 이것은 ECB에게도 비극이고 EU 전체에도 비극이다.

또한 EU 특유의 경기선행적이고 비생산적인 자본 이동이 이전에는 남유럽에서 그리고 이번에는 독일에서 장기금리를 필요 이상으로 하락시켜 버블이 발생하기 쉬운 환경을 조성하고 있다.

이러한 시소 게임 같은 것을 하고 있으면 EU 경제가 정말로 이상해질 수도 있다. 또한 이 제도상 결함에 농락당하는 각국의 민주주의도 큰 위기를 맞을 수 있다. 각국 국민이 자신들의 장래를 자신들이 결정할 수 없다고 깨닫는다면 그들의 현 체제에 대한 지지가 순식간에 증발해 버릴 수 있기 때문이다.

실제로 전술한 DPV 포럼이 개최되었던 것도 독일의 정신분석학계가 장기화되는 불황으로 인해 사람들의 정신 상태와 사회의 접점이 악화될 수 있다는 것을 우려했기 때문이었고, 이 포럼에 외부 인사(정신분석의 이외라는 의미)로 초대받은 것은 나와 투자자 조지 소로스 2명이었다. 소로스는 나의 강연을 듣고 "1차 세계대전 후 연합국이 독일에 요구한 잘못된 경제정책은 결과적으로 독일을 나치스의 손으로 몰아내었지만, 지금 독일이 주변국에 요구하고 있는 재정건전화는 연합국과 완전히 동일한 실수를 범하고 있다"고 강하게 경고했다. 실제 유년 시절 나치스의 피해를 받은 헝가리 출신 소로스의 이 경고는 상당히 설득력이 있었다.

나도 이전부터 EU가 이대로 잘못된 정책을 계속하면 민주주의가 훼손될 수 있다고 경고해 온 한 사람으로 소로스의 경고에 동감했다.

유로 도입이라는 위업은 두 가지 대책으로 보완이 가능

유로 도입은 인류 역사상 위업 중 하나이다. 유로 도입을 위해 EU의 많은 우수한 사람들이 십수년에 걸쳐 많은 가능성을 조사하면서 그 제도 도입에 관여해 왔다. 그래서 실제로 유로가 도입될 때는 많은 사람이 깜짝 놀랄 정도로 순조롭게 진행되었다.

다만 신형 비행기도 실제로 날려 보지 않으면 많은 문제점을 알 수 없는 것처럼, 유로도 실제 도입해 보니 크게 불합리한 점 두 가지가 발견되었다. 그 하나는 마스트리히트 조약이 밸런스시트 불황에 대응하고 있지 못하다는 것이고, 두 번째는 복수의 국채 시장이 단일 통화권 내에 존재하는 것에서 발생하는 극히 비생산적이고 경기순행적인 자본 이동의 문제다. 그리고 이 두 가지 문제에 대한 당국과 시장 참가자의 몰이해가 지금의 EU 위기를 이렇게까지 심각하게 만들었던 것이다.

그러나 이것은 반대로 말하면 이 두 가지 점만 개선되면 유로는 훌륭한 통일 통화로 기능할 수 있고, 그렇게 되면 이 숭고한 인류의 위업은 향후에도 안정적으로 비행을 계속할 수 있다는 것이다. 아직도 EU의 많은 사람이 이 두 가지에 문제가 있는 것을 인식하지 못하고 있지만, 일본의 밸런스시트 불황의 괴로운 경험과 2008년 이후의 영국, 미국과의 대비로 보면 유로 문제가 이 두 가지 점에 있다는 것은 분명하다.

이 두 가지 모두 공적 개입이 필요하고 모든 공적 개입을 악으로 치부하는 일부 사람들은 본서에서 제시한 해결책을 기분 좋게 받아들이지 않을 수도 있다. 그러나 밸런스시트 불황에 빠진 국가에 재정 지출을 촉진하는 것은 그 나라뿐만 아니라 EU 전체를 '합성의 오류'에서 구하기 위해 반드시 필요하다. 또한 그렇게 함으로써 ECB에 불필요한 부담이 지워지는 것을 막고, 밸런스시트 불황에 빠진 일부 국가를 위해 본래 있어야 할 ECB의 금융정책 모습이 왜곡되는 것을 면할 수 있다.

또한 비생산적이고 경기순행적인 국채 시장 간 자본 이동에 제동을 걸기 위해 내외의 국채 보유에 다른 리스크 가중치를 설정하는 것은 극히 작은 '규제 강화'이다. 이 극히 작은 규제 강화로 유로라는 인류의 위업이 지속될 수 있다면 그것은 매우 싼 값에 좋은 물건을 사는 것과 같다.

게다가 이 규제가 도입되어도 단일 통화 도입으로 각국의 민간이 얻을 수 있는 생산성과 효율성의 향상에는 어떠한 영향도 미치지 않는다. 내외 국채 보유에 상이한 리스크 가중치를 도입해도 단일 통화가 민간에 초래하는 혜택은 어느 것 하나 상실되는 것이 없기 때문이다.

또한 독일 등에서 주변국이 재정건전화를 위한 노력을 소홀히 하면 자신들의 부담이 증가할 것이라고 우려하고 있지만, 그것은 그리스 일국을 제외하면 전혀 무지와 오해에 의한 걱정이라 할 수 있다. 이들 국가에는 거액의 미차저축이 있고, 이들 자금이 자국의 국채 시장으로 향하기만 한다면 이들 국가의 재정 적자는 충분히 조달할 수 있기 때문이다. 게다가 이 미차저축이 자국의 국채 시장으로 되돌아와 이들 국가의 국채금리를 하락시킨다면 이번 EU 위기 자체가 소멸한다. 이번 위기는 해당 국가들의 국채금리가 급등한 것에서 시작되었기 때문이다.

밸런스시트 불황이라는 개념이 아직 각국의 경제학 교과서에 실리지 않고 있는 것을 생각하면 상술한 보완 작업에 필요한 동의를 얻을 때까지 상당한 시간이 걸릴 것으로 보인다. 그러나 불과 두 곳을 수리하는 것만으로 유로라는 위업을 완성할 수 있다면 그것을 위한 노력은 충분히 가치가 있을 것이다.

제6장

중국 경제가
직면한 과제

일본·미국·EU와는 대조적으로 적극적 재정 지출로
리먼 쇼크를 극복한 중국

밸런스시트 불황과 그 후유증으로 골머리를 앓고 있는 일본·
미국·EU와는 달리, 중국은 성장률이 8%를 하회했지만 여전히 고
성장을 기록 중이다. 이러한 중국의 고성장은 한때 유행한 '디커
플링론(비동조화론)'[1]이 결과적으로 옳았다는 것을 시사하고 있다.

경기가 호전되고 부동산 가격도 상승하고 있는 중국을 본서에
서 다룬다는 것에 불편함을 느끼는 독자도 있을 것이다. 그러나
실은 중국도 밸런스시트 불황 리스크와 전혀 관련이 없지는 않다.
중국은 중국다운 방법으로 이러한 리스크를 어떤 국가보다 신속
하게 피했다고 할 수 있다.

나는 본래 '디커플링론'에는 부정적이었다. 이제까지 중국 경
제를 지탱해 온 것은 수출이고, 주요 시장인 EU와 미국 경제가 부
진하면 당연히 중국도 큰 영향을 받을 것으로 생각했다. 실제로
중국은 리먼 쇼크 이후 EU와 미국의 경기 부진으로 연안부의 수
출 산업이 큰 피해를 받아 농촌으로 되돌아갈 수밖에 없는 노동자
수가 2천만 명에서 최악의 경우 6천만 명 가까이 될 것으로 우려되
었다. 또한 대졸자의 취업난도 심각해 이것이 사회문제로 비화되
지 않도록 대학원생 정원을 늘리는 등 당국도 매우 신중하게 대처
했다.

---

1 중국 경제가 미국 등을 비롯한 선진국 경제와 연동하지 않는다(비연동)는 주장.

게다가 중국에서도 EU와 같이 2008년 전후에 주식과 부동산 거품이 붕괴되고 선전(深圳)과 같은 도시에서는 주택 가격이 급락하는 사태도 발생했다.

이것들을 보면 중국도 전형적인 밸런스시트 불황에 빠질 위험에 있었지만 불황의 입구에서 중국 정부는 GDP 대비 17%에 해당하는 규모인 4조 위안을 들여 가장 효과적인 재정 지출을 실시했고 불황에서 벗어날 수 있었다.

미국 오바마 대통령의 재정 지출은 GDP 대비 5% 조금 넘는 수준인 7,870억 달러로, 중국은 미국의 3배에 달하는 재정 지출을 실시한 셈이 된다.

게다가 오바마 정권은 일본의 여당이 경험한 언론 등의 '선심성 정책' 공세를 극도로 우려해 그 재정 지출의 집행 방식에 신중을 기했다. 그 결과, 재정 지출 관련 법안의 성립 과정에서 실제 정부 지출 확대까지 긴 시차가 발생하였다.

한편, 중국은 신속하고 지속적인 공공사업 실시로 경기 확대 효과가 곧바로 나타났다. 여기에서 오는 긍정적 효과는 자국 내 밸런스시트 문제와 수출 축소에서 오는 부정적 효과를 상쇄하였다. 실제로 진중샤(金中夏) 인민은행 금융연구소 소장은 본래 30년이라는 장기간에 걸쳐 추진해야 할 인프라 투자를 10년 만에 실시했다고 말했다(『일본경제신문』, 2013년 8월 2일 자).

그 결과 GDP 감소는 일시적인 것으로 끝나고 수출 저조에도 불구하고 경제 전반적으로 활력을 유지하였다.

또한, GDP 하락을 회피할 수 있었으므로 중국 정부에 대한 국민의 신뢰도가 높아졌으며 이것이 경기 확대에 긍정적 요인이 되었다.

일본이 15년간의 밸런스시트 불황으로 얻은 교훈인 재정 지출의 필요성을 누구보다도 일찍 이해하고 충분한 규모와 속도로 실시한 것이 중국이었던 것이다.

실제로 내가 영어로 처음 발간한 『*Balance Sheet Recession*』(John Wiley, 2003)은 중국의 유력 경제분석가 대부분이 읽었으며, 두 번째 저서인 『*The Holy Grail of Macroeconomics*』(John Willey, 2007)는 EU와 미국에서 버냉키와 크루그먼이 주목하기 훨씬 전인 2008년 11월 중국 정부계 출판사에 의해 번역본이 출판되었다.

일제히 돈을 빌리기 시작한 지자체

또한 중국의 경우, 은행이 정부의 명령에 따르는 관례가 여전히 남아 있어 2008년 말 정부의 대출 지시 이후 일제히 대출이 급증하였다.

그러나 본래는 밸런스시트 불황시 민간부문의 자금 수요가 격감하면 정부의 통화정책도 무력화된다. 하지만 중국에는 지자체라는 공적인 자금 수요자가 많았다.

이들 지자체 간부에게 출세의 필요조건은 자신들이 관할하는 지역의 경제 성장률을 높여 중앙정부에 의해 평가받는 것이다. 그들은 새로운 프로젝트를 계속해서 만들어 내고 자신들의 출세에 이용하려는 강한 동기를 가지고 있었다. 이전 중국 경제가 두 자 릿수 성장으로 과열되는 것 아니냐고 우려되었을 시기에는 중앙 정부가 필사적으로 이들 지자체의 과도한 지출을 억제하려 했을 정도다. 즉, 당시는 은행이 지자체에 돈을 빌려주는 경우와 지자 체가 은행으로부터 돈을 빌리려는 경우에 대한 수많은 엄격한 규 제와 제한이 있었다.

그런데 리먼 쇼크 이후의 세계 경제 위기로 이제까지 존재했 던 중앙은행의 지자체에 대한 규제가 상당히 완화되어 각 지자체 는 기다렸다는 듯이 달려들기 시작했다.

중국이 '중국적'이었기 때문에 가능했던 '비동조화'

물론 중국에도 지자체가 차입할 수 있는 금액은 엄격히 규제 되어 있지만, 예전 일본의 '제3섹터'[2]와 같이 지자체는 프로젝트 파이낸스라는 형태로 '융자평대(融資平臺)'라는 투자회사를 만들 어 자금을 조달했다.

즉 중앙정부로부터 대출하라는 지시를 받은 은행과 프로젝트 파이낸스라는 형태로 돈을 빌리고자 하는 지자체의 의도가 들어 맞아 거액의 돈이 움직이기 시작한 것이다.

이와 같이 중국은 통상의 민주주의 국가에서는 상당 수준까지

---

2 국가 또는 지자체가 민간부문과의 공동출자로 설립한 법인을 지칭.

경기가 나빠지지 않으면 사용할 수 없는 재정 지출을 초기부터 그것도 대규모로 시행하였다. 또한, 통상의 민주주의 국가에서 발생하는 돈의 유효한 사용법을 둘러싼 반대의 목소리를 잠재우고 공공사업을 실시하여 EU와 미국발 불황에 영향을 받지 않았던 것이다.

또한 수출 감소와 밸런스시트 문제를 안고 있는 민간부문을 대신하여 많은 프로젝트를 실시한 지자체가 '차입자'로서 등장했기 때문에 중국에서는 통화정책이 큰 효력을 발휘한 것이다. 이는 중국의 은행 융자와 통화공급량 급증으로 이어졌다.

속도를 중시한 경기 대책 중에는 후일 폐허나 다름없는 유령도시를 초래한 공공투자도 있기는 하지만, 이 정부 지출로 중국 경제가 불황에 빠지지 않았고 GDP도 유지되었다. 이는 일본의 예를 볼 때 상기 비용의 수 배에 달할 것으로 보인다.

이렇게 보면 '비동조화'는 중국이 통상의 민주주의 국가라면 가능하지 않았겠지만, 극히 중국(공산당)적인 요소를 정부가 효율적으로 활용했기 때문에 가능했다고 할 수 있다. 이러한 요소를 최대한으로 게다가 신속하게 활용한 중국 정부의 행동은 높이 평가될 만한 것이다.

과잉설비와 소득 격차 등의 문제가 산적해 있지만……

물론 2008~2009년의 성공에는 몇 가지 문제도 수반되었다.

특히 그중에서도 인플레와 부동산 거품 문제는 매우 심각했으며, 이러한 점에서 밸런스시트 불황과 디플레로 골머리를 앓고 있는 일본과 미국, 유럽과는 정반대다.

실제로 중국은 2011년부터 금리 인상과 은행의 준비율 인상을 연이어 실시했다. 미시경제 면에서도 주택 구입에 필요한 계약금을 30~40%까지 인상하는 한편, 부동산 관련업자에 대한 융자를 대폭 줄여 '토지전매'와 같은 행위를 할 수 없도록 모든 정책 수단을 동원했다. 그 결과, 중국 내에서 자금 조달이 곤란해진 일부 업자는 해외에서 자금을 조달해야 했다.

이들 정책은 1990년 전후 일본에서 실시된 '총량 규제'와 같은 버블 축소정책이지만, 당시의 일본과는 달리 중국에서는 인플레 문제가 유발되었다.

즉 20년 전의 일본은 부동산 거품이 엄청났지만 소비자물가는 안정되어 있었던 반면, 도매물가지수는 1989년 초까지 마이너스였다.

실제로 당시 일본 중앙은행은 소비자물가 상승률이 3%대였을 때 단기금리를 8%까지 인상해 버블 퇴치로 전환했지만 중국의 소비자물가는 2011년 6.5%까지 상승했다.

특히 그중에서도 가계부문을 직격한 식품 가격 상승률은

14.8%를 보였고 이 영향은 소득 수준이 훨씬 높았던 당시 일본의 가계부문과 비교할 수 없을 정도로 컸다.

인플레의 정치적 영향을 숙지한 중국

또한 중국 공산당은 정치적으로 중국에서 인플레가 심화되면 정변이 일어날 수 있다는 것을 누구보다도 잘 이해하고 있다. 자신들도 과거에 그러한 혜택을 최대한 누려왔기 때문이다.

즉 1940년대 후반의 내전에서 공산군이 미군과 일본군의 근대식 장비를 가진 국민당군에 승리한 것은 당시 국민당 정부가 인플레 억제에 실패하여 부유층뿐만 아니라 중산계급에서도 지지를 받지 못한 것이 크게 작용했다.

이 사실은 국공 양측에 큰 인상을 남겼으며, 대만으로 도망간 국민당 측은 대륙에서의 쓰라린 경험을 살려 1990년대까지 45년간 주요 은행을 모두 국유화하였다. 그들은 금융과 인플레 억제 불능에 빠지는 사태를 경계한 것이다.

한편 공산당 측도 인플레를 방치하면 자신들도 이전의 국민당과 같은 운명이 될 수 있다는 점을 숙지하고 있었고 그런 의미에서 그들의 인플레에 대한 경계심은 매우 강했다.

게다가 지금의 공산당 정권은 민주적으로 선출된 것도 아니고 공산주의도 버린 가운데 정통성(legitimacy) 문제가 지속적으로 제기되고 있다. 이는 일반 중국인은 왜 공산당 정권이 말하는 것을 들어야 하느냐는 의문이기도 했다.

그들의 관점에서 보면 중국 경제가 비약적으로 발전하고 사람들의 생활이 풍족해지는 것이 중요한 정통성의 근거가 된다. 그리고 실제 그들이 주도한 경제 발전은 과거 30년간 인류 역사상 가장 빠른 경제 성장을 실현했다.

그들은 지금 인플레와 주택 버블 문제에 직면해 있다. 이 두 가지는 민의를 적으로 돌릴 수도 있는 문제로서 그들에게는 커다란 리스크 요인이다. 그렇기 때문에 공산당 정권이 인플레와 주택 버블 문제가 진정될 때까지 긴축 정책 기조를 완화로 전환하기는 어려울 것으로 보인다.

본래 인플레와 주택 버블 문제의 원인은 리먼 쇼크로 수출 산업의 고용이 대폭 감소한 2008년 말에 중국 정부가 은행에 빌려줄 수 있는 돈은 전부 빌려주라고 요청하였고 이로 인해 통화공급량이 급증한 것에 있다. 이는 중국 정부 시각에서 보면 이번에는 인플레와 버블 퇴치가 목적이기 때문에 2008년 말에 실시한 정책을 반대로 하면 되는 것이었다.

긴축금융으로 버블이 수습되어도 재정정책이 있다

다만 이 버블 퇴치가 결과적으로 밸런스시트 불황으로 이어질 가능성은 결코 낮지 않다. 또한 당국에 의한 버블 퇴치가 성공하면 할수록 은행부문에는 불량 채권이 증가하게 된다.

이 리스크에 대해 중국 정부가 충분히 이해하고 있다고 생각한다. 그들은 일본의 밸런스시트 불황의 메커니즘을 누구보다도 열심히 연구해 왔기 때문이다. 그리고 그들은 밸런스시트 불황이 되면 어떻게 대응해야 하는지도 진지하게 검토해 왔다.

즉 그와 같은 국면이 되면 재정 지출로 대응하면 된다. 게다가 중국과 같은 독재 정권하에서는 필요한 재정 지출은 얼마든지 시행할 수가 있다. 이는 재정 지출에 반대하는 야당과 언론이 존재하지 않기 때문이다. 게다가 중국은 재정 지출을 민주주의 국가에서는 상상할 수 없을 정도로 단기간에, 게다가 극히 신속하게 실시할 수가 있다. 민주주의 국가라면 10년 정도 걸릴 고속도로를 3개월 만에 건설한 것이 그 전형적인 예다. 중국만큼은 여타 국가들과 달리 통화정책보다 재정정책이 효율성이 높을 수도 있다.

이렇게 보면 그들의 게임플랜은 2008년 말 이후의 금융완화와는 반대로 미시와 거시 양면에서 긴축적 통화정책을 당분간 지속하고 버블이 붕괴되어 밸런스시트 불황이 되면 재정정책을 확대하여 경기가 하락하는 것을 방지하는 것이라고 생각한다.

또한 과잉 설비 문제는 철강을 비롯한 많은 분야에 존재하고, 재고 문제도 많은 국유 기업에서 상당한 규모에 달하는 것으로 알려져 있다. 이 문제에 대해 중국 정부는 현금흐름 경영의 중요성을 강하게 주장하고 현금흐름을 만들어 내지 못하는 사업은 중지되어야 한다고 지도하고 있다.

국유 기업이라고 하면 서방 측 발상으로는 거버넌스가 확립되지 않은 모든 악의 근원이라고 치부되고 있지만, 최근 중국의 생각은 유일한 오너인 정부가 제대로 기업을 관리하면 오너가 있는 기업처럼 높은 기동력과 거버넌스를 양립시킬 수 있다는 것이다. 이것은 서방 측의 대기업처럼 불특정 다수의 주주가 결과적으로 경영진을 감시할 수 없는 것보다 거버넌스적으로 유리하지 않느냐는 사고이다. 이것은 물론 감시하는 측이 부패하지 않는다는 것이 대전제가 되지만 사고로서는 일리가 있다.

또한 소득 격차 문제도 광범위하게 존재하고 있다. 다만 중국의 고관들은 같은 격차라고 해도 지금 중국의 격차 문제와 이전 중국의 격차 문제는 본질적으로 다르다고 말한다.

즉 이전의 격차라는 것은 매일 제대로 식사할 수 있는 사람과 그렇지 않은 사람들과의 격차였다. 이 경우, 후자의 사람들은 더 이상 잃을 것이 아무것도 없기 때문에 그들이 갖는 불만이 어느 수준을 넘으면 그것이 큰 사회·정치 문제로 발전했다.

그런데 지금의 격차는 일단 식사 문제는 모두 해결된 상태로, 일부 사람들은 매우 좋은 것을 먹고 그렇지 않은 사람들은 보통의 것을 먹는다는 점에서의 격차이다. 이러한 격차에도 불구하고 중국 사회가 안정되어 있다는 것은 예전의 상황을 기억하고 있는 일반 중국인의 입장에서 보면 눈에 보이는 상황은 크게 진보한 것으로 이해되기 때문이다.

물론 지금의 격차가 10년 혹은 20년 후에도 전혀 개선되지 않고 방치된다면 큰 문제가 되겠지만, 중국이 2011년경에 후술하는 루이스 전환점에 도달했다는 점에서 향후 격차는 꾸준히 축소되어 갈 가능성이 높다.

또한 최근 들어 중국의 금융 당국은 불량 채권 문제도 우려하기 시작했다.

즉 중국 정부는 일본의 이른바 '제3섹터'가 불량 채권의 근원이 되었던 사태가 재발하는 것을 우려하고 있고, 각 은행에 대해 프로젝트 파이낸스라고 해도 자금 회수 여부를 엄격히 관리하도록 요구하고 있다.

또한 프로젝트 파이낸스라도 은행은 적절한 Loan-Value Ratio(프로젝트 규모 전체에서 차지하는 차입금의 비율)를 유지하기 위해 전액을 빌려주는 것이 금지되어 있으며, 그 차액은 지자체가 스스로 채우도록 하고 있다.

다만 현실적으로 그 지자체의 '자기자본' 부분도 실은 별개의 은행으로부터의 차입으로 충당되고 있는 경우가 다수 발생하고 있고 금융 당국은 이를 주시하고 있다.

중국판 그림자 금융에 대한 오해와 진실

불량 채권 문제와 관련하여 최근에는 중국의 그림자 금융(새도 뱅킹, Shadow Banking)이 큰 주목을 받고 있고, 마치 거기에서 무한대의 신용 창출이 이루어지고 있는 듯한 인상을 주는 보도가 쏟아지고 있는데 여기에는 몇 가지 오해가 있다.

원래 이 금융 상품은 고금리에도 돈을 빌리려는 수요자와 규제된 저금리에 불만을 가진 은행 예금자의 이해관계가 일치했기 때문에 시작되었다.

게다가 대부분 은행이 그 중개를 담당하고 있는데, 이것은 일본에서 은행 예금자가 저금리 예금에서 은행이 판매하고 있는 고금리의 투자신탁으로 자금을 옮기는 것과 같은 것이다. 이 경우에는 예금자가 은행예금을 인출하여 그림자 금융 상품을 구입하는 것이기 때문에 은행 입장에서 보면 예금이 줄기 때문에 그만큼 대출도 줄여야 한다.

따라서 이 예금의 전환은 질적 측면에서 대출의 변화는 발생하지만 양적 측면에서 대출의 증가로는 이어지지 못한다고 생각하는 것이 바람직하다.

실제로 중국의 대규모 금융기관은 그림자 금융의 대두로 자금이 유출되지 않게 그것에 대응할 수 있는 상품을 개발하고 있다.

게다가 중국에서 그림자 금융이라고 말하는 부분 중 상당수는 정부의 감시하에 있는 은행이 사이에 끼어 있고, 그런 의미에서 당국의 감시 밖에 있는 EU와 미국의 그림자 금융과는 약간 의미가 다르다. 현시점에서 금융 당국은 밸런스시트에 계상되지 않았던 이들 거래를 은행 밸러스시트에 계상하도록 지도하고 있다.

문제는 리먼 쇼크 이후에 급증한 지자체 대상 대출

한편 최근 들어 중국 정부가 우려하는 것은 자금 수요자인 지자체가 설립한 '융자평대(融資平臺)'라고 불리는 투자회사의 재무 상태이다. 지방정부에는 2010년까지 약 10조 위안이 융자되었고, 그 중 총액 4조 위안의 경기 대책이 실시된 2009년 이후 불과 2년 동안 약 5조 위안의 돈이 대출되었다. 그런데 그때 책정된 프로그램 가운데 자금 수요자인 지자체가 자력으로 변재 가능한 것은 전체의 3분의 2이고 나머지 3분의 1은 중앙정부의 지원이 필요하다고 알려졌다.

이 3분의 1의 자금이 융자된 곳은 가난한 지역이 많다. 일단 중앙정부가 지원한다는 방침은 세워져 있지만, 그 실시로 인해 향후 여러 가지 문제가 발생할 가능성이 있다고 지적되고 있다.

특히 그 중에서도 2009년의 긴급 경제대책으로 실시된 프로젝트에는 중앙정부뿐만 아니라 지방정부가 중복으로 인가한 것도 많아 그것들을 앞으로 면밀히 검토할 필요가 있다.

지방정부에 유입된 자금의 대부분이 문제를 안고 있지만, 한편으로 이제까지의 금융규제하에서는 자금이 순환되지 않았던 민간기업에 그림자 금융이 자금을 공급한 것도 사실이다. 최근 정부가 이것들을 은행의 밸런스시트에 계상하도록 지시한 것도 그 나름의 역할을 인정했기 때문이라고 생각한다.

또한, 중국 내외의 전문가들이 대규모 경기장과 같이 낭비적이며 비효율적인 건축물을 중국 정부가 많이 건설한 것을 비난하지만, 이들 대부분은 유럽과 미국에서 발생한 리먼 쇼크로 상실한 6천만 명의 고용을 유지하기 위한 공공사업적 성격이 강했다. 그 일부가 결과적으로 효용성에 문제가 있다 하더라도 고용 유지라는 당초 목적을 달성한 것은 높이 평가해야 할 것이다. 왜냐하면 그때 중국 정부가 재정 지출에 나서지 않았다거나 지출 시점이 늦었다면 지금 중국 경제는 엄청난 불황에 빠졌을지도 모르기 때문이다.

그뿐 아니라 일본을 포함한 중국의 인접국은 중국이 재정 지출을 실시하고 경기장과 같은 건축물을 건설한 것에 감사해야 할 것이다. 만약 중국 정부가 그 돈으로 경기장을 건설하는 대신 원자력 잠수함이나 스텔스 전투기를 만들었다면 그것들은 보이지도 않고 비난하기도 어려워 주변국의 안전보장에 큰 위협이 되었을지도 모른다.

중국과 일본·미국·EU 경제의 양극화는 향후에도 지속된다

나는 이전에 '디커플링론'이 성립하지 않는다고 생각한 이유 중 하나로 미국의 소비액이 11조 달러인 데에 비해 인도와 중국은 합해도 4조 달러밖에 되지 않으므로 후자로 전자의 부진을 메우는 것은 어렵다고 보았다.

그러나 실제 중국이 전술한 '중국 공산당적 수법'으로 7% 성장을 유지하고 인도도 함께 성장을 지속한다고 한다면, 매년 양국의 소비증가액은 '4조 달러×7%=2,800억 달러'가 된다. 한편 11조 달러의 미국 시장에서도 소비증가율이 2%라면 매년 증가액은 2,200억 달러밖에 되지 않는다. 이렇게 되면 전 세계 기업은 자사의 한정된 경영 자원을 투입할 곳으로 미국보다 장래가 유망한 중국과 인도를 선택해야 한다는 결론이 된다.

게다가 중국과 인도 등의 신흥국이 향후 적어도 수년은 고도성장을 이어갈 잠재력을 가지고 있는 것에 비해, 일본·미국·EU는 이미 시장이 포화되어 있으며 적어도 향후 수년간은 밸런스시트 문제와 그 후유증으로 저공비행이 이어질 것으로 보인다.

내외의 기업이 위와 같은 발상에 기초하여 중국에 투자하면 할수록 중국의 경제 발전에는 탄력이 붙고 일본·미국·EU에서는 그만큼 경영 자원과 투자가 허술해지기 때문에 반대 현상이 발생한다.

즉 중국과 일본·미국·EU의 성장률 격차는 후자가 민간부문의 밸런스시트 문제를 정리할 시점까지 지속될 것으로 보인다.

중국 경제가 안고 있는 각종 문제

그런데 최근 중국의 경제 성장이 이어지는 가운데 ① 국내 소비가 GDP 대비 35%에 불과하다, ② 소득 격차가 확대되고 있다, ③ 연안 지역 임금이 급등하고 있다, ④ 인플레가 가시화되고 있다는 등의 문제가 지적되고 있다.

이 중 자국 내 소비의 비중이 적다는 것은 중국 경제가 기본적으로 투자가 주도하는 경제라는 것의 반증이기도 하지만, 미국 등은 이것이 중국인이 저축만 하고 소비하지 않기 때문이고 이에 기인한 과잉 저축이 미·중 무역의 불균형을 가져온 가장 큰 원인이라고 비난했다. 그리고 중국인이 저축만 하는 이유는 중국의 사회보장제도가 정비되지 못해 사람들이 노후를 위해 저축을 해야 한다고 생각하기 때문이라고 말했다.

즉 사회보장제도를 정비하는 것이 중국 경제의 정상화에 불가피하다고 이야기되어 왔고 나도 수년 전까지 그렇게 생각했다. 다만, 인구 13억의 발전도상국인 중국에서 사회보장제도를 정비하고 그것이 국민에게 신뢰받기 위해서는 상당한 시간이 필요하며 최근 이 문제에 대한 일종의 위기감이 확산되고 있다고 생각했다.

또한, ②의 소득과 빈부 격차에 대해서도 부자는 증가하고 있지만 그들의 소비성향은 낮기 때문에 과잉 저축 문제가 전혀 개선되지 않고 있다는 시각이 지배적이었다.

그뿐 아니라 더 이상 소득 격차가 벌어지면 사람들의 불평, 불만이 증대되고 폭동 등 큰 사회불안으로 발전하는 것이 아니냐고 우려되고 있다. 이것은 중국의 국가 리스크라는 측면에서 볼 때 가장 중요한 주의사항 중 하나로 여겨져 왔다.

③의 연안 지역을 중심으로 하는 임금의 급등에 대해서는 최근 들어 일본계 기업을 포함한 많은 기업이 급격한 임금 상승을

강요당해 앞으로도 중국에서 조업이 가능할 것인가, 방글라데시 등의 저임금 국가로 공장을 옮겨야 하는 것은 아니냐는 논의로 이어지고 있다.

게다가 임금 상승은 ④의 인플레 가속화로 이어지는 부분이 있어 임금을 올리지 않으면 인플레로 인해 사람을 모을 수 없고, 한편으로는 많은 기업이 임금을 올리는 것이 인플레를 더욱 가속화하는 것은 아니냐는 우려를 낳고 있다.

특히 임금 상승에서 오는 비용 상승 인플레는 이제까지 저임금으로 디플레를 수출했던 중국이 앞으로는 자국 내 임금 상승과 함께 인플레를 수출하는 쪽으로 전환되어 이것이 세계적인 인플레 가속화를 유발하는 것이 아니냐는 걱정으로 이어지고 있다.

중국 경제에 대해서는 이들 이외에도 다양한 논의가 있지만, 대부분 단편적으로 논의되고 있고 제안된 각종 대응책 또한 단편적이다.

루이스 전환점을 통과한 중국

그러나 이 ①~④는 실은 하나의 커다란, 그리고 필연적인 흐름 안에 있고 이 흐름의 본질을 이해한다면 향후 무엇이 일어나고 또한 어떠한 대응책이 필요한지가 더욱 분명해진다.

그리고 이 필연적 흐름이라는 것은 중국이 최근 경제학에서 말하는 '루이스 전환점(Lewis Turning Point)'을 통과했다는 것이다.

루이스 전환점이란 일국 경제가 공업화를 배경으로 발전하는 과정 중에 그때까지 농촌에 많이 존재하던 과잉 노동력이 모두 도시의 공장 등으로 흡수되는 시점을 말한다.

이 루이스 전환점에 도달하기까지의 상황을 자본가(경영자)의 시선에서 보면 일정 임금을 지불하면 얼마든지 지방에서 노동자를 모으는 것이 가능한 매우 유리한 세계이다. 즉 이 세계에서 자본가는 노동력 부족을 걱정할 필요가 없고 팔리는 제품을 만드는 노하우와 생산에 필요한 설비만 있으면 얼마든지 사업을 확대할 수 있게 된다.

그 결과, 루이스 전환점에 도달하기 전에는 팔리는 제품을 공급할 수 있는 자본가들이 막대한 이익을 얻고, 그들은 투자를 더욱 확대하게 된다.

이것을 노동 시장의 수급으로 보면 그림 6-1과 같이 된다. 우선 노동공급곡선은 루이스 전환점(점 K)에 도달하기까지는 도시 지역에서 일하고자 하는 노동자가 농촌에 얼마든지 있기 때문에 거의 수평이 된다(직선 DHK). 이것은 일정 임금(DE)을 지불하면 농촌에서 얼마든지 노동자를 확보할 수 있는 상황을 의미한다.

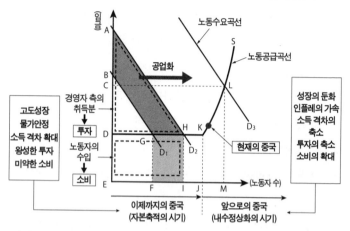

【그림 6-1】 중국 경제의 정상화: 농촌의 과잉 노동력 흡수를 통한 내수의 정상화

출처: 노무라총합연구소

이러한 평평한 노동공급곡선에서 큰돈을 번 자본가는 더 많은 돈을 벌기 위해 투자를 확대하고 그 과정에서 노동수요가 확대되기 때문에 노동수요곡선은 점점 오른쪽으로 이동(노동수요곡선 D_1이 D_2로 이동)해 간다.

노동수요곡선이 오른쪽으로 이동하는 과정에서 노동자가 받는 총임금은 D_1(DEFG의 면적)에서 D_2(DEIH의 면적)로 장방형의 오른쪽이 커지는 형태로 증가하지만 이것은 선형으로밖에 증가하지 않는다.

한편, 자본가 측이 얻는 부분은 노동수요곡선이 노동공급곡선과 교차할 때까지의 삼각형 면적으로 표시된다. 이것은 D_1의 삼각형(BDG)에서 노동수요곡선이 오른쪽으로 이동하는 과정에서 D_2의 삼각형(ADH)이 되어 선형을 훨씬 상회하는 속도로 확대된다.

즉 루이스 전환점을 맞이할 때까지의 시기는 투자가 확대되고 GDP가 늘면 늘수록 GDP 분배가 자본가 측에 유리해진다. 100여 년 전 EU와 전전의 일본 등에서 일부 재벌이 거대한 부를 축적할 수 있었던 것도 당시 그들이 직면한 노동공급곡선이 기본적으로 평평한 것이 주요인이었다(미국은 원래 노동력이 부족했기 때문에 이와 같이 극단적이지는 않았다).

루이스 전환점에 도달하기까지가 각국의 고도성장기

이 시기는 자본가가 투자하면 할수록 돈을 벌고 돈을 벌기 때문에 추가 투자를 하는 기간으로, 빈부의 차를 나타내는 소득 격차는 대폭 악화된다. 한편 높은 투자율 유지로 자국 내 자본 축적도 급속도로 진행된다.

이것이 각국에서 경제 성장의 이륙기, 또는 고도성장기가 되는 시기이다. 경제가 루이스 전환점에 도달하기까지 국민 대부분의 생활은 그들이 농촌에 있었던 시기와 비교하면 약간 좋아지기는 하지만 여전히 저금임하에서 줄곧 어려운 상황이 이어진다. 일본의 경우, 급속한 경제 성장을 배경으로 지방으로부터 집단 취직이 활발했던 1960년대가 이 시기였다고 할 수 있다.

한편, 자본가 계급은 이 시기에 엄청난 부를 손에 넣었다. 이에 대해 그 당시 유럽에 살았던 마르크스와 엥겔이 묵과할 수 없는 불평등에 강한 분노를 느끼고, 자본을 노동자 측이 공유하는 공산주의라는 발상으로 이어진 것은 어떤 의미에서는 역사의 필연적인 과정인지도 모르겠다.

또한 이와 관련하여 중국의 민간투자가 GDP의 3%밖에 되지 않는 것에 대해 일부 전문가는 중국의 사회보장제도가 충분히 갖춰져 있지 않아서 중국인이 저축에 매달리기 때문이라고 지적하였다. 그러나 이것은 루이스 전환점에 도달하기까지 모든 국가에서 발생하는 현상으로, 이 문제는 사회보장제도가 완비되었다고 해서 해결되는 성격의 문제가 아니다.

원래 최저 임금을 받는 중국의 일부 노동자들은 저축할 여유가 거의 없고 그들의 생활은 결코 만만치 않다.

한편 GDP의 대부분을 차지하는 투자는 국내 자본가와 외국계 기업이 담당하고 있다. 그들은 벌어들인 돈의 대부분을 재투자하고 있고, 그들도 중국 내에서 사회보장제도가 완비되는 시점에 기존의 행동 방식을 바꿀 이유는 없다.

많은 유럽과 미국의 전문가들은 중국이 '불건전'한 GDP 내용을 개선해야 하고 사회보장제도가 보다 충실해져야 한다고 말하지만, 그들은 자신들의 국가가 100여 년 전에 중국과 유사한 상황이었다는 것을 잊고 있다.

또한 현시점에서 유럽과 미국, 일본의 브랜드숍을 붐비게 하는 중국인 부자 여행객들은 자본가들이지 일반 중국인의 생활은 아직 브랜드 제품을 손쉽게 구입할 수 있는 상황은 아니다.

루이스 전환점을 넘어서 비로소 진행되는 경제 성숙화

중국의 자본가와 외국계 기업이 점점 중국에서의 투자를 늘려 가는 사이에 중국은 루이스 전환점에 도달하게 된다. 나는 2011년 경부터 중국이 루이스 전환점에 도달했다고 보고 있다.

한편 루이스 전환점에 도달한 이후의 노동공급곡선은 지방의 과잉공급력이 고갈된 가운데 급격히 우상향(그림 6-1에서는 곡선 KLS)하게 되고, 이것은 최근 중국의 임금이 큰 폭으로 상승하기 시작했다는 점에서 두드러지게 나타나고 있다.

이것을 마르크스와 엥겔의 이야기로 돌아가면, 그들이 범한 최대 실수는 자신들이 직면한 극심한 불평등 상황인 그림 6-1의 점 G와 점 H라는 세계가 영원히 지속될 거라고 생각한 점이다. 그러나 현실에서 이 점들은 일국이 공업화되는 과정에서의 필연적인 통과점일 뿐이라는 것이다.

또한 루이스 전환점에 도달하기 전에 정치가 일부 산업과 그 노동자 및 노동조합에 큰 권한을 부여하게 되면, 그 국가의 노동시장은 비교적 좋은 생활을 향유할 수 있도록 보호받는 그룹과 전혀 공업화에 편승하지 못하고 빈곤의 세계에 남겨지는 그룹으로 확연히 나누어지고 만다. 그리고 이것이 일부 중남미국가들에서 보이는 장기간에 걸친 심각한 격차 문제로 이어진다고 생각한다.

게다가 일단 경제가 루이스 전환점을 넘게 되면 이제까지는 선형으로만 증가했던 노동자 측의 총수입이 우상향의 공급곡선을 따라 급격히 증가하게 되고, 이때 경제의 성숙화, 정상화가 시작된다. 그림 6-1에서도 예를 들어 고용자 수가 점 J에서 점 M까지 조금 증가한 것만으로 노동자의 총수입은 장방형 DEJK에서 장방형 CEML로 급증하게 된다.

즉 루이스 전환점을 넘으면 노동자 측에 교섭력이 생기고 그로 인해 임금이 급격히 상승하는 만큼 이번에는 자본가 측이 얻는 부분이 작아진다. 다만, 자본가 측에 대한 분배율이 이전에 비해 하락해도 그것이 여전히 선진국을 포함한 여타 국가들에 비해 높다면 그들은 중국에 투자를 계속하고 그 결과 노동수요를 더욱 압박하게 된다. 이 과정에서 임금이 계속 상승하는 것이 사람들의 소비를 확대시키는 한편 투자를 감소시켜 결과적으로 중국 경제를 정상화시키는 것이다.

소비가 주도하는 경제로의 전환과 함께 진행되는 위안화의 평가절상

향후 중국은 소비지로서의 매력은 확대되어 갈 것이지만, 생산지로서의 매력은 감소되어 갈 것이다. 적어도 이제까지와 같은 자본분배율을 기대하는 것은 쉽지 않을 것으로 보인다.

한편, 소비지로서의 중국은 아직 성장할 여지가 있고 그들의 구매력은 노동분배율 상승과 위안화 상승의 영향으로 향후에도 확대되어 갈 것으로 보인다. 실제로 중국의 자동차 판매 대수는 2013년에 2,198만 대로 일본과 미국을 합한 수준에 상응하는 독보적인 세계 1위 수준이다.

이러한 흐름을 통화정책 측면에서 보면, 농촌에 과잉 노동력이 많을 때의 최우선 정책 과제는 생산연령의 국민 모두가 그 나름의 유의미한 일을 하는 것이고, 이와 같은 국면에서는 노동집약적 수출 산업을 육성시키는 것이 불가피하다. 따라서 이와 같은 국면에서 자국 통화의 평가절상은 바람직하지 않다. 게다가 루이스 전환점에 도달하기 전에 자본집약적인 수입 대체책을 보호주의와 함께 도입하게 되면 전술한 것과 같이 노동 시장이 단절되어 이후 경제 발전에 큰 지장을 초래하게 된다.

그러나 과잉 노동력 문제가 해소되어 임금이 상승 압력을 받게 되면 이번에는 인플레 문제가 발생하기 때문에 자국 통화의 평가절상이 바람직한 경우가 생긴다. 이는 농촌의 과잉 노동력이 최저점을 찍었다면 앞으로 중국 정부가 위안화의 평가절상을 용인할 가능성도 커질 것이다.

다만 한편에서 개개의 경영자들은 임금 상승이 국가경쟁력을 악화시키기 때문에 위안화가 평가절상되어서는 안 된다고 반발할 것이다. 그러나 그들은 이제까지 농촌에 잉여노동력이 있었기 때문에 노동자들에게 최소한의 임금만을 지불해 온 사람들이다.

경영자 측에서 볼 때 손쉬운 경영의 시대는 이미 끝났다. 이제까지의 낮은 임금에 기초한 노동집약적 산업은 완전고용이 되고 임금이 정상화되고 있기 때문에 노동자의 생산성을 높이든지 중국을 벗어나든지 선택을 해야 할 것이다.

이러한 변화는 대부분 중국이 공업화되는 과정 가운데 필연적으로 발생하는 현상으로, 향후에는 농촌의 잉여노동력이 줄어들면서 투자, 소비, 임금의 밸런스가 점차 정상화되어 갈 것이라고 생각한다.

무역 불균형과 금융 위기라는 별개 문제를 하나로 취급하는 EU와 미국

또한 위안화에 대해 EU와 미국은 G20 등의 국제회의에서 중국과 세계 경제의 회복보다도 불균형 시정을 중점적으로 논의하려 하는데, 이는 현재 세계 경제를 이끌고 있는 중국을 포함한 신흥국 측에서 보면 책임 전가로 비친다.

즉 미국류의 금융자본주의에 편승하지 않고 착실한 경제 운영으로 성장해 온 신흥국 입장에서는 EU와 미국이 터무니없는 금융상품에 되지도 않는 이름을 붙여 마구 팔아대는 바람에 세계를 대혼란에 빠트렸는데 왜 자신들이 뒤처리에 관여해야 하느냐는 것이다.

실제로 이번 금융 위기의 원인을 중국의 외환정책 탓으로 보는 것은 무리한 주장으로 당연히 설득력이 부족하다. 서브프라임 문제가 없어도 불균형 문제는 존재했을 것이고 불균형 문제가 없어도 서브프라임 문제에 기인한 금융 위기는 발생했을 가능성이 높기 때문이다. 그런데 현재 미국은 G20에서 중국의 위안화 개혁만 논의하려고 하고 있으며 그것은 점점 미국의 리더십에 부정적 영향을 미치고 있다.

즉 지금의 EU와 미국은 세계적인 무역 불균형이라는 이전부터 존재했던 문제와 버블 붕괴 및 서브프라임 문제에서 기인한 금융 위기를 무리하게 하나의 문제로 치부하여 접근하려 하고 있다. 그러나 이 두 개는 사실 독립적인 문제고 두 개의 문제를 (하나의 문제로 이해하고) 동시에 해결하려는 시도는 결과적으로 잡을 수 없는 두 마리 토끼를 쫓는 격이다.

그런 의미에서 이 두 문제는 개별적으로 대응해야 하며 또한 올바른 순서대로 대응해야 한다. 우선은 EU와 미국 정부는 밸런스시트 불황에 빠져 있는 자국 경제를 회복시키고 터무니없는 상품을 마구 팔아댄 자국의 금융계를 정화해야 한다. 이러한 조치가 충분한 성과를 올린 다음에 불균형 문제에 손을 대야 할 것이다.

그렇게 하면 신흥국 측은 선진국 경제가 부진한 것에 대한 책임이 자신들에게 부당하게 떠넘겨졌다고 생각하지 않고 불균형 문제를 논의할 수 있을 것이다. 유감스럽게도 현재 EU와 미국에 그러한 여유와 발상은 보이지 않고, 신흥국과의 불신의 골은 점점 깊어지고 있으며 'G 제로'라는 의사결정 메커니즘이 부재한 상황이 이어지고 있다.

금융과 자본 이동이 자유로워지면 위안화가 평가절하될 가능성도

또한, 위안화 개혁에서 중요한 부분인 자본 이동의 자유화라는 관점에서 보면 최근 십수년간에 급속하게 풍요로워진 중국인들이 분산 투자, 미래 경기, 자산 가격 조정 등을 감안하여 돈의 일부를 해외로 이전하려는 움직임이 나타나고 있다.

물론 수익적인 면에서 아직 높은 성장이 이어지고 있는 중국에 투자하는 것이 경기가 부진한 EU와 미국에 투자하는 것보다 매력적이기 때문에 그러한 자금 유출에는 한계가 있을 것으로 생각되지만, 단기적으로는 이러한 자금 이동이 위안화의 평가절하를 초래할 가능성이 충분히 있다.

생각해 보면 1980년대 전반에 미국은 지금과 완전히 동일한 발상으로 엔고 실현을 목표로 일본에 금융자유화를 요구하였고 일본에서는 '엔·달러 위원회'를 통해 자본 이동의 자유화가 추진되었다.

그런데 막상 뚜껑을 열어보니 미국 정부의 예상과는 달리, 일본에서 유출되는 자본이 유입되는 자본보다 많아졌고, 엔·달러 환율은 1달러당 200엔 근처에서 한때는 280엔 가까이 상승해 버렸다. 그 당시 엔저는 3년 이상 계속되었고 이에 견디기 어려워진 미국은 1985년 9월에 플라자합의를 통해 강제로 달러의 평가절상을 억제할 수밖에 없었다.

이제까지 중국에서는 투자 기회를 찾아 해외에서 돈이 유입될 뿐만 아니라 수출로 벌어들인 돈도 국내에 재투자되어 기본적으로 위안화가 평가절하되는 일은 없었다.

그런데 최근 들어 중국의 임금이 상승하기 시작하고 경제 전망이 불투명해지면서 해외로부터의 직접 투자가 감소하고 국내에서의 재투자도 주춤하면서 이 과정에서 남은 자금의 일부가 해외로 나가고 있다. 이러한 변화는 전체의 극히 일부분에 지나지 않지만 단기적으로는 외환 시세가 예상과는 다른 방향으로 변해버리는 경우가 생길 수도 있다.

지금 미국 정부는 중국에 대해 30년 전 일본에 요구한 것과 같은 금융자유화 실현을 주장하고 위안화의 평가절상을 기대하고 있지만, 중국 사람들이 자산의 일부를 해외에서 보유하려는 경향이 강해지면 30년 전의 일본과 같이 자유화를 추진하면 할수록 위안화가 평가절하되는 사태가 발생할 수도 있다.

중국 정부 입장에서 보면 미국의 요구로 금융자유화를 추진하여 위안화가 평가절하된다면 이는 자신들의 책임이 아니기 때문에 오히려 환영할지도 모른다.

길게 보면 거대한 무역 흑자국인 중국의 위안화가 향후 평가절상되는 상황은 충분히 있을 수 있지만 위안화가 일시적으로 약세로 돌아서는 국면도 있을 수 있다는 것은 고려해 둘 필요가 있다.

산업고도화가 지체되면 '중진국 함정'에 빠질 위험성도

루이스 전환점을 넘어선 이후의 경제 운영은 이전과는 매우 달라 임금수준이 대폭 높아지는 가운데 산업고도화 추진이 불가 피해진다.

고도화에 실패하면 경제학에서 말하는 '중진국 함정(Middle Income Trap)'에 빠질 수 있다. 이것은 그때까지 저임금을 이점으로 발전해 온 중국의 노동집약적 산업이 베트남이나 미얀마로 이전 하는 한편, 새로운 산업이 육성되지 않아 경제 성장이 지체되는 상황이다.

루이스 전환점에 도달하기 전 시기에는 정부가 교육과 도로, 항만 등의 기본적인 인프라 설비만 구축해 두면 외국 자본과 국내 자본가가 저임금을 활용하기 위해 자발적으로 투자하여 경제 성 장률이 올라가지만 그다음부터는 그렇게 간단하지가 않다.

산업고도화의 필요성에 대해 중국 학계나 전문가 사이에서 전 임인 후진타오(胡錦濤) 정권은 급속한 경제 성장을 주도했으며 리 먼 쇼크도 그 나름대로 잘 극복했지만, 경제의 구조개혁 측면에서 는 거의 진전이 없고 이것이 중국 경제의 미래에 큰 문제라는 지 적이 많다. 실제로 구조개혁의 관점에서 전 정권의 10년을 '잃어 버린 10년'이라고 부르는 사람이 있을 정도로 그들의 위기감은 상 당히 크다.

여기에서 말하는 '지연된 구조개혁'의 내용이 구체적으로 무엇을 지칭하는지에 대해서는 사람에 따라 견해가 다르고 그들 사이에 어느 정도의 합의가 형성되어 있는가도 불명확하지만, 이대로는 어렵다는 식의 위기감은 상당히 강하다.

'중진국 함정' 탈피에 성공한 일본, 한국, 대만

실제로 이 '중진국 함정'으로부터 탈피한 국가는 1960년대의 일본, 1980년대의 대만과 한국 등으로 그렇게 많지는 않고 이들 국가의 노력도 대단했다.

예를 들어 일본에서는 '산업의 쌀'로 불리던 반도체 산업을 육성하기 위해 집적회로의 기본 특허로 인정되는 킬비 특허를 정부가 인정하지 않는 한편, 민관 합동으로 반도체 산업의 육성에 엄청난 노력을 기울여왔다.

또한 민간에서는 지금도 여러 카메라 제조업체가 노력하고 있지만, 1970년대 그들은 중국을 포함한 아시아의 저임금국이 퍼붓는 공세에 강한 위기감을 가지고 있었다(실제로 당시 중국으로부터 공장 견학 요청을 거절하기도 했다).

그래서 예를 들어 캐논은 과감하게 전자화를 도입하여 많은 인력이 필요한 카메라 조립 후 미세조정 과정을 없앤 당시로서는 획기적인 생산시스템을 확립하고 임금 상승에서 오는 경쟁력 저하를 극복했다.

또한 대만은 타이베이에서 차로 한 시간 반 정도 떨어진 신주시(新竹市)에 일반 사람들은 출입할 수 없는 광대한 토지에 미국 실리콘 밸리와 같은 주택 환경과 연구기관 인프라를 조성하고 해외에 있는 대만계 연구자를 가족과 함께 초빙하여 하이테크 아일랜드로 육성했다.

한국도 자동차 등은 극히 최근까지 철저한 국내 시장 보호를 통해 힘을 키워왔다. 일본도 1970년경까지는 '자동차 쇄국'이라는 용어가 만들어질 정도로 자국 내 자동차 산업을 보호해 왔지만 한국은 그것을 최근 수년 전까지 유지해 왔다.

한편 중국은 이제까지의 경이적인 경제 성장과 산업고도화 과정에서 외국 자본의 협력을 얻고 있으며, 이전에 일본과 한국이 추진한 외국 자본을 배제한 성장 전략은 현실적이지 못하다고 여겨지고 있다.

한편, 중국에 투자한 외국계 기업은 임금 상승이 두드러지는 가운데 부패와 사법제도의 불비 등에 관한 문제에 직면해 있다. 또한 2012년에 일본 기업이 겪은 반일운동과 이후 정국의 대응을 보고, 많은 외국계 기업이 '중국 리스크'를 진지하게 보게 되었다. 또한, 중국이 일본뿐만 아니라 필리핀, 베트남 및 인도와도 영토 문제로 물의를 빚고 있는 것도 외국계 자본의 입장에서는 중대한 국가적 리스크로 받아들여진다. 지금은 많은 기업의 공급망이 이들 국가와의 연계를 통해 운용되고 있기 때문이다.

루이스 전환점이 가까워짐에 따라 급증하는 노동쟁의

    루이스 전환점에 도달한 국가에서는 급격히 노동쟁의가 증가하는 경향이 있다. 이것은 그 시점에야 비로소 노동자 측이 교섭력을 갖게 되기 때문인데, 중국이라는 독재 정권하에서 어떤 방식으로 분출될 것인가는 주의 깊게 살펴볼 부분이다.

    예를 들어 일본과 한국에서는 그림 6-2와 그림 6-3에 있는 것처럼 도쿄와 서울 근교 지역으로의 인구 유입이 늘지 않은 시점부터 파업을 비롯한 노동쟁의가 급증하였다.

【그림 6-2】도시화의 진전과 더불어 급증하는 노동자의 요구: 일본

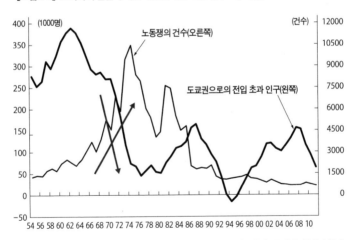

출처: 총무성 「주민기본대장 인구이동보고」, 「일본의 장기통계계열」, 후생노동성 「노동쟁의 통계
　　　조사」

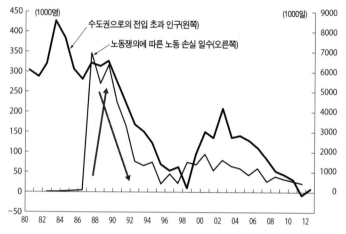

【그림 6-3】도시화의 진전과 더불어 급증하는 노동자의 요구: 한국

출처: Statistics Korea, "Internal Migration Statistics", "Korea Statistical Year Book"

　　실제로 1970년대 전반 일본에서는 '반대, 반대, 모두 반대, 가격인상 반대'라고 이야기될 정도로 시위와 파업이 빈번히 발생했다.

　　또한 당시 정계에서는 기업에 우호적인 자민당과 노조에 우호적인 사회당(지금의 사회민주당)이 대립하였고 거기에는 높은 긴장감이 있었다. 또한, 일본에서 사회 정의를 요구하는 학생운동이 큰 사회문제가 되었던 것도 이 시기였다.

　　한국에서도 도시 지역으로의 인구 이동이 약화되고 정치 민주화가 이루어진 1980년대 후반에 국가의 존립이 위태로울 정도로 노동쟁의가 심했다.

당시 노동쟁의는 일본과 한국의 생산과 경제 성장에 중대한 영향을 미칠 것으로 우려되었다. 그러나 지금 돌이켜 보면 루이스 전환점에 도달할 때까지 줄곧 희생되어 온 노동자의 목소리가 루이스 전환점에 도달하면서 교섭력을 얻게 되어 한꺼번에 분출된 결과였다고도 말할 수 있다.

즉 당시 시위와 파업, 국회에서의 치열한 논쟁은 그때까지 쌓여 온 불만이 분출되는 역할을 했다. 수년에 걸친 소동이 지나서야 비로소 루이스 전환점 이후의 새로운 정치·사회질서가 확립되었다. 그런 의미에서 노동쟁의는 사회가 새로운 질서를 모색하는 과정에서 필연적인 조정이었다고도 할 수 있다.

외적을 안은 애국주의자의 딜레마

한편 중국은 일당독재체제이고 사회 불안정을 부추기는 시위와 파업에는 극히 신경질적인 반응을 보이고 있다. 게다가 독재체제 국가는 이와 같은 국면에 처하면 외적을 만들고 그것과의 대립으로 국민의 관심을 국내 문제에서 국외 문제로 전환시키고자 하는 경향이 있다.

특히 지금의 중국에서는 공산당의 존재 이유인 공산주의가 괄시를 받고 있는데, 정권은 그 정체성을 유지하기 위해 경제 발전과 애국주의를 내걸 수밖에 없다.

이러한 가운데 경제 발전은 과거 30년간 대성공을 거두어 왔지만 그것은 이제까지 중국이 루이스 전환점에 도달하기 전이었다는 것이 크게 영향을 미쳤다. 루이스 전환점에 도달하고 그것을 넘은 지금은 이전과 같은 성장 전략을 사용할 수 없기 때문이다.

그렇게 되면 이것을 보충하기 위해 후자의 애국주의와 민족주의에 기대는 비율이 커질 수밖에 없는데, 이것이 최근 2년간의 대일, 대베트남과 필리핀, 인도와의 분쟁이 일어난 배경이라면 문제의 근원은 깊다. 게다가 중국이 과거 30년간 경이적인 경제 성장으로 커다란 자신감과 군사력을 갖게 된 결과, 중국 내에서는 '2·26 사건 전야의 일본'이라고 현지 사람들이 형용할 정도로 대(大)중국주의를 외치는 사람들이 늘었다고 한다.

중국 내 이러한 경향은 중국의 경제 성장에 크게 공헌해 온 외국계 자본을 위협하는 요인이 된다. 만약 그들이 더 이상 대중국 투자를 늘리는 것이 현명하지 못하다고 판단한다면, 중국 내 산업 공동화는 한층 더 심화된다.

물론 중국 기업도 최근 실력이 매우 좋아져 우주 로켓에서 원자력 잠수함까지 만들 수 있는 기술을 보유하고 있기 때문에 몇몇 중국 기업이 향후에도 크게 성장할 것이라고 생각한다.

문제는 그것만으로 13억 명이 각자의 꿈을 실현해 갈 수 있을지 여부이고 만약 그것이 불충분하다면 민중의 불만은 더욱 커질 수밖에 없다.

루이스 전환점 통과 시기와 생산가능인구 비율이 최고점에 도달한 시기가 겹친 중국

게다가 중국의 경우, 루이스 전환점을 통과한 시기가 총인구에 대한 생산가능인구 비율이 최고점에 도달한 시기와 겹쳐진다는 극히 특수한 인구동태를 보이고 있다.

일본의 경우에는 루이스 전환점을 통과하고 나서 생산가능인구 비율이 감소할 때까지 20년 이상의 시간이 있었지만, 중국에서는 1가구 1자녀 정책 등으로 이 두 가지 현상이 거의 동시에 발생했다(그림 6-4).

【그림 6-4】 풍요로워지기 전에 고령화가 진전된 위험성: 최근 생산가능인구 비율이 감소하기 시작한 중국

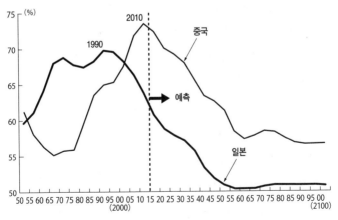

출처: Population Division of the Department of Economic and Social Affairs of the United Nations Secretariat, World Population Prospects: The 2012 Revision

게다가 중국의 생산가능인구 비율은 1970년대 후반부터 급격히 증가했다. 이는 경제학자가 말하는 '인구 보너스'로 중국 경제의 성장에 큰 긍적적 요인으로 작용했다.

　이것을 그림 6-1에 적용해 보면 최근 30년간은 노동공급곡선이 점점 오른쪽으로 이동했고 그만큼 루이스 전환점도 오른쪽으로 이동했다고 할 수 있다.

　루이스 전환점이 점점 오른쪽으로 이동한 것은 그만큼 중국의 고도성장이 가능했다는 것이고 또한 그만큼 중국의 자본 축적도 진전되었다는 것을 의미한다.

중국은 부자가 되기 전에 늙는다?

　그런데 향후 생산가능인구 비율이 감소한다는 것은 노동공급곡선 자체가 왼쪽으로 이동한다는 것이다. 이것은 여타 요인이 일정하다면 임금 상승 요인이 되고 또한 그것은 중국의 경제 성장에는 부정적 요인으로 작용한다.

　이 인구동태가 향후 중국 경제 성장에 부정적 요인으로 작용할 것이라는 점은 현지에서도 큰 주목을 받고 있으며, 또한 이것은 중국이 '부자가 되기 전에 늙어 버린다'는 경제전문가의 위기감을 불러일으키고 있다.

　물론 현시점에는 생산가능인구의 총인구에 대한 비율이 감소세로 전환된 것뿐으로 생산가능인구와 총인구 자체는 증가하고 있다. 실제로 생산가능인구가 최고점을 기록하는 것은 2015년(그림 6-5)이고 총인구는 2030년(그림 6-6)으로 상당히 시간적 차이가 있다. 다만 2013년에 중국의 국가통계국이 생산가능인구를 15세에서 59세로 재정의(통상은 15~64세)한 결과, 중국의 생산가능인구는 이미 2012년에 축소로 전환되었다.

【그림 6-5】 일본과 중국의 생산가능인구 추이와 예측

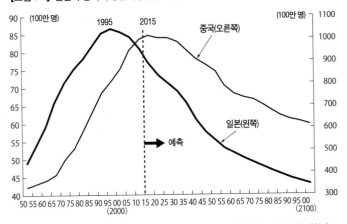

출처: Population Division of the Department of Economic and Social Affairs of the United Nations Secretariat, World Population Prospects: The 2012 Revision

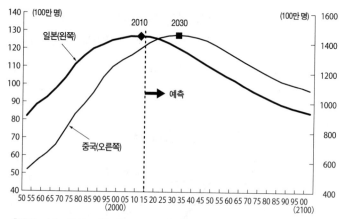

출처: Population Division of the Department of Economic and Social Affairs of the United Nations
Secretariat, World Population Prospects: The 2012 Revision

또한 일본의 생산가능인구가 최고점에 도달한 것이 1995년이
고 총인구 최고점이 2010년이었던 것과 일본 경제의 부진이 겹쳐
진다는 사실은 이 기간에 밸런스시트 불황이라는 큰 문제가 있었
음에도 불구하고 많은 중국인이 주목하고 있다.

중국의 인구 보너스 최고점과 루이스 전환점이 거의 일치한다
는 사실은 중국 경제가 '중진국 함정'을 벗어나는 데에 시간적 여
유가 충분하지 않다는 것을 보여주고 있다. 즉 2030년경까지 풍요
로워지지 못한다면 그 이후는 상당히 비참한 상황을 맞이하게 될
수도 있다는 것이다.

지금부터 15~20년이 향후 중국에 매우 중요

이는 중국 경제 전망과 관련해서 지금부터 15~20년이 매우 중요하고 이 시기를 성공적으로 보낸다면 선진국 반열에 들어서서 풍요로운 노후를 맞이할 수 있지만, 그렇지 못하다면 '중진국 함정'에 빠진 채로 고령화를 맞이하게 된다는 것이다.

중국 내외의 일부 논자들은 중국의 성장이 이대로 계속되면 XX년에는 중국이 미국을 넘어서서 세계 최고의 국가가 될 거라고 예측하고 있다. 그러나 이러한 예측은 루이스 전환점에 도달하기 전에 거대한 인구 보너스가 있었던 시기의 성장률을 루이스 전환점을 통과한 후에도 똑같이 적용한 것으로 상당한 무리가 있다.

그런 의미에서 중국의 덩샤오핑(鄧小平) 정권이 양보다 질을 중시하고 높은 성장률에 집착하지 않은 것도 중국의 현실을 보면 매우 적절한 판단이라고 말할 수 있다.

다만, 그래도 그들이 직면한 문제가 매우 크고 남겨진 시간을 감안하면 중국이 진정으로 '중진국 함정'에서 탈피할 수 있을지 여부는 예단하기 어렵다. 이것은 특히 루이스 전환점을 통과한 후 일반 대중의 요구가 필연적으로 커지는 것에 대한 대응 여부에 크게 좌우된다.

부패와 법제도에 관한 불확실성을 해소하는 것이 급선무

그렇다면 어떻게 하면 외국계 기업의 대중국 투자를 늘릴 수 있을 것인가가 중요하다. 이에 대한 대답으로 중국 정부가 취할 수 있는 한 가지 방안은 법치국가를 목표로 부패와 법제도의 불비에 기인한 불확실성을 해소하는 것이다.

즉 기업 측에서 보면 부패와 법제도의 불비에서 오는 불확실성이 일소된다면 그만큼 고민거리가 줄어들기 때문에 임금이 비싸져도 좀 더 중국에서 해보자는 분위기가 조성될 수 있다.

중국인의 임금이 증가하는 것은 소비지로서 중국의 매력이 높아지는 것이므로 소비지와 가까운 곳에서 생산하는 것도 중국에 남는 이유가 될 수 있다.

또한 이것은 말레이시아 등이 1980년대에 자국에 투자한 외국 자본이 1990년대에 중국으로 생산거점을 이전하려 할 때 사용한 대응 방법이기도 하다. 즉 1985년 플라자합의 이후 엔고의 영향으로 일본 기업은 공장을 대거 말레이시아 등의 동남아시아로 이전했다. 그런데 1990년대에 들어와 중국이 동남아시아보다 낮은 임금으로 외국 자본을 불러들이기 시작한 것이다. 이에 대해 말레이시아 등에서는 자국의 법체제는 영국과 비슷하고 임금은 중국보다 비싸지만 여타 분야에서 중국보다 절대적으로 우위에 있다는 점을 호소하여 외국 자본이 중국으로 유출되는 것에 대항하였다.

게다가 2012년의 반일운동 등으로 큰 손해를 입은 일본 기업과 일본 기업에 대한 중국 정부의 대응을 관찰하고 있는 외국계 기업은 지금 이러한 국가 리스크에 매우 민감하다. 실제 일본 기업의 대중국 투자는 2013년 상반기에 지난해 같은 기간보다 30%나 감소하였다.

즉 15년 전에 말레이시아가 추진한 시책을 지금은 중국이 시행해야 하는 상황이 된 것이다. 만약 여기에 큰 진전이 없다면 임금이 상승하면서 정말로 많은 기업이 외국으로 빠져나갈 수도 있다.

실제 시진핑(習近平) 정권은 최근 들어 부패 척결 캠페인을 대대적으로 벌이고 있지만, 이 정책은 과거 30년에 걸쳐 구축되어 온 거대한 기득권 세력과 부딪치는 것이다.

나도 중국 정부계 연구기관, 언론사 사람들과 이 주제에 대해 논의할 기회가 있었는데, 놀라웠던 것은 정부 측 인사인 그들도 중국사회에 퍼져 있는 부패의 해소 가능성에 매우 비관적이었다는 점이다. 즉 이 문제는 중국 사회 곳곳에 침투해 있고 이것을 제거하는 것은 불가능에 가깝다는 것이 그들의 생각이었다.

외적을 만들지 않고 애국심에 호소하는 방법

그렇다면 그들이 외적에 의지하지 않고 애국심에 호소하면서 기득권 세력을 대상으로 개혁을 추진하는 방법은 없을까. 나는 어렵지만 다음과 같은 방법이 가능하다고 생각한다.

그것은 시진핑 정권이 향후 15~20년이라는 기간의 역사적 의미를 과거 200년 전부터 중국이 일류 국가가 될 수 있는 처음이자 마지막 기회라고 인식하는 것이다. 그리고 이 '중화 민족 200년의 소망'을 달성하는 것이야말로 중국 정부가 향후 최우선적으로 추진해야 하는 정책이라고 호소하는 것이다.

생각해보면 과거 200년 동안 중국과 중국인의 역사는 고난의 연속이었다. 중국은 이 기간 동안 일본을 포함한 많은 외국에 짓밟혔고 많은 인명과 문화유산을 상실했으며 중국인은 이류 국민 취급을 당했다.

또한 국공 내전을 거쳐 현 체제가 성립한 후에도 중국 국민은 대약진과 문화대혁명으로 막대한 희생을 강요당했으며 경제 발전도 크게 지연되었다. 실제 1960년대 중국은 세계 최빈국의 하나로 여겨질 정도로 극심한 빈곤 상태에 놓여 있었다.

이러한 상황을 어떻게 해서든지 바꿔보려 했던 것이 덩샤오핑의 개혁·개방정책이다. 이것은 30년에 걸친 인류 역사상 가장 크고 가장 빠른 경제 성장을 이룩했다. 게다가 이 기세를 살려 구조개혁 등에도 성공하게 된다면 15년 후 중국은 현재와는 완전히 새롭게 변모해 있을 것이다.

예를 들어 역경을 극복하고 중국이 6% 성장을 15년간 지속할 수 있다면 사람들의 소득은 지금의 2.4배가 된다. 이 사이 예상되는 위안화의 평가절상도 가미되면 그 시점에 중국은 '중진국 함정'을 탈피할 수 있을 뿐만 아니라 선진국 반열에 오르는 것도 가시화된다.

다만 중국은 최근 들어 전술한 것처럼 루이스 전환점 통과와 인구 보너스 감소라는 큰 과제에 직면해 있다.

이는 중국에 200년 만에 일류 국가로 진입할 기회가 부여되었지만, 그것을 달성하는 시간은 15~20년밖에 남아 있지 않다는 것을 의미한다. 즉 이것은 느긋하게 대응할 수 있는 사안이 아니라 상당히 빠르게 대응해야 할 과제이다.

신정권이 이와 같은 비전과 긴급성을 내세울 수 있다면 '중화민족 200년 이래의 소망'이라는 대의에 반하는 목소리는 확산되기 어렵다고 생각하며, 또한 그렇다면 중국에 필요한 개혁을 신속하게 진전시킬 수 있을 것이다.

200년 만에 일류 국가가 될 수 있는 기회가 주어진 중국

또한 소망을 달성하는 데 그 정도 시간밖에 남지 않았다면 이제까지 중국의 경제 성장과 산업고도화에 큰 공헌을 해 온 외국자본을 적으로 만드는 정책 등은 터무니없는 것이 된다.

즉 큰 목표 실현을 앞두고 일본과 필리핀 및 베트남과의 영토 문제는 작은 문제고 오히려 이들 국가와의 외교 문제로 인해 전술한 15~20년 중 상당히 중요한 시간이 상실되었다. 그 결과 200년 만에 찾아온 기회도 놓치는 상황이 되면 그것이야말로 본말이 전도되는 것으로 절대적으로 피해야 할 사태가 된다.

이와 같은 대의를 내세워도 부패 척결은 용이하지 않을 것이다. 그러나 일찍이 국민당 정부는 극심한 부패로 중국 민중과 미국 정부로부터도 버림받았다. 그런데 1988년부터 대만에서 민주화가 시작되어 리덩후이(李登輝)가 선거에서 총통으로 선출되자 대만 정부의 공무원과 관료의 일반인에 대한 태도는 180도 변했다. 이것은 대만인들이 민주주의라는 비전을 공유하여 새로운 국가 건설에 자부심을 갖고 임한 것이 배경이 된 것으로 보인다.

지금 중국인들이 세계가 존경하는 일류 국가가 된다는 비전을 공유할 수 있다면 대만의 예처럼 큰 의식 개혁이 향후 진전될 가능성이 있다고 생각한다.

30년 전에 지금의 중국을 예측할 수 있었던 사람이 없었던 것처럼 앞으로 20년 후의 중국을 예측하는 것은 결코 용이하지 않다. 다만 현재 선진국이라고 불리는 나라들의 대부분도 인권을 포함한 사회제도가 정비된 것은 루이스 전환점을 통과하고 나서부터였다. 지금의 중국은 이제 그 출발점에 서 있는 상황으로 자신들은 세계의 존경을 받을 만한 일류 국가가 된다는 비전 아래 그것에 걸맞은 경제와 사회제도 구축에 노력한다면 20년 후에는 지금과는 상당히 다른 국가가 출현할 가능성이 있다.

또한 일부 국가들에는 'Freedom of International Act(정보공개법)'로 일반인이 정부의 정책 결정 과정을 확인할 수 있는 제도가 도입되었고 이것에 의해 부패의 상당 부분이 개선되었다. 이들 사례는 중국 정부에도 참고가 될 것이다.

반대로 시진핑 정권이 중화 민족의 200년 이래의 소망이라는 큰 비전을 제시하지 못한다면 외적을 만들면서 국내 통치에 임하게 될 수도 있다. 그러나 이러한 전개는 중국에도 주변국에도 결코 바람직하지 않다. 세계대전 이전의 일본처럼 군사력만으로 패권을 차지하려 든다면 일반 국민의 어려운 생활은 계속될 것이고 세계가 존경하는 일류 국가가 되기는 더욱 어려울 것이다.

중국 국민의 향상심과 근면함을 올바른 방향으로 이끄는 것이 중요

시진핑 주석의 부패 척결 캠페인은 국영 기업을 총괄하고 있는 SASAC(중국 국무원 국유자산감독관리위원회)에까지 수사 범위가 확대되었고, 이것은 SASAC 산하에 있는 많은 국영 기업 관계자를 긴장시키고 있다.

시진핑 주석의 부패 척결 캠페인이 성공하고 법제도와 사법제도가 정비된다면 국내외 기업이 중국에 대한 투자를 더욱 늘리는 것에 긍정적인 영향을 미칠 것이다.

중국에는 여전히 향상심과 기업가 정신이 왕성하고 근면한 국민이 억 명 단위로 존재한다. 그들의 에너지를 올바른 방향으로 이끄는 제도만 확립된다면 중국 경제는 더욱 성장할 수 있을 것이다.

최근 시진핑 주석은 연설에서 '중화 민족의 부흥'이라는 단어를 자주 사용하고 있다. 그것이 의미하는 것이 주어진 시간 안에 중국이 중화 민족 200년 이래의 염원인 일류 국가 건설에 필요한 개혁을 최우선적으로 실시한다는 것이라면 중국이 '중진국 함정'을 슬기롭게 극복할 수 있지 않을까.

맺음말

본서를 집필하려고 마음먹은 것은 2013년 여름 문득 앞으로 반년 후에는 60세가 된다는 것을 깨달으면서부터다. 이전부터 많은 노무라증권 직원들과 국내외 고객으로부터 다음 책은 언제 나오느냐고 문의도 많이 받았고 쓰고 싶은 것도 많이 있었지만, 책을 집필한다는 작업의 고단함 때문에 좀처럼 실행에 옮기지 못하고 있었다.

그런데 60세라는 인생의 전환점에 직면하면서 언제까지나 이 작업을 연기할 수만은 없다고 생각했다. 게다가 세계 경제의 동향, 특히 그 중에서도 EU의 동향이 이전부터 내가 우려한 대로 움직이고 있고, 어떻게 해서든지 경고를 해야 한다는 생각이 강하게 들었다. 또한 '아베노믹스'와 일본·미국·영국에서 실시된 양적 완화에 대해서도 분명한 메시지를 보내야 한다고 생각했다.

그런데 본서의 집필을 결정하고 60세까지 남은 시간을 보니, 잦은 해외 출장과 일본에서의 강연이 예정되어 있고 집필에 할당할 수 있는 시간은 극히 한정적이라는 것을 알게 되었다. 처음에

나는 본서를 영어로 쓸 생각이었다. 그러나 한정된 시간 그리고 책의 집필과 편집에 많은 지원을 해주기로 약속해 준 도쿠마 서점의 마쓰시타 상무와 지카라이시 편집위원의 격려로 우선 일본어로 쓰기로 했다. 실제로 지카라이시 씨와 하시우에 씨는 이 책을 쓰는 데 24시간 태세로 지원해 주었다.

또한 처음에는 6년 전에 출판한 『'음'과 '양'의 경제학』(동양경제신보사)에서 제시한 음과 양의 경기순환 등의 이론적 틀도 반영하여 밸런스시트 불황론의 '완성판'을 만들고 싶었지만, 세계 경제 동향에 대해 반드시 필요한 언급만으로 500페이지를 넘게 되어 이 부분을 반영하지 못했다.

그 정도로 최근 수년간 세계 경제에서 생각해 봐야 할 현상이 많이 발생하고 있다. 특히 그 중에서도 밸런스시트 불황론 응용 문제의 보고라고 할 수 있는 EU 위기는 생각해 봐야 할 부분이 너무 많았다. EU에서는 최근 2년 동안 비로소 밸런스시트 불황론에 대한 관심이 높아지고 나도 빈번히 EU에서의 강연에 초청받게 되었다. 나로서도 일본발·세계 최초의 이론이 같은 문제를 떠안고 있는 EU와 미국 경제 회복에 조금이나마 도움이 되기를 희망하는 마음으로 적극적으로 그들의 요청에 응했다. 그러나 이와 같은 기회가 늘면 늘수록 집필할 수 있는 시간은 줄어들었다.

그 결과, 나는 비행기로 이동하는 시간은 물론 출장지에서 묵는 호텔에서도 귀가 후 남는 자투리 시간을 모아 이 책을 집필하였다. 이러한 나의 편의주의적 생각을 허락해 준 부인 첸메이에게 진정으로 감사한 마음을 전하고 싶다. 또한 나보다 더 많이 나의 건강 상태와 일정에 신경을 써준 비서 데라도 씨와 본서에 사용되는 데이터, 특히 각국의 자금순환 통계를 아주 완벽하게 집계해 준 사사키 군에게 감사의 말을 전하고 싶다.

또한, 지난 30년간 리처드 쿠라는 한 남자를 '사 준' 노무라증권총합연구소와 동료 여러분에게도 감사의 말씀을 드리고 싶다. 지난 30년 나는 수많은 정책 제언을 했는데, 그 대부분은 페이 오프 연기나 은행에 대한 자본 투입, 재정 지출 및 (엔고를 피하기 위한) 시장개방 등 언론이나 일부 당국자에게 인기가 없는 것들이었다. 그럼에도 불구하고 과거 30년간 나는 한 번도 노무라증권총합연구소로부터 '그런 종류의 발언은 삼가 달라'는 등의 지시를 받아본 적이 없다.

나중에 들은 이야기로는 실제로 일부 정부 관계자로부터 그와 같은 압력이 있었지만, 그러한 압력을 받은 노무라 임원이 나에게 일체 그런 이야기를 하지 않았던 것이다. 나를 '사 준' 노무라증권은 내가 밸런스시트 불황론이라는 이제까지의 경제학과는 완전히 다른 이론을 전개했을 때에도 지속적으로 지원해 주었다. 그런 의미에서도 본서가 완성된 것에 대해 노무라증권과 노무라총합연구소의 관계자 여러분께 감사의 뜻을 표하고 싶다.

2013년 12월
리처드 쿠

번역을 마치고

본서와의 인연은 2011년까지 거슬러 올라간다. 당시 나는 도쿄에 위치한 한국대사관에서 선임연구원으로 재직하고 있었다. 2011년 상반기는 3월 11일에 발생한 후쿠시마 원전사고로 인해 말 그대로 정신없이 바쁜 날들이 이어졌다. 같은 해 하반기에 들어서면서 원전사고 여파에 대한 불확실성도 다소 해소되었는데, 그 시기를 전후해서 당시 서형원 경제공사(현재 크로아티아 대사)께서 블룸버그 재팬에서 주최하는 경제세미나에 참석하는 것이 어떻겠냐고 권유해 주셨다.

나는 대학에서 순환자원 및 유해폐기물의 월경 이동에 대한 정책적 대응을 비롯한 폐기물정책 분야를 연구했고, 대사관에서는 주로 한일 FTA와 후쿠시마 원전사고 이후 일본의 에너지정책 분석 등을 주된 업무 영역으로 한 터라 사실 일본 경제 자체에 대해서는 그다지 큰 관심이 없었다. 여기에는 저자도 본문 중에 언급했듯이 일본 경제는 더 이상 성장이 어렵기 때문에 우리에게 참고가 되기 어렵다는 선입견도 크게 작용했다. 다만 우리나라도 최근 저성장이 수년째 이어지고 있어 이러한 측면에서 일본 경제를 재검토할 필요는 있지 않을까라는 막연한 생각은 가지고 있었다.

별다른 생각 없이 접하게 된 리처드 쿠(당시 노무라증권 경제분석가)의 발표는 당시 나에게는 너무나 충격적인 내용이었다. 2000년대 후반부터 미국과 EU가 겪고 있는 경제 위기가 사실 1990년 이후 일본이 겪었던 장기불황과 본질적으로 동일한 현상이라는 주장은 그 자체가 나에게 너무나 신선하게 다가왔다. 또한, 일본의 경험이 여전히 전 세계적으로 공유되고 있지 못한 점이 아쉽다는 저자의 지적은 내가 일본 경제에 대해 갖고 있던 근본적인 의문을 해소해 주는 탁견이었다. 이와 관련하여 수년째 가계부채 급증 및 소비 부진 등 밸런스시트 불황적인 요소가 현재화되고 있음에도 불구하고 한국 경제가 뚜렷한 방향을 잡지 못하고 있는 현실에 비추어 볼 때, 일본이 겪은 경험은 절대로 과소평가되어서는 안 될 것이다.

한편, 이 책의 원서가 450페이지를 훌쩍 넘는 분량일 뿐만 아니라 일본의 사정을 정확히 이해하지 못하면 알기 어려운 표현들이 많아서 번역 작업이 결코 녹록지 않았다. 이 과정에서 많은 분의 도움이 있었다. 특히 오탈자 교정이라는 단순 작업뿐만 아니라 독자들이 이해하기 쉬운 표현으로 바꿔 준 윤정원 수석연구원과 최민 선임연구원의 노고에 감사를 드리고 싶다. 이분들의 고생이 없었다면 본서의 출판이 상당히 지체되었을 것이다.

　　마지막으로 본 역서가 세계 경제의 흐름 및 전망, 일본 경제를 통한 한국 경제의 재조명 등에 관심이 있는 독자들에게는 신선하고 즐거운 자극이 될 것으로 확신한다.

역자를 대표해서

정성우

밸런스시트
불황으로 본
세계 경제

초판 1쇄 발행일 2014년 10월 28일
초판 2쇄 발행일 2015년 3월 25일

저자 리처드 쿠(Richard C. Koo)
역자 정성우·이창민
펴낸이 박영희
편집 배정옥·유태선
디자인 김미령·박희경
마케팅 임자연
인쇄·제본 AP프린팅
펴낸곳 도서출판 어문학사
　　　　서울특별시 도봉구 쌍문동 523-21 나너울 카운티 1층
　　　　대표전화: 02-998-0094/편집부1: 02-998-2267, 편집부2: 02-998-2269
　　　　홈페이지: www.amhbook.com
　　　　트위터: @with_amhbook
　　　　페이스북 페이지: https://www.facebook.com/amhbook
　　　　블로그: 네이버 http://blog.naver.com/amhbook
　　　　다음 http://blog.daum.net/amhbook
　　　　e-mail: am@amhbook.com
　　　　등록: 2004년 4월 6일 제7-276호

ISBN 978-89-6184-352-2 03320
정가 26,000원

이 도서의 국립중앙도서관 출판예정도서목록(CIP)은 e-CIP홈페이지(http://www.nl.go.kr/ecip)와
국가자료공동목록시스템(http://www.nl.go.kr/kolisnet)에서 이용하실 수 있습니다.
(CIP제어번호: CIP2014028497)